AV

Sonderband des

Jahrbuchs der Internationalen Georg-Lukács-Gesellschaft

Band 2

Rüdiger Dannemann / Maud Meyzaud /
Philipp Weber (Hgg.)

Hundert Jahre „transzendentale Obdachlosigkeit“

Georg Lukács’ *Theorie des Romans* neu gelesen

AISTHESIS VERLAG

Bielefeld 2018

Abbildung auf dem Umschlag:
Aus: Georg Lukács (1963): La Théorie du roman. Die Theorie des Romans. Paris: Denoël (Bibliothèque Médiations, 4), 1963, Coverabbildung.

Bibliografische Information der Deutschen Nationalbibliothek

Die Deutsche Nationalbibliothek verzeichnet diese Publikation in der Deutschen Nationalbibliografie; detaillierte bibliografische Daten sind im Internet über http://dnb.d-nb.de abrufbar.

Postfach 10 04 27, D-33504 Bielefeld
Satz: Germano Wallmann, www.geisterwort.de
Druck: docupoint GmbH, Magdeburg

ISBN 978-3-8498-1232-4
www.aisthesis.de

Inhaltsverzeichnis

Rüdiger Dannemann, Maud Meyzaud, Philipp Weber

Einleitung

Seit der Erstpublikation von Georg Lukács' *Theorie des Romans* in der *Zeitschrift für Ästhetik und Allgemeine Kunstwissenschaft* im Jahr 1916 ist mittlerweile ein ganzes Jahrhundert vergangen. Nur wenige Werke waren in dieser Zeit Gegenstand so vieler Kontroversen und heftiger Debatten in der Literaturwissenschaft, aber auch darüber hinaus. Die *Theorie des Romans* war maßgeblich und stilprägend für das linke Denken, für die Verbindung von existenzieller Erfahrung und Gesellschaftskritik – und zugleich gilt sie als ein so naives wie romantisches Frühwerk. Die Kontroversen um das Werk dauern bis heute an und umso erstaunlicher ist es, dass in der jüngsten Gegenwart dieses Werk wieder eine beunruhigende Seite offenbart, die in diesem Band Anlass zur Diskussion bieten soll.

So liegt dem Band die Arbeitshypothese zugrunde, dass in der jüngsten Gegenwart der *Theorie des Romans* erneut eine krisendiagnostische, medien- und formtheoretische Relevanz zukommt, die zudem weitestgehend in ihrer Rezeptionsgeschichte unbemerkt geblieben ist. In Lukács' Werk manifestiert sich die politische Dringlichkeit der Reflexion über die Geltungskraft von Literatur, insbesondere der epischen Großform des Romans, die gerade auch in heutigen Krisenzeiten in die Diskussion eingebracht werden muss.

I. Geschichte und Bedeutung der *Theorie des Romans*

Bereits bei ihrem Erscheinen war die *Theorie des Romans* ein Werk des Übergangs in mehrfacher Hinsicht: von (Neu-)Kantianismus zu Hegel, von Bergson zu Max Weber, von Novalis zu Dostojewski und auch von einem Klassizismus geschlossener und organischer Formwelten hin zu den brüchigen Texturen der avantgardistischen Epik der klassischen Moderne. Sie markiert in ihrer teils poetischen, teils begriffsbemühten Diktion nichts weniger als die Schwelle, an der sich die idealistischen Systemphilosophien, die Lebensphilosophie, der Neomarxismus und die verstehende Soziologie des 20. Jahrhunderts scheiden.

Die *Theorie des Romans* kann darüber hinaus als einflussreichster moderner Versuch gelten, der bürgerlichen Erfolgsgattung Roman eine Theorie an die Seite zu stellen. Mehr noch: Es schickt sich hier ein Denken an, aus exemplarischen Romanlektüren jene kulturellen Formen herauszustellen, welche die strukturelle Kontingenz der kapitalistischen Vergesellschaftung zu konkreter Erfahrung werden lässt.[1] Lukács findet dafür inmitten des Ersten Weltkriegs die emphatische Formulierung einer „gottverlassenen Welt", die „aus den Fugen geraten ist" (*TdR*, S. 12).

Die philosophische wie politische Frage schließlich, die Lukács mit seither nicht übertroffener Dringlichkeit gestellt hat, ist die nach der Reichweite von Theorie, die jenseits traditioneller Poetiken operiert. Dabei bedarf sein epochales Werk – trotz der langen Deutungsgeschichte – noch immer einer grundlegenden, nicht zuletzt auch mediengeschichtlichen Kontextualisierung: Ohne das Kino etwa wäre *Die Theorie des Romans* paradoxerweise vielleicht gar nicht erst entstanden.[2]

Die modellbildende Funktion der *Theorie des Romans* steht außer Frage. Sie hat Begriffe und Thesen elaboriert, die seither ganze Generationen von Schriftstellern, Literaturtheoretikern und Philosophen beschäftigten: „Transzendentale Obdachlosigkeit", „Zweite Natur", „die Macht

1 Lucien Goldmann hat sehr früh auf den Zusammenhang zwischen der theoretischen Rahmung der *Theorie des Romans* und der Kategorie der Verdinglichung in *Geschichte und Klassenbewußtsein* aufmerksam gemacht (vgl. Goldmann. „Zu Georg Lukács: Die Theorie des Romans". In: Ders.: *Dialektische Untersuchungen*. Neuwied am Rhein und Berlin: Luchterhand, 1966. S. 283-313). Die Frage, wie die Konzeption des Romans beim jungen Lukács mit kapitalistischer Vergesellschaftung zusammenhängt, hat jüngst David Cunningham wieder aufgenommen, indem er eine Marx'sche Lesart von Lukács' Begriff der Abstraktion vorschlägt und diese Kategorie mit einer vom Kapital gebildeten Totalität verbindet (vgl. David Cunningham. „Capitalist and Bourgeois Epics: Lukács, Abstraction and the Novel". In: Timothy Bewes/Timothy Hall (Hg.): *The Fundamental Dissonance of Existence. Aesthetics, Politics, Literature*. London/New York: Continuum, 2011. S. 49-64).

2 Vgl. hierzu den Beitrag in diesem Band von Linda Simonis „Der Romantheoretiker im Kino. Lukács' Romanpoetik im Kontext seiner Reflexionen zum Film". Lukács' Überlegungen zu einer Ästhetik des (Stumm-)Films wurden in letzter Zeit vor allem im angelsächsischen Bereich rezipiert. Ihre Relevanz für die, wenige Jahre später entstandene, *Theorie des Romans* ist der Gegenstand von Timothy Bewes' Beitrag „How to Escape from Literature? Lukács, Cinema and The Theory of the Novel". In: Ders./Timothy Hall (Hg.): *The Fundamental Dissonance of Existence*. (wie Anm. 1). S. 36-48.

der Konventionen", „das Dämonische" und die Form als „Auflösung einer Grunddissonanz des Daseins" sind zu unersetzlichen Termini moderner Selbstbeschreibung und -befragung geworden.[3] Franco Moretti reihte die *Theorie des Romans* darum unlängst in einen „*small circle of masterpieces*" ein, in denen die Regeln der bürgerlichen Existenz als ebenso unausweichlich wie unhaltbar erscheinen.[4]

In Zeiten allgemeiner Krisen erscheint die *Theorie des Romans* nunmehr in gespenstischer Weise wieder aktuell: Nicht nur eine allgemeine politische Nervosität trägt hierzu bei, auch die theoretische Frage nach dem Verhältnis von Leben und Form wird seit einigen Jahren wieder intensiv verhandelt. Beide Momente lassen in Lukács' ethischem Imperativ, der sich an das Leben, seine Formgebung und Darstellung richtet, wieder deren beunruhigenden Kern erkennbar werden. Lebensform und Romanform werden damit zu Variablen, die sich wechselseitig bedingen und in Frage stellen. Wobei der Roman 1916 als diejenige Instanz sich zu erkennen gibt, an der ein neuer Medienwandel reflektiert wird und die „Romanform" damit über sich hinausweist. Gleichzeitig sind Medien, Kunst und Literatur – 1916 wie heute – besondere Schauplätze, an denen dieses Wechselverhältnis virulent und auf besondere Art und Weise bearbeitet wird: Literatur erscheint vor diesem Hintergrund als ein eigengesetzliches Laboratorium für politische, soziale und lebensweltliche Formgebungen, weil mit „Form" zugleich ihre eigene Existenzweise auf dem Spiel steht.

In diesem Zusammenhang sind daneben das für Lukács noch selbstverständliche Konzept der „Totalität" und sein emphatischer Wille zur Utopie in ästhetischer, politischer und poetologischer Hinsicht zu prüfen. Auch die Wiederkehr des „Epischen"[5] ist heute, im Anschluss an die *Theorie des*

---

3 Zur Rezeption der *Theorie des Romans* bis 2009 vgl. die Auswahlbibliographie in der von Frank Benseler und Rüdiger Dannemann herausgegebenen Neuauflage von Lukács' Werk im Aisthesis Verlag, S. 134-139. Auf neuere Arbeiten von Rüdiger Campe, Ulysse Dogà, Horst-Jürgen Gerigk, Eva Geulen, Dietrich Harth, Niklas Hebing, Dominic Hubner, Inga Kalinowski, Konstantinos Kavoulakos, Jacques Rancière, Gerhard Scheit, Kirk Wetters wird in Beiträgen des vorliegenden Bandes Bezug genommen.

4 Franco Moretti. „Lukács's Theory of the Novel. Centenary Reflections". In: *New Left Review* 91 (2014). S. 39-41, hier: S. 41.

5 Wenngleich die Wiederkehr des Epischen sich vordringlich im seriellen Erzählen und in den Kino-Epen zeigt, lassen sich daneben in jüngster Vergangenheit auch Ansätze in der deutschen Literatur verzeichnen, die erneut eine

Romans, aber auch an die Kontroversen um das Epische in der Literatur des 20. Jahrhunderts, erneut zu diskutieren. Denn in der Konjunktur des seriellen Erzählens und der Kino-Epen, aber auch im Gegenwartsroman manifestiert sich eine eigenwillige Faszination an globalen epischen Modellen, für die gerade die Differenz von „Romanhaftem" und „Epischem" entscheidend ist. Wie hängen diese neuen Erzählformate aber mit der Theorie einer elementaren Dissonanz zusammen? Inwiefern bedingen Krisen neuartige Erzählweisen? Und wie artikuliert sich darin die Problematik einer „zweiten Natur", also der Allgegenwart und Allgewalt der Konventionen, die unweigerlich als Natur wahrgenommen werden?

II. Zugriffe

Die vorliegende Zusammenstellung aktueller Zugriffe auf Lukács' Werk der *Theorie des Romans* macht es sich zur Aufgabe, die vielfältigen, kontroversen und politisch spannungsreichen Aspekte des Werks zu diskutieren. Im Zentrum steht dabei die Frage nach dem Zusammenhang von intellektuellem Engagement und der Formdimension des Romans als genuinem Medium des Sozialen. Zudem werden die Fragen nach dem Erbe einer materialistischen Literaturtheorie, nach dem gesellschaftskritischen Potenzial romantischer Philosophie und Formtheorie sowie nach der langen Tradition der Literatursoziologie, die mit Lukács' Werk ihren Anfang nimmt, neu gestellt und verhandelt.

Die Zugriffe auf Lukács, die hier versammelt sind, lassen sich in vier Aspekte aufteilen, die zugleich die Kapitel dieses Bandes abbilden: Den Anfang macht die Übersetzung eines, in der Lukács-Forschung bereits kanonischen Textes des belgischen Literaturtheoretikers und Philosophen Paul de Man. Der hier erstmals ins Deutsche übersetzte Essay ist nicht nur für dekonstruktivistische Lesarten der *Theorie des Romans*, sondern darüber hinaus auch für eine erneuerte marxistische Beschäftigung mit dem Frühwerk von Lukács ein entscheidender Impulsgeber gewesen (1).

Für die Forschung insbesondere des vergangenen Jahrzehntes hat sich daneben die Diskussion um den Zusammenhang von Leben, Form und Roman als besonders ertragreich erwiesen. Nicht zuletzt nimmt in dieser

Auseinandersetzung mit dem Epos wagen. Vgl. Ann Cotten. *Verbannt!* Berlin: Suhrkamp, 2016; Raoul Schrott. *Erste Erde*. München: Hanser, 2016.

Diskussion Lukács eine wichtige Stellung ein, da in seiner Zeit der Roman bereits von anderen Medien sich bedroht sieht und zugleich seine Darstellung des Lebens ihre Selbstverständlichkeit verliert. Dem *Leben und Tod der Gattung ‚Roman‘* (2) sind hier drei Ansätze gewidmet, die sich den Themen der Kontingenz und Dissonanz um 1900 widmen (Rüdiger Campe), die Grenzen der Lesarten des Biografischen ausloten (Michael Niehaus) und nach der Relevanz des inhärenten Widerparts des Lebens – des Todestriebs – für die Poetik des Romans fragen (Philipp Weber).

Zweifelsohne kann heute der *Theorie des Romans* nicht mehr Rechnung getragen werden, ohne die Diskurse in Betracht zu nehmen, aus denen die *Theorie* hervorgegangen und in deren Nexus sie selbst eingebettet ist. Eine weitere Gruppe von Zugriffen dieses Bandes (3) nimmt dies zur Voraussetzung, um danach zu fragen, welchen Diskurs die *Theorie des Romans* und der spätere Lukács rückblickend über sein Frühwerk führen (Patrick Hohlweck), inwieweit sich in der *Theorie des Romans* als Theorie des Romans die Jenaer Romantik fortschreibt (Maud Meyzaud) und inwiefern Lukács' existenzielle Frage, „wie zu leben sei“, mit dem Ratgeber-Diskurs der Zeit in einem Zusammenhang steht (Wim Peeters). Abschließend wird gezeigt, wie es der junge Lukács wenige Jahre vor der Entstehung seiner Romantheorie schafft, den ästhetischen Eigenwert eines anderen, jungen Mediums herauszuarbeiten – den des Kinofilms (Linda Simonis).

Nicht zufällig widmen sich die letzten Beiträge dem Themenkomplex *Krisen-Wissen und Utopie* (4), Aspekten, die die Wirkungsgeschichte des geschichtsphilosophischen Versuchs geprägt haben. Der selbsternannte Verächter utopischen Denkens entwickelt eine gerade für Übergangszeiten relevante Variante eines ästhetischen und den Ästhetizismus transzendierenden Einspruchs gegen das Zeitalter der Sündhaftigkeit (Rüdiger Dannemann); die in der Romantheorie vorgelegte Erzählung einer Gattung verdient eine Untersuchung der paradoxen Zeitlichkeitsstrukturen des modernen Romans (Eva Ruda); im Nachvollzug der lebensphilosophischen Wurzeln der Zeit- und Gesellschaftskritik des frühen Lukács zeigt sich, dass diese ihren Maßstab nicht an einer idealisierten Vergangenheit hat (Dominik Nagl), und bei der Untersuchung des fichteschen Erbes der Theorie des Romans erweist sich das Verfahren der typologischen Konstruktion als Form der Kriseninintervention (Patrick Eiden-Offe), das dazu beigetragen hat, Lukács zu einem Klassiker moderner Zeitdiagnose zu machen.

Der vorliegende Sonderband des Jahrbuchs der Internationalen Georg-Lukács-Gesellschaft geht in wesentlichen Teilen auf die Tagung „Hundert

Jahre ‚transzendentale Obdachlosigkeit'. Zur Aktualität von Georg Lukács' ‚Theorie des Romans' (1916)" zurück, die im Dezember 2016 im Literaturforum im Brecht-Haus und im Regionalzentrum Berlin der FernUniversität in Hagen stattfand. Die Herausgeber danken dem „Team Forschungsförderung der FernUniversität", der „Gesellschaft der Freunde und Förderer der FernUniversität" und dem Institut für Neuere deutsche Literatur- und Medienwissenschaft der FernUniversität in Hagen, insbesondere dem Lehrgebiet ‚Neuere deutsche Literaturwissenschaften und Geschichte der Medienkulturen', namentlich Dr. Cornelia Epping-Jäger (Vertretung der Professur) sowie Maximilian Busch, Christoph Düchting und Angela Rabing. Gedankt sei der FernUniversität in Hagen, zumal dem Institut für Neuere deutsche Literatur- und Medienwissenschaft, für die finanzielle Ermöglichung des vorliegenden Bandes. Für seine großzügige Gastfreundschaft gilt unser Dank Christian Hippe, für die Teilnahme an der Podiumsdiskussion „Neue Totalität? Die Theorie des Romans und das Erzählen der Gegenwart" danken wir Philipp Felsch, Malte Kleinwort, Ekkehard Knörer, Anja Lemke, Ingo Schulze, für ihren Eröffnungsvortrag[6] danken wir Eva Geulen sowie Patrick Ramponi für sein konzeptionelles wie auch organisatorisches Mitwirken am Zustandekommen des Tagungsprojekts.

6 Eva Geulen. „Form-Wissen bei Lukács und Benjamin". In: *Black Box Leben.* Maria Muhle, Christiane Voss (Hg.). Berlin: August Verlag, 2017. S. 137-151.

1. Zur Theorie der *Theorie des Romans*: Ein früher Aufsatz von Paul de Man

Paul de Man

Georg Lukács' *Theorie des Romans*

Die verspätete Entdeckung der Schriften Georg Lukács' in der westlichen Welt, und unlängst auch in den Vereinigten Staaten, hat dazu beigetragen, die Annahme einer tiefen Spaltung zwischen dem frühen Nicht-Marxisten und dem späten Marxisten Lukács noch zu bekräftigen. Sicher ist es richtig, dass (im Tonfall wie in der Zielsetzung) eine scharfe Trennung besteht zwischen frühen Arbeiten wie *Die Seele und die Formen* (1911) oder *Die Theorie des Romans* (1914/15) und den kürzlich übersetzten, literaturwissenschaftlichen Arbeiten *Studies in European Realism* (1953) oder auch der politischen Streitschrift *Wider den missverstandenen Realismus* (1957). Allerdings kann diese Trennung überbewertet werden und Missverständnisse produzieren. So wäre es etwa unangemessen, an der beruhigenden Annahme festzuhalten, dass alles Böse im späten Lukács das Resultat seiner marxistischen Bekehrung sei; es besteht nämlich ein beträchtliches Maß an Kontinuität zwischen seinem vormarxistischen Werk *Die Theorie des Romans* und dem marxistischen *Geschichte und Klassenbewusstsein* – für einen Anhänger des Frühwerks wäre es unmöglich, das Spätwerk gänzlich zu verwerfen. Eine ganz ähnliche Gefahr ergibt sich aus der vereinfachenden Unterteilung in einen *guten*, frühen und einen *schlechten*, späten Lukács. Mit den Schriften zum Realismus wurde an ganz unterschiedlicher Stelle, etwa von Harold Rosenberg (in *Dissent*) und von Peter Demetz (in *Yale Review*), sehr streng ins Gericht gegangen; die *Theorie des Romans* hingegen wurde von Harry Levin als „möglicherweise eindringlichster Essay, der sich je mit dem schwer fassbaren Gegenstand des Romans auseinandersetzt hat", bezeichnet (im *Journal of the History of Ideas*, Januar–März 1965, S. 150). So wie die schlichte Verdammung seiner Schriften zum Realismus offensichtlich ungerechtfertigt ist, insbesondere, wenn man den erheblichen Anteil streitbarer, aber interessanter theoretischer Begründungsarbeit in Lukács' später Ästhetik (1963) berücksichtigt, so ist der uneingeschränkte Zuspruch für die *Theorie des Romans* gleichermaßen problematisch. Was immer man von Lukács halten mag – er ist zweifellos ein Denker von solchem Rang, dass er in seiner Gesamtheit wahrgenommen werden muss, und für die kritische Interpretation seines Denkens hat sich die angesprochene, vereinfachende und mittlerweile gängige Zweiteilung als wenig hilfreich erwiesen. Die Schwächen seiner späteren Arbeiten sind bereits im Frühwerk vorhanden – und einige von dessen Stärken bleiben wiederum durchweg erhalten. Schwäche wie Stärke besitzen indes philosophische Bedeutung und können nur in einer breiten Perspektive auf die Geistesgeschichte des 19. und 20. Jahrhunderts, als Teil des romantisch-idealistischen Erbes, verstanden werden. Das unterstreicht erneut die historische Bedeutung von Georg Lukács und entkräftet den verbreiteten Vorwurf, dass er Denkweisen des 19. Jahrhunderts zu viel Beachtung geschenkt habe (ein Vorwurf, der sich sowohl in Demetz' als auch in Rosenbergs Besprechung findet). Solche Vorwürfe speisen sich aus einem fehlgeleiteten Modernismus oder dienen propagandistischen Zwecken.

Ich beabsichtige keineswegs, mich der schwierigen Aufgabe zu stellen, die verbindenden Elemente in Lukács' gedanklicher Entwicklung zu identifizieren. Mit einer knappen, kritischen Betrachtung der *Theorie des Romans* hoffe ich, einige vorläufige Unterscheidungen vorzunehmen zwischen dem, was in diesem Werk weiterhin Gültigkeit zu besitzen scheint und dem, was in diesem so dichten und schwierigen Aufsatz problematisch geworden ist. Verfasst in einer Sprache, die sich sowohl einer vor-hegelianischen Terminologie bedient als auch einer nach-nietzscheanischen Rhetorik, und ausgestattet mit der Neigung, konkrete Beispiele an die Stelle allgemeiner und abstrakter Systeme zu setzen, ist die *Theorie des Romans* keinesfalls leichte Lektüre. Man wird insbesondere von ihrer eigenartigen Erzählperspektive abgeschreckt: Das Buch nimmt die Perspektive eines Geistes ein, der für sich reklamiert, einen solchen Grad an Allgemeinheit erreicht zu haben, dass er für das Bewusstsein des Romans selbst sprechen kann. Es ist der Roman selbst, der uns die Geschichte seiner Entwicklung erzählt, ganz im Sinne von Hegels *Phänomenologie*, in der der Geist von seiner eigenen Reise berichtet. Allerdings mit dem gewichtigen Unterschied, dass Hegels *Geist*, der ein umfassendes Selbstbewusstsein erreicht hat, unanfechtbare Autorität beanspruchen kann; ein Standpunkt, den Lukács' Bewusstsein des Romans nach eigenem Bekunden niemals erreichen darf. Gefangen in der eigenen Kontingenz und zugleich ein Ausdruck derselben, verbleibt solches Bewusstsein bloß Phänomen ohne regulative Kraft; dementsprechend würde man eher einen reduktiven, umsichtig phänomenologischen Entwurf erwarten anstelle der ausladenden Geschichte, die ihre eigenen Gesetzmäßigkeiten bezeugt. Durch die Übersetzung des Werks in eine weniger exaltierte Sprache verliert sich zwar sein mitreißendes und beeindruckendes philosophisches Pathos, dafür aber werden einige seiner Annahmen umso deutlicher.

Verglichen mit formalistischen Arbeiten wie, zum Beispiel, Wayne Booths *Rhetorik der Erzählkunst*, oder Arbeiten mit einem traditionelleren Geschichtsbild, wie Auerbachs *Mimesis*, vertritt die *Theorie des Romans* einen wesentlich radikaleren Ansatz. Das Aufkommen des Romans, der wichtigsten Gattung der Moderne, wird mit dem Strukturwandel des menschlichen Bewusstseins erklärt; die Entwicklung des Romans spiegelt die Veränderungen der menschlichen Selbstbeschreibung in Bezug auf sämtliche Kategorien der Existenz. Lukács bietet uns in dieser Schrift weder eine Sozialtheorie an, welche die Relationen zwischen Struktur und Entwicklung des Romans und denen der Gesellschaft darstellen würde, noch eine psychologische Theorie, die den Roman in Bezug auf menschliche Beziehungen zu erklären versuchte. Und am allerwenigsten lässt sich die Annahme einer Autonomie von formalen Kategorien wiederfinden, welche diesen ein Eigenleben zuschriebe, das von der allgemeinen Absicht, mit der sie einst produziert wurden, abgelöst wäre. Lukács geht im Gegenteil von der allgemeinsten Erfahrungsebene aus, einer Ebene, auf welcher der Gebrauch von Begriffen wie Schicksal, Götter, Sein und dergleichen völlig natürlich erscheint. Das Vokabular und das in Anschlag gebrachte geschichtliche Modell sind die der ästhetischen Spekulationen des späten achtzehnten Jahrhunderts. In der Tat fühlt man sich bei der Lektüre von Lukács' Ausführungen zur Differenzierung der literarischen Gattungen fortwährend an die philosophischen Schriften Schillers erinnert.

Die Trennung von Epos und Roman gründet sich in der Trennung von hellenistischem und westlichem Geist. Ähnlich dem Entwurf Schillers, beruft sich diese Trennung auf die Kategorie der Entfremdung, die als intrinsisches Charakteristikum des reflexiven Bewusstseins verstanden ist. Lukács' Beschreibung der Entfremdung ist sprachgewaltig, jedoch nicht besonders originell; Gleiches gilt für die damit korrespondierende, zu Beginn des Essays entfaltete Beschreibung der harmonischen Einheit eines idealen Griechenlands. Die ursprüngliche, einheitliche Natur, die uns in ‚seligen Zeiten' umgab, als noch „das Feuer, das in der Seele [brannte], [...] von derselben Wesensart wie die Sterne" (*TdR*, S. 21) war, ist nun in Bruchstücke zerfallen, die „nichts als die geschichtsphilosophische Objektivation der Entfremdung zwischen dem Menschen und seinen Gebilden" (*TdR*, S. 50) sind. Und die folgende Textstelle könnte ebenso gut einen Platz unter den großen elegischen Zitaten des frühen neunzehnten Jahrhunderts innehaben:

> Das epische Individuum, der Held des Romans, entsteht aus dieser Fremdheit zur Außenwelt. Solange die Welt innerlich gleichartig ist, unterscheiden sich auch die Menschen nicht qualitativ voneinander: es gibt wohl Helden und Schurken, Fromme und Verbrecher, aber der größte Held hebt sich auch nur um Haupteslänge aus der Schar seinesgleichen, und die würdevollen Worte der Weisesten werden selbst von den Törichten vernommen. Das Eigenleben der Innerlichkeit ist nur dann möglich und notwendig, wenn das Unterscheidende zwischen den Menschen zur unüberbrückbaren Kluft geworden ist; wenn die Götter stumm sind und weder Opfer noch Ekstase die Zunge ihrer Geheimnisse zu lösen vermag; wenn die Welt der Taten sich von den Menschen ablöst und ob dieser Selbständigkeit hohl wird und unvermögend, den wahren Sinn der Taten in sich aufzunehmen [...]: wenn die Innerlichkeit und das Abenteuer für immer voneinander abgetrennt sind. (*TdR*, S. 51)

Wir sind hier viel näher an Schiller als an Marx.

Mit seinem Beharren auf der Totalität als innerer Notwendigkeit, welche allen Kunstwerken ihre Form gibt, findet sich ein entschieden nachhegelianisches Element bei Lukács. Die Einheit der hellenistischen Welterfahrung hat ihre formale Entsprechung in der Erzeugung von geschlossenen, *totalen* Formen und dieses Begehren nach Totalität ist ein wesentliches Bedürfnis des menschlichen Geistes. Auch im modernen, entfremdeten Menschen besteht es fort, aber anstatt sich im bloßen Ausdruck von dessen Einheit mit der Welt zu erfüllen, wird es zum Zeugnis der Absicht, diejenige Einheit wiederzuerlangen, über die er nicht mehr verfügt. Zweifellos ist Lukács' idealisierte Fiktion von Griechenland das Instrument einer Theorie des Bewusstseins, die die Struktur einer absichtsvollen Bewegung besitzt. Das impliziert allerdings seinerseits eine Vorannahme über das Wesen der Geschichte, auf die wir noch zu sprechen kommen werden.

Lukács' Theorie des Romans entspringt auf schlüssige und nachvollziehbare Weise der Dialektik von Totalitätsverlangen und Entfremdung des Menschen. Der Roman wird zur „Epopöe der gottverlassenen Welt" (*TdR*, S. 68). Die Diskrepanz zwischen unserer Erfahrung und unserem Begehren bedingt, dass jeder Versuch eines totalen Verständnisses unseres Seins in einem Kontrast stehen wird zur tatsächlichen Erfahrung, die notwendig fragmentarisch, partikular und unerfüllt bleibt. Diese Trennung von *Leben* und *Wesen* spiegelt sich geschichtlich wider im Verfall des Dramas bei gleichzeitigem Aufkommen des Romans. Für Lukács ist das Drama dasjenige Medium, in dem, wie etwa in der griechischen Tragödie, die elementarste Zwangslage des Menschen darzustellen ist. In einem historischen Moment, in dem solche Universalität aller tatsächlicher Erfahrung abgeht, muss sich das Drama gänzlich vom Leben trennen, muss ideal und jenseitsbezogen werden; Lukács führt das klassische deutsche Drama nach Lessing als Beispiel dieses Rückzugs an. Um diese destruktivste Form der Fragmentierung zu vermeiden, bleibt der Roman dagegen in der Partikularität der Erfahrung verwurzelt; als epische Gattung kann er niemals den Kontakt mit der empirischen Wirklichkeit aufgeben, die ein wesentlicher Teil seiner eigenen Form ist. Allerdings ist er in Zeiten der Entfremdung gezwungen, diese Wirklichkeit als mangelhaft darzustellen; als ständig danach strebend, ihre eigenen Grenzen zu überwinden und als kontinuierlich mit der bitteren Erfahrung der Unzulänglichkeit ihrer Größe und Gestalt konfrontiert. „[E]s ist nicht die Totalität des Lebens, die [im Roman] gestaltet wird, sondern die Beziehung, die wertende oder verwerfende Stellung des Dichters, der als empirisches Subjekt in seiner ganzen Größe, aber auch in seiner ganzen kreatürlichen Begrenztheit die Bühne der Gestaltung betritt, zu dieser Totalität des Lebens" (*TdR*, S. 40).

Das Thema des Romans ist folglich notwendig auf das Individuum begrenzt und dessen entmutigende Erfahrung der eigenen Unfähigkeit, universale Ausmaße anzunehmen. Der Roman entspringt der donquichottischen Spannung zwischen romantischer und wirklicher Welt. Die Wurzeln von Lukács' späterem, dogmatischen Engagement für den Realismus finden sich mit Sicherheit in diesem Aspekt seiner Theorie. Zum Zeitpunkt der *Theorie des Romans* ist das Beharren auf der notwendigen Präsenz eines empirischen Anteils des Romans allerdings insgesamt überzeugend, zumal es begleitet wird von dem Versuch, die Grenzen der Wirklichkeit zu überwinden.

Diese thematische Dualität, die Spannung zwischen einer irdischen Bestimmung und einem Bewusstsein, das diese zu überwinden versucht, führt zu strukturellen Diskontinuitäten in der Form des Romans. Totalität strebt eine Kontinuität an, die mit der Einheit einer organischen Entität vergleichbar ist, doch die fremdgewordene Wirklichkeit interferiert in dieser Kontinuität und unterbricht sie. Neben einer „homogen-organischen Stetigkeit" weist der Roman auch ein „heterogen-kontingente[s] Diskretum" (*TdR*, S. 59) auf. Dieses Diskretum, diese Diskontinuität bezeichnet Lukács als Ironie. Die ironische Struktur agiert disruptiv, enthüllt dabei aber die Wahrheit über die paradoxale Zwangslage, die der Roman darstellt. Deshalb kann Lukács behaupten, dass die Ironie das Mittel zur Verfügung stellt, mit dem der Romanautor in der Form seines Werkes die eingestandene Kontingenz seiner Lage überwindet. „Für den Roman ist die Ironie diese Freiheit des Dichters Gott gegenüber [...]. Die Ironie, die das von Gott Erfüllte der von Gott verlassenen Welt in intuitiver Doppelsichtigkeit zu erblicken vermag [...]" (*TdR*, S. 72). Dieser Begriff von Ironie als positive Kraft einer Abwesenheit geht zudem unmittelbar auf Lukács' idealistische und romantische Vorfahren zurück; er offenbart den Einfluss Friedrich Schlegels, Hegels und vor allem Hegels Zeitgenossen, Solgers. Lukács' Originalität liegt indes in seinem Gebrauch der Ironie als struktureller Kategorie.

Denn geht man davon aus, dass Ironie tatsächlich das konstitutive und organisierende Prinzip der Romanform ist, dann befreit sich Lukács in der Tat von hergebrachten Vorstellungen vom Roman als der Nachahmung von Wirklichkeit. Stetig untergräbt die Ironie diesen Anspruch auf Nachahmung und ersetzt ihn mit einer bewussten, interpretierten Aufmerksamkeit für die Distanz, die die tatsächliche Erfahrung vom Verständnis dieser Erfahrung trennt. Die ironische Sprache des Romans vermittelt zwischen Erfahrung und Begehren und vereint Idealität und Wirklichkeit im komplexen Paradox der Form. Diese Form kann nichts mit der homogenen, organischen Form der Natur gemeinsam haben: sie gründet in einem Bewusstseinsakt, nicht in der Nachahmung eines natürlichen Gegenstands. Im Roman unterhalten „die Teile [...] zur Totalität eine zwar dem Organischen möglichst angenäherte, aber doch immer wieder aufgehobene begriffliche Beziehung [...] und keine echtgeborene Organik" (*TdR*, S. 58]). In Äußerungen wie dieser nähert sich Lukács einem Punkt, von dem aus eine genuine Hermeneutik des Romans ansetzen könnte.

Seine eigene Analyse scheint sich dagegen in eine andere Richtung zu bewegen; der zweite Teil des Essays enthält eine scharfe kritische Zurückweisung jener Form der Innerlichkeit, die mit einer hermeneutischen Theorie der Sprache verknüpft ist. In dem 1961 entstandenen Vorwort, das Lukács der Wiederauflage des Essays beigab, bezeichnet er den phänomenologischen Zugriff verächtlich als „‚rechte[ ]' Erkenntnistheorie" (*TdR*, S. 15), die einer linken Ethik zuwiderlaufe. Diese Kritik findet sich bereits implizit im ursprünglichen Text. In den Momenten, in denen er einer Behandlung der zeitgenössischen Entwicklungen des Romans bzw. einer Behandlung der Momente, in denen der Roman selbst ein Bewusstsein für seinen wirklichen Zweck entwickelt, am nächsten kommt, findet eine aufschlussreiche Verschiebung des Arguments statt. Lukács zeigt uns überzeugend, wie eine um ihrer selbst willen ausgeführte Innerlichkeit die Flucht des Romans in eine falsche Utopie veranlasst; „eine Utopie, die von vornherein ein schlechtes

Gewissen und die Gewißheit der Niederlage hat" (*TdR*, S. 90). Der Roman der *Desillusionsromantik* ist das Beispiel dieser Verzerrung der Gattung, in der der Roman den Kontakt zur empirischen Wirklichkeit verliert; Lukács denkt an Novalis, den er auf ähnliche Weise in einem Essay aus dem früherem Buch *Die Seele und die Formen* angegriffen hatte, gibt jedoch darüber hinaus auch Beispiele aus Jacobsens *Niels Lyhne* und Gontscharows *Oblomow*. Ihm ist jedoch völlig bewusst, dass diese Beispiele keine Geltung für andere Entwicklungen der europäischen Literatur beanspruchen können, in denen das gleiche Thema der Desillusion prominent ist und die er weder ausblenden kann noch will. Flauberts *Éducation sentimentale* ragt hier natürlich heraus; ein wahrhaft moderner Roman, der von der überwältigenden Negativität einer nahezu obsessiven Innerlichkeit geformt wird, und dennoch in Lukács' Einschätzung die höchste Errungenschaft der Gattung im neunzehnten Jahrhundert darstellt. Was ist es, das Flauberts *Éducation sentimentale* davor behütet, gemeinsam mit anderen nach-romantischen Romanen der Innerlichkeit verurteilt zu werden?

An diesem Punkt führt Lukács ein bis hierhin noch nicht explizit gemachtes Element in seine Argumentation ein: die Zeitlichkeit. Im Vorwort von 1961 weist er mit Stolz auf die Originalität seiner Verwendung der Zeitkategorie hin; zumal er sie zu einer Zeit vorgelegt hatte, in der Prousts Roman der Öffentlichkeit noch nicht bekannt war. Der dekadente und verspätete Romantiker nimmt an, dass Zeit als reine Negativität erlebt wird; die inwendige Handlung des Romans ist ein aussichtsloser „Kampf gegen die Macht der Zeit" (*TdR*, S. 95). Bei Flaubert ist dies allerdings, so Lukács, nicht der Fall. Trotz der ständigen Niederlagen und Enttäuschungen des Helden, triumphiert die Zeit in der *Éducation sentimentale* als positives Prinzip, da es Flaubert gelingt, das unwiderstehliche Gefühl des Fließens einzufangen, das die Bergson'sche *durée* charakterisiert. „Es ist die Zeit, die diese Überwindung möglich macht. Ihr ungehemmtes und ununterbrochenes Strömen ist das vereinigende Prinzip der Homogeneität, das alle heterogenen Stücke abschleift und miteinander in eine – freilich irrationale und unaussprechliche – Beziehung bringt. Sie ist es, die die planlose Wirrnis der Menschen ordnet und ihr den Anschein einer aus sich blühenden Organik verleiht [...]" (*TdR*, S. 97). Auf der Ebene echter zeitlicher Erfahrung verschwinden die ironischen Diskontinuitäten und die Behandlung der Zeit ist, bei Flaubert, nicht länger ironisch.

Können wir Lukács' Interpretation der temporalen Struktur der *Éducation sentimentale* gelten lassen? Als Proust in einem polemischen Austausch mit

Thibaudet Flauberts Stil hinsichtlich der Zeitlichkeit diskutierte, betonte er nicht dessen Homogenität, sondern das genaue Gegenteil: die Art, in der Flauberts Verwendung der Tempora es ihm erlaubt hatte, Diskontinuitäten zu schaffen – Passagen der toten und negativen Zeit, die sich mit Augenblicken reinen Entstehens abwechseln, Komplexitäten der Erinnerungsstrukturen vergleichbar mit jenen in Gérard de Nervals *Sylvie*. Der einströmige Fluss der *durée* wird durch eine komplexe Anordnung reversibler Bewegungen ersetzt, die das diskontinuierliche und polyrhythmische Wesen der Zeitlichkeit zum Ausdruck bringen. Eine solche Enthüllung authentischer Zeitlichkeit verlangt allerdings reduktive Augenblicke wirklicher Innerlichkeit, in denen ein Bewusstsein mit dem eigenen Selbst konfrontiert wird; und eben dieser Augenblick ist es, an dem sich die organische Analogie zwischen Subjekt und Objekt als falsch erweist.

So scheint es, dass der Organizismus, den Lukács zunächst aus dem Roman eliminiert hatte, als er Ironie zu dessen Leitprinzip machte, in Form der Zeit aufs Neue eingeführt wird. Zeit fungiert in diesem Essay als Substitut der organischen Kontinuität, ohne die Lukács nicht auszukommen scheint. Und in der Tat ist eine solche lineare Zeitvorstellung im gesamten Essay gegenwärtig. Daher die Notwendigkeit, die Entwicklung des Romans als ein kontinuierliches Ereignis zu erzählen, als die gefallene Form des archetypischen, griechischen Epos, das wie ein idealer Begriff behandelt wird, dem jedoch tatsächliche Historizität zugeschrieben wird. Die spätere Entwicklung von Lukács' Romantheorien – die Abwendung von Flaubert hin zu Balzac, von Dostojewski hin zu einem eher simplifizierenden Bild Tolstois, von einer Theorie der Kunst als Interpretation hin zu einer Theorie der Kunst als *Widerspiegelung* – ist zurückzuführen auf jene reifizierte Vorstellung von Zeitlichkeit, die sich am Ende der *Theorie des Romans* so deutlich zeigt.

Aus dem Amerikanischen übersetzt
von Patrick Hohlweck und Philipp Weber

2. Leben und Tod der Gattung ‚Roman'

Rüdiger Campe

„Die tiefste Bestätigung des Daseins der Dissonanz"

Émile Boutroux und Georg Simmel in der *Theorie des Romans*[1]

Der Leser, der der *Theorie des Romans* von Georg Lukács von Anfang bis Ende folgt, wird wie von selbst in das Schiller'sche Narrativ einer Entwicklung eingebunden, welche die Seele von Arkadien über die Moderne bis hin zu Elysium führt. Diese Geschichte wird jedoch durch das Argument der Form, dem der Leser in der Mitte des Buchs begegnet, in Frage gestellt. „[D]as Formschaffen", schreibt Lukács im 4. Kapitel, „ist die tiefste Bestätigung des Daseins der Dissonanz, die zu denken ist" (*TdR*, S. 55). Und weiter: „Jede Kunstform ist durch die metaphysische Lebensdissonanz definiert, die sie als Grundlage einer in sich vollendeten Totalität bejaht und gestaltet" (*TdR*, S. 55). Wenn Leben als solches tatsächlich durch „Dissonanz" definiert ist, wie kann dann ausgerechnet deren Erfahrung als bloßer Übergang von ursprünglicher Naivität der Alten zu der Rückkehr einer Art Epos am Ende fungieren? Und mehr noch: wenn „[j]ede Kunstform durch die metaphysische Lebensdissonanz definiert [ist]", dann fällt es doch überhaupt schwer, von der *Theorie des Romans* als einer dreistufigen Geschichte auszugehen.

Die Argumentation wird sich im Folgenden hauptsächlich auf die Form bzw. die Formwerdung als das Moment beziehen, das das philosophiegeschichtliche Narrativ der *Theorie des Romans* aus der Fassung bringt und eine alternative Grundlage für Lukács' Argument bietet. Man könnte das so verstehen, als ob die eben zitierten rätselhaften Formulierungen Restbestände einer früheren Phase wären, die in einem späteren, Schiller oder Hegel verpflichteten Kontext nicht mehr funktionierten. Damit wäre es überflüssig geworden, über das Verhältnis der formtheoretischen Sätze zum geschichtsphilosophischen Kontext weiter nachzudenken. Der *Theorie des Romans* und ihrer außerordentlichen Wirkung wird das nicht gerecht. Versucht wird hier stattdessen eine Lesart, die von der Spannung zwischen Formtheorie

1 Dieser Artikel stellt die überarbeitete Fassung eines Vortrags dar, der am 7.10.2017 bei der Konferenz der German Studies Association in Atlanta (USA) gehalten wurde. [Die Übersetzung erscheint mit freundlicher Genehmigung und Unterstützung von Rüdiger Campe, die Übersetzer].

und dialektischer Geschichtstheorie ausgeht. Ich möchte am Ende meiner Ausführungen dann wenigstens noch andeuten, dass das „Formschaffen" zwar die romantische und idealistische Geschichtsschreibung ablehnt, sich mit einer bestimmten marxistischen Geschichtsauffassung aber durchaus als kompatibel erweist – mit einer Auffassung, die vielleicht durch Webers Theorem der Rationalisierung modifiziert wurde und sich in der Lukács'schen Verdinglichung verdichtet.

Zwei Autoren, denen sich Lukács um 1910 besonders verbunden fühlte, hatten Varianten des Gegennarrativs vorbuchstabiert, das die *Theorie des Romans* aus der Fassung bringt und sie zugleich auf andere Weise informiert. Was Lukács unter „Formschaffen" versteht, verweist wahrscheinlich auf Georg Simmel. Was die Lebensdissonanz anbelangt, so kommt eher Henri Bergson in Frage, oder vielleicht sogar treffender noch Bergsons Lehrer und Vorbild Émile Boutroux. Zwei Schlüsselbegriffe drängen sich dann auf, um die Bekräftigung der Dissonanz verständlich zu machen: die „Form" nach Simmel und die von Boutroux ins Zentrum gerückte „Kontingenz".

1

Auf Boutroux macht Lukács in einem programmatischen Brief vom Dezember 1910 an Leo Popper aufmerksam, den Adressaten der Essaysammlung *Die Seele und die Formen*. In seinem Brief stellt Lukács unter anderem einen Begriff der Form vor, der an Simmel erinnert, eine in diesem Briefwechsel ohnehin allgegenwärtige Person. Lukács beginnt seinen Brief mit einer Diskussion von Plotins *Enneaden* (dieses Werk ist gemeint, wenn er von einer „Ästhetik" Plotins spricht). „In der Sinnenwelt", zitiert Lukács Plotin, habe jeder Teil „seine gesonderte Existenz"[2]. In der oberen Welt würde hingegen jeder Teil aus dem Ganzen hervorgehen, ohne sich von seinem Ursprung zu trennen. Eine Formulierung an dieser Stelle nimmt die ersten Zeilen der späteren *Theorie des Romans* vorweg („Selig sind die Zeiten, für die der Sternenhimmel die Landkarte der gangbaren und zu gehenden Wege ist", *TdR*, S. 21): In der übersinnlichen Welt, so das Plotin-Zitat, „schreitet auch nichts auf fremden Boden, sondern eines jeden Stätte ist sein eigenes Wesen – er

2 Georg Lukács. *Briefwechsel 1902-1917*. Hg. Éva Karadi, Éva Fekete, Stuttgart: Metzler, 1982. S. 180.

selbst und der Raum, worin er sich befindet, sind dasselbe.“[3] Dies, so Lukács an seinen Adressaten, sei es, worauf „jede rationalistische Philosophie“ als metaphysische Wahrheit hingezielt habe: dass „die Welt, so wie sie ist“, homogen bzw. „einheitlich“ sei. Eine solche Behauptung ist Lukács zufolge aber ein „furchtbar große[r] Fehler“ – und zwar kein inhaltlicher, sondern ein kategorialer Fehler. Die Welt, die, „so wie sie ist“, einheitlich ist, gehört der Ästhetik an und nicht der Metaphysik. Die Metaphysik der einheitlichen Welt, so argumentiert Lukács, vergisst die „Hauptfrage“, jenen Blickpunkt, von dem aus Philosophie keine bloße ideengeschichtliche Doktrin mehr ist, sondern ihre grundsätzliche Haltung zur Wahrheit offenbart (das, was Dilthey ein „Weltbild“ nennt). Die Hauptfrage lautet also: „Wie kann man das *Vielerlei*, das voneinander qualitativ Verschiedene und Inkommensurable, als Einheit sehen, empfinden, erleben?“[4] An dieser Stelle ist von der Dissonanz die Rede, deren späteres Eindringen in das Narrativ der *Theorie des Romans* wir bereits in Augenschein genommen haben. „Denn nicht um die Auflösung der Dissonanzen geht es“, betont Lukács. Jede metaphysische Auflösung würde uns nur daran hindern, Dissonanz als das, woraus Konsonanz hervorgeht, zu „erleben“. Wir würden auf diese Weise weder „sehen“ noch „empfinden“, wie durch „Projektion“ die Einheit aus der Welt der Dissonanz hervortritt. Wenn einmal die Konsonanz als metaphysische Doktrin inthronisiert ist, kann Konsonanz an sich, und damit auch Dissonanz, niemals mehr zum Gegenstand aktueller Erfahrung werden. In der Tat sind es die Kunst und dann auch die Wissenschaft, welche die Voraussetzungen für eine solche Erfahrung zulassen oder eigentlich ihrerseits schaffen. Was die Wissenschaft anbelangt, so ist Lukács' Autorität Émile Boutroux und dessen Werk *Die Kontingenz der Naturgesetze* (im franz. Original: *De la contingence des lois de la nature*) („Darüber habe ich jetzt ein sehr kluges Buch von Boutroux gelesen.“ [nämlich über die Idee, dass alle Naturgesetze kontingent sind, R. C.]). „Die Kunst hilft sich leichter: was sich nicht mit ihrer Technik ausdrücken läßt, existiert nicht. Das muss ich nicht beweisen, nicht wahr?“[5] Die Begründung, weshalb Simmel mit der zuletzt genannten Absicht in Verbindung zu bringen ist – so möchte ich behaupten – versteht sich von selbst: Beide, Lukács wie Popper, sind mit Simmels Kunstphilosophie bestens vertraut. Da Boutroux seine Reflexionen auf der Grundlage des Kantischen

3 Georg Lukács. Briefwechsel 1902-1917 (wie Anm. 2). S. 180.
4 Georg Lukács. Briefwechsel 1902-1917 (wie Anm. 2). S. 180.
5 Georg Lukács. Briefwechsel 1902-1917 (wie Anm. 2). S. 180.

Begriffs der Erfahrung entwickelt, werde ich im Folgenden seine Philosophie des Zufalls in den Wissenschaften Simmels *Sechzehn Vorlesungen* über Kant gegenüberstellen, in denen die Kantische Theorie der Erfahrung im Zentrum steht.

Émile Boutroux' kleines Buch aus dem Jahr 1874 war die kühne erste Veröffentlichung des Autors. Sie war zu einer Zeit, in der die (Natur-)Wissenschaften dominierend waren, das Manifest einer Philosophie, die diese kulturelle Dominanz anerkannte und dennoch an einer eigenständigen Denkweise festzuhalten versuchte. Auch wenn Boutroux später von Henri Bergson in den Hintergrund gedrängt werden sollte, galt diese erste Veröffentlichung noch in ihrer sechsten Auflage, die Lukács womöglich las, und noch, als sie 1911 von Isaak Benrubi übersetzt wurde, als radikal. Boutroux, der das akademische Jahr 1869/70 in Heidelberg verbracht und dort an Kursen von Hermann von Helmholtz teilgenommen hatte, war allerdings nicht so sehr, wie etwa Bergson, Wissenschaftsphilosoph oder wissenschaftlich ausgebildeter Philosoph. Er war eher ein Philosoph, der die Praxis und die Arbeit von Wissenschaftlern als eine spezifische Existenzweise (um eine Anleihe bei Latour zu machen) zu verstehen suchte. Damit ebnete er den Weg von Canguilhem oder Bachelard oder den des späten Husserl.

Boutroux' Prämisse ist so einfach wie überraschend. Es ist hingegen schwierig, sich ihre Folgerungen wirklich zueigen zu machen. Boutroux geht von der Kantischen Bestimmung der Erfahrung aus – der Verschränkung von sinnlicher Anschauung bzw. Rezeptivität und begrifflichem Verstand – um damit dann aber zu beschreiben, was Naturwissenschaftler eigentlich in ihrer täglichen Arbeit tun. Unter Wissenschaft versteht er ausdrücklich die *„positiven Wissenschaften"*[6], Wissenschaft im Zeitalter von Poincaré, Helmholtz und Du Bois-Reymond. Boutroux entkleidet Kants Analyse aller metaphysischer Implikationen und jeder anthropologischen Sinnstiftung. Anders als die späteren Neukantianer unternimmt er auch keine Historisierung von Bestandsstücken, die man aus der Kongruenz mit der Newton'schen Physik in Kants Erkenntnislehre erklären könnte. Für Boutroux sind sinnliche Anschauung und die Konstruktion der Verstandesgesetze ausschließlich Tätigkeiten der positivistischen wissenschaftlichen Arbeit. Seine Frage ist demzufolge, wie eine Welt, die sich aus der Korrelation solcher Tätigkeiten

6 Émile Boutroux. *Die Kontingenz der Naturgesetze*. Übers. von J. Benrubi, Jena: Eugen Diederichs, 1911. S. 4. Original: Ders. *De la contingence des lois de la nature*. Paris: Félix Alcan, 1921 [9. Aufl.]. S. 5 und *passim*.

ergibt, aussieht; und ob diese Welt die Welt ist, von der wir denken, dass wir uns in ihr auskennen.

Zum Beispiel fragt Boutroux, nachdem er alle begrifflichen Mittel zur Formulierung von Gesetzen der Sinnesdaten auf das eine Gesetz von Ursache und Wirkung reduziert hat, danach, was das Gesetz von Ursache und Wirkung für das Sein derjenigen Gegenstände, die die Wissenschaft durch dieses Gesetz konstituiert, denn eigentlich bedeutet. Obwohl das Gesetz von Ursache und Wirkung in der Wissenschaft sich an die Stelle der Sinnesdaten setzt, die es zu interpretieren unternimmt, können Ursache und Wirkung doch nicht als Existenzweisen der Objekte selbst verstanden werden – noch nicht einmal in der Welt der Wissenschaft. Dies soll aber nun nicht etwa als ein Defizit der Konstitution von Erfahrung innerhalb des Kantischen Dualismus von Sinnlichkeit und Verstand begriffen werden. Es ist vielmehr deren eigentlicher Gehalt:

> Wenn es sich träfe, dass der Lauf der Dinge sich nicht genau nach den vom Geist a priori gesetzten Prinzipien vollzöge, so müsste man daraus schliessen, nicht dass der Geist im Irrtum ist, sondern dass die Materie durch einen Ansatz zur Auflehnung gegen die Ordnung verrät, dass sie am Nichtsein teilhat.[7]

Der eigenartige Zufallscharakter der Naturgesetze ist nicht etwa mangelnder Präzision geschuldet, die durch verbesserte Theorien oder Instrumente auszumerzen wäre. Er ist stattdessen der Ontologie derjenigen Welt inhärent, die durch szientifische Praktiken erst hergestellt wird. Boutroux schreibt:

> Und wie soll man es in der Tat verstehen, dass die unmittelbare Ursache oder Bedingung in Wahrheit alles das enthält, was zur Erklärung der Wirkung nötig ist? Niemals wird sie das enthalten, wodurch sich die Wirkung von ihr unterscheidet, jenes Auftreten eines neuen Elementes, das die unerlässliche Bedingung eines Kausalverhältnisses ist. Wenn die Wirkung mit der Ursache in jedem Sinne identisch ist, so bildet sie eins mit ihr, und ist keine wahre Wirkung. Wenn sie sich von ihr unterscheidet, so kommt das daher, dass sie bis zu einem gewissen Grade von anderer Art ist. Wie soll man aber dann zwar nicht eine Gleichheit im eigentlichen Sinne, etwas Undenkbares, wohl aber eine Proportionalität zwischen Wirkung und Ursache feststellen, d.h. die

7 Boutroux. Die Kontingenz der Naturgesetze (wie Anm. 6). S. 9 [im Original: S. 10].

qualitative Heterogenität messen und konstatieren, dass sie unter identischen Bedingungen stets im gleichen Grade zum Vorschein kommt?[8]

Wenn wir die wissenschaftlichen Praktiken durch den Fokus der Kantischen Erfahrung betrachten und das Ergebnis als eigenständige Existenzweise der Welt der Wissenschaft verstehen, so hebt sich in Reaktion darauf eine tiefere Seinsschicht ab, die Boutroux, Bergson vorwegnehmend, „die Veränderung und das Leben“ nennt: „le changement et la vie“[9]. „Le changement et la vie“ sind, Boutroux' ontologischem Kantianismus zufolge, Seinsbestimmungen, von denen wir lediglich durch das Fenster der „Kontingenz der Naturgesetze“ etwas erahnen können. Auf Grund der Kontingenz der Naturgesetze begreifen wir, dass die einzige Möglichkeit für ein nicht-kontingentes Naturgesetz die Kontingenz selbst ist: „Alle empirischen Dinge beruhen auf dem Sein, das seiner Existenz und seinem Gesetze nach kontingent ist.“[10] Und anders als die absoluten Realisten von heute leitet Boutroux aus der Kontingenz der Naturgesetze nicht die Kontingenz eines jeden beliebigen Gesetzes ab, woraus dann die Notwendigkeit unserer Welt als einer kontingenten Welt hervorginge, sondern Boutroux postuliert die Kontingenz der Naturgesetze schlechthin. Indem er Kontingenz als die einzige Notwendigkeit von Sein versteht, verhindert Boutroux das Eindringen der Notwendigkeit innerhalb des Seins.

Wie wir bereits gesehen haben, bewunderte Lukács das „kluge Buch“ von Boutroux. In seinen Augen war Boutroux' Argument eine, wenn auch komplizierte, Art und Weise, die Erfahrung von Konsonanz aus der Dissonanz tatsächlich begreiflich zu machen. Die Komplexität des Arguments ergibt sich zweifellos aus der Tatsache, dass Kontingenz – die Formel für Dissonanz in der Wissenschaft – ihm zufolge als Resultat der Kantischen Erfahrungslehre zu verstehen ist – und nicht etwa als ihr Ausgangspunkt. Kontingenz als das Gesetz der Natur und das Gesetz ihrer Gesetze zeigt sich allein mittels einer Umdeutung der epistemologischen Praktiken der Wissenschaft in die Existenzweise der Wissenschaftler. Wie Lukács in seinem Brief an Popper schreibt, ist dies der umständliche Weg zu einem Verständnis, nach dem

8 Boutroux. Die Kontingenz der Naturgesetze (wie Anm. 6). S. 25 [im Original: S. 26].

9 Boutroux. Die Kontingenz der Naturgesetze (wie Anm. 6). S. 26 [im Original: S. 27].

10 Boutroux. Die Kontingenz der Naturgesetze (wie Anm. 6). S. 28 [im Original: S. 29].

Metaphysik keinen legitimen Anspruch auf eine aus der Dissonanz resultierende Konsonanz besitzt. Das Formgeben des Kunstwerks, wie man anhand Simmels Zugriff auf die Kantische Erfahrungslehre bemerken kann, müsste im Vergleich dazu als die offensichtlichere oder einfachere Form der Dissonanz-Erfahrung gelten. Das Verhältnis zu Dissonanz und Konsonanz bleibt hier nämlich Sache der subjektiven Erfahrung. Zweifelsohne aber kommt auch das Simmel'sche Argument nicht ganz so einfach daher.

2

In Simmels *Sechszehn Vorlesungen* über Kant, die er in den Jahren 1902/03 in Berlin gehalten und ein Jahr später veröffentlicht hat, findet sich eine Passage, die einem verhaltenen Echo auf Boutroux gleichkommt (dessen eigene Kant-Vorlesungen übrigens zur selben Zeit in Paris stattfanden). Die betreffende Passage aus Simmels Vorlesungen ist indes nicht als der Abschluss jener Debatte um die Kontingenz zu verstehen, sondern vielmehr als der Ausgangspunkt für die Frage, was Formgebung überhaupt bedeutet. Kants Standpunkt bezüglich der Erfahrung, so behauptet Simmel, ist von einer inneren Spannung, gar einem Dilemma gekennzeichnet, welches der gesamten Konstruktion zugrunde liegt. Einerseits, so Simmel weiter, verleiht der Verstand unserer Erfahrung durch Begriffe den Anspruch auf Objektivität, ohne dabei die Sinnesdaten außer Acht zu lassen, d. h. alles das, was uns durch die sinnliche Anschauung gegeben ist. Doch genau dieser Vorzug der verstandesmäßigen Objektivität, die auf das in der Erfahrung Gegebene zurückverweist, verursacht andererseits eine innere Instabilität. Mit Boutroux könnte man sagen: Dieser Vorzug produziert Kontingenz. Die Instabilität und Kontingenz des Schöpfungsaktes findet in Simmels anspielungsreicher Sprache an dieser Stelle einen besonderen Widerhall: „was Erfahrung gelehrt hat, kann Erfahrung jederzeit widerrufen."[11] Was bei Kant ein epistemologisches Argument mit metaphysischen und anthropologischen Konsequenzen war, wird in der Zeit von Boutroux und Simmel in dieser Weise neu konzipiert und zum eigenständigen ontologischen Feld einer fieberhaften, schöpferischen Aktivität des Bewusstseins, die schließlich sogar mit der Formgebung des Kunstwerks verglichen, ja identifiziert wird.

---

11 Georg Simmel. *Kant. Sechszehn Vorlesungen gehalten an der Berliner Universität*. München/Leipzig: Duncker & Humblot, 1913. S. 36.

Simmel unterscheidet genauso wenig wie Boutroux und Andere, die sich in dieser Zeit mit Kant beschäftigten, zwischen transzendentaler Ästhetik – d.h. der Rahmung unserer Sinne mittels Zeit und Raum – und den Verstandesurteilen – d.h. dem Zugriff der Verstandeskategorien auf die sinnliche Anschauung. Stattdessen gibt Boutroux die Szene frei für das Drama einer ursprünglichen und unvorhersehbaren Aktivität. Das Erfahrungsurteil, das den Bedingungen ewigen Vergehens und Sicherneuerns unterliegt, wird so zu einem endlosen Kontinuum möglicher Realisierungsformen zwischen Gefühlsurteilen (denen es an Objektivität mangelt) und analytischen Urteilen (denen jede Verbindung zu den Sinnesdaten fehlt). Das Erfahrungsurteil mitsamt seiner inneren Instabilität nennt Simmel „eine Zwischenstufe, ein Entwicklungsstadium", gekennzeichnet durch „unzählige Abstufungen der Urteile".[12] Hierin liegt für Simmel das Herzstück und zugleich das dynamische Zentrum der Kantischen Philosophie. Von einem dynamischen Zentrum kann man angesichts Simmels Lektüre sprechen, obwohl er Kant ganz in den Grenzen der Newton'schen Physik belässt. Die Frage nach der Möglichkeit einer nicht-euklidischen Erfahrung oder der von tertium-datur-Kategorien scheint für Simmel sekundär im Hinblick auf die kaum wahrnehmbare Variabilität von Objektformierungen, denen die Sinnesdaten in den Erfahrungsurteilen ausgesetzt sind. Dies ist für Simmel eine Form von Variabilität, die bei Kant bereits unter der Bedingung der Newton'schen Physik steht. Von einem Herzstück der Kant'schen Philosophie kann man wiederum hier sprechen, weil sich Simmel zufolge an dieser Stelle Kants implizite Weltanschauung enthüllt. Denn die Offenheit und endlos flexible Anwendbarkeit der Formgebungen aus Rohdaten bezeugt die eigentliche Modernität Kants, eine Modernität, die sogar zu Beginn des 20. Jahrhunderts noch modern ist: „das Verhältnis des Geistes zur Wirklichkeit, als eine ins Unendliche gehende Entwicklung"[13].

Simmel entwickelt sein Verständnis von Herz und Zentrum der Kantischen Philosophie in zwei Schritten. Da beide Schritte überaus komplex sind und weitere Ausführungen erforderten, werden sie im Folgenden nur zusammenfassend dargestellt, allein um die Bekräftigung der Dissonanz in der *Theorie des Romans* zu erläutern.

Der erste Schritt besteht in Simmels berühmter Bezugnahme auf den Schematismus bei Kant. Schematismus ist die Aktivität des Bewusstseins, die

---

12 Simmel. Kant (wie Anm. 11). S. 37.

13 Simmel. Kant (wie Anm. 11). S. 36.

weder Anschauung noch begriffliches Verstehen ist, sondern die Verbindung des einen zum anderen herstellt. Was ich oben die kaum wahrnehmbare Variabilität und endlose Anwendbarkeit von Begriffen des Verstehens auf Daten der Anschauung genannt habe, findet seine Erklärung und seinen Ausdruck im Zeichnen der Linien der Figur oder des Schemas im Verstand. Indem er Kants eigene Worte dazu, was es bedeutet, die Linie in der Figur des Schemas zu zeichnen, umformuliert und zu einer reich instrumentierten Passage macht, entwickelt Simmel das Narrativ einer ursprünglichen Aktivität des Denkens. Ich zitiere nur wenige Zeilen aus dieser reichen und langen Passage:

> Wenn wir also einen räumlichen Gegenstand anschauen, so ist daran das Gegebene, das wir passiv von der Wirklichkeit hinnehmen müssen, eine Summe an sich unverbundner punktueller Sinnesaffektionen, die Farbigkeiten und Tastbarkeiten des Gegenstandes. Zu einem räumlichen aber wird er, indem diese sozusagen unlokalisierten Eindrucksatome innerhalb unsres Bewußtseins verbunden werden. Damit sie einen bestimmt geformten Gegenstand bilden, muß das Bewußtsein aus jedem von ihnen zu jedem hinübergleiten, aus jedem herausgehen, ohne ihn doch verschwinden zu lassen, also eine Verbindung zwischen ihnen vollziehen, die aus keinem derselben für sich herauszuholen ist [...]. Nicht anders verhält es sich mit der Zeitlichkeit wahrgenommener Ereignisse.[14]

Der hier für Raum und Zeit exemplarisch dargestellte Prozess gilt für alle Arten der Synthese, auch für die durch Kategorien. Alles das nennt Simmel unterschiedslos Form und Formwerdung: „Jede Formung ist Trennung: die Linie, durch die wir eine Form in eine Ebene hineingestalten, trennt eben einen Teil derselben vom andren und sie ist Vereinheitlichung: denn der eine Teil wird jetzt als eine Einheit dem andren entgegengesetzt.“[15]

In seinem zweiten Schritt liefert Simmel eine psychologische Beschreibung für die ursprüngliche Aktivität der Formgebung, die Beschreibung des Ichs. Das Ich wird als der Akteur im Prozess des Zeichnens der Linie erfahren. Dieser Prozess ist zuerst anonym, akteurlos. Erst in dem Moment, in dem das Ich als Schöpfer und insbesondere als Rezipient eines Kunstwerks in Erscheinung tritt, entfaltet sich für Simmels Kant auch die volle Bedeutung von Form und Formwerdung in der Erfahrung und für die Erfahrung. Die Formwerdung, die beim Zeichnen der Linie im Schematismus stattfindet,

---

14 Simmel. Kant (wie Anm. 11). S. 41f.
15 Simmel. Kant (wie Anm. 11). S. 44.

ist keine Einheit, die vorangehende Trennungen voraussetzt, sondern eine laufende Arbeit an der Trennung, die zur Einheit führt. In Hinsicht auf die Kunstpsychologie bedeutet dies, dass die primäre Erfahrung des Kunstwerkes nicht die Verwirklichung seiner Einheit und damit seines eigenen Wesens ist, sondern vielmehr die Erfahrung der fundamentalen Distanz, in der sich das Kunstwerk manifestiert. Das Kunstwerk ist wesentlich Form als Trennung, Trennung von der Welt und auch von uns. Das Kunstwerk begegnet uns als eine Macht, sodass Subjekt und Kunstwerk sich „wie Macht zu Macht gegenüberstеh[en]."[16] Dies „scheinbar Unverträgliche" ist „Erfolg jener Einheit, in der das Kunstwerk sich zusammenfaßt: denn diese gewinnt ihm die Form der Seele selbst"[17]. Anders gesagt: Die Priorität der Trennung vor der Einheit beim funktionalen Verständnis der Form im Schematismus manifestiert sich in der Erfahrung im Kunstwerk. Und sie tut das mit der für das Werk charakteristischen Vorherrschaft von Distanz und Inkompatibilität vor seiner inneren qualitativen Einheit und Totalität.

Fazit

Bringen wir nun Boutroux' Kontingenz der Naturgesetze einerseits und Simmels Erfahrung der Form im Kunstwerk als Trennung und Distanz andererseits in Anschlag und führen beide in der „tiefsten Bestätigung der Dissonanz" in der *Theorie des Romans* zusammen, dann verstehen wir endlich, warum diese Formulierung die Geschichte des Romans nicht nur unterbrechen oder stören konnte. Sie reorganisiert die *Theorie des Romans* als Ganzes. Es geht nicht mehr um das Profil einer historischen Darstellung, die der transzendentalen Obdachlosigkeit des Protagonisten im Roman einen begrenzten Platz in der Geschichte einräumt, wie wir sie kennen. Die Formel von der „Bestätigung der Dissonanz" verwandelt die Geschichte selbst. Auf diese Weise wird Geschichte zu einem Auswuchs der gleichsam essentiellen Flächigkeit, die in der Kontingenz von Gesetzmäßigkeit in der Wissenschaft ebenso vorliegt wie in der funktionalen Bedeutung von Formwerdung im Kunstwerk. In der Tat sind die Kontingenz der Naturgesetze in der Wissenschaft und die ästhetische Formation der Trennung vor Einheit und Totalität zwei Seiten derselben Sache. In der ästhetischen Form, jedenfalls in der

16 Simmel. Kant (wie Anm. 11). S. 49.
17 Simmel. Kant (wie Anm. 11). S. 49.

funktionalen anstelle der essentiellen Form, bleibt der Prozess der Formwerdung in der Synthese von Begriff und Intuition in jedem Moment unvorhersehbar. Die Kontingenz der Naturgesetze zeigt den temporären Charakter jedes Ergebnisses bei der Synthese von Begriff und Anschauung in der Praxis der wissenschaftlichen Erfahrung. In einem solch ‚abgeflachten' Verständnis von Kontingenz und funktioneller Form ist der Roman eine rein strukturelle Wahrheit. Er ist die strukturelle Wahrheit dessen, was nur dann eine Geschichte zu sein scheint, wenn wir uns täuschen lassen, indem wir Kunst oder Wissenschaft für Metaphysik halten. Die Griechen wiederholen in dieser Lesart letztendlich ihre mythologische Wirklichkeitsauffassung, die in ihren Epen bereits eine Kunstform gewesen war; und wir Modernen verwechseln diese Wiederholung mit dem Märchen von einer ursprünglichen Einheit, einer Einheit in der Metaphysik und damit dann auch zwischen der Ordnung des Seins und den Formen seiner Nachahmung in Kunst und Literatur. Und von den Epen, die Lukács zufolge nach dem Roman kommen sollen, d. h. im Romanepos in der Zeit Dostojewskis, würden wir nicht mehr eine Überwindung der Dissonanz in einer neuen metaphysischen Konsonanz erwarten. Vielmehr würden wir nach einem vertieften oder vielmehr einem abgeflachten Zusammenschluss aus Gesetzen suchen, die ihre wesentliche Kontingenz und das endlos variierte Spiel der Trennung und Einheit zeigen, das Kants Formwerdung nach Simmel ausmacht. Während das alte Epos metaphysische Einheit als Kunstnachahmung darbietet, wird das kommende Epos eine Verflechtung der Dinge durch die Kunst als metaphysische Wahrheit des Lebens zeigen.

Kurz gesagt, geht es in der *Theorie des Romans* nicht um den literarischen Realismus, sondern in ihr wird im ekstatischen Sinne des Wortes der Realismus von Literatur angekündigt. Literatur ist die (ontologische) Realität, die Realität der wissenschaftlich-ästhetischen Formwerdung in ihren unvorhersehbaren Prozessen und kontingenten Ergebnissen. Sicher, wir brauchen Philosophie, um das Problem zu formulieren und zu verstehen, aber die Philosophie geht fehl, wenn sie sich selbst als Sphäre der Antwort versteht. Und dann – aber das müsste an anderer Stelle ausgeführt werden – könnten wir noch einen Schritt weiter gehen und fragen, ob Marx' Entfremdung und gesellschaftliche Produktion als Bezugspunkt und analytischer Fokus nicht schon die erste Verwirklichung einer Geschichte war, die von ihrer eigenen Mitte, der Bourgeoisie, beherrscht wird, anstatt sich in der Fülle ihres Anfangs oder im Versprechen ihres Endes zu ergehen. Zumindest in der Verdinglichung, wie Lukács sie denkt, ist der Klassenkampf eine Geschichte, in der Anfang und Ende nur als Extrapolationen aus einem ahistorischen Mittelteil existieren. Dies ist jedenfalls Lukács' Rekonstruktion von Marx, die vollkommen im Einklang mit dem ersten Teil des Kapitals steht: Die Geschichte der Menschheit als Geschichte des Klassenkampfes ist nur von ihrem Zentrum, der bürgerlichen kapitalistischen Produktion und Warenform, her denkbar – nicht von ihrem Anfang und auch nicht von ihrem Ende her. Warenform ist aber auch fetischisierte Form. Sie ist Geldform, Verdinglichung und der Strukturalismus des reinen Wertgesetzes. Geschichte als analytische Kategorie existiert nur in und durch die Strukturform. Dies wird im Aufsatz über Verdinglichung anders als in der *Theorie des Romans* nun ein Argument und gleichzeitig seine Erklärung, eine philosophische Hypothese. Es ist nicht mehr die These des ekstatischen Realismus der Formwerdung, die die Forderung der Kunst und der Wissenschaft beim Lukács der *Theorie des Romans* gewesen war.

Aus dem Amerikanischen übersetzt
von Rüdiger Dannemann, Maud Meyzaud und Philipp Weber

Michael Niehaus

Hans im Glück

Georg Lukács liest einen Roman von Henrik Pontoppidan

I.

Der Name Pontoppidan taucht in Georg Lukács' *Theorie des Romans* zunächst im Zusammenhang mit seinen Ausführungen zur „biographischen Form“ des Romans auf. Zwar sei der Roman nicht „an das naturhafte Beginnen und Enden des Lebens“ gebunden, zeige aber „doch gerade durch den Punkt, wo er einsetzt und den, wo er aufhört, die problembestimmte, allein wesentliche Strecke“ (*TdR*, S. 63) des Romanhelden an.[1] Am Faden der „Entwicklung eines Menschen“, müsse – so die normative Feststellung – „die ganze Welt aufgeknüpft“ sein (63). Und weiter:

> Wenn das dichterische Dasein Wilhelm Meisters sich von seiner akut gewordenen Krise mit seinen gegebenen Lebensumständen bis zum Finden des wesenhaft zugemessenen Lebensberufs ausdehnt, so hat diese biographische Gestaltung dieselben Prinzipien wie der Lebenslauf in Pontoppidans Roman, der von dem ersten wichtigen Kindheitserlebnis bis zum Tode des Helden dauert. (63f.)

Was hier zum Mindesten überrascht, ist die nicht weiter erläuterte Nennung des Namens Pontoppidan mit Goethes *Wilhelm Meister* in einem Atemzug. Pontoppidan befindet sich in der *Theorie des Romans* in einer Reihe erlesener Beispiele großer Romanautoren: Cervantes, Goethe, Flaubert, Balzac, Dostojewski. Anders als diese ist der Däne Henrik Pontoppidan, der von 1857 bis 1943 lebte, weitgehend vergessen.

Das war um 1916 anders: Im Jahr nach der Erstveröffentlichung der *Theorie des Romans* bekam Henrik Pontopppidan, der zu diesem Zeitpunkt bereits ein umfangreiches Roman-Œuvre vorzuweisen hatte, den Nobelpreis

---

1 Die Zitate erfolgen nach der folgenden Ausgabe: Georg Lukács. *Die Theorie des Romans. Ein geschichtsphilosophischer Versuch über die großen Formen der Epik*. Bielefeld: Aisthesis, 2009.

für Literatur zuerkannt.[2] Das erklärt allerdings noch nicht, warum Lukács umstandslos von „Pontoppidans Roman" spricht, als gäbe es nur einen, der in Frage kommt. Gerade 1916 hatte Pontoppidan einen Roman mit dem Titel *Totenreich* vollendet, der in fünf Teilen seit 1912 erschienen war. Dieser Roman erschien erst 1920 in deutscher Übersetzung. Lukács meint hingegen den Roman *Hans im Glück*, der zwischen 1898 und 1904 in vier Bänden erschienen und 1906 von derselben prominenten Übersetzerin Mathilde Mann ins Deutsche übertragen worden war.

Zwar war und blieb *Hans im Glück* Pontoppidans bekanntestes und erfolgreichstes Buch (es wurde sowohl in der DDR wie auch Anfang der 1980er Jahre im *Insel*-Verlag neu aufgelegt), aber das ist nicht der einzige Grund, warum es bei Lukács so unvermittelt auftaucht. *Hans im Glück* spielte Jahre zuvor eine gewisse Rolle im Briefwechsel der Freunde Georg Lukács und Ernst Bloch. Ernst Bloch war ein Verehrer dieses Romans, jedoch nicht nur wegen seiner literarischen Qualität, sondern auch, weil Pontoppidan in ihm, so Bloch im *Geist der Utopie* von 1918, mit der Figur der „Jakobe Salomon den Typus einer bedeutenden Jüdin geschildert"[3] habe. Viele Jahre später, in einem ausführlichen, auf *Hans im Glück* fokussierten Nachruf auf Henrik Pontoppidan, bedauert Bloch unter der Überschrift *Ein Grundbuch der Weltliteratur*, dass „die Zahl derer", die dieses „dichte, tiefe, einmalige Werk" gelesen haben, so gering ist.[4] Und er prognostiziert nach seinen Ausfüh-

2 Man muss allerdings hinzufügen, dass dieser Nobelpreis mitten im Ersten Weltkrieg vergeben wurde und „die Umstände der Preisverleihung nicht sonderlich rühmlich waren" (Josef Rattner, Gerhard Danzer. „War Henrik Pontopppidan ein Lykke-Per?" In: *Dänemark und Norwegen in Europa. Geistesgeschichtliche und literarische Essays.* Hg. Josef Rattner, Gerhard Danzer. Würzburg: Königshausen & Neumann, 2004. S. 227-250, hier: S. 247). Unter anderem hatte das Nobelpreiskomitee vorab vereinbart, den Preis nur an einen Autor aus einem neutralen Staat zu vergeben; auch musste sich Pontoppidan den Preis mit einem anderen dänischen Autor, Karl Gjellerup, teilen (vgl. ebd.).

3 Ernst Bloch. *Geist der Utopie.* In: Ders. *Gesamtausgabe.* Bd. 16. Faksimile der Ausgabe München und Leipzig 1918. Frankfurt a. M.: Suhrkamp, 1965. S. 322. Vgl. zu Ernst Blochs besonderer Beziehung zu dieser Figur (und zu dieser Seite des Komplexes Bloch/Lukács/Pontoppidan insgesamt) Liliane Weissberg. „Utopian Visions: Bloch, Lukács, Pontoppidan". In: *The German Quaterly* 67/2 (1994). S. 197-210.

4 Ernst Bloch. „Pontoppidans Roman *Hans im Glück*". In: Ders. *Literarische Aufsätze.* Gesamtausgabe Bd. 9. Frankfurt a. M.: Suhrkamp, 1965. S. 83-88. S. 83.

rungen über den Romaninhalt: „Dieser Roman veraltet nicht, weil er das Veralten von vornherein in sich aufgenommen hat."[5] Als das Veraltete, das der Roman in sich aufgenommen hat, erweist sich, wie man verkürzt sagen könnte, die biographische Form.

Im Folgenden sollen die beiden Stellen, an denen Lukács ausführlicher auf *Hans im Glück* eingeht, genauer kommentiert und seine Überlegungen anhand des Textes von Pontoppidan konkretisiert und ergänzt werden. In diesem Zusammenhang soll dargelegt werden, inwiefern Lukács' Blick auf den Roman, weil er seine Aufmerksamkeit nur auf die biographische Form richtet, einen blinden Fleck haben muss. Dem liegt – einmal mehr – die methodologische Voraussetzung zugrunde, dass der literarische Text über die Theorien hinausgeht, die auf ihn appliziert werden, dass dies aber nur gezeigt werden kann, wenn man Theorien auf ihn appliziert.

II.

Im zweiten Teil der *Theorie des Romans*, dem „Versuch einer Typologie der Romanform" (73ff.), unterscheidet Lukács scharf zwischen zwei Grundtypen: Die Psychologie kann statisch sein oder dynamisch. Zum ersten Typus rechnet er zunächst natürlich Cervantes, dann Balzac und drittens schließlich Pontoppidan. Von diesem abstrakt idealistischen Typus, in dem das „Statische der Psychologie [...], die Verengerung der Seele [...] als abstraktes Apriori unabänderlich gegeben" ist, sei „der Roman des neunzehnten Jahrhunderts, mit seinen Tendenzen zu psychologischer Bewegtheit und psychologistischer Auflösung" (84) immer mehr abgekommen.

Im abstrakt idealistischen Roman spielt das *Dämonische* Lukács zufolge eine spezifische Rolle. Zunächst kommt dem „Dämonischen" bei Cervantes wegen der „innere[n] Sicherheit des Helden" und seiner gleichbleibend „inadäquate[n] Haltung der Welt [...] gegenüber [...] eine positive, treibende Rolle" (84) zu. Bei Balzac hingegen sei die „Dämonie etwas schlechthin Letztes: sie ist das Prinzip jedes wesentlichen, sich in epischen Taten objektivierenden, menschlichen Handelns" (83), und zwar nicht nur des Helden, sondern aller wesentlichen Figuren der *Comédie Humaine*, weshalb sich diese weniger als *ein* Roman präsentiere denn als ein Roman*kosmos*, als ein „unübersichtliche[s] Gewühl von Verflochtenheit der Schicksale und der

---

5 Bloch. Pontoppidans Roman *Hans im Glück* (wie Anm. 3). S. 87.

einsamen Seelen" (83). Die Dialektik von Seele und Welt findet daher bei Balzac letztlich nicht zur biographischen Form.

Anders in *Hans im Glück*, den Lukács als Solitär präsentiert:

> Nur ein großer Roman, Pontoppidans „Hans im Glück" stellt den Versuch dar, diese Seelenstruktur zentral zu nehmen und in Bewegung und Entwicklung darzustellen. Durch diese Problemstellung ist eine völlig neue Kompositionsart gegeben: der Ausgangspunkt, das völlig sichere Gebundensein des Subjekts an das transzendente Wesen ist zum Endziel, die dämonische Tendenz der Seele, sie von allem, was dieser Apriorität nicht entspricht, völlig abzutrennen, zur wirklichen Tendenz geworden. (84)

Lukács liest Pontoppidans Roman sozusagen als eine Umkehrung des *Don Quixote* und spricht deshalb von einer „negativen Dämonie", „denn die dämonische Verengerung der Seele zeigt sich nur negativ, im Fallen-lassen-Müssen jedes Errungenen, weil es doch nicht ‚das' ist, was nottut" (85).[6] Nicht das Sich-Verzehren nach einem Ziel – so die Konstruktion von Lukács – ist der dämonische Antrieb des Subjekts, sondern der Zwang zur *Entwertung* des Ziels. Dadurch bleibe die „Einheit von Grund und Ziel verborgen" und „das Nicht-Entsprechen von Seele und Wirklichkeit [...] rätselhaft" (84f.).[7]

Nun ist diese Rätselhaftigkeit ja zunächst einmal nicht besonders rätselhaft. Dass das Ziel, das man erreicht hat, sich nicht als so reichhaltig, nicht

6 Vgl. auch Inga Kalinowski. *Das Dämonische in der Theorie des Romans von Georg Lukács*. Hamburg: Tredition, 2015. S. 209-228. Kalinowski betitelt diesen Abschnitt ihres Buches zwar mit „Die negative *Dämonie*: Pontoppidans ‚Hans im Glück'", aber ihr Nachvollzug der Einwirkung des Dämonischen auf den Protagonisten trägt dieser Negativität nicht wirklich Rechnung, wenn es etwa heißt: „Bei Pontoppidan sind die *Dämonen* die Verlockungen des *Lebens*, die Pers Selbstwerdung im Wege stehen." (Ebd. S. 212) Dass dies nicht ganz die richtige Bestimmung ist, wird in Kalinowskis Argumentation selbst deutlich, wenn sie später erklärt: „In seinen Ohren rauscht in diesem Moment nicht das Blut des Lebens, sondern das Erbe seines Elternhauses, hinter dem getarnt sich mit Gewalt sein *Dämon* zu Wort meldet." (Ebd. S. 214)

7 Auf diese Weise wird gewissermaßen das *Luziferische* des Dämonischen freigelegt. Lukács spricht etwa vom „luziferische[n] Trotz" (80) des modernen Helden. Vgl. dazu Kirk Wetters. „The Luciferian and the Demonic in Georg Lukács' *Die Theorie des Romans*". In: *Das Dämonische. Schicksale einer Kategorie nach Goethe.* Hg. Lars Friedrich, Eva Geulen, Kirk Wetters. Paderborn: Fink, 2014. S. 243-266, bes. S. 262.

als so erfüllend, nicht als so dauerhaft erweist wie man wähnte, ist ja vielmehr der Grundzug des Desillusionierungsnarrativs im Entwicklungsroman, das Lukács aber dem zweiten Grundtypus des Romans zurechnet (87). Man muss daher, um zu verstehen, was Lukács hier meint, die besondere Konstruktion von Pontoppidans Roman genauer in den Blick nehmen.

Der Held dieses Romans, Per Sidenius, ist Sprössling einer ehrwürdigen asketisch-protestantischen Pastorenfamilie, der – ganz nach der Art des ‚Familienromans' im Sinne Freuds – aufgrund seiner „Sonderstellung im Pfarrhaus" bereits als Kind von der „fixen Idee" verfolgt wird, „nicht das Kind seiner Eltern"[8] und folglich zu einem anderen Schicksal ausersehen zu sein als dem geschichtslosen Fristen eines selbstgenügsamen und demütigen Daseins in einem dänischen Provinzstädtchen. Insofern handelt es sich gewiss um den sehr gewöhnlichen Beginn eines Romans mit ‚biographischer Form'. Das gilt zunächst auch für die Fortsetzung: Der Held löst sich vom Elternhaus, geht seinen eigenen Weg und begibt sich – wir sind noch im ersten Kapitel des Romans – nach Kopenhagen ans Polytechnikum, um dort zu studieren.

Der Unterschied in der Konstruktion beginnt sich aber schon im zweiten Kapitel abzuzeichnen. Per Sidenius, der in angestrengter Arbeit hochfliegende Ingenieurspläne zur Modernisierung Dänemarks durch ein neues Kanalsystem ausarbeitet, wird von dem jüdischen Bankiersohn Ivan Salomon als „Aladdin-Typ", als ein „Glückskind"[9] bezeichnet, und er selbst beginnt sich, auch beflügelt durch seinen sexuellen Erfolg bei der reichen, verheirateten Frau Engelhardt, als eine „Ausnahme" zu fühlen, als ein „Mensch, der schon als Kind durch einen glücklichen Zufall seine Ketten gesprengt" hat: „Es galt nur zu *wollen*, rücksichtslos und ohne Bedenken zu *begehren* – und alle Herrlichkeiten des Lebens würden ihm zuteil werden!"[10] Ein wohlhabender älterer Herr namens Neergard tauft Per in einem Gespräch mit ihm in Bezug auf seine Eroberung als „Herr[n] Hans im Glück", allerdings nicht ohne hinzuzufügen, dass er „das Glück für das allergrößte Unglück" hält, „das heutzutage einen Menschen treffen kann", weil wir es nicht mehr verstehen, „mit dem Märchenhaften auf vertrautem Fuß zu stehen": „Wir fühlen uns am Tisch des Glücks wie ein Bauer an der Tafel eines Königs."[11]

8 Henrik Pontoppidan. *Hans im Glück*. Berlin und Weimar: Aufbau, 1975. S. 17.
9 Pontoppidan. Hans im Glück (wie Anm. 8). S. 54.
10 Pontoppidan. Hans im Glück (wie Anm. 8). S. 60.
11 Pontoppidan. Hans im Glück (wie Anm. 8). S. 78f.

Märchenhaft und realistisch zugleich ist es nun, wie dem Helden im Roman immer wieder neue Möglichkeiten in den Schoß fallen, die er nur zu ergreifen braucht, wenn er das Seine dazu tut. Es beginnt schon mit den beiden genannten Personen. Der todkranke Neergard begeht Suizid und hinterlässt Per ein kleines Erbe als Startkapital für die Inbesitznahme des ‚Lebens' sowie damit verbundene Beziehungen, die ihm weiterhelfen und neue Anschlussmöglichkeiten bieten; Ivan Salomon wird zu seinem Freund und zum unermüdlichen Förderer seiner Modernisierungspläne und führt ihn in seine Familie – eine der reichsten Familien Kopenhagens – ein, was später zu Pers Verlobung mit dessen Schwester Jakobe führt.

Der Held des Romans *Hans im Glück* begehrt nicht nur, sondern die Welt eröffnet ihm den ganzen Roman über – teils ungeahnt, teils vorhersehbar – die Möglichkeiten, seinen Wunschvorstellungen nachzugehen und sich auf diese Weise weiterzuentwickeln. Lukács beschreibt die Bewegung des Romans so, dass „hier die Bewegung des Lebens eine eindeutige und bestimmte Richtung bekommen" habe:

> zur Reinheit der rein zu sich gekommenen Seele, die aus ihren Abenteuern gelernt hat, daß nur sie selbst – in einer starren Abgeschlossenheit in sich selbst – ihrem tiefsten, alles beherrschenden Instinkte entsprechen kann; daß jeder Sieg über die Wirklichkeit eine Niederlage für die Seele ist; denn er verstrickt sie immer, bis zum Untergang, im Wesensfremden; daß jeder Verzicht auf ein erobertes Stück Wirklichkeit in Wahrheit ein Sieg ist, ein Schritt zur Eroberung des illusionsfrei gewordenen Selbst. Darum steckt die Ironie Pontoppidans darin, daß er seinen Helden überall siegen läßt, daß aber eine dämonische Gewalt ihn zwingt, alles Errungene als wertlos und uneigentlich anzusehen und es augenblicklich, sobald er es besitzt, fahren zu lassen. (*TdR*, S. 85)

Diese Beschreibung trifft es indes nur halb, und sie ist auch halbherzig. Zunächst klingt sie – in den Worten von Ernst Blochs Nachruf – ein wenig nach „allerhand Pessimismen oder spätbürgerlichen (auch katholizierenden) Buddhismen"[12], die auf Pontoppidans Roman gerade *nicht* zuträfen. Tatsächlich ist Per Sidenius (zum Glück) alles andere als ein Siddartha.

Es sind auch nicht einfach die Siege, die *ausgeschöpften* Möglichkeiten, die *erfolgreichen* Eroberungen, die fahren gelassen werden, vielmehr verlangt es die Konstruktion des Romans, dass die Möglichkeiten mehr oder weniger

12 Bloch. Pontoppidans Roman *Hans im Glück* (wie Anm. 3). S. 86

schon *vor* ihrer Realisierung entwertet werden.[13] Per Sidenius treibt sein großes Kanalisierungsprojekt gerade nicht konsequent voran, er schrickt vor der Ehe mit Jakobe zurück, er fährt nicht nach Amerika. Jedes Sich-Einleben in ein Verhältnis erfolgt probeweise und unter Vorbehalt, weshalb diesem Helden etwas zutiefst Zweideutiges, Unangenehmes und vor allem Abgründiges anhaftet.

Lukács sieht diese wesentliche Zweideutigkeit sehr wohl, liest sie aber – gewissermaßen hegelianisch – von ihrem *Resultat* her. Er schreibt weiter:

> Und die merkwürdige innere Spannung entsteht daraus, daß der Sinn dieser negativen Dämonie sich erst am Schluß, bei erreichter Resignation des Helden, zu enthüllen vermag, um dem ganzen Leben retrospektive Klarheit der Sinnesimmanenz zu verleihen. Die deutlich gewordene Transzendenz dieses Abschlusses und ihre hier sichtbar werdende prästabilierte Harmonie zu der Seele werfen einen Schein der Notwendigkeit auf jede vorangegangene Verwirrung, ja, von ihnen aus gesehen, dreht sich die Bewegungsbeziehung von Seele und Welt um: es scheint, als ob der Held immer derselbe geblieben wäre und als solcher ruhig in sich ruhend dem Vorbeiziehen der Ereignisse zugesehen hätte; als ob die ganze Handlung nur darin bestanden hätte, daß die Schleier, die diese Seele verhüllten, weggezogen wurden. (85)

Was in dieser Beschreibung der negativen Dämonie nur *ex negativo* deutlich wird, ist die damit verbundene Herausforderung, über achthundert Seiten den inneren Zuständen eines Helden beizuwohnen, der sich selbst sowohl in seinen Entwürfen wie in der Einschätzung seiner Gegenwart und in der Konstruktion seiner Biographie unablässig verkennt (wobei die Epoche der

---

13 Winfried Menninghaus schreibt in seinem sechzigseitigen Nachwort zur Insel-Ausgabe von *Hans im Glück* (dem weitaus besten, was es auf Deutsch zu diesem Roman zu lesen gibt): „die Erfüllung von Pers Glückswünschen wird nicht *von außen* verhindert oder revidiert, vielmehr wird durch Pers *eigene* Kritik im Stadium (der Möglichkeit) der Erfüllung das Gewünschte selbst jeweils verworfen, und der aufrechterhaltene *abstrakte* Glückswunsch sucht sich ein neues, *konkretes* Ziel" (Winfried Menninghaus. „Henrik Pontioppidans *Lykke* Per". In: *Hans im Glück*. Henrik Pontoppidan. Frankfurt a. M.: Insel, 1981. S. 817-874, hier: S. 834). Die Schwierigkeit der richtigen Beschreibung der Logik wird hier dadurch deutlich, dass die Einschränkung „der Möglichkeit" in Parenthese erfolgt. Entsprechend heißt es auch etwas später bei Menninghaus: „Die (mögliche) Wunscherfüllung bedeutet, statt einer Wirklichkeit mehr, lediglich einen Wunsch weniger." (Ebd.)

dänischen Industrialisierung, die mitsamt ihren gesellschaftlichen Veränderungen durchlaufen, porträtiert und reflektiert wird, zugleich als Katalysator dieses Dämonischen fungiert).

Der Held kann nur unter der Bedingung, dass er nie er selbst ist, am Ende als derjenige erscheinen, der „immer derselbe geblieben" ist. Weil die unverhüllte „Seele" selbst nicht darstellbar ist, wird nur erzählt, wie der Held immer wieder Schleier wegzuziehen meint und dies mit immer neuen Selbstdeutungen verknüpft.

Dass es einen (dialektischen) *Fortschritt* in diesen Selbstdeutungen gibt, kann man nicht gerade behaupten. Als Per Sidenius spät, nach seiner inneren Abkehr von Jakobe, reumütig am Sarg seiner Mutter steht, weil er es vermieden hat, sie vor ihrem Tod noch einmal zu besuchen, gibt der Roman unter anderem die folgende erlebte Rede zu Protokoll: „Aber er hatte ja nichts, worüber er sich hätte beklagen können. Mit vollem Bewusstsein hatte er seine Seele den Göttern dieser Welt verkauft. Der Pakt mit dem ‚Lykke', dem Glück, von dem er gelebt hatte, war ein Bund mit dem Teufel, dem Satan."[14]

Wenig später, im Glauben, in den Schoß des Glaubens zurückgekehrt zu sein, sieht er unter anderem sich selbst „in jener Nacht vor langer Zeit, als er vor Frau Engelhardts Bett flüchtete, angeekelt von den Freuden, die Huren schenken." Und er stellt fest, dass das „Sideniussche Erbe, das er den Fluch seines Lebens genannt hatte", geradezu ein Amulett" für ihn geworden sei – „ein gesegnetes Zeichen, das er verborgen bei sich getragen hatte und dem er es verdankte, dass es ihm nicht schlimmer ergangen war"[15]. Noch später schließt sich der noch immer junge Per in einer bäuerlichen Umgebung an den sozialreformerisch gesinnten Pastor Blomberg an, dessen Tochter Inger er unter Absehung aller großen Ambitionen heiratet und mit der er drei Kinder hat. Dann gerät er aber unter den Einfluss der an Kierkegaard gemahnenden Gedankenwelt des Pastors Fjaltring, des Antipoden seines Schwiegervaters, der in „einem seiner ironischen Augenblicke" erklärt: „Falls es richtig ist, daß der Weg zur Hölle gepflastert ist mit unseren guten Vorsätzen, dann muß ja notwendig der Himmel mit unseren schlechten gepflastert sein." Man könne daher „unsere geistige Entwicklung zur Vollkommenheit" als einen „unaufhörliche[n] Sündenfall" betrachten. Darauf heißt es weiter: „Wenn Per auf seine eigene Entwicklung zurückblickte, schien sie ihm fast eine Bestätigung dieser Worte zu sein. Und er sah wieder mit Hoffnung und Zuversicht

14 Pontoppidan. Hans im Glück (wie Anm. 8). S. 641.
15 Pontoppidan. Hans im Glück (wie Anm. 8). S. 656.

in die Zukunft."[16] Man sieht: Es gibt eine Kette von Verkennungen, in denen die biographische Form immer wieder zur Anwendung kommt, ohne dass ein Fortschritt erzielt würde.

Was für eine Figur macht eine solche Figur? Man könnte sagen, die Figur eines Verräters – des Verräters an den eigenen Projekten, an Freunden, an Jakobe, an den Eltern, am Heidentum, am Christentum. Fast ganz am Ende definiert sich Per – in einer weiteren Referenz auf die Welt des Märchens – als ein „Wechselbalg", als einen „unterirdischen Kobold, der im Licht blind und vom Glück getötet"[17] wird. In der Erkenntnis dessen fasst er den Entschluss, sich auch von seiner Familie abzuwenden, um sie nicht zu vergiften. Das Ende dieser Verräterkarriere kündigt sich genau in dem Moment an, in dem er seiner Frau Inger gegenüber *vorgibt*, ein Verräter zu sein, um sie verlassen zu können und in einer gottverlassenen Küstengegend das Amt eines unscheinbaren Straßenbauassistenten zu führen.

Dort hat er dann alles abgeworfen und die Seele, wie Lukács es will, tritt uns unverhüllt entgegen. Ganz ähnlich drückt sich Ernst Bloch aus: „Der Hans im Glück-Faust durchfährt seine Lebenskreise und wirft sie ab, er erfüllt sich in seiner ganzen ihm möglichen Lebenstotalität und zieht sie wie Schleier herunter, die ein ganz Anderes, noch Unbekanntes verhüllt haben."[18] Und in einer hellsichtigen Anspielung auf Musils inzwischen erschienenen Roman fügt er hinzu, der Held dieses Romans sei „fast eine erste versuchte Art, ohne Eigenschaften zu sein – mindestens ohne festgelegte."[19]

Was Pontoppidan mit seinem Roman vorführt, ist für Lukács nicht nur eine Art Umkehrung des *Don Quixote*, sondern ähnelt auch – was nicht damit zu verwechseln ist – einer Art umgekehrter *Dialektik*, bei welcher die taumelnde Bewegtheit des Lebens den Roman nur zum Zwecke ihrer Aufhebung beherrscht:

> Der dynamische Charakter der Psychologie wird als bloß scheinhafte Dynamik enthüllt, jedoch – und darin liegt die große Meisterschaft Pontoppidans – erst, nachdem sie mit ihrem Schein der Bewegung die Reise durch eine bewegte und lebendige Lebenstotalität ermöglicht hat. Daraus entsteht die isolierte Stellung dieses Werkes inmitten der modernen Romane; seine

16 Pontoppidan. Hans im Glück (wie Anm. 8). S. 743.
17 Pontoppidan. Hans im Glück (wie Anm. 8). S. 780.
18 Bloch. Pontoppidans Roman *Hans im Glück* (wie Anm. 8). S. 87.
19 Bloch. Pontoppidans Roman *Hans im Glück* (wie Anm. 8). S. 88.

> an die Alten gemahnende strenge Handlungsmäßigkeit, seine Abstinenz von jeder bloßen Psychologie [...]. (85f.)

Wir werden auf die Implikationen einer solchen Lektüre zurückkommen, wenn es darum geht, das Ende von Pontoppidans Roman einzuordnen. Zuvor aber gilt es, die Vorstellung von Dialektik, die von Lukács an *Hans im Glück* herangetragen wird, etwas genauer zu erfassen.

Hierzu eignet sich die zweite Stelle der *Theorie des Romans*, am Ende des Abschnitts zur ‚Desillusionsromantik', an der Lukács auf Pontoppidans Roman zu sprechen kommt. Er stellt dort fest, dass „die ganz großen Romane eine gewisse Tendenz zum Transzendieren auf die Epopöe hin haben", eine Tendenz, von der allein die „für die Form des Romans am meisten vorbildlich[e]" (100) Éducation sentimentale ausgenommen wird. „Pontoppidans *Hans im Glück*", so fährt Lukács fort, stehe zwar vielleicht „von allen Romanen des neunzehnten Jahrhunderts dem großen Gelingen Flauberts am nächsten", aber er bestimme

> das Ziel, dessen Erreichen seine Lebenstotalität begründet und abrundet, zu inhaltlich konkretisiert und zu wertbetont, als daß vom Ende aus diese vollendete, wirklich epische Einheit entstehen könnte. Zwar ist auch für ihn der Weg mehr als eine unumgängliche Erschwerung des Ideals; er ist der notwendige Umweg, ohne dessen Durchschreiten das Ziel leer und abstrakt bliebe und das Erreichen darum seinen Wert verlöre. Aber er hat seinen Wert doch nur in bezug auf dieses bestimmte Ziel, und der Wert, der so entsteht, ist doch nur der des Gewachsenseins und nicht der des Wachstums selbst. (100)

Es ist hier nicht ganz leicht, das Argument nachzuvollziehen, auch (und gerade) wenn man den Roman Pontoppidans kennt. Das liegt nicht zuletzt daran, dass Lukács zwischen dem *Roman*, dem *Helden* und dem *Weg des Helden* (also der biographischen Form) – in dieser Passage auch sprachlich – nicht recht unterscheidet.

Was soll es also heißen, dass das Ziel des Romans, des Helden, des Weges „inhaltlich zu konkretisiert und zu wertbetont" ist? Lukács zufolge liegt das Ziel in Pontoppidans Roman in der „Reinheit der rein zu sich gekommenen Seele" (85) abseits der Welt, im „sichere[n] Gebundensein des Subjekts an das transzendente Wesen" (84). Wenn man das Ziel als den Punkt definiert, von dem aus es keine weitere Entwicklung gibt, dann ist dieses selbstgewählte Ziel von Per Sidenius zweifellos „konkretisiert" und „wertbetont".

Vergleichen wir es mit dem Ziel in der Éducation sentimentale, dem Musterroman. Dort ist es die „schöpferische, den Gegenstand treffende und ihn umwandelnde Erinnerung" (99), welche die Einheit des „Lebensganze[n]" (97) verbürgt. Auch Walter Benjamin hat bekanntlich in seinem *Erzähler*-Essay, die Gedanken von Lukács weiterführend (und dessen Beispiele übernehmend), in diesem Sinne auf den Schluss der Éducation sentimentale hingewiesen, der mit einem gemeinsamen Erinnern der beiden Freunde endet und mit der Feststellung, ein gewisser gescheiterter Bordellbesuch in der Jugend sei „vielleicht das Schönste in unserem Leben" gewesen. „Mit solcher Erkenntnis", so Benjamins Kommentar, „steht der Roman am Ende, das ihm in strengerem Sinne als irgendeiner Erzählung eignet". Das „Ende des Romans" ist der „übertragene[]" Tod des Helden.[20]

Diese Figur der selbstgewissen Rückwendung, mit welcher sich die Lukács'sche ‚Lebenstotalität' als wie immer Nicht-Realisiertes herstellt, wird in Pontoppidans *Hans im Glück* allerdings vereitelt. Das Romangeschehen ist hier am Ende *nicht* in einem wie auch immer gearteten Rückblick des Helden aufgehoben. Wie soll es auch anders sein, wenn das konkretisierte Ziel eine Abstraktion bzw. eine Transzendenz ist? Das heißt aber auch, dass sich die Begebenheiten in der Zeit, statt in ihrer Folgerichtigkeit aufgefasst zu werden (das wäre das „Wachstum"), bis zu einem gewissen Grade lediglich *de facto* auseinander hervorgehen (das ist das „Gewachsensein").

Im *Don Quixote*, der *Theorie des Romans* zufolge das Paradigma des „abstrakten Idealismus", versteht sich dies von selbst: Dessen „Geschehnisse" seien „fast zeitlos, eine bunte Reihe von isolierten und in sich vollendeten Abenteuern", und darin liegt natürlich „das Eposartige des *Don Quixote*" (101). Insofern das Ziel inkommensurabel mit dem Verlauf ist, wie im „abstrakten Idealismus" der Fall, gibt es eine Tendenz zur Epopöe. Dann aber verfehlt auch die Vorstellung einer Art ‚umgekehrter Dialektik' die Logik von Pontoppidans Roman. Denn sie suggeriert, als könne man irgendwie *sagen* oder *zeigen*, was am Ende steht.

Um das nachzuvollziehen, muss dieses Ende noch einmal ein wenig genauer betrachtet werden. Vorweggeschickt sei die Bemerkung, dass Lukács in der *Theorie des Romans* eine rein *histoire*-orientierte Poetologie betreibt, der Erzähl*diskurs* spielt bei ihm keine selbständige Rolle, weil er darin aufgeht, die dargestellte Welt als den eigentlichen *Gehalt* zu *formen*. Daher

20 Walter Benjamin. „Der Erzähler". In: Ders. *Gesammelte Schriften*. Bd. II.2. Frankfurt a. M.: Suhrkamp, 1990. S 438-465, hier: S. 455f.

entgeht Lukács auch die Funktion des *Perspektivwechsels* im letzten Kapitel von *Hans im Glück*.

Bis zum Ende des vorletzten Kapitels, das mit der finalen Unterredung mit seiner Frau endet, ist der Roman – mit starken Anteilen erlebter Rede – notwendiger Weise größtenteils intern auf den Protagonisten Per Sidenius fokalisiert (lediglich einige auf Jakobe fokalisierte Passagen machen eine Ausnahme). Das letzte, achtundzwanzigste Kapitel hingegen springt mehrere Jahre nach vorn in eine Erzählgegenwart, in welcher man „kürzlich die Leiche eines Mannes in mittleren Jahren"[21] aus einem von vier Häusern einer kleinen Ansiedlung herausgetragen hat. Es wird also in eine betont *externe* Fokalisierung gewechselt, die sich im weitern Verlauf als die eines Lehrers konkretisiert, der mit Per Sidenius in den letzten Jahren vor dessen Tod durch ein „schreckliche[s] Krebsleiden" einen losen Umgang gepflegt hat.

Solche abstandnehmenden Tonartwechsel am Ende umfänglicher Romane mit ‚biographischer Form' sind sicher nichts Ungewöhnliches. Sie leiten in der Regel eine Art Epilog ein. Hier aber soll ja der Epilog nach dem Willen des Interpreten Lukács mit dem Endziel zusammenfallen. Von diesem Endziel, der beschworenen „Reinheit der rein zu sich selbst gekommenen Seele", ist zum Mindesten zu sagen, dass es nicht darstellbar ist.[22] Tatsächlich hat der Roman, wenn man zu einem dialektischen Vokabular greifen will, die Perspektive des Subjekts am Ende *aufgezehrt* und das letzte Kapitel zieht daraus die Konsequenz. Die Nichtwahrnehmung dieses Wechsels im Erzähldiskurs, der aus der Seele ein schwarzes Loch macht, lässt sich als der blinde Fleck von Lukács' Betrachtung bezeichnen.[23]

---

21 Pontoppidan. Hans im Glück (wie Anm. 8). S. 800.

22 Vgl. auch sehr deutlich Menninghaus: „Lukács täuscht sich allerdings, wenn er am Schluß des Romans eine ‚Reinheit der rein zu sich selbst gekommenen Seele' sieht und diese vermeintlich reine Seele als das endlich gefundene ‚wahre' Glück apostrophiert. Weder ist eine solche reine Seele die Erfüllung der Idee des Romans noch gibt es eine solche reine Seele überhaupt […]." (Menninghaus. Henrik Pontoppidans *Hans im Glück* [wie Anm. 13]. S. 836).

23 Ernst Bloch ist übrigens, was die Deutung des Romanschlusses angeht, deutlich vorsichtiger als Lukács und trägt dem Perspektivwechsel indirekt Rechnung: „Der Mensch ist ein Abgrund, sagt Georg Büchner, es schaudert einen, wenn man hinuntersieht. Vielleicht war das Ende des Hans Sidenius, in welches man so wenig hinuntersieht, ein fröhlicher Abgrund, einer mit allerlei vergessenem Gewinn." (Bloch. Pontoppidans Roman *Hans im Glück* [wie Anm. 3]. S. 86). Dass die „Resignation" des Helden bzw. der Rückzug der Seele auf sich selbst

Auf die Reinheit der Seele, wenn es denn eine ist, ist keine Perspektive möglich; sie kann von keiner Erzählinstanz erfasst werden. Allerdings führt der Roman vor, wie es ist, wenn man *sie selber* sprechen lässt. Der befreundete Lehrer findet in den spärlichen Hinterlassenschaften unseres Helden nämlich „eine Art Tagebuch“[24], aus dem unter anderem hervorgeht, dass die Seele auch nach dem Eintritt in den Stand der Selbsttransparenz nicht dieselbe ist. Hier ein Ausschnitt aus einer der Eintragungen der ersten Zeit:

> Was wir unsere Seele nennen – ist das nur eine vorübergehende Stimmung, ein Resultat unseres nächtlichen Schlafes und unserer Zeitungslektüre? Etwas das vom Barometer oder von den Marktpreisen abhängt? Oder haben wir so viele Seelen in uns wie es Bilder gibt in einem Schüttelspiel?[25]

In einer anderen Eintragung gibt sich Per durchaus dialektisch im Sinne von Lukács, indem er den „menschlichen Entfaltungsdrang“ und die „Schöpferkraft“ für notwendig hält für das Erlangen „wirkliche[r] Freiheit“:

> Daher preise ich mich glücklich, daß ich in einer Zeit gelebt habe, die diesen Drang wachrief und diesen Mut stärkte. Sonst wäre ich mein ganzes Leben lang ein halbfertiger Mensch, ein Sidenius geblieben.[26]

Hat unser Held das Halbgeborene, das Koboldhafte in sich, also überwunden? Hier ein Ausschnitt aus der letzten wiedergegebenen Eintragung, in der von einem Jungen aus der Umgebung berichtet wird, der aus Angst vor dem erzürnten Vater immer höher auf einen Baum geklettert, dann hinabgestürzt und zum Krüppel geworden ist. Er liegt nur noch auf seinem „Ruhebett im Park, umflattert von seinen Freunden, den Vögeln“:

---

nicht das letzte Wort ist, liegt für Bloch wiederum an der (von Lukács – aufgrund seiner methodologischen Bindung der Romanform an die biographische Form bzw. an den Helden – unterschlagenen) Figur der Jakobe. Denn diese bekommt *nach* dem Tod des Helden (wenn auch *vor* der Wiedergabe der Exzerpte aus seinem Tagebuch) noch einen Auftritt als Leiterin eines nichtkirchlichen Kinderhorts für Arme). Allerdings erklärt Bloch auch: „Jakobe lebt, jedoch der Atheismus ihrer Welt, der jubelnd negative, ist abgelaufen.“ (Ebd. S. 87)

24 Pontoppidan. Hans im Glück (wie Anm. 8). S. 808.

25 Pontoppidan. Hans im Glück (wie Anm. 8). S. 809.

26 Pontoppidan. Hans im Glück (wie Anm. 8). S. 810f.

> Als Ersatz für die Gesundheit, deren er beraubt worden war, hatte er jenen sechsten Sinn bekommen, der seiner Seele den tiefsten Frieden bescherte. Der Tolpatsch mit dem störrischen Kobold im Blick war nun zwar ein armer Krüppel geworden, weder Mann noch Frau, weder Kind noch Erwachsener; doch dafür war er jetzt ein Mensch, in dessen Augen sich die Unendlichkeit widerspiegelte in all ihrer Klarheit, Tiefe und Ruhe.[27]

Also kann man auch ohne den zitierten „unaufhörliche[n] Sündenfall" durch einen einzigen undialektischen Sturz in jenen transzendenten Zustand versetzt werden, in den der Held dieses Romans nie ganz eingetreten sein wird. In diesem Sinne schreibt Winfried Menninghaus zusammenfassend: „der Entwicklungstyp abstrakter Negation" in Pontoppidans Roman könne „als eine bestimmte Negation der Idee des Bildungsromans verstanden werden [...]."[28]

III.

Diese bestimmte Negation erfolgt nicht zufällig auf der Folie des Märchenhaften, das in Georg Lukács', aber auch in Ernst Blochs Überlegungen eine Rolle spielt. Nach Lukács sind die mittelalterlichen Ritterepen, in denen – wie in *Hans im Glück* – „alles Suchen [...] doch nur der Schein eines Suchens ist, [...] eigentlich große Märchen" (77). Bloch beginnt seinen Nachruf auf Pontoppidan mit einer längeren Ausführung zu dem Märchen *Hans im Glück* der Brüder Grimm, um dem Abstieg des Helden Per Sidenius zu bescheinigen, dass er in ihm bis zum Schluss ein Hans im Glück geblieben sei.

Nun heißt der Roman Pontoppidans natürlich nur in der deutschen Übersetzung *Hans im Glück*; im Original heißt er *Lykke-Per*. Dieser Titel mag einen Bezug zum Grimmschen Märchen herstellen, und deshalb hat Mathilde Mann ihn in ihrer vorzüglichen Übersetzung ja auch gewählt. Ein viel direkterer (weder von Lukács noch Bloch erwähnter) intertextueller Bezug ging dadurch jedoch verloren.

Pontoppidans *Lykke-Per* hat einen unzweifelhaften Hypotext – einen Kurzroman (beinahe) gleichen Titels des zumal heute ungleich bekannteren dänischen Schriftstellers Hans Christian Andersen. *Lykke-Peer*, sein letzter,

---

27 Pontoppidan. Hans im Glück (wie Anm. 8). S. 813.

28 Menninghaus. Henrik Pontoppidans *Hans im Glück* (wie Anm. 13). S. 837.

1870 erschienener Roman ist tatsächlich ein Märchen – freilich ein *perfides* oder zumindest *rigoroses* Märchen nach der Art Andersens. Der *Glückspeter* – so die deutsche Übersetzung des Titels – arbeitet sich in ihm aus bescheidensten Verhältnissen mit Glück, Begeisterung und Geschick, mit Hilfe von Familie, Freunden und Gönnern, sich stets neue, größere Ziele setzend, im Eiltempo und im Telegrammstil immer weiter nach oben im Reich einer mit dem Bürgertum versöhnten Kunst. Alles gelingt Glücks-Peter, und er verdient, dass ihm alles gelingt. Nichts Zweideutiges haftet ihm an. Er ist also das genaue Gegenstück zu Per Sidenius. Und der lange Roman ist eine Kontrafaktur des kurzen.

Andersens Glückspeter ist wirklich ein Aladdin, wie es Pontoppidans Per Sidenius zu Anfang seiner Laufbahn nachgesagt wird. Die Krönung des Romans besteht darin, dass Glückspeter nicht nur „Text und Musik zu einer Oper" schreibt, sondern auch „selbst der Träger der Hauptrolle auf der Bühne" sein wird. Mehr geht nicht. Und diese dem Helden auf den Leib geschriebene Oper heißt *Aladdin*.[29] „Ein Glückskind wie Aladdin war unser junger Freund!"[30], ruft der Erzähler jubelnd aus.

Aber wird die Welt diesen Aladdin anerkennen? Sie wird. Das Publikum ist überwältigt. Nach der Premiere regnet es von allen Seiten Buketts herab, eines von ihnen berührt seine Brust. Es wurde ihm von dem jungen Mädchen zugeworfen, das er liebt. In diesem Moment durchzuckt ein „Feuerstrom" sein Herz und er sinkt tot darnieder. *Ohne Rückschau*. Und der Roman endet mit den lapidaren Worten: „Er, der Glücklichste vor Millionen."[31]

---

29 Vgl. zur besonderen Stellung der Aladdin-Figur in der dänischen Literatur des 19. Jahrhunderts ausführlich A. Petersen-Weiner. „Aladdin's Shadow. On Henrik Pontoppidans *Lykke-Per*". In: *Scandinavian Studies* 59/1987. S. 28-45; sowie Menninghaus. Henrik Pontoppidans *Hans im Glück* (wie Anm. 13). S. 827ff.

30 Hans Christian Andersen. *Glückspeter*. Frankfurt a. M.: Insel, 1982. S. 111. Vgl. zu Pontoppidan und Andersen auch Rattner/Danzer. War Henrik Pontopppidan ein Lykke-Per? (wie Anm. 2). S. 227f.

31 Andersen. Glückspeter (wie Anm. 30). S. 117. Menninghaus setzt sich ausführlich mit dem von Lúkacs nicht thematisierten Märchencharakter von Pontoppidans Roman – auch im Vergleich mit Andersens *Lykke-Peer* – auseinander (vgl. Menninghaus. Henrik Pontoppidans *Hans im Glück* [wie Anm. 13], S. 819ff.). Seine Überlegungen könnten in einer genaueren Analyse der impliziten Theorie des Märchens in der *Theorie des Romans* fruchtbar gemacht werden.

Philipp Weber

Roman, Form und Todestrieb

Georg Lukács' literarische Ethik

In der modernen europäischen Literatur stehen Roman, Theorie und Leben in einem engen diskursiven Zusammenhang, der sich ab der zweiten Hälfte des 18. Jahrhunderts nachweisen lässt.[1] Lebensform und Romanform bilden hierbei einen Konnex, dem sich die Romantheorie in unterschiedlichen Ansätzen widmet. Die Art des Zusammenhangs von Leben und Form mit einer Theorie des Romans wiederum ist seit einiger Zeit schon Gegenstand von Diskussionen in der Forschung.[2] Aufbauend auf diese Diskussionen, jedoch mit einer anderen Stoßrichtung, soll es im Folgenden darum gehen, einen hiervon abweichenden Aspekt ans Licht der Reflexion zu heben. Dafür kann die *Theorie des Romans* von Georg Lukács die entscheidenden Hinweise liefern. In dem angesprochenen Verhältnis

---

1 Vgl. aus der Forschung zur Romantheorie u. a.: Roland Barthes. *Schreibweise des Romans*. In: Ders. *Am Nullpunkt der Literatur*. Frankfurt a. M.: Suhrkamp, 2006. S. 29-37; Hans Blumenberg. „Wirklichkeitsbegriff und Möglichkeit des Romans". In: Ders. Ästhetische und metaphrologische Schriften. Hg. Anselm Haverkamp, Frankfurt a. M.: Suhrkamp. 2001. S. 47-73; Gerhart von Graevenitz. *Die Setzung des Subjekts. Untersuchungen zur Romantheorie*. Tübingen: Niemeyer, 1973; Franco Moretti. *The way of the world. The Bildungsroman in European culture*. London: Verso, 2000; Wilhelm Voßkamp: *Romantheorie in Deutschland. Von Opitz bis Friedrich von Blanckenburg*, Stuttgart: Metzler, 1973; David Wellbery. „Die Enden des Menschen. Antropologie und Einbildungskraft im Bildungsroman (Wieland, Goethe, Novalis)". In: *Das Ende, Poetik und Hermeneutik* XVI. Hg. Karl Heinz Stierle. München: Fink, 1996. S. 600-639.

2 Auf diese Diskussionen wird im Folgenden noch näher eingegangen. Als einschlägige Titel sind u. a. zu nennen: Rüdiger Campe. „Form und Leben in der Theorie des Romans". In: *Vita aesthetica. Szenarien ästhetischer Lebendigkeit*. Hg. Armen Avanessian, Winfried Menninghaus u. a. Berlin: Diaphanes, 2009. S. 193-211; Eva Geulen. „Form-Wissen bei Lukács und Benjamin". In: *Black Box Leben*. Hg. Maria Muhle/Christiane Voss. Berlin: August, 2017; Anja Lemke: „Bildung als formatio vitae – Zum Verhältnis von Leben und Form in Judith Schalanskys ‚Der Hals der Giraffe'". In: *IASL* 41/2 (2016). S. 395-411.

von Leben und Form, so gilt es im Folgenden zu zeigen, ist nämlich eine entscheidende – und von der Forschung bislang nicht hinreichend berücksichtigte – Differenz angelegt, die auf übliche Ontologisierungen des Lebensbegriffs verzichtet und dafür einen abseitigen und bisweilen nicht anerkannten Aspekt in Anschlag zu bringen vermag. Es ist damit das Wissen um einen inhärenten Gegenpart des Lebens aufgerufen – nämlich das Wissen um einen Todestrieb.

Der Terminus des Todestriebs droht derweil stets, seit seiner ersten Nennung bei Sigmund Freud und bis in die Gegenwart hinein, unweigerlich Missverständnisse zu produzieren. Dies ist nicht zuletzt dem Umstand geschuldet, dass dem Terminus innerhalb der Psychoanalyse zunächst ein beinahe metaphysischer Stellenwert zugeschrieben worden und er daraufhin auch innerhalb der Disziplin in Verruf geraten ist.[3] Diverse neuere Ansätze haben sich indessen um eine philosophische Rehabilitierung des Terminus bemüht, worauf im Folgenden noch einzugehen ist. Mithilfe des Terminus Todestrieb, so die hier vertretene These, wird hingegen erst ein Moment der Negativität im lebendigen Subjekt, welches aber gerade auch für eine Theorie des modernen Romans substanziell ist, angemessen erfasst.[4] Um den

3 Melanie Klein und Jacques Lacan haben hingegen den Begriff unmittelbar nach Freud noch in einer positiven, bisweilen emphatischen Weise rezipiert. Vgl. dazu Melanie Klein. „Zur Theorie von Angst und Schuldgefühl". In: Dies.: *Gesammelte Schriften.* Bd. III. *Das Seelenleben des Kleinkindes und andere Beiträge zur Psychoanalyse.* Stuttgart: frommann holzboog, 2000. S. 43-70; Jacques Lacan. *Schriften I. Vollständiger Text.* Wien: Turia und Kant, 2016; ders. *Schriften II. Vollständiger Text.* Wien: Turia und Kant, 2015.

4 Ein einseitiges Verständnis des Lebensbegriffs stellt sich hingegen als problematisch heraus. Man gerät hierbei unweigerlich in einen metaphysischen lebensphilosophischen Diskurs, in dessen Aporien bereits die *Theorie des Romans* sich an manchen Stellen verstrickt (vgl. dazu Jörg Kammler. „Ästhetizistische Lebensphilosophie". In: *Text + Kritik. Zeitschrift für Literatur* 39/40 (1973). S. 8-23). Der Terminus der Lebensform, welcher von einer Ambivalenz zwischen einerseits juridischer und andererseits biologischer Semantik geprägt ist, leitet sich innerhalb der Forschung der vergangenen Jahre wiederum meist von Agamben her (vgl. Giorgio Agamben. „Lebens-Form". In: *Gemeinschaften. Positionen zu einer Philosophie des Politischen.* Hg. Joseph Vogl. Frankfurt a.M.: Suhrkamp, 1994. S. 251-257). Eine diesbezügliche Kritik des Lebensformbegriffs findet sich u. a. bei Eva Geulen. „Wirklichkeiten, Möglichkeiten und Unmöglichkeiten. Zum Problem der Lebensform bei Giorgio Agamben und Theodor W. Adorno".

Einsatzpunkt des Todestriebs innerhalb einer Theorie des Romans genauer zu bestimmen, muss zunächst jedoch der Zusammenhang von Form, Leben und Theorie (noch) einmal genauer in den Blick genommen werden.

1. Roman, Theorie und Leben

Die philosophische Ästhetik der zweiten Hälfte des 18. Jahrhunderts tritt mit dem Anspruch auf, eine Strukturanalogie zwischen der Form des Lebens und der des Kunstwerks aufzeigen zu können.[5] Hierfür ist zum einen die Transformation der Disziplin der Naturgeschichte zur Biologie (als einer dezidierten Lebenswissenschaft) entscheidend[6], und zum anderen gelangt mit der Etablierung der klassischen Ästhetik das Subjekt – und damit seine ästhetische Lebendigkeit[7] – in den Fokus der Diskussion. In den Schriften Kants, Goethes, Schellings, der Frühromantik und weiteren werden diverse Merkmale einer solchen Parallelisierung von Leben und

---

In: *MLN* 125 (2010). S. 642-660, hier: S. 647ff. und (in Bezug auf die Auseinandersetzung mit dem Todestrieb) bei Slavoj Žižek. *Der göttliche Todestrieb*. Wien: Turia und Kant, 2016. S. 28f.

5 Eine ausführliche Diskussion dieser Analogie im Diskurs des 18. Jahrhunderts findet sich bei Avanessian/Völker/Menninghaus (Hg.). *Vita aesthetica. Szenarien ästhetischer Lebendigkeit*. S. 15ff.

6 Zur Konzeptualisierung dieses Vorgangs vgl. die Arbeiten von Foucault und Lepenies: Michel Foucault. *Die Ordnung der Dinge*. Frankfurt a. M.: Suhrkamp, 1974; Wolf Lepenies. *Das Ende der Naturgeschichte. Wandel kultureller Selbstverständlichkeiten in den Wissenschaften des 18. und 19. Jahrhunderts*. Frankfurt a. M.: Suhrkamp, 1978.

7 Vgl. Jan Völker. *Ästhetik der Lebendigkeit. Kants dritte Kritik*. Paderborn: Fink, 2011, bes. S. 7-13. Vgl. dazu auch Werner Michler, der eine stärker soziologisch orientierte Lesart dieses Komplexes vorschlägt: „Die Geschichte der Gattungspoetik und, in weiterer Entfernung, die Geschichte der biologischen Klassifikationen sollten daher als die Geschichte der sozialen Positionen der Klassifikatoren im sozialen Raum und der Geschichte der Intellektuellenassoziationen in ihren Handlungsfeldern verstanden werden können“ (Werner Michler. „Biopoetik der Gattungen im 18. Jahrhundert“. In: *Gattungs-Wissen. Wissenspoetologie und literarische Form*. Hg. Michael Bies/Michael Gamper/Ingrid Kleeberg. Göttingen: Wallstein, 2013. S. 35-50, hier: S. 47). Der implizite soziale Index der biologischen Kategorien wird spätestens mit Lukács reflektiert und die Forderung eines Umschlags dieses Verhältnisses formuliert.

Kunstwerk, aber auch Momente ihrer Differenz, ausgiebig verhandelt. Das Werk der Kunst verlässt einem solchen Verständnis nach im Moment seiner Entstehung den Bereich der natürlichen Formen und gelangt zu einer sich dadurch unterscheidenden und außerordentlichen Form. Damit ist das Kunstwerk aus der Ordnung der Natur extrahiert, es markiert gar einen Bruch mit ihr, zugleich aber bleibt es stets auf die vorgegebene, natürliche Ordnung verwiesen. Mit der Fähigkeit der Unterscheidung und zugleich der gezielten Durchkreuzung der natürlichen Formen haftet dem Werk der Kunst gleichwohl unausweichlich noch ein destruktives oder gar letales Moment an.[8]

Unter den künstlerischen Formen nimmt der Roman in dieser Hinsicht eine besondere Stellung ein. Dies verwundert nicht, beabsichtigt der moderne Roman doch ausdrücklich die ‚naturgemäße' Darstellung des Lebens oder, um Novalis' bekanntes Wort aufzugreifen: „Ein Roman ist ein *Leben*, als Buch."[9] Das Leben, so die Annahme der romantheoretischen Entwürfe Friedrich von Blankenburgs und später Friedrich Schlegels und Novalis', gelangt mit dem Roman erst zu einer adäquaten Darstellung. Nicht nur wird im Roman nämlich das Leben im Dargestellten als prozesshaftes festgehalten, sondern auch die Darstellung selbst wird hieraus resultierend lebendig und damit erst diesem Leben in ästhetischer Hinsicht gerecht.[10] Der vieldiskutierte Makel des Romans, selbst formlos zu sein und sich vorgegebenen

---

8 Jan Völker macht dies in seiner Lektüre von Karl Philipp Moritz deutlich, indem er aufzeigt, dass Letzterer das Kunstwerk als eine Arretierung des Lebens zur Form versteht: „Das Kunstwerk ist letztlich Darstellung der Natur in ihrer Spaltung, es ist selbst Leben, insofern es an seinem Grunde auf den Tod verweist" (Jan Völker. „Onto-Genesis der Form". In: *Form. Zwischen Ästhetik und künstlerischer Praxis*. Hg. Armen Avanessian/Franck Hofmann/Hans Stauffacher/Susanne Leeb. Berlin/Zürich: Diaphanes, 2009. S. 109-123, hier: S. 120). Die Korrelation der Diskurse des Lebens und der Ästhetik führt im Zuge der diversen Epigenesistheorien zur Begründung des Vitalismus, mit welchem dem Leben ein letztlich begrifflich nicht einholbares Wirkprinzip zugestanden werden soll (vgl. ebd. S. 110). Dieser Diskurs wirkt weiter in der Lebensphilosophie, von der sich auch der frühe Lukács beeindruckt zeigt.

9 Novalis. *Teplitzer Fragmente*. In: Ders. *Schriften. Die Werke Friedrich von Hardenbergs*. Hg. Paul Kluckhohn/Richard Samuel. Stuttgart: Kohlhammer, 1960-1977. Bd. II. S. 596-622, hier: S. 599 (Nr. 341).

10 Vgl. hierzu u.a. Campe. „Form und Leben in der Theorie des Romans" (wie Anm. 2); Gerhart von Graevenitz. Die Setzung des Subjekts. Untersuchungen

poetologischen Richtlinien vehement zu entsagen, wird dabei durch seine inhaltliche Organisation kompensiert.[11]

Ein substanzielles Merkmal der Lebensform – das der inhärenten Prozesshaftigkeit – kommt hierbei zum Tragen. Es ist damit das Konzept des Organismus aufgerufen, bei dem das Prozessieren der eigenen Form spezifisches Differenzmerkmal ist.[12] Ein Organismus ist *per definitionem* niemals nur statisch, sondern muss als stets prozessierende Lebensform verstanden werden. Der Roman erklärt dieses Prozessieren zum poetischen Formprinzip, daneben aber tritt noch ein weiteres – und hiervon abweichendes – Bestimmungsmoment in Erscheinung, das eben nicht allein durch das Konzept der Lebensform oder des Organismus zu erklären ist. Rüdiger Campe weist hierauf in seinen Ausführungen zu Schlegels Theorie des Romans bereits hin:

> Der Roman kann nur dann Form sein, wenn er Form wird, d. h. einem Kalkül folgt, der gerade nicht auf den Platonismus der Urbilder vertrauen kann. Eine Form entsteht, die in ihrer ständigen Selbstunterscheidung von der Unform besteht. Form des Lebens und Ergebnis seiner Kunst ist, was sich von dem unterscheiden kann, was sie nicht ist.[13]

Campe registriert in seiner Rekonstruktion der romantischen Theorie des Romans ein zweifaches Spezifikum: Zum einen ist der Roman nicht nur eine „Unform" (also der Verzicht auf jegliche Formanstrengung), sondern er hat vielmehr zur Aufgabe, eine je eigenständige und von einem Urbild

zur Romantheorie (wie Anm. 1); Peter Szondi. *Poetik und Geschichtsphilosophie*, Frankfurt a. M.: Suhrkamp, 1974.

11 Vgl. hierzu ausführlich Campe. „Form und Leben in der Theorie des Romans" (wie Anm. 2). S. 196f.

12 Vgl. die Ausführungen Schlegels in seinem *Gespräch über die Poesie*: Friedrich Schlegel. *Das Gespräch über die Poesie*. In: Ders. *Kritische Friedrich Schlegel-Ausgabe*. Hg. Ernst Behler/Jean-Jacques Anstett/Hans Eichner. München u. a.: Schöningh, 1958ff. Bd. 2. S. 284-351, hier: S. 337. Vgl. aus der Forschung u. a.: Claudia Blümle/Armin Schäfer. „Organismus und Kunstwerk. Zur Einführung". In: *Struktur, Figur, Kontur. Abstraktion in Kunst und Lebenswissenschaft*. Hg. Claudia Blümle/Armin Schäfer. Berlin/Zürich: Diaphanes, 2007. S. 9-25; Eva Geulen. „Form-Wissen bei Lukács und Benjamin" (wie Anm. 2). S. 142f.

13 Campe, „Form und Leben in der Theorie des Romans" (wie Anm. 2). S. 207.

abweichende Form auszubilden.[14] Und zum anderen ist diese Form eine Form, die sich im Unterschied zu dem ausbildet, was sie nicht ist. Um einen solchen Modus der „Selbstunterscheidung" zu gewährleisten, muss der Roman jedoch speziellen Anforderungen genügen, die im Folgenden diskutiert werden sollen. Der aufgezeigte Antagonismus von Roman und seiner Formgebung nämlich erfordert noch eine entscheidende Differenz, die mit dem Konzept der Lebensform allein nicht zu fassen ist. Die Annahme, welche die weiteren Ausführungen anleiten soll, wird dabei sein, dass im selbstreflexiven Leben stets der Modus einer Unterscheidung angelegt ist, der definitorisches Merkmal von Subjektivität ist.

2. Das Ende der geschlossenen Welt

Moderne Subjektivität beginnt mit dem cartesianischen *cogito*. Mit Descartes' epistemologischer Revolution, die er in seinen *Meditationes* ausformuliert, wird Subjektivität zur unabdinglichen Voraussetzung des Denkens und zum wesentlichen Erkenntnisprinzip der Philosophie der Neuzeit.[15] Ein Subjekt kann in diesem Zusammenhang definiert werden als „ein Wesen, dessen Bezüge auf anderes – Objekte wie andere Subjekte – wesentlich dadurch bestimmt sind, daß sie von einem Selbstbezug ‚begleitet' sind"[16].

Subjektivität vermag derweil nicht, sich in eine vorgegebene positive Seinsordnung einzufügen, sondern begreift sich stattdessen als den

14 Vgl. zum Terminus der Unform Clemens Lugowski. *Die Form der Individualität im Roman*. Frankfurt a. M.: Suhrkamp, 1976.

15 René Descartes. *Meditationes de Prima Philosophia. Meditationen über die Grundlagen der Philosophie*. Hg. Christian Wohlers. Hamburg: Meiner, 1992. Vgl. dazu Brigitte Kible. Art. „Subjekt". In: *Historisches Wörterbuch der Philosophie*. Hg. Joachim Ritter/Karlfried Gründer/Gottfried Gabriel. Basel u. a.: Schwabe, 1971-2007. Bd. 10. Sp. 373-400. Zur Diskussion, inwieweit man in Bezug auf Descartes von einem Subjekt-Begriff sprechen kann oder ob es sich nicht eher um eine nachträgliche Interpretation handelt, vgl. Étienne Balibar/Barbara Cassin/Alain de Libra. Art. „Sujet". In: *Vocabulaire Européen des Philosophies*. Hg. Barbara Cassin. Paris: Seuil, 2004. Sp. 1233-1253, hier: Sp. 1246.

16 Christoph Menke. Art. „Subjektivität". In: *Ästhetische Grundbegriffe. Historisches Wörterbuch in sieben Bänden*. Bd. 5. Hg. Karlheinz Barck u. a., Stuttgart/Weimar: Metzler, 2003. S. 734-787, hier: S. 734.

unausweichlichen Punkt des Scheiterns einer solchen Ordnung. Der antike Kosmos, der den wesentlichen Inhalt einer positiven Seinsordnung ausmacht, wird darum von der modernen Subjektivität verabschiedet. Als historischer Einsatzpunkt der irreduziblen Destruktion der Idee des Kosmos lässt sich hierbei der Nachweis der kosmologischen Antinomien in der *Kritik der reinen Vernunft* von Immanuel Kant aus dem Jahr 1781 ausmachen.[17] Die *Kritik der reinen Vernunft* besitzt in diesem Schritt, der zugleich einen weiteren entscheidenden Schritt in der Geschichte der modernen Subjektivität darstellt, ihren insgeheimen Skandal: Nicht allein die Bestimmung des Ich als transzendentale Einheit der Apperzeption und die damit einhergehende Sicherung der Objektivität von Erkenntnis macht nämlich die von Kant ausgerufene kopernikanische Wende des Denkens aus. Daneben erweist sich noch die Unmöglichkeit, die Einheit des Ganzen der Welt zu denken, als eine ungemeine Herausforderung für das Selbstverständnis der Epoche. Die ontologische Konsistenz der Welt, so weisen die kantischen Antinomien nach, gelangt mit der modernen Subjektivität zu einem Kollaps.[18] Ist Kant zufolge „das Weltganze jederzeit nur im Begriffe, keineswegs aber (als Ganzes) in der Anschauung" gegeben, so führt mithin auch das begriffliche Verständnis dieses Weltganzen in einen „Regressus ins Unendliche" und vermag

17 Immanuel Kant. *Kritik der reinen Vernunft*. In: Ders. *Werkausgabe*. Bd. IV u. V. Hg. Wilhelm Weischedel. Frankfurt a. M.: Suhrkamp, 1974. B 132ff.

18 Kant unternimmt diesen Schritt in der transzendentalen Dialektik der *Kritik der reinen Vernunft*. Den vier Antinomien, welche Kant dort behandelt, korrespondieren die vier Klassen der Kategorientafel. Mittels des Hinweises auf die Kategorien der Quantität, Qualität, Modalität und Relation vermag Kant aufzuzeigen, dass sowohl der Kosmos in mathematischer Hinsicht, d. h. in Bezug auf seine Größe, als auch in dynamischer Hinsicht, d. h. im Hinblick auf die Existenz der Erscheinungen, im Denken unausweichlich zu Widersprüchen führt. Vgl. dazu Kant. Kritik der reinen Vernunft (wie Anm. 17). B 435-596. Vgl. für eine ausführliche Diskussion der hier nur skizzierten Problematik: Brigitte Falkenburg. *Kants Kosmologie. Die wissenschaftliche Revolution der Naturphilosophie im 18. Jahrhundert*. Frankfurt a. M.: Suhrkamp, 2000; Peter Mittelstaedt/Ingeborg Strohmeyer. „Die kosmologischen Antinomien in der Kritik der reinen Vernunft". In: *Kant Studien* 81 (1990). S. 145-169; Philipp Weber. *Kosmos und Subjektivität in der Frühromantik*. Paderborn: Fink, 2017. S. 37ff.; Slavoj Žižek, *Die Tücke des Subjekts*. Frankfurt a. M.: Suhrkamp, 2001. S. 93ff.

auf kein Unbedingtes zu stoßen, welches jedoch für ein Verständnis des Weltganzen unverzichtbar wäre.[19]

Die Ausstreichung der Einheit der Welt, dies resultiert aus den kantischen Antinomien, erzeugt einen Rückverweis auf die eigene Vernunft, die diesen Kollaps erst hervorrief: Subjektivität, so macht die erste *Kritik* Kants fürderhin klar, lässt *qua* ihrer selbstbezüglichen Struktur eine geschlossene und positive Seinsordnung nicht länger bestehen. Vielmehr weist der Begriff der Welt nunmehr einen inneren Mangel, eine Inkonsistenz auf, und Subjektivität kann dagegen ihre Identität nur erreichen unter Anerkennung dieser Inkonsistenz.[20] Die hier nur skizzierte Problematik prägt den Ausgang der *Kritik der reinen Vernunft* und besitzt weitreichende Folgen, die in G. W. F. Hegels Programm einer dialektischen Geschichtsphilosophie münden.[21]

Es muss als ein besonderes philosophisches Verdienst von Georg Lukács angesehen werden, dass er diesen, sonst häufig übersehenen Skandal in der kantischen Philosophie nicht nur berücksichtigt, sondern ihn gar noch zur Voraussetzung seiner eigenen Romantheorie macht. Lukács situiert sich zu der Zeit der Niederschrift der *Theorie des Romans* selbst interessanterweise „im Prozeß des Übergangs von Kant zu Hegel" (*TdR*, S. 8) – also eben dort, wo gedanklich der Übergang von der Destruktion der Einheit der Welt hin zu einer historischen dialektischen Erkenntnisweise sich vollzieht.[22]

19 Vgl. Kant. Kritik der reinen Vernunft (wie Anm. 17). B 547.

20 Vgl. Kant. Kritik der reinen Vernunft (wie Anm. 17). B 546. Der Gedanke der Welt behält bei Kant gleichwohl seine regulative Funktion noch immer bei.

21 Es vollzieht sich realhistorisch im Verlauf des 19. Jahrhunderts daneben eine Substitution der Disziplin der Kosmologie durch die Astronomie (bzw. deren Tochterdisziplin Astrophysik), die hier nicht eigens thematisiert werden kann. Vgl. dazu Peter-André Alt. „Kopernikanische Lektionen. Zur Topik des Himmels in der Literatur der Aufklärung". In: *GermanischRomanische Monatsschrift* 48 (1998). S. 141-165; Hans Blumenberg, *Die Genesis der kopernikanischen Welt*, Frankfurt a. M.: Suhrkamp, 1981.

22 Vgl. zur philosophischen Entwicklung Lukács' u. a.: Andreas Hoeschen. *Das ‚Dostojewski-Projekt'. Lukács' neukantianisches Frühwerk in seinem ideengeschichtlichen Kontext*. Tübingen: Niemeyer, 1999; Ernst Keller. *Der junge Lukács*, Frankfurt a. M.: Sendler, 1984; Dominic Hubner. „Georg von Lukács. Auf dem Weg zur ‚Theorie des Romans'". In: *Georg von Lukács. Heidelberger Ästhetik – Auf dem Weg zur ‚Theorie des Romans'. Briefwechsel Leopold Ziegler und Georg Lukács*. Hg. Hansgeorg Schmidt-Bergmann. Karlsruhe: Braun, 2010. S. 13-35. Beispielhaft für eine verkürzte Sichtweise auf die angeführte Problematik ist

Den angesprochenen Skandal der Destruktion der Idee des Kosmos indes, der sich mit den kantischen Antinomien ereignet, diskutiert Lukács in seiner *Theorie des Romans* in aller Deutlichkeit:

> Der Kreis, in dem die Griechen metaphysisch leben, ist kleiner als der unsrige: darum können wir uns niemals in ihn lebendig hineinversetzen; besser gesagt: der Kreis, dessen Geschlossenheit die transzendentale Wesensart ihres Lebens ausmacht, ist für uns gesprengt; wir können in einer geschlossenen Welt nicht mehr atmen (*TdR*, S. 25).

Die homogene und „abgerundete Welt" (*TdR*, S. 24) des geschlossenen, antiken Kosmos ist mit dem Auftritt der modernen Subjektivität unwiderruflich zerstört, so muss Lukács' Kommentar verstanden werden. Im Gegenzug dazu glänzt nun „Kants Sternenhimmel [...] nur mehr in der dunklen Nacht der reinen Erkenntnis und erhellt keinem der einsamen Wanderer [...] mehr die Pfade" (*TdR*, S. 27). Der antike Sternenhimmel, mit dem die *Theorie des Romans* ihren vielzitierten Anfang nimmt und der Bild des vergangenen Kosmos ist, wird an dieser Stelle durch den kantischen Sternenhimmel substituiert.[23] Es ist aber nicht eine einfache Ersetzung des antiken,

---

diejenige Blumenbergs, der die Romantheorie von Lukács im Hinblick auf das „neuzeitliche Weltverständnis" liest und dabei die unumgängliche Problematik, welche das kantische Subjektverständnis hervorruft, außer Acht lässt (Blumenberg. „Wirklichkeitsbegriff und Möglichkeit des Romans" [wie Anm. 1]. S. 61). Weniger ist es jedoch die Herausforderung für eine Romantheorie nach Lukács, dass „die Welt ‚eine' Welt, der Kosmos ein Universum geworden war" (ebd.), wie Blumenberg suggeriert, als dass vielmehr nicht mal mehr *eine* einheitliche Welt denkbar geworden ist.

23 Vgl. dazu die bekannte Eingangspassage: „Selig sind die Zeit, für die der Sternenhimmel die Landkarte der gangbaren und zu gehenden Wege ist und deren Wege das Licht der Sterne erhellt" (*TdR*, S. 21). Interessanterweise ist mit dem Sternenhimmel an dieser Stelle nicht nur auf die Passage in der *Kritik der praktischen Vernunft* angespielt, sondern zudem kann auch Kants früher kosmologischer Entwurf einer *Allgemeinen Naturgeschichte und Theorie des Himmels* als Verweistext in Anschlag gebracht werden. Dieser Entwurf kann als eine der ersten modern-wissenschaftlichen Kosmologien gelten und in ihr ist bereits eine Fassung jener bekannten Passage enthalten. Vgl. Immanuel Kant, *Allgemeine Naturgeschichte und Theorie des Himmels, oder: Versuch von der Verfassung und dem mechanischen Ursprunge des ganzen Weltgebäudes, nach Newtonischen Grundsätzen abgehandelt*. In: Ders., Werkausgabe (wie Anm. 17). Bd. I. A 200).

ganzheitlichen Kosmos durch ein modernes und unbegrenztes Universum, was die *Theorie des Romans* hier unternimmt, sondern Lukács geht über diese Vorstellung noch hinaus: Vielmehr zeigt er auf, dass die Einsicht in die kantischen Antinomien zu einem ungeheuren Schritt zwingt, mit dem der nächtliche Sternenhimmel des Kosmos sich verkehrt hin zu „einem unermeßlichen Abgrund, der im Subjekt selbst liegt" (*TdR*, S. 27).[24] Der Sternenhimmel ist damit nicht länger Landkarte einer inneren Vertrautheit und Signum der Einheit der Welt, sondern er wird Abbild jenes Abgrunds, der in eben dem Subjekt sich auftut, das diese Einheit verabschiedet. Das Subjekt also markiert den Bruch mit der positiven Seinsordnung des Kosmos, und es weiß um sich als Grund dieses Bruches, was in einem abgründigen Selbstverhältnis resultiert.

Wesentliches Merkmal von Subjektivität ist indessen die Fähigkeit zur *negativen* Selbstbezüglichkeit, was eine Beziehung des Negativen auf sich selbst meint.[25] Das Subjekt fügt sich nicht nahtlos in den Prozess des Lebens ein, sondern negiert jene Formwerdung in Bezug auf eine Urform und setzt sich dagegen als individuelle Form. Hierin zeigt sich bereits eine Strukturparallele mit der Poetik des modernen Romans: Beiden Instanzen, Roman wie Subjekt, ist es unveräußerlich, dass sie sich dem Rekurs auf bestehende

Vgl. dazu auch Immanuel Kant. *Kritik der praktischen Vernunft*. In: Ders. Werkausgabe (wie Anm. 17). Bd. VII. A 289.

24 Die Bedeutung der Subjekttheorie für Lukács' *Theorie des Romans* wird in der Forschung wohl durchaus berücksichtigt (vgl. etwa Graevenitz: „Für Lukacs ist damit in einem ganz unmittelbaren Sinne Romantheorie auf das Subjekt festgelegt: im Epos und im Roman manifestiert sich die Geschichte des Subjekts im Verhältnis zu seiner Objektwelt und zwar sowohl am Verhalten des Helden zu seiner Umwelt als auch am Verhalten des ‚setzenden Subjekts'" (Graevenitz. Die Setzung des Subjekts (wie Anm. 1). S. 9). Jedoch wird die entscheidende Bedeutung der Negativität von Subjektivität meist nicht in Anschlag gebracht, die Lukács jedoch in besonderer Weise betont.

25 Diese Hegel'sche Bestimmung von Subjektivität steht in einem engen Zusammenhang mit Lukács' Beschreibung der modernen Subjektivität als abgründigem Selbstverhältnis. Lukács selbst nennt den Terminus nicht explizit, der Gedanke ist aber die unerlässliche Bedingungsmöglichkeit für das „Werden der Entrücktheit" (*TdR*, S. 64), wie sie seine Romantheorie entfaltet. Vgl. hierzu Georg Wilhelm Friedrich Hegel. *Phänomenologie des Geistes*. In: Ders. *Gesammelte Werke*. Bd. 9. Hg. Wolfgang Bonsiepen/Reinhard Heede. Hamburg: Meiner, 1968. S. 18ff.

Formen verweigern. Und beide bilden sich je im Rückbezug auf sich selbst und der Fähigkeit zur Selbstunterscheidung prozesshaft aus. Eben diese Fähigkeit von Roman und Subjekt lässt sich nun aber nicht alleine mit dem Konzept der Lebensform erfassen, noch weniger mit dem des Organismus.

Das Leben gelangt im Roman nicht nur zu einer ihm angemessenen Form, sondern es erzeugt vielmehr eine fundamentale Selbstdifferenz, die es sodann als Lebensform eines Subjekts auszeichnet. Dies liegt bereits der profanen Tatsache zugrunde, dass „die äußere Form des Romans [...] eine wesentlich biographische" (*TdR*, S. 59) ist, wie Lukács schreibt. Die Poetik des Romans unternimmt wohl eine Analogisierung mit der biographischen Form.[26] Dasjenige aber, was das erzählte *bios* nicht einfach zum *graphein* werden lässt, sondern immer schon eine unvermeidliche Formunterscheidung erzwingt, liegt in genau jenem Zwischenbereich begründet, den nur das Subjekt auszubilden im Stande ist. Es ist also nicht nur „die Entwicklung eines Menschen der Faden" (*TdR*, S. 63), der im Roman abgerollt werden muss und mit dem der Roman seine „biographische Form" (*TdR*, S. 63) gewinnt, sondern es ist mehr noch die intrinsische Problematisierung des Lebens selbst, durch welche der Roman „sich gerade den biographischen Kategorien des Prozesses" (*TdR*, S. 64) entzieht und ein „Werden der Entrücktheit" (*TdR*, S. 64) vorstellt.[27]

Mit der „Entrücktheit" ist eben derjenige Zwischenbereich bezeichnet, der nicht dem Organischen, der Lebensform und der natürlichen Ordnung

---

26 Auf diesen Zusammenhang macht bereits Dilthey aufmerksam (Wilhelm Dilthey. *Einleitung in die Geisteswissenschaften*. Leipzig, 1883; vgl. auch Manfred Schneider. „Politik der Lebensgeschichte um 1800 und das autobiographische Wissen im Theoriedesign des 20. Jahrhunderts". In: *Poetologien des Wissens um 1800*. Hg. Joseph Vogl. München: Fink, 1999. S. 267-288). Lukács lehnt sich jedoch nur auf den ersten Blick an Diltheys Programm an.

27 Geulen akzentuiert ebenfalls die angesprochene ‚biografische' Form des Romans: „Der Roman kennt jedoch auch eine andere Lösung seines spezifischen Formproblems. Er importiert und adoptiert eine wesentliche Dimension des Lebens *als* seine Form. Im Roman wandelt sich der Zeitfluss der Lebenswelt in Entwicklung und Prozess" (Eva Geulen. „Form-Wissen bei Lukács und Benjamin" (wie Anm. 2, S. 142f.). Der Roman, so die hier vertretene These, beabsichtigt nach Lukács aber weniger nur die Formwerdung der lebensweltlichen Erfahrung der verfließenden Zeit, als dass er vielmehr noch als ein Gründungsakt von Subjektivität verstanden werden muss und damit aus einem linear fließenden Prozess immer schon ‚entrückt' ist.

angehört und der sich ebenso wenig in den *logos* übersetzen lässt. Vielmehr muss ein dem Subjekt innewohnender, unveräußerlicher Rest angenommen werden, der sich vehement den natürlichen und kulturellen Kategorien entzieht und sich durch eine radikale Kontingenz auszeichnet. Und genau für diesen eigenwilligen Bereich, der weder Kultur noch Natur zuzuordnen ist, und an dem Subjekt und Roman ihre spezifische Wirkkraft entfalten können, hat die Psychoanalyse den Terminus des Todestriebs geprägt.

3. Zwischen Natur und Kultur – der Todestrieb

Sigmund Freud erwähnt erstmalig in seiner Schrift *Jenseits des Lustprinzips* von 1920 (und somit vier Jahre nach dem Erscheinen der *Theorie des Romans*) den Todestrieb und stellt ihn dem bislang alleinigen Trieb der Libido an die Seite.[28] Grund für die Annahme eines solchen, vom Lustprinzip abweichenden Triebs sind für Freud spezifische Symptome bei traumatischen Erkrankungen, wie sie kurz nach dem Ersten Weltkrieg in bislang unbekannter Weise auftreten. Freud registriert bei „Schädigung[en] des Nervensystems durch Einwirkung mechanischer Gewalt“ Verhaltensweisen, die der „eben jetzt abgelaufene Krieg“ in „eine[r] große[n] Anzahl“ hervorgebracht habe.[29]

28 Vgl. Sigmund Freud. „Jenseits des Lustprinzips (1920)“. In: Ders. *Studienausgabe*. Hg. Alexander Mitscherlich/Angela Richards/James Strachey. Frankfurt a. M.: Fischer, 2000. Bd. III. S. 213-272; vgl. auch ders. „Triebe und Triebschicksale (1915)“. In: Ebd. S. 75-102; ders., „Das Unheimliche“. In: Ebd. Bd. IV, S. S. 241-274, hier: S. 264. Freud beginnt wahrscheinlich im März 1919 mit der Niederschrift. Zu untersuchen wäre in diesem Zusammenhang noch die thematische Nähe des von Freud herausgestellten Todestriebs mit dem Bildungstrieb, den Müller-Sievers und Völker in ihren Arbeiten diskutieren. Vgl. dazu Helmut Müller-Sievers, *Self-Generation. Biology, Philosophy and Literature around 1800*. Stanford: Stanford University Press, 1997. Völker, Onto-Genesis der Form (wie Anm. 8). S. 110.

29 Freud. Jenseits des Lustprinzips (wie Anm. 28). S. 222. Das geschichtliche Ereignis, das für beide Schriften (*Jenseits des Lustprinzips* wie die *Theorie des Romans*) maßgeblicher Anlass ist, ist selbstredend der Erste Weltkrieg (Lukács spricht auch von einer „Kriegspsychose“ (*TdR*, S. 7). Lukács' *Theorie* erscheint zur Zeit des Krieges in der Zeitschrift für Ästhetik und allgemeine Kunstwissenschaft 11 (1916)). Der Zusammenhang des Ereignisses des Ersten Weltkriegs mit dem Todestrieb wird aber bewusst hier nicht eigens thematisiert. Vielmehr soll

Die Neurosen lassen den „Kranken immer wieder in die Situation seines Unfalls“ zurückfallen, anstatt dass er allmählich das Ereignis vergessen und das Lustprinzip sich rekonstituieren kann.[30] Freuds Errungenschaft ist diesbezüglich die Erkenntnis, dass in Subjekten ein unstillbarer Drang nach der Wiederherstellung eines vororganischen Zustands zu registrieren ist. Freud behauptet einen von den gewöhnlichen libidinösen Bestrebungen des Subjekts elementar abweichenden „Lustgewinn“, der sich durch das Begehr nach der Vernichtung des Lebendigen und durch einen repetitiven Automatismus auszeichnet.[31] Solch ein repetitiver Automatismus zeigt sich nach Freud sowohl im unermüdlichen Wiederholen beim kindlichen Spiel als auch im „Wiederholungszwang“ des Neurotikers.[32]

Jacques Lacan wiederum, dessen ‚Rückkehr zu Freud‘ ausdrücklich von seiner Rezeption des Todestriebs her motiviert ist, erkennt im Todestrieb eine darüber hinausgehende Funktion, die wiederum für den Aspekt der Subjektivität von entscheidender Relevanz ist.[33] Zum einen behauptet Lacan den Todestrieb als Fundament einer jeglichen symbolischen Ordnung, da er sich „auf einer Ebene artikuliert, die nur in Abhängigkeit von der signifikanten

---

stattdessen die philosophische Relevanz des Konzepts des Todestriebs im Zentrum stehen. Vgl. zum Kontext von Lukács' *Theorie* und dem Ersten Weltkrieg: Jürgen Fohrmann. „Über analoge und diskrete Kommunikation. Georg Lukács, der Erste Weltkrieg und die *Theorie des Romans*“. In: *Die Souveränität der Literatur. Zum totalitären der Klassischen Moderne 1900-1933*. Hg. Uwe Hebekus/ Ingo Stöckmann. Paderborn: Fink, 2007. S. 111-126.

30 Freud. Jenseits des Lustprinzips (wie Anm. 28). S. 223.

31 Freud. Jenseits des Lustprinzips (wie Anm. 28). S. 226.

32 Freud. Jenseits des Lustprinzips (wie Anm. 28). S. 229. Freud wählt als Beispiel für das Kinderspiel das bekannte, von ihm selbst beobachtete „Fort-Da-Spiel“: Das Kind warf dabei „eine Holzspule, die mit einem Bindfaden umwickelt war [...] mit großem Geschick über den Rand seines verhängten Bettchens, so daß sie darin verschwand, sagte dazu sein bedeutungsvolles *o–o–o–o* und zog dann die Spule am Faden wieder aus dem Bett heraus, begrüßte aber deren Erscheinen jetzt mit einem freudigen ‚Da'“ (ebd. S. 225). Dieses Spiel wiederholt das Kind „unermüdlich“ (ebd.) und entwickelt in der Wiederholung eine eigene „Lust“ (ebd.).

33 Vgl. zu dem Thema u. a. Jaques Lacan. *Seminar II. Das Ich in der Theorie Freuds und die Technik der Psychoanalyse*. Wien: Turia und Kant, 2015; ders. *Die Ethik der Psychoanalyse. Das Seminar, Buch VIII (1959-1960)*. Wien: Turia und Kant, 2016, bes. S. 248-262.

Kette definierbar ist“[34]. Der Todestrieb ist damit gelöst von der Vorstellung eines ‚animalischen Verlangens‘ oder dergleichen, sondern muss stattdessen als der eigentlich ‚humane‘ Kern des Subjekts angesehen werden. Dergestalt rekonzipiert Lacan den Todestrieb als jenen Punkt, an dem sich Sprache und Trieb begegnen, wovon zugleich jeder Trieb (des Subjekts) betroffen ist. Zum anderen behauptet Lacan den Todestrieb im Inneren eines *jeden* Triebs und stellt ihn damit als das eigentlich ‚lebendige‘ Prinzip des Subjekts vor. Lacan zufolge ist „jeder Trieb virtuell Todestrieb“, welcher im Innern als ein unaufhörlicher und repetitiver Exzess wirkt.[35] Damit ist nicht etwa die gängige und problematische Vorstellung eines ‚Thanatos‘ aufgerufen, als vermeintlich metaphysisches Geschichtsprinzip der Destruktion und der Todessehnsucht, sondern es muss vielmehr in jedem Trieb ein unstillbares Verlangen nach der eigenen Fortsetzung angenommen werden. Der bekannte Topos des Freud'schen ‚Thanatos‘, den Freud bisweilen freilich selbst bedient[36], wäre dann vielmehr der Wunsch nach einer Stillstellung dieses ewigen Verlangens, der sich noch gegen den Todestrieb selbst richtet.

Im Rekurs auf die Verwendung bei Freud und Lacan, jedoch in stärker subjektphilosophisch orientierter Fortführung, versteht Slavoj Žižek den Todestrieb wiederum als Möglichkeit eines ‚leeren Rahmens‘, in dem das geschichtliche Narrativ des Subjekts sich erst ausbilden kann.[37] Es ist Žižek zufolge „das Ungeheuerliche einer Spontaneität, die noch durch keinerlei Gesetz gebunden ist – in Freuds Ausdruck: der Todestrieb“[38]. Žižek meint in der Fähigkeit des Subjekts zur Repräsentation seiner selbst, im „unmögliche[n] Augenblick der ‚Geburt der Subjektivität‘“[39] und „der negativen Geste der

34 Lacan. Die Ethik der Psychoanalyse (wie Anm. 33). S. 255.

35 Jaques Lacan. Schriften II (wie Anm. 3). S. 393.

36 Vgl. Freud. Jenseits des Lustprinzips (wie Anm. 28). S. 246f.

37 Žižek beschreibt den Todestrieb u. a. als den „leeren Rahmen, innerhalb dessen das Spiel der Historisierung stattfindet“ (Slavoj Žižek. „Abgrund der Freiheit“. In: Ders. *Abgrund der Freiheit/Die Weltalter – Ein Essay von Slavoj Žižek mit dem Text von Friedrich Wilhelm J. von Schelling*. Hamburg: Laika, 2013. S. 9-99, hier: S. 42). Neben den Arbeiten Žižeks sei hier auch die Arbeit von Alenka Zupančič erwähnt, die ebenfalls eine philosophische Rehabilitierung des Begriffs des Todestriebs unternimmt. Vgl. Alenka Zupančič. *Das Reale einer Illusion. Kant und Lacan*. Frankfurt a. M.: Suhrkamp, 2001.

38 Žižek. Die Tücke des Subjekts (wie Anm. 18). S. 73.

39 Žižek. Die Tücke des Subjekts (wie Anm. 18). S. 75.

Kontraktion/Zurücknahme"[40] das Wirken des Todestriebs ausmachen zu können: „In dem (verbalen) Zeichen finde ich mich gleichsam außerhalb meiner selbst; ich setze meine Einheit außerhalb meiner selbst in einem Signifikanten, der mich repräsentiert."[41] Die elementare Repräsentation des Ich, als Veräußerlichung des Ich in einer zeichenhaften Ordnung, bedeutet zugleich eine unumgängliche Entfremdung sowie eine Dimension radikaler Kontingenz. Das Subjekt erzeugt dadurch eine Selbstunterscheidung sowie notwendigerweise auch die Ausstreichung eines vermeintlich unmittelbaren und naiven Selbstverhältnisses. Dieser Bruch mit der natürlichen Ordnung ermöglicht kein kontinuierliches Narrativ der Selbstsetzung, sondern zwingt zu einer nachträglichen und rückwirkenden Rekonfiguration:

> Der entscheidende Punkt ist also, dass der Übergang von ‚Natur' zu ‚Kultur' nicht direkt geschieht, dass man darüber nicht in einem Narrativ kontinuierlicher Entwicklung Rechenschaft ablegen könnte. Etwas muss zwischen die beiden treten, eine Art ‚verschwindender Vermittler', der weder Natur noch Kultur ist – dieses Zwischen wird stillschweigend in allen Entwicklungsnarrativen vorausgesetzt.[42]

Žižek begreift dies „Zwischen" als den Einsatzpunkt des Todestriebs, der sich durch einen kontingenten Akt auszeichnet, selbst noch nicht *logos* ist, aber auch nicht mehr der natürlichen Ordnung angehört und der als die unausweichliche Bedingungsmöglichkeit von Subjektivität verstanden werden

40 Žižek. Die Tücke des Subjekts (wie Anm. 18). S. 75.

41 Žižek. „Abgrund der Freiheit" (wie Anm. 37). S. 43. Der Gedanke findet sich in enigmatischer Form ebenfalls bei Lacan: „Am Anfang war das *Wort*, was heißen will, der Signifikant. Ohne den Signifikanten am Anfang, ist es nicht möglich, den Trieb als geschichtlich zu artikulieren. [....] Allein in der Perspektive eines absoluten Anfangs, wie er für die Verursachung der signifikanten Kette als einer unterschiedenen Ordnung bezeichnend ist und das Erinnerbare und das Erinnerte zu einer eigenen Dimension macht, sind wir in der Lage, nicht dauernd das Sein im Seienden zu implizieren, eine Implikation, die für das Evolutionsdenken grundlegend ist" (Lacan. Die Ethik der Psychoanalyse (wie Anm. 33). S. 258).

42 Žižek. Die Tücke des Subjekts (wie Anm. 18). S. 52f. Žižek hebt dabei den Konnex zum Freud'schen Todestrieb besonders hervor: „Dieses Zwischen ist nicht der Funke des *lógos* [...], sondern etwas, das, obgleich es nicht länger Natur, auch noch nicht *lógos* ist und durch den *lógos* ‚verdrängt' werden muss – bei Freud heißt dieses Zwischen selbstverständlich *Todestrieb*" (ebd.).

muss. Der Todestrieb bezeichnet jene minimale Lücke, welche die Unmöglichkeit eines kontinuierlichen Narrativs des Subjekts ausmacht: „[D]er Begriff Todestrieb steht für die Tatsache, dass der Übergang von einem Ereignis und dessen Historisierung in radikaler Weise kontingent und niemals im Realen selbst begründet ist."[43]

Lukács' *Theorie des Romans* zeichnet es nun aus, dass sie diese ungeheuerlich anmutende Voraussetzung von Subjektivität nicht etwa stillschweigend übergeht, sondern stattdessen in ihrer aufgezeigten Radikalität anerkennt und thematisiert. Die *Theorie des Romans* verfügt selbstredend noch nicht über den psychoanalytischen Terminus des Todestriebs, und Lukács' spätere ambivalente Haltung zur Disziplin ist hinreichend bekannt.[44] Im folgenden Schritt gilt es nun dennoch aufzuzeigen, wie die *Theorie* jenen substanziellen Zusammenschluss von Roman und Lebensform unter der notwendigen Voraussetzung eines irreduziblen Bruches, den Subjektivität auszeichnet, zu erfassen versucht.

---

43 Žižek. Die Tücke des Subjekts (wie Anm. 18). S. 43. Auf den zwingend ‚narrativen' Charakter von Freuds Modell des Todestriebs macht auch Peter Brooks aufmerksam: „Thus the shaping force of the life story that we found referred to in *Beyond the Pleasure Principle* enters the situation of telling, listening, and understanding provided by the transference. What is made present in the transference is in some measure an individual version of the energetic masterplot. The narrative text conceived as transference then becomes the place of interpretation and construction of the plotted story" (Peter Brooks. *Reading for the Plot. Design and Intention in Narrative*. Cambridge/London: Harvard University Press, 1984. S. 320). Bei Brooks bleibt jedoch der Bezug auf jenen subjektphilosophischen Aspekt des Todestriebs aus, wie ihn Lacan unternimmt.

44 So etwa Lukács' spätere Einschätzung der Psychoanalyse als „Okkultismus" und Produkt „bürgerlicher Dekadenz" aus der *Zerstörung der Vernunft* (vgl.: Georg Lukács. *Die Zerstörung der Vernunft*. Berlin: Aufbau, 1954. S. 206) sowie das bekannte Wort Theodor W. Adornos: „Nietzsche und Freud wurden ihm schlicht zu Faschisten, und er brachte es über sich, im herablassenden Ton eines Wilhelminischen Provinzialschulrats von Nietzsches ‚nicht alltäglicher Begabung' zu reden" (Theodor W. Adorno. *Noten zur Literatur II*. Frankfurt a. M.: Suhrkamp, 1961. S. 153). Zum Verhältnis von Lukács und Freud vgl. auch: Susan Derwin. *The Ambivalence of Form. Lukács, Freud and the Novel*. Baltimore: Johns Hopkins University Press, 1992. Derwin stellt in ihrer Lektüre hingegen Bezüge her v. a. zwischen dem Freud'schen Terminus des Fetischs und der Ästhetik des Realismus.

4. Der Todestrieb – des Romans

Die so problematische wie beunruhigende Voraussetzung von Subjektivität wird von Lukács nicht etwa (wie man ausgehend von den gewöhnlichen Urteilen bezüglich Lukács annehmen könnte) nur in einer lebensphilosophisch gestimmten Harmonie aufgelöst. Es zeichnet die *Theorie des Romans* (und ihre anhaltende Aktualität) vielmehr aus, dass sie in der poetologischen Konstruktion des Romans ein grundlegendes und radikal negatives Prinzip erkennt.[45] Lukács entwickelt den Gedanken anhand der bereits angesprochenen Inkonsistenz einer geschlossenen Weltvorstellung:

> Jede Kunstform ist durch die metaphysische Lebensdissonanz definiert, die sie als Grundlage einer in sich vollendeten Totalität bejaht und gestaltet; der Stimmungscharakter der hieraus entspringenden Welt, die Atmosphäre der Menschen und Begebenheiten ist durch die Gefahr bestimmt, die, die Form bedrohend, aus der nicht absolut aufgelösten Dissonanz entsteigt. Die Dissonanz der Romanform, das Nicht-eingehen-wollen der Sinnesimmanenz in das empirische Leben gibt ein Formproblem auf, dessen formeller Charakter viel verdeckter ist, als der anderer Kunstformen, das wegen dieser seiner scheinbaren Inhaltlichkeit ein vielleicht noch ausgesprocheneres und entschiedeneres Zusammenwirken von ethischen und ästhetischen Kräften erfordert, als es bei evident reinen Formproblemen der Fall ist. (*TdR*, S. 55)[46]

Die Produktion dissonanter Formen, als ihr Wahrheitsmoment in Bezug auf die Wirklichkeit, ist Lukács zufolge definitorische Aufgabe der Kunst. Aber erst mit dem modernen Roman wird dieses Formschaffen eines, welches die Voraussetzung einer positiven Seinsordnung vom Standpunkt des Subjekts

---

45 Es spricht wohl bereits Judith Butler in Bezug auf Lukács' Konzept der Form (wie er es in seinem Frühwerk *Die Seele und die Formen* vorstellt) beiläufig von einem „Todestrieb der Form" (Judith Butler. „Einleitung". In: *SuF*, 16). Sie sieht diesbezüglich bei Lukács einen „gewisse[n] Idealismus ins Wanken" kommen (ebd.).

46 Vgl. dazu die erhellenden Ausführungen Campes: „In der geschichtsphilosophischen Spekulation eröffnet Lukács geradezu das Widerspiel zu der [Romantheorie, P. W.] Schlegels: Wenn im Epos und den anderen klassischen Gattungen der Poetik Formen urbildhaft vorgegeben sind für die Bewältigung der ursprünglichen Lebensdissonanz, dann fällt der fundamentalen Formtheorie nach die Naturgeschichte der Literatur nicht zusammen mit der Wahrheit über das Leben" (Campe. „Form und Leben in der Theorie des Romans" (wie Anm. 2). S. 209f.).

aus – und grundlegend – in Frage stellt. Die angeführte „Dissonanz der Romanform" ist deshalb „viel verdeckter" als die anderer Werke – ihr Formproblem verweist direkt auf die formende Subjektivität zurück, mit der die Einsicht in die Inkonsistenz der Welt allein zu erreichen ist. „Die Brüchigkeit des Weltaufbaus", so Lukács, „muss in die Formenwelt" hineingetragen werden (*TdR*, S. 29).

Subjektivität bezeichnet eine Leerstelle, die weder rein inhaltlich noch formal zu bestimmen ist und die mit dem Roman ein Medium ihres Bewusstseinsaktes gewinnt, der sich einer einheitlichen Formgebung widersetzen muss. Lukács registriert ein dissonantes Prinzip der Romanform, das aus einer Inkongruenz mit dem empirischen Leben resultiert: „Die Kunst ist – im Verhältnis zum Leben – immer ein Trotzdem: das Formschaffen ist die tiefste Bestätigung des Daseins der Dissonanz, die zu denken ist." (*TdR*, S. 55) Das selbsttätige Produzieren einer Form also, die sich in dieser Form von jeder vorgegebenen Form unterscheidet, ist nicht Ausdruck einer irgend gearteten ‚formschönen Vollendung' oder der wundersamen Produktionsleistung des Lebendigen, sondern sie muss im Gegenteil als Ausdruck einer fundamentalen und äußersten Dissonanz verstanden werden.[47]

Der Roman gleicht seine Poetik nicht dem Vorbild der organischen Lebensform an, er intendiert auch nicht die „Abrundung und die Geschlossenheit des Wertsystems, das den epischen Kosmos bestimmt" (*TdR*, S. 51), ebenso wenig erprobt er eine Adaptionsleistung an ein traditionsreiches ästhetisches Ideal, sondern er bildet sich allein im Unterschied zu den gegebenen Formen aus: „Die Komposition des Romans ist ein paradoxes Verschmelzen heterogener und diskreter Bestandteile zu einer immer wieder gekündigten Organik." (*TdR*, S. 65)[48] Lukács insistiert in seiner *Theorie* darauf, dass der

47 Mit dem Aufrufen der „Dissonanz" ist zugleich auf die zeitgenössische Revolution in der klassischen Musik verwiesen. Dissonanz als freie Atonalität ist stiltypisch für die Kompositionen der Zweiten Wiener Schule (Berg, Schönberg, Webern) in den 10er Jahren des 20. Jahrhunderts, die eine dezidierte Destruktion des klassischen harmonischen Kosmos unternehmen. Eine solche Atonalität zeichnet stattdessen ein emphatisches Subjektverständnis aus. Vgl. dazu Theodor W. Adorno. *Philosophie der neuen Musik.* Frankfurt a. M.: Suhrkamp, 1966.

48 Lukács' scharfe Kritik an der Romantik erklärt sich ebenfalls hieraus. Denn die Romantiker, insbesondere Novalis, erzeugen Lukács zufolge eine „homogene, in sich einheitliche und organische Welt und identifizieren diese mit der tatsächlichen" (*SuF* 83). Die fälschliche Identifizierung, so Lukács, unterbindet

Roman seine Form nicht mittels einer vermeintlich lebensförmigen Organik gewinnt, sondern mit dem Wirken eines inhärenten Widerparts des Lebens, der für eine Selbstsetzung der Form jedoch die unausweichliche Voraussetzung bildet: „[D]ie unmittelbare, problemlose Organik der Individualität" ist damit „zerrissen" (*TdR*, S. 60).[49] Als letztes und unausweichlich bloß kontingentes Prinzip der Vereinigung im Roman macht Lukács die „Ethik der schöpferischen Subjektivität" (*TdR*, S. 65) aus, auf welche abschließend noch zurückzukommen ist. Wenn Lukács nur mehr die Form des Romans als eine ‚gekündigte Organik' und als Ausdruck der vielzitierten ‚transzendentalen Obdachlosigkeit' versteht, dann muss hierin eine enge Verbindung mit dem leeren Rahmen und der Historisierung des Ich erkannt werden, für welche der Todestrieb die Bedingungsmöglichkeit ist.

Eben an der aufgezeigten Dissonanz, an dem Nicht-eingehen-Wollen, die unbedingter Ausdruck des Gründungsakts von Subjektivität sind, arbeitet der Roman sich unaufhörlich ab, wobei er genau diesen Zusammenhang in der Darstellung zu realisieren sucht.[50] Der Roman beabsichtigt wohl

---

die Fähigkeit zur Trennung und die destruktive Leistung der Form: „Weil sie den erträumten und selbsterschaffenen Kosmos der wirklichen Welt gleichsetzten, konnten sie nirgends zu einer klaren Scheidung kommen" (ebd.). Diesbezüglich muss als eine der entscheidenden Leistungen der Frühromantik jedoch gerade die Bezugnahme auf die eigene Subjektivität im Vorgang der Konstitution der diegetischen Welt angesehen werden, wie etwa die *Lehrlinge zu Sais* (Novalis. *Die Lehrlinge zu Sais*. In: Ders. Schriften. Die Werke Friedrich von Hardenbergs (wie Anm. 9). Bd. I. S. 79-112) es unternehmen.

49 Vgl. zur Spannung zwischen Organizität und Roman auch Paul De Man. „Georg Lukács' Theorie des Romans", im vorliegenden Band, S. 19.

50 Es ist Hegel, der diesen Zusammenhang zuerst ausformuliert (Vgl. Georg Wilhelm Friedrich Hegel. *Jenaer Systementwürfe III*. Hg. Rolf Peter Horstmann. Hamburg: Meiner, 1987, S. 278). Beim Roman hebt er jedoch den inhaltlichen Aspekt der Adaption einer Hauptfigur an die bürgerliche Lebenswelt hervor: „Nun gilt es, ein Loch in diese Ordnung der Dinge hineinzustoßen, die Welt zu verändern, zu verbessern oder ihr zum Trotz sich wenigstens einen Himmel auf Erden herauszuschneiden: das Mädchen, wie es sein soll sich zu suchen, es zu finden und es nun den schlimmen Verwandten oder sonstigen Mißverhältnissen abzugewinnen, abzuerobern und abzutrotzen. Diese Kämpfe nun aber sind in der modernen Welt nichts Weiteres als die Lehrjahre, die Erziehung des Individuums an der vorhandenen Wirklichkeit, und erhalten dadurch ihren wahren Sinn" (ders. *Vorlesungen über die Ästhetik II*. In: Ders. *Werkausgabe*. Frankfurt a. M.: Suhrkamp, 1970. Bd. II. S. 220). Vgl. zum Zusammenhang mit

die Gestaltung einer diegetischen Welt, jedoch unter der Prämisse, dass das „Unabgeschlossene, Brüchige und Übersichhinausweisende der Welt bewußt und konsequent als letzte Wirklichkeit gesetzt wird" (*TdR*, S. 54). Die Voraussetzung moderner Subjektivität zwingt zur Destabilisierung des Verhältnisses von Subjekt und Welt im Roman: „Kontingente Welt und problematisches Individuum sind einander wechselseitig bedingende Wirklichkeiten" (*TdR*, S. 60). Es bedarf hingegen einer radikalen Kontingenz, wie sie das Subjekt in seinem Auftreten auszeichnet, damit der Roman seine Form gewinnen kann.[51] Das „merkwürdige Walten des Zufalls, der die Geschicke der Menschen für sie sinnlos und vernichtend [...] durcheinanderwirft" (*TdR*, S. 38), ist als Ausdruck der ‚schöpferischen' Subjektivität verstanden, so Lukács in Bezug auf kleinere epische Formen:

> [I]mmer ist es seine Subjektivität [d.i. die des Erzählers, P.W.], die aus der maßlosen Unendlichkeit des Weltgeschehens ein Stück herausreißt, ihm ein selbstständiges Leben verleiht und das Ganze, aus dem es entnommen wurde, nur als Empfindung und Denken der Gestalten, nur als willkürliches Weiterspinnen abgerissener Kausalreihen, nur als Spiegelung einer an sich seienden Wirklichkeit in die Welt des Werks hineinscheinen läßt. (*TdR*, S. 38)[52]

---

einer Romantheorie im Umkreis der klassischen deutschen Philosophie u.a. Hartmut Steinecke. *Romantheorie und Romankritik in Deutschland. Eine Entwicklung des Gattungsverständnisses von der Scott Rezeption bis zum programmatischen Realismus.* 2 Bde. Stuttgart, 1975-76; Elisabeth Weisser-Lohmann. „‚Abenteuerrei' und ‚utopischer Augenblick'. Zur Theorie des Romans bei Hegel und Lukács". In: *Idealismus mit Folgen. Die Epochenschwelle um 1800 in Kunst und Geisteswissenschaften. Festschrift zum 65. Geburtstag von Otto Pöggeler.* Hg. Hans-Jürgen Gawoll/Christoph Jamme. München: Fink, 1994. S. 251-262; Horst-Jürgen Gerigk. „Seele und Außenwelt. Über die ‚Theorie des Romans' von Georg Lukács und was damit zusammenhängt". In: *Lebenslinien – Lebensziele – Lebenskunst. Festschrift zum 75. Geburtstag von Wolfram Schmitt.* Hg. Dietrich von Engelhardt/Hermes Andreas Kick. Berlin: Lit, 2014. S. 197-203.

51 Auf den Aspekt eines Zusammenhangs von Subjektivität, Roman und Kontingenz weist, wenn auch aufgrund abweichender Voraussetzungen, auch Wellbery hin, vgl. Wellbery. „Die Enden des Menschen. Antropologie und Einbildungskraft im Bildungsroman (Wieland, Goethe, Novalis)" (Anm. 1), hier: S. 639.

52 Lukács bezeichnet Formen dieser Art als solche „ohne Totalität" (*TdR*, S. 39) und erkennt in ihrer lyrischen Qualität allein „die letzte epische Einheit" (*TdR*,

Im subjektiven Narrativ waltet ein unveräußerlicher Zufall, ein depravierendes und zersetzendes Prinzip, das zugleich notwendige Voraussetzung für eine autonome Formgebung ist.[53] Die Fähigkeit zur selbstsetzenden Formgebung zeigt sich nicht etwa in der Erschaffung eines „organische[n] Ganze[n]" (*TdR*, S. 51) und der Abrundung zum „in sich kompletten Kosmos" (*TdR*, S. 40), sondern im Gegenteil führt Lukács unterschiedliche Aspekte an, welche je die Negationsleistung von Subjektivität und die Zersetzung jeder vorgängigen Form manifest werden lassen – so spricht er an verschiedenen Stellen von der „selbstgeschaffenen Trümmerwelt" (*TdR*, S. 41), der „Selbstvernichtung" (*TdR*, S. 61) und dem „Scherbenberg" (*TdR*, S. 92), welche als ästhetische Prinzipien mit dem modernen Roman in Kraft treten. Kurzum, „[d]as Zentralproblem der Romanform", so Lukács in seinem späteren Vorwort, „ist die künstlerische Abrechnung mit den geschlossenen-totalen Formen, die aus einer in sich abgerundeten Seinstotalität entsteigen" (*TdR*, S. 12).

5. Das dämonische Subjekt

Das negative und disruptive Prinzip lässt sich nunmehr als das Wirken eines Todestriebs identifizieren, welcher der Darstellung im Roman unveräußerlich, ja gar dessen Möglichkeitsbedingung wie Vollzugsform ist. Es ist damit jener Exzess im Inneren des Subjekts adressiert, mit dem erst ein Subjekt sich zu konstituieren im Stande ist und der nachträglich nicht vom *logos* anerkannt werden kann. Diesen Überschuss vermittelt der Roman vordinglich in der Form, die keine Voraussetzungen, als die selbstgesetzte, kennt. Der inhärente Exzess von Subjektivität, der zugleich ihre Bedingung ist, wird damit zur ästhetischen Entscheidung transformiert. In seiner Formgebung ‚konserviert' und arretiert der Roman das dargestellte Leben, macht es damit überhaupt erst formbar und zwingt es zu einem eigenwilligen Stillstand. Es

S. 39). Der hier angesprochene, dezidiert subjektive Aspekt ist aber auch Voraussetzung noch der Poetik des Romans.

53 In verwandter Weise diskutiert Walter Benjamin in seinem Erzähler-Aufsatz von 1936 das Verhältnis von Erzähler, Tod und Form (vgl. Walter Benjamin. „Der Erzähler. Betrachtungen zum Werk Nikolai Lesskows". In: Ders. *Gesammelte Schriften*. Hg. Rolf Tiedemann/Hermann Schweppenhäuser. Bd. 2.2. Frankfurt a. M.: Suhrkamp, 1979-1989. S. 438-465, bes. 449ff.). Benjamin nimmt darin ebenfalls Bezug auf die russische Literatur sowie die *Theorie des Romans* von Lukács.

nimmt hierbei etwas vom Anorganischen und Untoten an und erfährt eine Formung, für die das Wirken des Todestriebs mitverantwortlich ist. Mit der Arretierung des Lebens im Roman gelangt ein gegenwirkendes Prinzip zur Erscheinung, das eine gravierende Instabilität produziert und einen inhärenten Überschuss des Lebendigen kenntlich macht.

Nicht nur aber die Form des Romans trägt Züge eines solchen negativen Prinzips, auch das geformte Leben muss, will es als Subjektivität in der Darstellung verwirklicht sein, eine solche Negativität manifest werden lassen. Es lässt sich dafür argumentieren, dass diesbezüglich dem Begriff des Dämonischen innerhalb der *Theorie des Romans* eine besondere Stellung zukommt. Hierfür bietet bereits Sigmund Freuds Verwendung des Terminus des Dämonischen einen ersten Hinweis: „Die Äußerungen eines Wiederholungszwanges [...] zeigen im hohen Grade den triebhaften, und wo sie sich im Gegensatz zum Lustprinzip befinden, den dämonischen Charakter."[54] Das im Subjekt verborgene und nur manchmal hervordringende Dämonische versteht Freud als das antagonistische Wirken eines Todestriebs.

Lukács wiederum führt den Begriff des Dämonischen, wenn auch spät, in seiner *Theorie des Romans* (und im Übrigen nur hier) ein und weist ihm größte Relevanz zu.[55] Das Dämonische kennzeichnet demnach ein grundlegend negativ und destruktiv wirkendes Prinzip, mit dem allein aber das Subjekt über sich und die vermeintliche ‚Lebensimmanenz' hinaus ist.[56] Es ist vielmehr noch der Punkt, an dem das Subjekt nicht nur Lebensform,

---

54 Freud. *Jenseits des Lustprinzips* (wie Anm. 28). S. 245.

55 Vgl. zum Dämonischen bei Lukács: Inga Kalinowski. *Das Dämonische in der ‚Theorie des Romans' von Georg Lukács*. Hamburg: Tredition, 2015. Kalinowski versteht Lukács' „Neubesetzung des Dämonischen als Chiffre für ein geschichtsphilosophisches Gottesbild der Moderne" (ebd. S. 15f.). Eine Verbindung von hier aus zur Todestriebs-Konzeption erscheint problematisch, was sich bereits im Fehlen Freuds und der Psychoanalyse in der Arbeit von Kalinowski zeigt.

56 Wenn Lukács an einer Stelle schreibt, dass „[d]ie vertriebenen und die noch nicht zur Herrschaft gelangten Götter [...] Dämonen" werden (*TdR*, S. 67), so sind hiermit wohl die unbewussten Strukturen von Subjektivität adressiert, mit denen das Subjekt die eigenen Möglichkeitsbedingungen zu setzen vermag. Kirk Witters spricht von dem „modern lack of a coherent and universal system of meaning, causation and determination"(Kirk Wetters. „The Luciferian and the Demonic in Georg Lukács' ‚Die Theorie des Romans'". In: *Das Dämonische. Schicksale einer Kategorie der Zweideutigkeit nach Goethe*. Hg. Lars Friedrich/ Eva Geulen/Kirk Wetters. Paderborn: Fink, 2014. S. 243-267, hier: S. 261).

sondern noch mehr ist als diese, nämlich subjektivfähige und das heißt stets auch *dämonische* Lebensform.

Das dämonische Prinzip, das nach Lukács (und bekanntlich nach Goethe) stets dem „Zufall" (*TdR*, S. 67)[57] gleicht, überkommt die Figuren des Romans unerwartet und macht darauf aufmerksam, dass sie (als ‚glaubhafte', ‚lebendige' Charaktere) nicht nur lebendig agieren sollen, sondern ihnen noch unaufhörlich ein Trieb innewohnen muss, ein leidenschaftlicher Überschuss, der sie je wieder aus den Fugen geraten lässt. Allgemein konstatiert Lukács zunächst für das „biologische und soziologische Leben [...] eine tiefe Neigung, in seiner eigenen Immanenz zu verharren" (*TdR*, S. 70).[58] Und es wäre Schicksal der Menschen, in einem „still verfaulenden Leben[]" vor sich hin zu vegetieren,

> wenn die Menschen nicht manchmal von der Macht des Dämons ergriffen in grundloser und nicht begründbarer Weise über sich hinausgingen und alle psychologischen oder soziologischen Grundlagen ihres Daseins kündigten. Dann enthüllt sich plötzlich das Gottverlassene der Welt als Substanzlosigkeit, als irrationale Mischung von Dichtigkeit und Durchdringbarkeit. (*TdR*, S. 70)

Nur mit dem so ungeheuren wie zugleich epistemisch nicht hinreichend fassbaren Aspekt des Dämonischen werden die Figuren des Romans zu lebendigen Subjekten und der Roman selbst zur angemessenen Darstellungsform derselben. Es ist jene bloß kontingente, selbst nicht zum Begriff hinreichende Voraussetzung von Subjektivität, die als ein Todestrieb verstanden werden muss und die sich stets wieder in den Handlungen des Subjekts manifestiert. So etwa im Wiederholungszwang, der in einem Bild in der *Theorie des Romans* aufgerufen ist, das gleich an die zitierte Passage anschließt:

---

57 Sowie Johann Wolfgang von Goethe. *Aus meinem Leben. Dichtung und Wahrheit*. In: Ders. *Sämtliche Werke [Frankfurter Ausgabe]*. 1. Abt. Bd. 14. Hg. Klaus-Detlev Müller. Frankfurt a. M.: Suhrkamp, 1986. S. 839f.

58 Ein interessantes Detail ist, dass Lukács an dieser Stelle einen Konnex von Biologie und Soziologie ausmacht. Argumentiert doch auch Freud im Zusammenhang mit dem Todestrieb als von einem soziologisch wirksamen, aber explizit aus der Biologie (genauer noch der geschlechtlichen Fortpflanzung) herstammenden Prinzip. Vgl. dazu Freud. Jenseits des Lustprinzips (wie Anm. 28). S. 246ff.

> [W]as früher als das Festeste erschien, zerfällt wie vertrockneter Lehm bei der ersten Berührung des vom Dämon Besessenen und eine leere Durchsichtigkeit, hinter der lockende Landschaften sichtbar waren, wird auf einmal zur Glaswand, an der man sich vergeblich und verständnislos – wie die Biene am Fenster – abquält, ohne durchbrechen zu können, ohne selbst zur Erkenntnis gelangen zu können, daß es hier keinen Weg gibt. (*TdR*, S. 70)

So wie die „Biene am Fenster" sich unaufhörlich und in immer gleichen Bewegungen abquält, dringt bisweilen im Subjekt ein dämonischer und mechanischer Zwang hervor, ein blinder Automatismus der Wiederholung, der auf etwas so Untotes wie Unvergängliches im Subjekt aufmerksam macht.[59] Lukács verweist ganz ausdrücklich auf den repetitiven Automatismus, mit dem er das Dämonische am Werke sieht und das die „Psychologie des Romanhelden" (*TdR*, S. 70) wesentlich prägt. Es ist das Triebhafte, Exzessive und in der zwanghaften Wiederholung eigenwillig Lusthafte, welches das dämonische Verhalten kennzeichnet. Solch ein Verhalten ist aber nicht etwa nur abseitiges und marginales Prinzip der Romanfiguren, sondern in diesem Verhalten erst zeigen sie sich als *subjekthafte* Lebensformen.

Das Dämonische wird von Lukács als die sowohl unausweichliche Voraussetzung von Subjektivität als auch der Poetik des modernen Romans verstanden. Das Exzessive, Depravierende und Quälende kennzeichnet eine Lebensform als subjekthafte und muss deshalb Anteil am poetischen Prinzip sowie an der inhaltlichen Darstellung haben. Es sind die, von Lukács so bezeichneten, „produktiven, von innen gezogenen Grenzen der Gestaltungsmöglichkeiten des Romans" (*TdR*, S. 68), die das Dämonische abmessen müssen und von hieraus erst sich konstituieren. Den dämonischen Überschuss, welcher die dargestellten Figuren überkommt, vermag der moderne Roman zu realisieren – und zwar indem er ihn im selben Zuge als Formprinzip wirksam werden lässt. Oder anders gefasst: Mit der destruktiven Leistung

59 Vgl. dazu auch Žižek: „Der Freudsche Todestrieb hat nicht das geringste mit dem Verlangen nach Selbstvernichtung, nach einer Rückkehr zur anorganischen Abwesenheit jeglicher Lebensspannung zu tun; er ist vielmehr genau das Gegenteil des Sterbens – ein Name für das ‚untote', ewige Leben selbst, für das schreckliche Schicksal, im endlosen Wiederholungskreislauf des Umherwandelns in Schuld und Schmerz gefangen zu sein. (Slavoj Žižek. *Parallaxe*. Frankfurt a. M.: Suhrkamp, 2006. S. 61).

des Todestriebs erst kann der Roman seine autonome Form gewinnen, die im selben Zuge die Darstellung der Lebensform leistet.[60]

Mit dem Todestrieb, so lässt sich festhalten, gewinnt das Ich sich selbst. Die Unmöglichkeit aber, den dafür nötigen leeren Rahmen (der Negation) konzeptuell zu fassen, motiviert zu ästhetischen Entscheidungen, die sich wesentlich in der Poetik des modernen Romans niederschlagen. Denn der moderne Roman führt in singulärer Weise vor Augen, dass es keine vorgegebene Rahmung des Ich geben kann und dass die ausdrückliche Kontingenz der eigenen Konstitutionsleistung gerade die Voraussetzung seiner Formung ist. Es ist darum die ihm wesentliche, äußere Formlosigkeit des Romans, die als Ausdruck einer solchen Negationsleistung, in der sich der Todestrieb manifestiert, verstanden werden muss.

6. Zweite Ethik

Der moderne Roman kann im Anschluss an Lukács und im Rekurs auf die psychoanalytische Konzeption des Todestriebs nunmehr als ein erzählerisches Medium verstanden werden, das sich dem Widerspruch im Lebendigen des Subjekts, der dieses zugleich wesentlich prägt, in immer wieder neuen und aneinander ausbildenden Ansätzen widmet. Und seinen einzigartigen Formcharakter hat der Roman darin, dass er seine Form je aus dem individuell dargestellten Leben selbst gewinnt, das er zu Sprache werden

60 Der eingangs bereits zitierte, von Rüdiger Campe herausgestellte Antagonismus von Leben und Form, den die Romantheorie verhandelt, kann nun einmal bezüglich des eigentümlichen Überschusses des Lebens befragt werden: Campe akzentuiert in seiner Rekonstruktion der Theorie des Romans, wie gesehen, die Behauptung der Romanform durch eine „ständige Selbstunterscheidung von der Unform“, was zu einem „Paradox“ führt. Denn jede Unterscheidung des geformten vom formlosen Leben bringt neues Leben hervor, das außerhalb der Form fällt – „es ist das charakteristisch Überschüssige an demjenigen Formprozess, der das Leben ist“ (Campe, Form und Leben in der Theorie des Romans (wie Anm. 2). S. 207). Eben dies „charakteristisch Überschüssige“ des Lebens ließe sich nunmehr als Manifestation eines Todestriebs verstehen. Damit ist jedoch kein metaphysischer Status des Lebens und ebenfalls keine vitalistische Aura aufgerufen, sondern im Gegenteil wird damit jener zwar fremdartige, aber dennoch unveräußerliche Exzess im Inneren des Lebens identifizierbar, der auch die Poetik des modernen Romans in seinem Verhältnis zu Leben und Form kennzeichnet.

lässt, wofür wiederum der Todestrieb unveräußerliche und zugleich vom *logos* nicht anerkannte Voraussetzung ist. Der Roman ließe sich sogar als eine Sublimierung des Triebs verstehen, der sodann auf sich selbst, genauer noch auf die dargestellte Subjektivität, angewendet ist.[61] Ist doch dasjenige, was die Formunterscheidung des Romans hervorruft und dadurch von jeder vorgegebenen Form absetzt, das widersetzende Prinzip des Lebens selbst, worin Subjektivität ihre spezifische Differenz besitzt. Der Roman wäre dann als poetische Vollzugsform der Sublimierung des unveräußerlichen Todestriebs des Subjekts zu verstehen. Er *ist* die unaufhörliche Formanstrengung selbst, mit der die Selbstsetzung und Entfremdung in einer zeichenhaften Ordnung, also letztlich die Arretierung des Lebens zur Form einer individuellen Geschichte, unternommen wird.

In dem Begehren des Lebens zur Formung zeigt sich freilich ein disziplinarischer, ja gewaltsamer Zug, der mit der sozialen Form einhergeht – als Ausdruck falschen Lebens. Es muss diesbezüglich als ein besonderes Verdienst Lukács' angesehen werden, dass er mit seiner Romantheorie nicht erneut an dem Punkt des Zusammenschlusses von Leben, Roman und Form stehen bleibt, sondern in einem letzten Schritt eine eigene, literarische Ethik konzipiert, mit der er über die vorherigen Konzeptionen hinausgeht. Das Thema des Zusammenhangs von Leben, Roman und Form greift Lukács nicht zuletzt deshalb auf, um von hier aus eine literarische Ethik zu indizieren, die das intrinsische und ahistorische Verhältnis der drei Instanzen zu überwinden sucht. Was Lukács schließlich in der *Theorie des Romans* fordert, ist eine, vom Roman ausgehende Inversion des Verhältnisses von Leben und Form. Nicht nämlich soll die autonome Formgebung des Lebens sich im Roman gänzlich veräußern, noch soll der Roman nur mehr allein das Leben in die ihm angemessene Form bringen, sondern umgekehrt wäre die Formgewalt des Romans in Bezug auf das Leben selbst in ihrer vollen Potenzialität erst noch zu realisieren. Weil das Leben in den gegebenen sozialen Formen sich nicht verwirklichen kann, so die Überlegung, müsste die Darstellung

61 Der psychoanalytische Terminus der Sublimierung ist hierbei im Unterschied zur landläufigen Verwendung verstanden. Sublimierung meint keine einfache Auflösung der Triebe in einer kulturell ertragreicheren Gestalt oder dergleichen, sondern zunächst nicht mehr als eine elementare Verknüpfung des Triebs mit der Sprache. Vgl. ausführlich zum Zusammenhang von Sprache, Trieb und Sublimierung: Lacan. Die Ethik der Psychoanalyse (wie Anm. 33). S. 136ff. und S. 190ff.

mit dem Bewusstseinsakt, den der Roman vorstellt, auf die Wirklichkeit ausgreifen.[62] Für eine solche Vorstellung steht bei Lukács das Konzept einer Zweiten Ethik ein.

Die Überlegungen zur „zweite[n] Ethik" wiederum finden sich in den Fragmenten jenes Projekts, für das die *Theorie des Romans* nur als Vorwort dienen sollte und das doch nie abgeschlossen wurde – das Buch über Dostojewski (*D*, S. 39).[63] Lukács meint in der Poetik Dostojewskis eine literarische Sensation ausmachen zu können, mit welcher der Roman eine neue historische Schwelle erreicht und gar die „Epoche der vollendeten Sündhaftigkeit" (*TdR*, S. 119), womit die Moderne adressiert ist, endlich hinter sich zu lassen wäre. Mit dem Namen Dostojewski ist für Lukács die Hoffnung verbunden, den Übergang in eine „neue Welt" (*TdR*, S. 119) zu erreichen, die nicht mehr nur – darin besteht die unterstellte Sensation in der Lektüre – allein romantheoretisch oder als eine diegetische verstanden ist, sondern eine poetologische Transgressionsleistung meint, welche das Verhältnis von Subjekt, Roman und Welt grundlegend rekonfigurierte. Lukács' Romantheorie ist in dieser Hinsicht wohl noch ‚romantischer' als die vorherigen, originär romantischen Entwürfe, dennoch muss ihr substanzieller geschichtsphilosophischer Anspruch gerade in dem emphatischen Aspekt einer literarischen Ethik verortet werden, der sein Konzept sodann zugleich ‚materialistisch' wendet.[64]

---

62 Hierfür ist es unerlässlich, auch die kapitalistische Produktionsweise in die Betrachtung mit einzubeziehen. Diese lässt das lebendige Leben nämlich zu einem quantifizierbaren „Zeitraum" werden, wie zuerst Karl Marx bemerkt (vgl. Karl Marx. *Das Kapital. Kritik der politischen Ökonomie*, in: Ders. und Friedrich Engels. *Werke (MEW)*. Hg. Rosa-Luxemburg-Stiftung. Bd. 23. Berlin: Dietz, 1962. S. 347). In seinem Werk *Geschichte und Klassenbewußtsein* behauptet Lukács dann, dass die erlebte Zeit im Kapitalismus „zu einem genau umgrenzten, quantitativ meßbaren, von quantitativ meßbaren ‚Dingen' [...] erfüllten Kontinuum: zu einem Raum [erstarrt]" (*GuK*, S. 264). Lebendiges Leben und qualitätsloser „Zeitraum" stehen sich damit kontradiktorisch und unversöhnlich gegenüber.

63 Zur Kontextualisierung vgl. Hoeschen. Das ‚Dostojewski-Projekt' (wie Anm. 22); Konstantinos Kavoulakos. *Ästhetizistische Kulturkritik und ethische Utopie. Georg Lukács' neukantianisches Frühwerk*. Berlin/Boston: De Gruyter, 2014.

64 Das Dostojewski-Projekt bildet somit weniger allein den Übergang von Kant zu Hegel (wie nach Lukács' eigener Einschätzung die *Theorie des Romans* es tut) ab,

Die „Zweite Ethik“ (*D*, S. 64), von der Lukács im Zusammenhang seines Dostojewski-Projektes immer wieder spricht, und die womöglich das geheime Zentrum der Schrift ausmacht, beabsichtigt eine radikale Inversion der gattungstheoretischen Leistung des Romans. Das bereits angeführte, geheimnisvolle „Zusammenwirken von ethischen und ästhetischen Kräften“ (*TdR*, S. 55) im Roman hat hierin seinen Grund: Der Roman soll nicht etwa nur als erzählerisches Medium oder Darstellungseinheit einer subjektiven Lebensform fungieren, sondern sich vielmehr aus diesem Verhältnis lösen und das in der dargestellten Subjektivität angelegte Prinzip der Negativität gegenüber den wirklichen, sozialen Formen in Kraft treten lassen, die je darauf aus sind, das lebendige Leben auszutilgen. Die Zweite Ethik hebt sich entschieden von der geltenden Sittlichkeit und den weltlichen Gesetzen (einer Ersten Ethik) ab, denn sie verweist einzig auf ein zukünftig zu verwirklichendes Ideal, das inhaltlich (noch) nicht ist, sondern lediglich in seiner Kraft *zur* Formung manifest wird: „*[Ge]schichtsphilosophie der 2-ten Ethik*: [...] Die 2-te Ethik hat keine engeren Inhalte“ (*D*, S. 39).[65] Lukács spricht

---

sondern mehr noch den von Hegel zu Marx. Vgl. dazu die für Lukács wirkmächtige Nennung von Marx im Fragment: „Die Möglichkeit der Erkenntnis der wahren Struktur des objektiven Geistes muss geschichtsphilosophisch gemacht werden; hier liegt die Bedeutung von Marx“ (*D*, S. 90). Nur wird das auslösende Moment der Veränderung an dieser Stelle noch nicht im Proletariat, sondern in der Gestaltungskraft des ‚bürgerlichen' Romans verortet (Vgl. auch Lukács Bemerkungen in *Béla Balázs und die ihn nicht wollen* (*D*, S. 31) sowie Rüdiger Dannemann. *Das Prinzip Verdinglichung. Studie zur Philosophie Georg Lukács'*. Frankfurt a. M.: Sendler, 1987. S. 196f.; Frederic Jameson. *Marxism and Form. Twentieth-Century Dialectical Thepories of Literature*. Princeton: Princeton University Press, 1974, bes. S. 160-205; Georg Lukács. „Mein Weg zu Marx“. In: *Revolutionäres Denken – Georg Lukács. Eine Einführung in Leben und Werk*. Hg. Frank Benseler. Darmstadt/Neuwied: Luchterhand, 1984. S. 75-79.

65 Vgl. hierzu auch Hoeschen: „Nirgendwo wird aber die Theorie der 2. Ethik festgemacht. Dies kann auch per definitionem nicht erwartet werden. 2. Ethik zeigt sich als Praxis oder als Polemik, läßt sich aber nicht in Maximen festhalten“ (Hoeschen. Das ‚Dostojewski-Projekt' (wie Anm. 22). S. 271). In vergleichbarer Weise argumentiert auch Bernstein, der Lukács' *Theorie des Romans* als eine ethische Theorie begreift. So macht die Form des Romans, in der Lektüre Bernsteins, auf einen Mangel im sozialen Leben aufmerksam: „To show that the problem of the novel is the problem of authorising its vision, its in-forming of the language of experience, is to reveal that it is the lack of a normative substratum which is constitutive of the novel“ (Jay Bernstein. *The Philosophy of the Novel.*

von einem „Gestaltungsapriori der Epik“, welches die „zweite Ethik“ kennzeichnet (*D*, S. 39) – sie ist konkret inhaltslos, jedoch wirkt sie als streng gestalterisches, d. h. formendes Prinzip. Aufgabe der Zweiten Ethik wäre es, das im Roman angelegte Potenzial der Formgewalt, das in einem strengen Zusammenhang mit dem Todestrieb steht, *geschichtlich* einzulösen: „Alles muss zerschlagen werden“ (*D*, S. 39).

Was Dostojewski (in Lukács' Augen) zum literarischen Wendepunkt der Moderne werden lässt, ist ein in dessen Poetik angelegtes, radikales „Durchbrechen der Wirklichkeit“ (*D*, S. 50) und ein „Hinausgehen über Recht und Ethik“ (*D*, S. 51), was keine Legitimation gänzlich anarchischer Gewalt meint, wohl aber auf einen gewaltsamen Kontextbruch mit dem geltenden, sittlichen Epistem aus ist.[66] Erst mit einem solchen militanten Schritt ließe sich ein emphatisch verstandenes, „lebendige[s] Leben“ verwirklichen und der „Daemonie [...] Sinn“ geben (*D*, S. 58). Der geschichtsphilosophische Sinn des dämonischen Todestriebs bezeichnet ausdrücklich das Durchbrechen des bestehenden sozialen Zusammenhangs hin auf eine noch zu gestaltende Welt. Der undurchdringliche Exzess, mit dem das Dämonische wirkt, kann retrospektiv sich nur als ein zur Formung richtigen Lebens notwendiges Handeln erweisen. Dominik Finkelde hat dafür argumentiert, dass ein solcher „Gründungsakt nachträglicher Normativität“ stets eine „exzessive Subjektivität“ zur Voraussetzung habe.[67] Es bedarf demnach eines Aktes, der

---

Lukács Marxism and the Dialectics of Form. Sussex: University of Minnesota Press, 1984. S. 75f.). Bernstein erkennt damit die innere Antinomie des Romans als einen ethischen Zusammenhang, wobei er die zersetzende Kraft der Form wiederum vorrangig auf den Bereich der Ästhetik einschränkt.

66 Lukács spricht auch von einer „*Ethik der Revolution*“ (*D*, S. 129): „Revolution (Terrorismus) ist niemals realpolitisch zu beurteilen“ (*D*, S. 124). Vgl. auch: „Gewalt: ewiger Friede als Ideal; aber nur ein wünschenswerter Zustand darf geduldet werden“ (*D*, S. 129) sowie *D*, S. 8. Für den Gedanken einer solchen Ethik der Revolution ist neben Dostojewski auch der Roman *Das fahle Ross* von Boris Savinkov aus dem Jahr 1915 ein wichtiger Einfluss (vgl. hierzu auch Michael Löwy. „Der junge Lukács und Dostojewski“. In: *Georg Lukács – Jenseits der Polemiken. Beiträge zur Rekonstruktion seiner Philosophie*. Hg. Rüdiger Dannemann. Frankfurt a. M.: Sendler, 1986. S. 30f.).

67 Dominik Finkelde. *Exzessive Subjektivität. Eine Theorie tathafter Neubegründung des Ethischen nach Kant, Hegel und Lacan*. München: Alber, 2016. S. 15. Finkelde benutzt den Terminus der exzessiven Subjektivität wiederum im Rekurs auf Lacan und Žižek. Interessant sind in diesem Zusammenhang auch

nicht gänzlich theoretisch abgeleitet ist und der den bestehenden Normen und Gesetzen notwendig widerstreitet, um ein grundlegend neuartiges sittliches Epistem zu verwirklichen. In der Gegenwart seines Auftretens muss er sinnlos, ja pathologisch erscheinen, künftig jedoch wird er sich als rechtmäßig erwiesen haben.[68] Will man die Konzeption der exzessiven Subjektivität für die Vorstellung einer Zweiten Ethik bemühen, so bezeichnete Dostojewski diejenige literarische Destruktionsleistung, von der ein dämonischer Gründungsakt auszugehen vermag.[69] Wenn Lukács im Zusammenhang mit der Zweiten Ethik von den „Imperative[n] der Seele" spricht, meint dies darum weniger eine mystische Eingebung oder dergleichen, als vielmehr die Realisierung jenes Ideals, das sich nachträglich legitimiert haben wird und das zum gegebenen Zeitpunkt allein als eine dämonische Tat zu identifizieren ist.[70] Das in Subjektivität angelegte Ideal soll, so Lukács, angeleitet von

Finkeldes Ausführungen zur moralischen Triebfeder bei Kant, auf die sich ebenfalls Lukács in seinen Dostojewski-Fragmenten beruft (vgl. ebd. S. 168) sowie Immanuel Kant. *Kritik der praktischen Vernunft* (wie Anm. 23). A 127-A 159 und Zupančič. Das Reale einer Illusion (wie Anm. 37), bes. S. 55ff. Zupančič wiederum spricht in Bezug auf Kant (und im Anschluss an Lacan) ebenfalls von „zweierlei Ethik" (ebd. S. 101), womit freilich auf den ethischen Aspekt der Psychoanalyse Lacans angespielt ist. Jedoch scheint gerade in der lacanianischen Treue zum eigenen Begehren jener ethische Aspekt aufgerufen, von dem aus auch die Zweite Ethik Lukács ihr Aktivitätsmoment erhält.

68 Finkelde wählt als Beispiel für das Auftreten einer solchen exzessiven Subjektivität Rosa Parks, die gegen die geltenden Gesetze ihrer Zeit verstößt und damit nachträglich ein neues Epistem einleitet (vgl. Finkelde. Exzessive Subjektivität (wie Anm. 67). S. 145ff.).

69 Es spricht auch Freud von einem „Destruktionstrieb Dostojewskis" (Sigmund Freud. „Dostojewski und die Vatertötung (1928 [1927])". In: Ders. *Studienausgabe* (wie Anm. 28). Bd. X. S. 267-286, S. 272). Vgl. dazu auch das von Lukács notierte Kierkegaard-Zitat „unmittelbare Gesundheit des Geistes gibt es nicht" (*D*, S. 163).

70 Lukács spricht in seinem Brief an Paul Ernst vom Mai 1915 von einer „neue[n] Erscheinungsform des alten Konflikts zwischen 1ter Ethik (Pflichten den Gebilden gegenüber) und 2ter Ethik (Imperative der Seele)" (Karl August Kutzbach (Hg.). *Paul Ernst und Georg Lukács. Dokumente einer Freundschaft*. Düsseldorf/ Emsdetten: Lechte, 1973/74. S. 73). Vgl. dazu auch Löwys Einschätzung der Beschäftigung Lukács' mit der religiösen Mystik: „Lukács suchte in all diesen verschiedenen Strömungen des mystischen Denkens zweifellos immer dasselbe, nämlich die Möglichkeit radikaler Abkehr von der Welt und ihre Überwindung

der epischen Idee Dostojewskis, die sie definierenden und einhegenden Formen durchbrechen und sich dadurch als freiheitliches erst verwirklichen. In diesem Schritt schließlich liegt der literarisch-ethische Anspruch und der, von Lukács so sehr betonte, „sprengende[...] Charakter“ (*TdR*, S. 14) einer Theorie des Romans.

---

durch ein Wunder“ (Löwy. Der junge Lukács und Dostojewski (wie Anm. 66). S. 29). Die Hoffnungen auf ein solches ‚Wunder‘ müssen gleichwohl allein in der Form-Gewalt menschlicher Subjektivität verortet werden, die wiederum der moderne Roman in poetologischer Hinsicht am eindrucksvollsten vorstellt. Vgl. dazu auch Dietrich Harth. „Gesellschaftsdämmerung in Heidelberg. Zur Kritik der Moderne in Lukács’ und Blochs Frühschriften“. In: *Auch eine Geschichte der Universität Heidelberg*. Hg. Karin Buselmeier. Mannheim: Edition Quadrat, 1985. S. 251-269, bes. S. 260.

3. *Die Theorie des Romans* und ihre Diskurse

Patrick Hohlweck

Georg Lukács und der Verfasser der *Theorie des Romans*

Das Unbehagen des Max Dessoir ist aktenkundig. Als ihn Max Weber 1915 kontaktiert, um ihm die Veröffentlichung des ersten Kapitels aus Georg Lukács' geplanter Habilitationsschrift über Dostojewski zu unterbreiten, zögert der Herausgeber der *Zeitschrift für Ästhetik und allgemeine Kunstwissenschaft*. Abgesehen davon, dass Dessoir die Streichung des gesamten ersten Teils des Essays für angezeigt hält, ist er generell unsicher, ob Lukács' Schrift für den wissenschaftlich interessierten „Lesekreis der Zs f Aesth. geeignet"[1] sei. Unter den zahlreichen Kritikpunkten Dessoirs ist nur einer, in dem Lukács einlenkt: Nicht Ästhetik des Romans (oder *Philosophie des Romans*)[2], wie von Lukács vorgesehen, sondern, vermeintlich solider: *Theorie des Romans* soll der Text heißen, der – wohl dank einer erneuten Intervention Webers – schließlich 1916 in der Zeitschrift erscheint. Doch im Erscheinungsjahr der *Theorie des Romans* bleibt selbst Weber wenig anderes übrig, als Lukács sein „Abschwenken zu Dostojewskij pp." übelzunehmen: Er räumt ein, „diese Ihre Arbeit" gehasst zu haben, ja er „hasse sie noch". Denn sie scheint die Vorbehalte von Lukács' Vertrauten Emil Lask und Leó Popper zu bestätigen: Lukács sei ein „geborener Essayist" und werde „nicht bei systematischer (zünftiger) Arbeit bleiben";[3] „Literatur" biete ihm in erster Linie „nur eine Gelegenheit zum Selbstporträtieren".[4] Und Lukács selbst konzediert vielfach, dass es ihm in Wahrheit um „Fragen" gehe, die aus seinem „*Leben* herausgewachsen"[5] seien.

1 Max Weber. „Brief an Georg von Lukács, 23. Dezember 1915". *Max-Weber-Gesamtausgabe. Bd. II/9: Briefe 1915-1917.* Hg. Gerd Krumeich/M. Rainer Lepsius. Tübingen: Mohr 2008. S. 224.

2 Vgl. Arnold Hauser. „Der Budapester ‚Sonntagskreis'". *Im Gespräch mit Georg Lukács.* München: C.H. Beck 1978. S. 48-81, hier S. 51.

3 Max Weber. „Brief an Georg von Lukács, 14. August 1916". *Max-Weber-Gesamtausgabe. Bd. II/9* (wie Anm. 1). S. 494-497, hier S. 497.

4 Leó Popper. „Brief an Georg Lukács, 7. Juni 1909". Georg Lukács. *Briefwechsel 1902-1917.* Hg. Éva Karádi/Éva Fekete. Stuttgart: J.B. Metzler 1982. S. 72-74, hier S. 73.

5 Georg Lukács. „Brief an Leó Popper, 27. Oktober 1909". Ebd. S. 89-93, hier S. 92.

Die Skepsis, die die Veröffentlichung von Georg Lukács' *Theorie des Romans* zeitgenössisch begleitet, ist auch 100 Jahre später kaum als ausgeräumt zu bezeichnen. Wie ist die *Theorie des Romans* zu lesen? Diese Frage ist in der *Theorie des Romans* als eine aus dem und mithin *in das* Leben gewachsene Frage thematisch. Sie tritt, so möchte ich im Folgenden diskutieren, in der *Theorie des Romans* in ein eigentümliches, *ethisches* Verhältnis zur Form des Romans: ethisch in einem Sinn, der unmittelbare Auswirkungen auf den *genre trouble* der *Theorie des Romans* hat und sie zugleich historisch indiziert.

I.

Im 1962 verfassten Vorwort zur Neuausgabe der *Theorie des Romans* reklamiert Lukács für seine ansonsten weithin misslungene Untersuchung deren „Hegelsches Erbe", für das insbesondere das „Historisieren der ästhetischen Kategorien" einstehe. Dies distanziere die *Theorie des Romans* von dem durch den Rickert'schen Neukantianismus gerissenen „methodologischen Abgrund zwischen zeitlosem Wert und geschichtlicher Wertrealisierung" ebenso wie von Diltheys metahistorischer, sich in historischen Konkretisationen veräußernder Typologie der Philosophien, die beide gleichermaßen „schroff im Gegensatz zur dialektischen Evolution des Weltgeists bei Hegel selbst" (*TdR*, S. 11) stünden. Dabei ist Lukács zu Zeiten der *Theorie des Romans*, wie Konstantinos Kavoulakos präzise nachvollzogen hat,[6] jedoch ebenso weit von der Orientierung an einer immanenten Selbstbewegung des geschichtsphilosophischen Begriffs entfernt.

Näher ist Lukács' Entwurf an der Geschichtsphilosophie Georg Simmels. Simmel zufolge haben die Zurichtungen des modernen Lebens eine Kultur hervorgebracht, deren Signatur die Übermacht dessen ist, was er mit einem Begriff Hegels den „objektiven Geist"[7] nennt: Während der Begriff in Hegels Geistesphilosophie die geistige Welt bezeichnet, in der der subjektive Geist, genauer: der Wille objektiv, sich selbst zum Gegenstand wird, also alle Institutionen gesellschaftlichen Lebens als Resultat des subjektiven, freien

6 Konstantinos Kavoulakos, Ästhetizistische Kulturkritik und ethische Utopie. Georg Lukács' neukantianisches Frühwerk. Berlin: Akademie 2014. S. 147-176.

7 Georg Simmel. „Die Großstädte und das Geistesleben". *Gesamtausgabe, Bd. 7: Aufsätze und Abhandlungen 1901-1908 I.* Hg. Rüdiger Kramme/Angela Rammstedt/Otthein Rammstedt. Frankfurt a. M.: Suhrkamp 1995. S. 116-131, hier S. 129.

Willens gefasst sind, wird der Begriff für Simmel als Totalität der „Gesellschaft, des geschichtlich Ererbten, der äußerlichen Kultur und Technik des Lebens“[8] virulent. Dabei ist es in Simmels Gegenüberstellung die Polarität zwischen der „Wirklichkeit des menschlichen Wesens“ und der „Ordnung der Dinge“[9], zwischen Unmittelbarkeit und Konventionen des Ausdrucks, die die Struktur der Zeit erkennbar werden lässt: Von hier aus operiert Simmels historisches Denken als eine Epistemologie der Geschichte, die nach den Bedingungen, und das bedeutet bei Simmel vor allem: den von der Verdinglichung unberührten *psychologischen* Bedingungen historischen Erkennens fragt.[10] Diese Form des historischen Denkens ist, so Simmel in seiner zweiten Fassung der *Probleme der Geschichtsphilosophie*, „Kritik des historischen Realismus, für den die Geschichtswissenschaft ein Spiegelbild des Geschehenen ‚wie es wirklich war‘ bedeutet“;[11] und sie interessiert sich für die Operationen, in denen der menschliche Geist das Bild der Geschichte „durch die nur ihm, dem erkennenden, eigenen Kategorien souverän formt.“[12] Das von ihm bemühte Bild ist das der „historischen Projektion“,[13] die im Bereich jener „Distanz zwischen dem Ich und den Dingen“[14] veranstaltet wird, die sich innerhalb der Objektivität des Geistes ausgebildet hat und das Verhältnis des Menschen zu seiner ihm entfremdeten Umwelt beschreibt.

Diese Form der Projektion organisiert auch Lukács' *Theorie des Romans*. Zunächst in einem historischen Sinn. Es sind, wie Lukács in *Die Seele und die Formen* bemerkt, „Tatsachen [...] immer da und immer [...] alles in ihnen enthalten, doch jedes Zeitalter bedarf anderer Griechen, eines anderen

8 Simmel. Die Großstädte und das Geistesleben (wie Anm. 7). S. 116.

9 Georg Simmel. „Kant und Goethe“. *Gesamtausgabe, Bd. 5: Aufsätze und Abhandlungen 1894-1900*. Hg. Heinz-Jürgen Dahme/David P. Frisby. Frankfurt a. M.: Suhrkamp 1995. S. 445-478, hier S. 475.

10 Vgl. hierzu ausführlich Jutta Müller-Tamm. *Abstraktion als Einfühlung. Zur Denkfigur der Projektion in Psychophysiologie, Kulturtheorie, Ästhetik und Literatur der frühen Moderne*. Freiburg: Rombach 2005. S. 249-264 und 296-302.

11 Georg Simmel. „Die Probleme der Geschichtsphilosophie“. *Gesamtausgabe, Bd. 9: Kant/Die Probleme der Geschichtsphilosophie (Zweite Fassung 1905/07)*. Hg. Guy Oakes/Kurt Röttgers. Frankfurt a. M.: Suhrkamp 1997. S. 227-419, hier S. 229.

12 Simmel. Die Probleme der Geschichtsphilosophie (wie Anm. 11). S. 230.

13 Simmel. Die Probleme der Geschichtsphilosophie (wie Anm. 11). S. 274.

14 Georg Simmel. *Philosophie des Geldes. Gesamtausgabe, Bd. 6*. Hg. David P. Frisby/Klaus Christian Kohnke. Frankfurt a. M.: Suhrkamp [5]2000. S. 655.

Mittelalters und einer anderen Renaissance. Jede Zeit wird sich die ihr notwendige schaffen und nur die unmittelbar aufeinander Folgenden glauben, die Träume der Väter seien Lügen gewesen, die man mit den eigenen neuen ‚Wahrheiten' bekämpfen müsse." (*SuF*, S. 37) Der derart klaffende Hiatus zwischen der „Epoche des bürgerlichen Romans – von Cervantes bis Tolstoi" und der „Vergangenheit, zur Epoche der epischen Harmonie (Homer)"[15] ist für den argumentativen Rahmen der *Theorie des Romans* entscheidend. Für Lukács ist das Zeitalter des Epos durch die Abwesenheit einer Suchbewegung markiert, die allerdings angesichts ihres vor-historischen Status nicht als solche erscheint; das Zeitalter des Epos kennt keine Fragen, keine Philosophie, „nur Formen, aber kein Chaos" – und erst recht keine Theorie des Epos. Die Theorie des Epos ist eine Angelegenheit des Zeitalters des Romans, in dem erstmals „die Frage" nach ihr „laut" (*TdR*, S. 22) wird. Der Roman ist dagegen untrennbar mit seiner Theoretisierung verbunden – und diese Theoretisierung des Romans geht einher mit einer notwendig defizitären Theoretisierung des Epos, deren Fluchtlinie in Lukács' theoretischer Architektur eine Theorie des Lebens sein wird. Das Epos ist der *Theorie des Romans* weniger eine historische Kategorie als eine epistemologische bzw. eine historische Bestimmung nur insofern, als es eine epistemologische Rolle in der Selbstverständigung der Moderne auf dem Wege einer Verständigung über den Roman einnimmt. Wie genau wäre das aber zu bewerkstelligen? Es handelt sich schließlich, so Lukács, bei der Ablösung des Epos durch den Roman um nichts weniger als

> eine vollkommene Umwandlung der transzendentalen Topographie des Geistes, die in ihrem Wesen und ihren Folgen wohl beschrieben, in ihrer metaphysischen Bedeutsamkeit wohl ausgelegt und begriffen werden kann, für die es jedoch immer unmöglich sein wird, eine wenn auch noch so einfühlende oder bloß begreifende Psychologie zu finden. (*TdR*, S. 23)

Lukács bestimmt das Epos damit zunächst als dasjenige, das der Roman *nicht ist* oder sein „Anderes",[16] wie Paul Fleming festgestellt hat, das dem

---

15 György Lukács. *Müvészet és társadalom. Válogatott tanulmányok. Elöszö.* Budapest: Gondolat Kiadó 1968. S. 7. Übersetzung zit. nach: *Georg Lukács. Sein Leben in Bildern, Selbstzeugnissen und Dokumenten.* Hg. Éva Fekete/Éva Karádi. Stuttgart: J.B Metzler 1981. S. 66.

16 Paul Fleming. „Belatedness. A Theory of the Epic". *Modern Language Notes* 129/3 (2014). 525-534, hier S. 526.

Roman unverfügbar bleiben muss. Die Totalität des Epos bezeichnet dabei eine Form der Unmittelbarkeit; ein Kontrastmittel für die defizitäre Disposition neuzeitlicher Subjektivität. Diese Struktur des Echos zwischen der Geistestopographie und dem Roman ist es, die die Unzeit dieser Geschichte formalisiert – jedoch notwendigerweise, ohne den Riss, der durch sie gegangen ist, kitten zu können. Wir können die griechischen Epen lesen und „dichte[n] ihren Formen eine Beziehung zu unserem Weltalter zu“ (*TdR*, S. 22), doch was wir gewärtigen, ist nicht mehr als eine Spur, ist Anwesenheit einer abwesenden, „absolute[n] Vergangenheit“.[17] In Friedrich Schlegels *Gespräch über die Poesie* lautet die entsprechende Stelle folgendermaßen: „In dem Gewächs der Homerischen sehen wir gleichsam das Entstehen aller Poesie; aber die Wurzeln entziehn sich dem Blick, und die Blüten und Zweige der Pflanze treten unbegreiflich schön aus der Nacht des Altertums hervor.“[18] Von Simmel aus ist dieser historische Relativismus Voraussetzung und Schauplatz eines geschichtlichen Prozesses, der im Erkennen ebenjener Übertragungsmechanismen, im „Begreifen des *Vorganges*“[19] der ‚Projektion‘ besteht; innerhalb einer Totalität, die in ihrer Komplexität der Erkenntnis unzugänglich ist: „Hier ist alles in Wirklichkeit untrennbar verflochten: Wirtschaft und Religion, Staatsverfassung und individuelles Leben, Kunst und Recht, Wissenschaft und Eheformen.“[20] Es handelt sich dabei um die Sphäre der ‚Gebilde‘, die auch Lukács als den „objektiven Geist[]“[21] ausweist und der auch der Roman – bekanntlich die „Epopöe der gottverlassenen Welt“ (*TdR*, S. 68) – angehört. Ihr gegengeordnet ist das Feld der „reinen Seelenwirklichkeit“ (*TdR*, S. 118), das den Zurichtungen des „Problematischen“ (*SuF*, S. 233) entbunden ist, das Milieu der epischen Sinntotalität. Der Fragehorizont, der in der Konstellation zwischen dem Roman und dem Epos für Lukács' *Theorie des Romans* in den Vordergrund rückt, ist damit kein historischer: Weniger eine geschichtsphilosophische oder historische Indexikalität steht hier an, sondern deren epistemologisches Vorfeld, als, so

17 Jacques Derrida. *Grammatologie*. Frankfurt a. M.: Suhrkamp 1983. S. 116.

18 Friedrich Schlegel. „Gespräch über die Poesie“. *Kritische Friedrich-Schlegel-Ausgabe, Bd. 2.* Hg. Ernst Behler/Hans Eichner/Jean-Jacques Anstett. Paderborn: Schöningh 1967. S. 284-351, hier S. 290.

19 Simmel. Probleme der Geschichtsphilosophie (wie Anm. 11). S. 275. Meine Hervorhebung.

20 Simmel. Probleme der Geschichtsphilosophie (wie Anm. 11). S. 403.

21 Vgl. Lukács. „Brief an Paul Ernst, 4. Mai 1915“. *Briefwechsel 1902-1917* (wie Anm. 4). S. 351-355, hier S. 352.

Lukács bereits in *Die Seele und die Formen*, „die Frage: wie kann und muß man heute leben?" (*SuF*, S. 77)

II.

In seinem *Brief über den Roman* stellt Friedrich Schlegel eine Kunstlehre der Gattung der Zukunft, des Romans, auf dem Weg einer Reflexion des Verhältnisses von Kritik, Theorie und Poesie vor. Die Theorie des Romans, die dabei zur Sprache kommt, ähnelt Schlegels idealer Kritik selbst und ebnet den Weg einer *theoria* oder „geistige[n] Anschauung"[22] des Romans. Ausgangspunkt dieser medialen Ethik sind im Roman enthaltene, kleine Formen – Schlegel zufolge etwa das Idyll, die Novelle und das Märchen –, deren unvollkommene Beschaffenheit durch den Eingriff der Kritik auf ihren idealen Grund hin geöffnet wird. Die Konfrontation dieser Formen mit der „Unform"[23] des Romans ist es, die im Vorgang der Kritik prozessiert bzw. potenziert wird: Der Roman ist in seiner Unförmigkeit zugleich die Frage nach dem Prozess der Form sowie, und das ist wieder Lukács, nach der Form des Prozesses – der nicht zufällig „ein Menschenleben" (*TdR*, S. 62) umfasst.

Rüdiger Campe hat auf die zentrale Funktion aufmerksam gemacht, die die Figur des Fremden in Goethes *Wilhelm Meister* innehat: Schlegels kritische Behandlung von Goethes Roman setzt auf die Parallelisierung des Lesers mit dem Fremden, der während seiner Kahnfahrt mit der „Schauspielergruppe [...] glaubt, er müßte" die schauspielenden Mitpassagiere

> schon gesehen haben, weil sie aussehn wie Menschen und nicht wie Hinz oder Kunz. Dies Aussehn verdanken sie nicht eben ihrer Natur und ihrer Bildung: denn nur bei einem oder dem andern nähert sich diese auf verschiedne Weise und in verschiednem Maß der Allgemeinheit.[24]

Verstanden als eine figurale Operation des Textes, die die dem Roman immanenten Formen auf die ihnen inhärente Allgemeinheit abbildet, steht der Fremde zugleich innerhalb und außerhalb des Textes. Anders formuliert: Der

22 Schlegel. „Gespräch über die Poesie" (wie Anm. 18). S. 337.

23 Clemens Lugowski. Die *Form der Individualität im Romans.* Frankfurt a. M.: Suhrkamp 1976. S. 13.

24 Friedrich Schlegel. „Über Goethes Meister". *Kritische Friedrich-Schlegel-Ausgabe, Bd. 2* (wie Anm. 18). S. 126-147, hier S. 126.

Leser bzw. der Fremde ist dem Roman enthalten als Figur seiner Lesbarkeit, die dem Roman selbst aber *unverfügbar* ist; und darin, so Campe, „als strenge und beständige Reflexion darauf, dass als Leben die Kunst mit keiner ihrer Formen zusammenfällt.“[25] Der hier angelegte – und umfassend problematisierte – Vollzugscharakter der poetischen Form, angesiedelt auf einer „Höhe, auf der vielleicht die Kunst eine Wissenschaft und das Leben eine Kunst sein wird“,[26] wird auch für Lukács' *Theorie des Romans* zu einer Angelegenheit der *Ethik*, die in ihrer Dopplung die Dissonanz zwischen unverstellter Subjektivität und den von Lukács sogenannten ‚Gebilden' wiedergibt. Während die Ethik für die „übrigen Dichtungsarten“ (*TdR*, S. 56) ein „formales Apriori“ (*TdR*, S. 57) markiert, das es ermöglicht, auf das „formbedingte[] Wesen“ sowie die „formbedingte Totalität“ (*TdR*, S. 56) vorzudringen, ist sie im Roman in ihrer „konkretesten Inhaltlichkeit“ an der *Konstitution* – und das bedeutet: am Formprozess oder „Formproblem“ (*TdR*, S. 55) – des Romans beteiligt.

Bereits in den Vorarbeiten zur *Theorie des Romans* bereitet Lukács den Begriff einer Form vor, die als Mittlerin zwischen der Sphäre der Gebilde und dem Bereich der „*Seelenwirklichkeit*“ (*D*, S. 65) gefasst ist und dank der künstlerischen Werke aus dem „Gewebe des historischen und gesellschaftlichen Lebens *heraus*“[27] genommen werden kann, aber auch herausragt: „Im Wesen des künstlerischen Werkes, im Wesen der Formung gibt es ein solches isolierendes Prinzip: es schneidet alle Fäden, die es ans lebendige, konkrete, sich bewegende Leben binden, durch und gibt ihr ein neues, in sich geschlossenes sich mit nichts berührendes und mit nichts vergleichbares Leben.“[28] Voraussetzung dafür ist eine doppelte Bestimmung: Form kann, so Lukács, „nur ein Begriff der Ästhetik sein“, „der den einzelnen Menschen und jedes Werk, das auf ihn eine Wirkung ausübt, untersuchen will“,[29] „zeitlos gegenüber einer konkreten Zeit – nicht historisch, nicht soziologisch“;[30] andererseits

25 Rüdiger Campe, „Form und Leben in der Theorie des Romans“. *Vita aesthetica. Szenarien ästhetischer Lebendigkeit.* Hg. Armen Avanessian/Winfried Menninghaus/Jan Völker. Zürich/Berlin: Diaphanes 2009. S. 193-211, hier S. 208.

26 Schlegel. „Über Goethes Meister“ (wie Anm. 24). S. 127.

27 Georg Lukács. „Zur Theorie der Literaturgeschichte“. *Text + Kritik* 39/40 (1973). 24-51, hier S. 27. Vgl. auch den expliziten Verweis auf „irgendeine ‚Inselhaftigkeit'“, die, „wie Simmel sagt“, allen Kunstwerken zukommt. Ebd. S. 46.

28 Lukács. „Zur Theorie der Literaturgeschichte“ (wie Anm. 27). S. 46.

29 Lukács. „Zur Theorie der Literaturgeschichte“ (wie Anm. 27). S. 27.

30 Lukács. „Zur Theorie der Literaturgeschichte“ (wie Anm. 27). S. 31.

seits ist sie „das wahre Soziale in der Literatur".[31] Judith Butlers Hinweis, dass Lukács eine Perspektive eröffnet, die „die Begriffe der Debatte, wie sie in den letzten vier Jahrzehnten in literaturtheoretischen Kreisen kursierten, nachhaltig durcheinanderbringt", bezieht sich auf eben diese Doppelfunktion der Form: „Der Kontext dringt" als historischer Index „in die Form ein und wird Teil des Formgebungsprozesses selbst."[32] Deshalb ist Form nach Lukács „die leibgewordene Paradoxie, die Erlebniswirklichkeit, das lebendige Leben des Unmöglichen (unmöglich in dem Sinn, daß die Komponenten einander absolut und ewig widerstreiten und eine Versöhnung unmöglich ist). Form ist aber keine Versöhnung..."[33] Vielmehr ist sie das Instrument einer Textpraxis, die das organisatorische Zentrum von Lukács' *Theorie des Romans* berührt: das Leben. „Die Welt des Epos beantwortet die Frage: wie kann das Leben wesenhaft werden?" (*TdR*, S. 26) Diese Frage ist angesichts der wesentlichen Unterschiedenheit von Roman und Epos allerdings entweder „unaussprechbar" (*TdR*, S. 42) oder unbeantwortbar. In ihrer Interrogativform bezeugt sie ihre Unmöglichkeit, die zugleich die Unmöglichkeit des Lebens in der Welt des Romans bleibt und bleiben muss. Die „unzerreißbare Gebundenheit an das Dasein und das Sosein der Wirklichkeit", die die epischen Formen auszeichnet, ihr irreduzibler Bezug auf die Empirie, bedingt, dass die „Welten des Lebens [...] von den Formen [...] aufgenommen und gestaltet" (*TdR*, S. 35f.) werden und es ist dabei gerade der Modus der *Möglichkeit* der Welt des Romans, der das Leben in „sollende[s] Sein" umrechnet: „Das Sollen tötet das Leben" (*TdR*, S. 36), so heißt es zweimal in Lukács' Schrift. Wie kann also jenseits der Zerstreuungen der Welt des Romans das Leben wesenhaft und damit zum „Träger der transzendentalen Synthesis" (*TdR*, S. 41) werden?

Die Spannung, die das Verhältnis von Form und Leben in der *Theorie des Romans* beschreibt,[34] ist in Lukács' Gegenstand begründet. Lukács betont, dass sich die Form des Romans, im Unterschied zu den anderen epischen Formen, „als etwas Werdendes, als ein Prozeß" (*TdR*, S. 56) zeigt. Begründet

31 Lukács. „Zur Theorie der Literaturgeschichte" (wie Anm. 27). S. 29.

32 Judith Butler. „Einleitung". *SuF*, S. 1-20, hier S. 9.

33 Georg Lukács. „Brief an Salomo Friedländer, Mitte Juli 1911". *Briefwechsel 1902-1917* (wie Anm. 4). S. 230-231, hier S. 230.

34 Vgl. dazu jüngst ausführlich Eva Geulen. „Form-Wissen bei Lukács und Benjamin". *Black Box Leben*. Hg. Maria Muhle/Christiane Voss. Berlin: August 2017. S. 137-151.

ist dies im Umstand, dass der Roman einerseits die „Gesinnung zur Totalität" (*TdR*, S. 43) aufweist, die auf die Fraglosigkeit der epischen Seelenwirklichkeit abzielt, dabei aber im Rekurs auf die Empirie der Lebenswelt immer die eigene defizitäre Konstitution ausstellt. An die Stelle einer „daseienden" Totalität tritt so ein subjektiver Aspekt derselben.

> Die Kunst ist – im Verhältnis zum Leben – immer ein Trotzdem; das Formschaffen ist die tiefste Bestätigung des Daseins der Dissonanz, die zu denken ist. Aber in jeder anderen Form [...] ist diese Bejahung etwas der Formung Vorangehendes, während sie für den Roman die Form selbst ist. (*TdR*, S. 55f.)

Was bedeutet das konkret? Lukács schreibt, dass „die Reflexion des schaffenden Individuums, die inhaltliche Ethik des Dichters, [...] eine doppelte" ist:

> [S]ie geht vor allem auf die reflektierende Gestaltung des Schicksals, das dem Ideal im Leben zukommt, auf die Tatsächlichkeit dieser Schicksalsbeziehung und auf die wertende Betrachtung ihrer Realität. Diese Reflexion wird aber nochmals zum Gegenstand des Nachdenkens: sie selbst ist bloß ein Ideal, etwas Subjektives, bloß Postulatives, auch ihr steht ein Schicksal in einer ihr fremden Wirklichkeit bevor, das, diesmal jedoch rein reflektiert, nur im Erzähler bleibend, gestaltet werden muß. (*TdR*, S. 65)

Was Lukács hier vorstellt, ist ein Prozess der Potenzierung, der mit Friedrich Schlegels Konzept der Kritik einschlägig geworden ist. Lukács betont die ethische Seite dieser Operation. Es ist dies Lukács *erste* Ethik, die er als „Pflichten den Gebilden gegenüber"[35] auszeichnet, die den Roman einerseits „Form der gereiften Männlichkeit" (*TdR*, S. 66), andererseits „nur Instrument, nur Dienendes",[36] in den Worten Schlegels: „am Ende doch nur Mittel"[37] sein lässt. Ihr gegenüber erwägt Lukács indes eine zweite Ethik der „schöpferischen Subjektivität" (*TdR*, S. 65): eine „Metaethik"der „Imperative der Seele", die „absolute Priorität"hat.[38] Diese Priorisierung begründet

35 Georg Lukács. „Brief an Paul Ernst, 4. Mai 1915". *Briefwechsel 1902-1917* (wie Anm. 4). S. 351-355, hier S. 352.

36 Lukács. Brief an Paul Ernst (wie Anm. 35).

37 Schlegel. „Über Goethes Meister" (wie Anm. 24). S. 131.

38 Carlos Eduardo Jordao Machado. „Die Formen und das Leben. Ästhetik und Ethik beim frühen Lukács (1910-18)". *Lukács 1996. Jahrbuch der internationalen Georg-Lukács-Gesellschaft* 1 (1997). 51-77, hier S. 74.

sich durch den Vergleich des Gegensatzes von erster und zweiter Ethik mit der Ablehnung einer falschen Identifizierung von ‚Selbst' und ‚Seele'. Lukács unterscheidet zwischen einem „abstrakten, methodologischen Begriff" des Selbst, an dem auch die Institutionen des *objektiven Geistes* Teil haben einerseits und der allein „metaphysische Realität" besitzenden Seele andererseits. Deren Ineinssetzung bedeute ein falsches „Substantiell werden des entsprechenden Objekts", wodurch „die ‚Gebilde' dinghaft und metaphysisch"[39] würden. Die beiden Formen der Ethik befinden sich in einem unversöhnlichen Widerstreit, der als „Dissonanz der Romanform" das „Formproblem" (*TdR*, S. 55) des Romans ins Werk setzt. Die in der Form vermittelte Unterscheidung zwischen „Leben und Leben" (*SuF*, S. 60), zwischen dem abstrakten Leben des Selbst und der Wirklichkeit der Seele, markiert den formalen Einsatz der Ethik: „Jede Art der Gestaltung, jede Form der Literatur ist eine Stufe der Lebensmöglichkeiten" (*SuF*, S. 232) und es ist die „bis ins Ethische reingewordene Form" (*SuF*, S. 233), in der „als Perspektive eine zukünftige Möglichkeit der menschlichen (geistigen) Lösung der gesellschaftlichen Gegensätze auf[taucht]".[40] Mit Blick auf die Form des Romans bedeutet das, dass die Reflektion über die Zerklüftung der ‚Lebensmöglichkeiten' eine Form der Kollektivierung ermöglicht; ein, wenn man so will, „being-in-relation":[41] einen Akt der Selbstermächtigung, der die Welt in eine Form fasst. Diese ethische Wende markiert Lukács' „Entwicklung [...] von der Lebenskritik zur Formkritik",[42] die als die „Möglichkeit der Erkenntnis der wahren Struktur des objektiven Geistes" die Voraussetzung der Geschichtsphilosophie ist. „[H]ier", so Lukács in Notizen zum *Dostojewski-Projekt*, „liegt die Bedeutung von Marx" (*D*, S. 90), und es ist nicht zufällig die argumentative Stelle, an der das *Dostojewski*-Projekt abbricht: Zur Disposition steht damit nicht mehr allein das Formproblem des Romans, sondern, damit untrennbar verbunden, eine Formierung des Lebens.[43]

39 Lukács. „Brief an Paul Ernst, 4. Mai 1915" (wie Anm. 35). S. 352.

40 Lukács. *Müvészet* és *társadalom* (wie Anm. 15). S. 7.

41 Katie Terezakis. „Living Form and Living Criticism". *Georg Lukács Reconsidered. Critical Essays in Politics, Philosophy and Aesthetics.* Hg. Michael J. Thompson. London/New York: Continuum 2011. S. 211-228, hier S. 220.

42 Leó Popper. „Die Erkenntnis und die Erlösung. György Lukács: Die Seele und die Formen". In: Ders. *Schwere und Abstraktion. Versuche.* Hg. Philippe Despoix/Lothar Müller. Berlin: Brinkmann & Bose 1987. S. 43-48, hier S. 46f.

43 Vgl. Campe. „Form und Leben in der Theorie des Romans" (wie Anm. 25). S. 211.

III.

Handelt es sich dann, von hier aus, bei der *Theorie des Romans* effektiv nicht mehr um ein Sprechen über Kunst bzw. ein ‚Gespräch über die Poesie‘, bleibt dennoch eine nicht ausgeräumte Irritation. Eine Irritation zwischen der Universalität von Lukács’ Bemerkungen und ihrer Exposition, die keinen Zweifel darüber zulässt, dass das moderne Bewusstsein keinen Zugang zu epistemologischen Überblicken dieses Kalibers haben kann.

Bei aller Suggestion historischer Chronologie lässt sich die typologische Anordnung der *Theorie des Romans* – Roman des abstrakten Idealismus, Desillusionsroman, *Wilhelm Meister*, Tolstoi/Dostojewski – nicht als literarhistorisches Repertorium lesen, auch nicht als den ausgreifenden Überblick über den Roman eines besonders langen 19. Jahrhunderts. In einer solchen Perspektive müsste es etwa darum gehen, die einzelnen ‚Gebilde‘, die Romane, in chronologische Reihung zu bringen, die schließlich als Verfalls- oder Vermittlungsgeschichte zur Aufhebung der im Roman aufgehobenen Diskrepanzen bei Dostojewski führen würde. Darum geht es nicht in der *Theorie des Romans*. Und dennoch scheint an ihrem Ende vordergründig eine Form der Schließung auf:

> Ob [Dostojewski] bereits der Homer oder der Dante dieser Welt [gemeint ist die Welt eines neuen Zeitalters des Epos] ist oder bloß die Gesänge liefert, die spätere Dichter, zusammen mit anderen Vorläufern, zur großen Einheit verflechten werden, ob er nur ein Anfang oder schon eine Erfüllung ist: das kann nur die Formanalyse seiner Werke aufzeigen. Und es kann erst dann Aufgabe einer geschichtsphilosophischen Zeichendeuterei sein, auszusprechen, ob wir wirklich im Begriff sind, den Stand der vollendeten Sündhaftigkeit zu verlassen, oder ob erst bloße Hoffnungen die Ankunft des Neuen verkündigen [...]. (*TdR*, S. 119)

Als Finale der *Theorie des Romans* wirkt diese Passage, angesichts der Diskrepanz zwischen ihrer Zurückhaltung und der Apodiktik des übrigen Textes, irritierend. Dostojewskis Romane, so Lukács, können erst dann Gegenstand einer geschichtsphilosophischen Diskussion werden, wenn eine kritische Formanalyse über die Poetik Dostojewskis Bericht erstattet haben wird, die die Kultur der Distanz überbrückt. Lukács hatte Entsprechendes bereits in seinem 1910 entstandenen Aufsatz *Zur Theorie der Literaturgeschichte* nahegelegt: „[I]ch behaupte nur, daß es eine Ästhetik, eine Poetik geben muß, damit man eine Literaturgeschichte machen kann."[44] Das bedeutet: Es bedarf einer Poetik des Romans, um eine historische Poetik der Gattungen zu formulieren.

Eine solche Poetik müsste, so Lukács in einem Brief an Paul Ernst während der Arbeit an der *Theorie des Romans*, in einem „episch-essayistischen Stil" verfasst sein; dieser sei notwendig, „[w]enn man bereit sein muss und die (unglückliche) Anlage hat, alles auf die letzten Wurzeln zurückzuführen".[45] Lukács selbst weist die Selbstreflexivität, die seine Essays kennzeichnet, als allgemeine Eigenschaft der essayistischen Form aus: „Der Dichter spricht immer über sich, gleichgültig, was er besingt"; der Essayist „wagt es nie, laut über sich nachzudenken, nur durch die Werke der anderen kann er sein eigenes Leben erleben, durch das Verständnis der anderen nähert er sich seinem Selbst." (*SuF*, S. 48) Der Essay als ‚kleine Form' ist eine problematische, das heißt zugleich formal unbegründete, meta- und selbstreflexive Denk- und Darstellungsart, welche das „Problematische der Lage", die „sich fast zu einer notwendigen Frivolität im Denken und im Ausdruck zugespitzt" (*SuF*, S. 40) hat, zum Ausdruck bringt: „Kontingente Welt und problematisches Individuum sind einander wechselseitig bedingende Wirklichkeiten" (*TdR*, S. 60). Und ihnen entspricht die essayistische Form als Möglichkeit der Darstellung, der (Selbst-)Reflexion und des intellektuellen Lebens. Gerade, weil die „Kritik" bzw. „der Essay [...] immer von etwas bereits Geformtem" (*SuF*, S. 34) spricht, das ihm zum Erlebnis gereicht, reflektiert er darin das Selbstbewußtsein der Moderne hinsichtlich der spezifischen Form ihrer diskursiven Bedingungen: Er ist mit „Erlebnisse[n]" befasst, so Lukács an Leó Popper, „die von keiner Gebärde ausgedrückt werden könnten und die sich dennoch nach einem Ausdruck sehnen." „Die unmittelbar gestellte Frage: was ist das Leben, der Mensch und das Schicksal?" heißt es weiter: „Doch als Frage nur; denn die Antwort bringt auch hier keine ‚Lösung', wie eine der Wissenschaft oder wie [...] jene der Philosophie, sie ist vielmehr, wie in jeder Art Poesie, Symbol und Schicksal und Tragik." (*SuF*, S. 30)

Dem Essay geht es stattdessen um seinen Prozess: „Der Essay ist ein Gericht, doch nicht das Urteil ist das Wesentliche und Wertentscheidende an ihm (wie im System) sondern der Prozess des Richtens." (*SuF*, S. 43) Dieser Prozess ist in einem präzisen Sinn die Form des Romans als die Frage nach seiner

44 Lukács. „Zur Theorie der Literaturgeschichte" (wie Anm. 27). S. 27.

45 Lukács. „Brief an Paul Ernst, 14. April 1915". *Briefwechsel 1902-1917* (wie Anm. 4). S. 348-349, hier S. 348.

negativen Form oder Unform als Form-des-Lebens. Die „Selbsterkenntnis“, das „zu-mir-Gelangen“ oder „das Suchen“[46] des Essays ist koextensiv mit der „Wanderung des problematischen Individuums zu sich selbst“ (*TdR*, S. 62) und der „Psychologie der Romanhelden: sie sind Suchende“ (*TdR*, S. 46). Diese „Sehnsucht“, so Lukács wieder an Popper, ist eine „seelische Tatsache von eigenem Wert und Dasein: eine ursprüngliche Stellungnahme zum Ganzen des Lebens, eine letzte nicht mehr aufzuhebende Kategorie der Erlebnismöglichkeiten.“ (*SuF*, S. 43) Dabei ist der Essay gekennzeichnet durch eine Vorläufigkeit, eine auf Dauer gestellte Antizipation, die zur konstitutiven Nachträglichkeit des vormodernen Epikers komplementär angelegt ist. Der Essayist selbst ist es nämlich „nicht, der sie zum Leben und zur Tat erweckt: es ist der große Wertbestimmer der Ästhetik, der immer Kommende, der noch nie Angelangte, der einzig zum Richten Berufene, der sie ihm eingibt.“ (*SuF*, S. 41) In der *Stellungnahme*, der Setzung von Bedeutung markiert der Essay die Möglichkeit und die Voraussetzung einer metaphysischen, *zweiten* Ethik, die die Voraussetzung der Affirmation der Dissonanz birgt.

Doch wie ist es möglich, nicht der Gefahr anheim zu fallen, dass einem „[i]n der Welt des Abstandes“ jeder „epische Vers zur Lyrik“ (*TdR*, S. 45) gerät oder ohne Not „aus 2-ter Ethik nur 1-te“ (*D*, S. 127) zu machen? An dieser Stelle arbeitet Lukács den Begriff der Ironie in seinen Entwurf ein: Ironie

> bedeutet, als formelles Konstituens der Romanform, eine innere Spaltung des normativ dichterischen Subjekts in eine Subjektivität als Innerlichkeit, die fremden Machtkomplexen gegenübersteht und der fremden Welt die Inhalte ihrer Sehnsucht aufzuprägen bestrebt ist, und in eine Subjektivität, die die Abstraktheit und mithin die Beschränktheit der einander fremden Subjekts- und -Objektswelten durchschaut, diese in ihren, als Notwendigkeiten und Bedingungen ihrer Existenz begriffenen, Grenzen versteht und durch dieses Durchschauen die Zweiheit der Welt zwar bestehen läßt, aber zugleich in der wechselseitigen Bedingtheit der einander wesensfremden Elemente eine einheitliche Welt erblickt und gestaltet. (*TdR*, S. 57f.)

Die Erkenntnis der Transzendenz als dem irreduzibel Anderen des Lebens, die dazu führt, dass der Mensch, so Karl Wilhelm Ferdinand Solger, „solange er in dieser gegenwärtigen Welt lebt, seine Bestimmung, auch im höchsten

46 Lukács. „Brief an Leó Popper, etwa 10. Dezember 1910“. *Briefwechsel 1902-1917* (wie Anm. 4). S. 173-177, hier S. 175.

Sinne des Worts, nur in dieser Welt erfüllen kann",[47] überschneidet sich mit dem Eingriff der Ethik in den Text: „*Zweite Ethik als Wirklichkeit*: bei D[ostojewski] als Leben (lebendiges Leben). [...] In der deutschen Romantik als Gedanke: *Ironie*." (*D*, S. 61) Diese Immanenz der Welt des Romans und die, wie es mit einem besonders eindrücklichen Begriff heißt: ‚Weltbefangenheit' des Menschen, erfordert für Lukács das Supplement der Ethik. Die diesem entsprechende Verdopplung oder Spaltung des Subjekts in ein „schauende[s] und schaffende[s]" (*TdR*, 58), die Erkenntnis des Selbst als verdinglichtes und um metaphysische Realität gebrachtes, ist die präsent gehaltene Suspension der Such-Bewegung des Romans, die in Gestalt der Trias *Selbsterkenntnis – Selbstaufhebung* (*TdR*, S. 57) – *Selbstkorrektur* in den Text eingeht.[48] „Selbstkorrektur der Brüchigkeit" insofern, als sich die „inadäquaten Beziehungen [...] zu einem phantastischen und wohlgeordneten Reigen von Missverständnissen und Vorbeigehen[-]aneinander verwandeln, wo alles von vielen Seiten gesehen wird: als Isoliertes und Verbundenes [...], als abstrakte Absonderung und als konkretestes Eigenleben" (*TdR*, S. 58). So wie die *Anwendung* des Essays im Prozess des Urteilens „sowohl das Urteilende wie das Geurteilte" (*SuF*, S. 43) hervorbringt, wird Ironie als Attribut des ‚dichterischen Subjekts' zugleich konstitutiv für die Form des Romans. Dessen „paradoxes Verschmelzen heterogener und diskreter Bestandteile" (*TdR*, S. 65), freilich nicht im Sinn einer „echtgeborene[n]", aber doch einer näherungsweisen „Organik" (*TdR*, S. 58), verbürgt in seiner Form das Prinzip der Nicht-Identität.

IV.

„Erst wenn etwas alle seine Inhalte in Form aufgelöst hat und so reine Kunst geworden ist, kann es nicht mehr überflüssig werden; dann aber ist seine einstige Wissenschaftlichkeit ganz vergessen und ohne Bedeutung" (*SuF*, S. 25), heißt es in Lukács Brief an Popper – und die Frage, die von hier aus neu zu

47 Karl Wilhelm Ferdinand Solger. „Beurtheilung der Vorlesungen über dramatische Kunst und Literatur." In: Ders. *Nachgelassene Schriften und Briefwechsel. Zweiter Band.* Hg. Ludwig Tieck/Friedrich von Raumer. Leipzig: F.A. Brockhaus 1826. S. 493-628, hier S. 514f.

48 Vgl. Susan Derwin. *The Ambivalence of Form. Lukács, Freud, and the Novel.* Baltimore und London: Johns Hopkins University Press 1992. S. 21-23.

stellen ist, lautet: Wie ist Lukács' *Theorie des Romans* also zu lesen? Es ist, in einem gewissen Sinn, *ausgerechnet* Lukács' denunziatorisch gestimmtes Vorwort von 1962, das darauf aufmerksam macht, dass Lukács nicht bloß eine Theorie der Ironie als organisatorisches Prinzip des Romans vorlegt, sondern auch die Anlage des eigenen Textes ironisiert; im Postulat einer Poetik des Romans, die als historische Setzung zunächst Voraussetzung wäre, erstens, für das, was Simmel ‚Projektion' und Lukács ‚Geschichtsphilosophie' nennt und die, zweitens, darin in einem weiteren Schritt Bedingung und Instrument einer metaphysischen Ethik sein müsste.

Wie skizziert, sind es kleine Formen, die in der frühromantischen Poetologie des Romans durch den Eingriff der Reflexion auf ihren idealen – mit Lukács wäre zu sagen: metaphysischen Kern hin geöffnet werden. Aus der Nachbarschaft eben dieser Erwägungen stammt Friedrich Schlegels vielzitierte Einschätzung, eine künftige „Theorie des Romans" könne nur „selbst ein Roman"[49] sein. Besonders sinnfällig wird Lukács' Nähe zu dieser Konzeption im zweiten Teil der *Theorie des Romans*; dem ‚Versuch einer Typologie der Romanform'; einem auch als solchen ausgezeichneten, distinkten Essay-im-Essay. Dieser verfügt seinerseits mit dem ‚Roman des abstrakten Idealismus' und dem ‚Roman der Desillusionsromantik' über zwei Typen einer Reihe diskreter, heterogener Formen, die sich zu Lukács' ‚Versuch' nicht nach dem Prinzip der Reihung, der Chronologizität oder einer anderem Form der linearen Temporalität verhalten, sondern in eine Form der *Zeitlichkeit* umgesetzt sind, die Lukács selbst als Bergsons *durée* markiert, die aber gleichermaßen als die temporalisierte Variante einer „unendliche[n] Form[]" (*SuF*, S. 195) und in der Nähe von Friedrich Schlegels Begriff der Arabeske erscheint.[50] Die Erkenntnis der Friktion dieser Formen, die sich in die Dissonanz zwischen ihnen und der Form-als-Unform des Romans umsetzt, fällt einer Figur zu, die die Lesbarkeit des Romans gerade über ihren ungesicherten Status sichert, und die, so noch einmal Schlegel *Über Wilhelm Meister*, „mit so vielem Rechte der Fremde heißt".[51] Die *Theorie des Romans* verfügt ebenfalls über ein Inserat dieser Art: Es ist die Figur, die das 1962 verfasste Vorwort dominiert, und sie heißt „der Verfasser der Theorie des Romans".

49 Schlegel. „Gespräch über die Poesie" (wie Anm. 18). S. 337.

50 Vgl. Rachel Schmidt. *Forms of Modernity. ‚Don Quixote' and Modern Theories of the Novel.* Toronto/Buffalo/London: University of Toronto Press 2011. S. 115-118.

51 Schlegel. „Über Goethes Meister" (wie Anm. 24). S. 127.

Diese gleichermaßen außerhalb wie innerhalb des Textes angesiedelte Figur markiert den Eingriff der Reflexion in den Text: eine ironische Figur bzw. Figur der Ironie, an und in der die einzelnen Teile der *Theorie des Romans* verfugt sind. Es ist dies der Fremde, der verantwortlich ist für das „Sprengen der ‚Gebilde'" (*D*, S. 47) und der die „Aufhebung des objektiven Geistes" (*D*, S. 95) denkbar werden lässt. Mit dem neu eingeführten ‚Verfasser der *Theorie des Romans*' nimmt auch in ihr der ‚phantastische und wohlgeordnete Reigen von Missverständnissen und Vorbeigehen aneinander' seinen Lauf:

Die Geschichte beginnt damit, dass der „Verfasser der ‚Theorie des Romans' Hegelianer geworden war": „Freilich [...] kein ausschließlicher und orthodoxer Hegelianer" (*TdR*, S. 10), da er eine „im Wesen der literarischen Formen begründete, historisch fundierte allgemeine Dialektik des Genres" (*TdR*, S. 11) suchte, die er wegen seiner bisweilen „abstrakt, losgerissen von den konkreten gesellschaftlich-geschichtlichen Wirklichkeiten" (*TdR*, S. 12) angelegten Methode jedoch verpassen musste. Man sieht in der *Theorie des Romans*, die hier vorgestellt wird, zwar nicht „Sancho von neuem mit dem Don Quixote scherzen",[52] doch ihr Verfasser vergisst Defoe, Fielding und Stendhal – ganz zu schweigen von Wieland, Hölderlin oder dem 17. Jahrhundert – er verwechselt Tolstoj und Dostojewski mit Balzac und Flaubert;[53] und sein Wirken wird dem Verfasser des Vorworts zur Theorie des Romans selbst exemplarisch, wie es dort immer wieder heißt, der Verfasser *Theorie des Romans* sei „typischer Repräsentant der Geisteswissenschaft" (*TdR*, S. 10); „Ich führe nur einige Beispiele an" (*TdR*, S. 9); „Solche Beispiele ließen sich beliebig häufen" (*TdR*, S. 9) und so weiter. In den Worten Paul de Mans: „[T]he ironist invents a form of himself that is ‚mad' but that does not know its own madness; he then proceeds to reflect on his madness thus objectified."[54] Anstelle einer typologischen Insistenz des Einzelnen gegenüber

---

52 Schlegel. „Gespräch über die Poesie" (wie Anm. 18). S. 337.

53 Lukács verwehrt sich gegen den Vorschlag Max Dessoirs, den ersten Teil seiner Untersuchung zu streichen mit dem Argument, ohne den ersten Teil sei die „Nichtbehandlung bedeutender Werke wie Constants ‚Adolphe', die ‚Wahlverwandtschaften' etc." nicht gerechtfertigt. Lukács. „Brief an Max Weber, 30. Dezember 1915". *Briefwechsel 1902-1917* (wie Anm. 4). S. 364-366, hier S. 365.

54 Paul de Man. „The Rhetoric of Temporality". In: Ders. *Blindness and Insight. Essays in the Rhetoric of Contemporary Criticism*. Minneapolis: University of Minnesota Press ^{2}1983. S. 187-228, hier S. 216.

dem Allgemeinen, das, so der Vertreter des Lebens in Lukács' Zwiegespräch über Laurence Sterne, Vincenz, die „Tatsachen brutalisiert“ (*SuF*, S. 178), ist es die Exigenz der Form, die in Lukács' Versuch dominiert: Indem der Fremde als die ‚suchende‘ Figur einer „gottverlassenen Welt“ (*TdR*, S. 68) den Text betritt, macht er den Text lesbar als Ensemble kleiner Formen, die „strenge, kompositionell-architektonische Bedeutung“ haben, „niemals durch ihr einfaches Dasein gerechtfertigt“ (*TdR*, S. 59) sind und in deren Zusammenhang er im kritischen Eingriff die Immanenz des Sinnes auf die *unmögliche* Transzendenz der reinen Seelenwirklichkeit legt.

> Die formgeforderte Immanenz des Sinnes wird durch sein Erlebnis geleistet, daß dieses bloße Erblicken des Sinnes das Höchste ist, was das Leben zu geben hat, das einzige, was des Einsetzens von einem ganzen Leben würdig ist, das einzige, wofür sich dieser Kampf gelohnt hat.

Dieser Prozess umfasst zwischen ‚Georg Lukács‘ 1962 und dem ‚Verfasser der Theorie des Romans‘ 1915 schließlich beinahe „ein Menschenleben [...].“ (*TdR*, S. 62)

Bedenkt man Lukács' Forderung einer fundierenden ‚Poetik oder Ästhetik‘ erneut, erscheint die *Theorie des Romans* aus dieser Perspektive als Ästhetik desjenigen Romans, dessen essayistische Tendenz als Symptom seiner „Krisis“ verstanden worden ist: der Entwurf einer Poetik des Romans, die *Verhältnisse schafft*. Nicht nur wird in dieser Poetik des Romans die vielfach betonte Unterscheidung zwischen dem Essay als (literarischer) Form und dem Essay als Erkenntnismethode brüchig, weil der Essay hier notwendig die *Form* der Epistemologie annimmt, sondern es werden im kalkulierten Einsatz der Kritik zugleich die formalen Potentiale von Roman und Essay gleichermaßen und ununterscheidbar auf das Leben hin geöffnet. Eine Poetik des Romans, die sich wie ihr Gegenstand immer nur als „Partiallösung, Beitrag zur Lösung, Untersuchung odgl.“[55] begreifen muss: Denn ist ihre Ethik nicht auf die eigene Seele gerichtet, sondern auf die „Menschheit [...]; beim politischen Menschen, beim Revolutionär“, wird man mithin, so Lukács an Paul Ernst 1915, „Realpolitiker“[56] werden müssen.

---

55 Robert Musil. *Der Mann ohne Eigenschaften*. Bd. II: Aus dem Nachlass. Hg. Adolf Frisé. Reinbek: Rowohlt 1978. S. 1837.

56 Lukács. „Brief an Paul Ernst, 4. Mai 1915“ (wie Anm. 35). S. 352.

Maud Meyzaud

Die romantische *Theorie des Romans*

Belegt ist die außerordentliche Stellung der Jenaer Romantik im Denken des jungen Lukács – sieht man für einen Moment von seinem frühen Essay „Zur romantischen Lebensphilosophie: Novalis" (1907) wie auch generell von der intellektuellen Produktion aus der Zeit von *Die Seele und die Formen* ab – allein durch den eindrucksvollen Beginn der *Theorie des Romans*, deren Arbeitsprogramm mit einem Zitat von Novalis eingeleitet wird: „‚Philosophie ist eigentlich Heimweh', sagt Novalis, ‚der Trieb, überall zu Hause zu sein'" (*TdR*, S. 21).[1] In einem Text, der seine literaturhistorischen und sonstigen Bezüge teils erst nach und nach preisgibt, teils schlichtweg verschweigt, ist Lukács' Zitat eine auffällige Geste. Sie weckt den Verdacht, dass er mit den Jenaer Romantikern mehr teilt als das Interesse für eine literarische Gattung (den Roman), von der wir wissen, dass sich Friedrich Schlegel und Novalis eingehend mit ihr befasst haben und dass sie für den Jenaer Kreis generell eine nahezu magische Anziehungskraft besessen hat. In dieser Hinsicht bietet die *Theorie des Romans* ihrer Leserschaft bald Orientierung, indem sie sich explizit auf den Konnex zwischen Romantik und Roman beruft, der aus der Zeit um 1800 stammt: „Die deutsche Romantik hat den Begriff des Romans, wenn auch nicht immer bis ins letzte geklärt, mit dem des Romantischen in enge Beziehung gebracht. Mit großem Recht, denn die Form des Romans ist, wie keine andere, ein Ausdruck der transzendentalen Obdachlosigkeit" (*TdR*, S. 30). Der Gedanke, dass der Roman als ein solches Formproblem (*TdR*, S. 55) über die Moderne Auskunft gibt, wäre also auf die „deutsche Romantik" (gemeint ist die Jenaer Romantik) zurückzuführen. Diese

1 „Philosophie des Romans" bzw. „Ästhetik des Romans" hatte Lukács sukzessive als mögliche Titel in Erwägung gezogen, bevor er seinen Herausgeber Max Dessoir das letzte Wort sprechen ließ. In einem Brief an Paul Ernst erläutert Lukács Anfang August 1915: „Ich habe das Dostojewski-Buch, das zu groß war, abgebrochen. Es ist (ein) großer Essay daraus fertig geworden: Die Ästhetik des Romans." Vgl. „Georg Lukács an Paul Ernst, Oranienburg (Heidelberg, 2. August 1915)". In: Georg Lukács. *Briefwechsel 1902-1917*. Hg. Éva Karadi/Éva Fekete. Stuttgart: Metzler, 1982, S. 357f., hier: S. 358. Vgl. auch ders. *Dostojewski. Notizen und Entwürfe*. Hg. J. C. Nyíri. Budapest: Akadémiai Kiadó, 1985. S. 12f.

Romantik findet wiederum, Lukács zufolge, in der Form des Romans ihre spezifische Ausdrucksform. Damit ist auch gesagt, warum die Jenaer Romantik in der Genealogie von Lukács' eigenem kunstphilosophischen Denken seit der Zeit der *Seele und die Formen* einem (Neu-)Anfang gleichkommt. Mit ihr verbindet der junge Lukács das Moment einer radikalen Umkehr des Verhältnisses von Literatur und sittlicher Sphäre: „Menschen, die jenseits des Rheines tragische Helden geworden wären, konnten ihr Schicksal hier nur in den Dichtungen leben" (*SuF*, S. 74). Bei den Frühromantikern, allen voran Friedrich Schlegel und Friedrich von Hardenberg (Novalis), ersetzt Lukács zufolge die Suche nach einer Gesetzmäßigkeit der „Poesie" eine fehlende *Ethik*. Dass das ästhetische Formproblem des Romans zugleich ein ethisches Problem freilegt und aufgibt, wird im Folgenden wiederum im Hinblick auf Lukács' Haltung angesichts einer bestimmten Problemstellung seiner Zeit verstanden: Es geht um die Frage, warum hinter dem Begehren nach der ästhetischen Formgebung stets das Begehren nach Gemeinschaft lauert. Der Roman sagt selbstverständlich nicht, wie Menschen zu leben hätten, aber er legt die ethische Frage, wie zu leben sei, wieder frei, indem er eine moderne Welt aufzeigt, in der sich das ethische Problem aus zwingenden Gründen von der objektiven Welt abgekoppelt hat. Er wählt demnach eine ganz andere Grundlage als die epischen Fantasien der Moderne, die sich von der Zeit um 1800 bis zur Zeit des großen Weltkrieges verfolgen lassen.

In einem *ersten* Schritt wird im Folgenden die Beziehung, die der junge Lukács zu der Jenaer Romantik aufbaut, als ‚gefühlte Zeitgenossenschaft' näher bestimmt: Im Angesicht der von Lukács diagnostizierten Krise der Kultur erkennt er in Friedrich Schlegel und Friedrich von Hardenberg Verbündete, denen er eine poetologisch formulierte Sehnsucht nach Gemeinschaft attestiert. Im *zweiten* Schritt wird ausgehend von den eröffnenden Absätzen der *Theorie des Romans* und dem bekannten Briefwechsel zwischen Georg Lukács und Paul Ernst nach dem Zusammenhang von Weltkrieg und systemischem Ort des Epos in der „geschichtsphilosophischen" Erzählung der *Theorie des Romans* gefragt. Im *dritten* Schritt soll (mit Hilfe der Analysen von Peter Szondi) gezeigt werden, wie weit die geschichtsphilosophische Erzählung der *Theorie des Romans* an Friedrich Schlegels theoretischem Zugriff auf Literaturgeschichte geschult ist. An den Anleihen, die Lukács bei Schlegel macht, lässt sich ablesen, wie er eine bestimmte (Früh-)Romantik in Abgrenzung zu einer Sehnsucht nach dem Epos modelliert, die Schlegel paradoxerweise teilt. Es wird mir also nicht darum gehen, den jungen Schlegel als Wegbereiter des jungen Lukács zu profilieren, sondern vielmehr darum, wie der Autor der *Theorie des Romans* in ein kritisches Gespräch mit Schlegel und Novalis eintritt und über seine Haltung zum romantischen Gedankengut intellektuelle Konflikte austrägt. In einem letzten Schritt wird deshalb danach gefragt, wie weit der Autor der *Theorie des Romans* den berüchtigten ‚Occasionalismus' (Schmitt) der Romantik übernimmt. So lässt sich die Frage, wie die Konstitution von Wirklichkeit und ästhetische Formwerdung zusammenhängen, von Schlegel und Novalis bis zu Lukács entlang einer bestimmten Semantik näher verfolgen: „Dissonanz" und „Zufall". Es wird zu zeigen sein, wie vor allem Novalis an diesen Termini ein epistemologisches Prinzip anknüpft: Novalis macht aus dem Zufall ein ästhetisches Formprinzip, das er Dissonanz nennt. Lukács wird wiederum den Roman als einen Formprozess verstehen, in den die Kontingenz der Welt eingeht, die ästhetische Kategorie der Dissonanz wird ihm jedoch vor allem dazu dienen, die Beziehung zwischen Idee und Wirklichkeit im Roman zu erhellen.

I. Gefühlte Zeitgenossenschaft mit den Jenaern

In seiner Rezension zu Carl Schmitts *Politischer Romantik* wird Lukács rund zehn Jahre später – zu einem Zeitpunkt, an dem er längst zum marxistischen Theoretiker geworden ist und nachdem er zeitweise (1919) das Amt eines politischen Kommissars in der kommunistischen Räterepublik Ungarns bekleidete – Schmitt im Kreis jener „ersten Forscher" begrüßen, die „die romantische Mode nicht mitmachen", und geradezu feiern, dass Schmitts Buch (1919 entstanden, also wenige Jahre nach Lukács' *Theorie des Romans*) in dem „Romantische[n] [eine] Stellung des romantischen Subjekts zum Gegenstand", anders gesagt: eine *Haltung* zu erkennen meint.[2] Gerade diese Freud'sche Verneinung bestätigt den Verdacht, dass der Verfasser von der *Seele und die Formen* und der *Theorie des Romans* in einem

---

2 Vgl. „Denn er hat [...] ganz Recht in der Feststellung, daß das Romantische nicht im Gegenstand, sondern in der Stellung des romantischen Subjekts zum Gegenstand zu suchen ist [...]; er konstatiert ganz richtig, daß es zum Wesen der Romantik gehört, die Ursache durch den Anlaß, die causa durch die occasio zu ersetzen" (Georg Lukács. *Frühschriften II: Geschichte und Klassenbewusstsein.* Neuwied und Berlin: Luchterhand, 1968, S. 695-696, hier: S. 696). Zuerst erschienen ist Lukács' Rezension in: *Archiv für die Geschichte des Sozialismus und der Arbeiterbewegung* XIII (1928). S. 307-308.

ganz anderen Verhältnis zu „Iena um 1800" gestanden hat, als zu Dante, Goethe, Flaubert oder selbst Tolstoi. Seine eigene Verbindung zu Friedrich Schlegel und Novalis hat der junge Lukács als *Zeitgenossenschaft* begriffen.[3] Auch wenn einige Generationen den jungen Ungaren, der unter einer leise zerfallenen Habsburger Monarchie sozialisiert wurde, von den jungen preußischen Romantikern trennen: Den Schritt zurück in die Vergangenheit scheint der junge Lukács als solchen nicht zu empfinden; hinzu kommt, dass Friedrich Schlegels und Novalis' Schriften zwischen den 1880er-Jahren und dem ersten Jahrzehnt des 20. Jahrhunderts dank neuer, von Heilborn und Minor herausgegebener Editionen wiederentdeckt werden konnten. Zudem verbindet beide Zeiten die Lage einer – jeweils anders gearteten – Kulturkrise. Die Krise der „Söhne"[4] des deutschen Bürgertums um 1800 umfasst politische, ökonomische, soziale wie auch epistemologische Dimensionen; die Krise der ‚europäischen Intelligenz' um 1914 weist ihrerseits das Novum einer bisher unerhörten Medienkonkurrenz auf, vor deren Hintergrund Funktion und Tragweite von Literatur ins Wanken geraten; sie ist vor allem durch das Ereignis des ‚großen Weltkriegs' geprägt und entfaltet damit die Folgen eines einmaligen Konnexes zwischen Krieg und Krise.[5] So ist der kulturtheoretische Anspruch der *Theorie des Romans* nicht von Hegels Ästhetik ererbt, sondern er steht in der Kontinuität einer Frühromantik, in die Lukács vor allem eine Suchbewegung erblickt, das Streben nach etwas, was „wir [heute] wahrscheinlich Kultur nennen [würden]" (*SuF*, S. 76). Der *Theorie*

3 Dies gilt auch für den jungen Walter Benjamin, in dessen intellektueller Nähe zu den Romantikern nach Rodolphe Gasché der Grund dafür zu suchen ist, weshalb Benjamin in seinem *Begriff der Kunstkritik in der deutschen Romantik* (1920) „trotz einer notdürftigen Textgrundlage und der systematischen Verzerrung" in der interpretatorischen Arbeit „korrekte Ergebnisse erzielt" (vgl. Ders. „The Sober Absolute. On Benjamin and the Early Romantics". In: *Walter Benjamin and Romanticism.* Hg. Beatrice Hanssen/Andrew Benjamin. London/New York: Continuum, 2002. S. 51-68, hier: S. 52; meine Übersetzung, M. M.).

4 Vgl. „Eine neue Welt schien damals zu entstehen und Menschen mit neuen Lebensmöglichkeiten hervorzubringen, doch das alte, noch fortdauernde Leben war so beschaffen und solche Wege schlug auch das neue ein, daß für seine besten Söhne kein Platz in ihm zu finden war." (*SuF*, S. 77).

5 Zur intellektuellen Gemengelage von Krieg und Krise im Ersten Weltkrieg vgl. v. a. Eva Horn. „Krieg und Krise. Zur anthropologischen Figur des Ersten Weltkriegs". In: *Konzepte der Moderne.* Hg. Gerhart von Graevenitz. Stuttgart: Metzler, 1999 [2. Aufl. 2016]. S. 633-656.

des Romans zufolge bereitet der moderne Roman ein ethisches Problem auf; dessen gesamtkulturelle Relevanz haben die Romantiker als Erste erkannt. Die Annahme einer Suchbewegung reicht so weit, dass die Stilisierung der Romantiker in dem Aufsatz „Zur romantischen Lebensphilosophie“ als „Suchende“, die (wie Lukács dies etwas kontra-intuitiv schildert) in die Welt ziehen (*SuF*, S. 84), sich später in der *Theorie des Romans* auf den Romanmenschen schlechthin übertragen lassen wird (*TdR*, S. 46). Sie verdankt sich, mit einem Wort von Leo Löwenthal, Lukács' Interpretation des Jenaer Kreises als Folge einer „verdrängte[n] Revolution“[6].

Selbst der alternde Lukács wird in seinem Vorwort von 1962 dem „Verfasser der *Theorie des Romans*“ (*TdR*, S. 9)[7] eingestehen müssen, dass das Buch als Beitrag zur Revolutionierung einer im Wesentlichen als westlich aufzufassenden Kultur zu verstehen ist („Aber dann entstand die Frage: Wer rettet uns vor der westlichen Zivilisation?“; *TdR*, S. 7), und den „sprengenden Charakter“ des Werkes betonen, in dem, „allerdings auf der Grundlage eines höchst naiven und völlig unfundierten Utopismus[,] [...] nicht eine neue literarische Form, sondern ausdrücklich eine neue Welt erwartet wurde“ (*TdR*, S. 15). Den Ort der Romantik im Frühwerk wird er ausmachen wollen, indem er es dem „romantischen Antikapitalismus“ zurechnet (*TdR*, S. 14). Dass sich mit der vom späten Lukács geprägten begrifflichen Kategorie arbeiten lässt, hat die große Studie von Michael Löwy und Robert Sayre, *Révolte et mélancholie. Le romantisme à contre-courant de la modernité* (1998), gezeigt.[8] Aus einer soziologischen, an Lucien Goldmann geschulten Perspektive macht der „romantische Antikapitalismus“ es möglich, Denkschemata auszumachen, die als reaktive Muster mit der kapitalistischen Zivilisation kongenial verbunden sind: Als „Selbstkritik der Moderne“[9] will die Romantik der ‚Kulturlosigkeit' kapitalistischer Zivilisation alternative

6 Zitiert aus: Gerhard Scheit. „Der Gelehrte im Zeitalter der ‚vollendeten Sündhaftigkeit'. Georg Lukács' *Theorie des Romans. Ein geschichtsphilosophischer Versuch über die Formen der großen Epik*“. In: *Textgelehrte. Literaturwissenschaft und literarisches Wissen im Umkreis der Kritischen Theorie.* Hg. Nicolas Berg/Dieter Burdorf. Göttingen: Vandenhoeck & Ruprecht, 2014. S. 39-63, hier: S. 41, Fn. 8.

7 Zur zentralen Stellung der Figur des „Verfassers der *Theorie des Romans*“ im Hinblick auf die Lektüre des Buchs, vgl. den vorliegenden Beitrag von Patrick Hohlweck „Georg Lukács und der Verfasser der *Theorie des Romans*“.

8 Vgl. Michael Löwy/Robert Sayre. *Révolte et mélancholie. Le romantisme à contre-courant de la modernité.* Paris: Payot, 1992.

9 Löwy/Sayre. Révolte et mélancholie (wie Anm. 8). S. 35.

Lebensbezüge utopischen Charakters entgegensetzen.[10] Doch Lukács' eigenes begriffliches Angebot auf seine eigene Produktion anzuwenden, hieße im Falle der *Theorie des Romans*, den diagnostischen Diskurs des späteren Lukács mehr oder minder explizit zu teilen – als sei noch eine geschichtliche Heilung in Sicht, die es erforderlich machte, sich von diesem Buch zu distanzieren. Wenn die Begriffsbildung „Antikapitalismus" helfen soll, das Verhältnis von Lukács' Romantheorie zur Jenaer Romantik zu bestimmen, dann also auf einer anderen, d. h. jener *biographischen* Ebene, die das Vorwort von 1962 durchaus, wenn auch zugleich richtend, einbindet – eine Ebene, die ja bei einem Intellektuellen dieses Formats weniger die Prägung durch Kindheitserinnerungen hervorruft, als, wie W. Eßbach vermerkt, die Frage nach „theoretischen Emotionen"[11].

Da die intellektuelle Sozialisation des jungen Lukács die Probe des Kriegsausbruchs durchläuft, sind im Entstehungszusammenhang der *Theorie des Romans* existenziell-ethische Dimension und intellektuelle Selbstverständigung unzertrennlich miteinander verbunden – deshalb, und nur deshalb, wird im Folgenden das vom Vorwort von 1962 hervorgehobene (biographische) Problem der „Ablehnung des Kriegs, vor allem aber der Kriegsbegeisterung" (*TdR*, S. 7) in die Argumentation eingewoben werden.

II. Die neuen Griechen

Wenn auch kein Zweifel daran bestehen kann, dass der junge Lukács die Sehnsucht der ‚deutschen Intelligenz' nach Gemeinschaft teilt, so sollte man sich davor hüten, dessen Ausführungen zum Epos allzu schnell vor der Folie dieser Sehnsucht zu lesen, das heißt, sich von der geschichtsphilosophischen Konstruktion des Buchs dazu verführen zu lassen, das ‚Romanepos', für das der Name „Dostojewski" (oder, wie es in dem 1914/1915 entstandenem

10 Darum konnten Sayre und Löwy auch argumentieren, dass der „romantische Überschwang an Subjektivität" kein absoluter Wert der Romantik sei, sondern einem Widerstand gegen die Verdinglichung von Welt, d. h. gegen eine ‚unbewohnbare' moderne Welt, entsprungen sei (Löwy/Sayre. Révolte et mélancholie (wie Anm. 8). S. 40; meine Übersetzung, M. M.).

11 Vgl. Wolfgang Eßbach. „Das Formproblem der Moderne bei Georg Lukács und Carl Schmitt". In: *Metamorphosen des Politischen. Grundfragen politischer Einheitsbildung seit den 20er Jahren*. Hg. Andreas Göbel/Dirk van Laak/Ingeborg Villinger. Berlin: Akademie Verlag, 1995. S. 137-155, hier: S. 139.

Konvolut von Notizen heißt, „D.“) einsteht, als eine durch den modernen Roman vermittelte dialektische Aufhebung des homerischen Epos im Hegel'schen Sinne zu verstehen – als das Erreichen einer qualitativ neuen Form von sozialen Bindungen, die dem Durchgang durch die radikale Vereinsamung des als „Romanmenschen“[12] aufgefassten modernen Subjekts entsprungen wäre. Den Sachverhalt verkomplizierten prompt die eröffnenden Ausführungen der *Theorie des Romans*, indem sie die Sehnsucht nach einer Welt, in der „das Feuer, das in der Seele brennt, [...] von derselben Wesenart [ist] wie die Sterne“, ausdrücklich den Zeitgenossen – der deutschen Intelligenz – zuschreiben: nämlich als einige Zeilen nach Beginn des ersten Kapitels auf das sog. „Augusterlebnis“ angespielt wird, an dem der überwiegende Teil deutscher Intellektueller, darunter, bis auf Ernst Bloch, alle Bekannten Lukács', beteiligt ist. Dass das Ereignis der Kriegsbegeisterung das Schreiben der *Theorie des Romans* ausdrücklich in Gang gesetzt habe, stellt das Vorwort von 1962 klar. Aber dieses Vorwort erfüllt weniger die Funktion, die Leserschaft über den Kontext der Entstehung einer Schrift zu informieren, als vielmehr den Bezugsrahmen für eine Reihe an unmissverständlichen Anspielungen im ersten Kapitel der *Theorie des Romans* beim Namen zu nennen:

> Schöne Seelen suchen die eigenen, flüchtig vorbeihuschenden, nie erfaßbaren höchsten Augenblicke einer erträumten Ruhe hinter diesen schweigsamen, für immer verstummten Masken, vergessend, daß der Wert dieser Augenblicke ihre Flüchtigkeit ist, daß das, wovor sie zu den Griechen flüchten, ihre eigene Tiefe und Größe ist. Tiefere Geister, die ihr entströmendes Blut zu purpurnem Stahl zu erstarren und zum Panzer zu schmieden versuchen, damit ihre Wunden ewig verborgen bleiben und ihre Gebärde des Heldentums zum Paradigma des kommenden, wirklichen Heldentums werde, damit es das neue Heldentum auferwecke, vergleichen die Brüchigkeit ihrer Formung mit der griechischen Harmonie und die eigenen Leiden, aus denen ihre Formen entsprossen sind, mit erträumten Qualen, die griechische Reinheit zur Bändigung brauchten. (*TdR*, S. 22-23)

12 Zum Zusammenhang zwischen dem modernen Personenbegriff und dem „Romanmenschen“ in der *Theorie des Romans* vgl. Rüdiger Campe. „Die Form der Person im Roman: Poetologie nach der Poetik mit Georg Lukács, Clemens Lugowski und Käte Hamburger“. In: *Poetik: historische Narrative und aktuelle Positionen.* Hg. Armen Avanessian/Jan Niklas Howe. Berlin: Kadmos, 2014. S. 165-194.

Damit konstruiert Lukács das Verhältnis der literarischen Moderne zum Epos bereits in den ersten Absätzen der *Theorie des Romans* ganz anders als die deutsche Spätaufklärung im letzten Drittel des 18. Jahrhunderts dies getan hatte: Denn Friedrich Blanckenburg oder Johann Wolfgang Goethe waren auf der Suche nach einem bürgerlichen Äquivalent zur homerischen Poesie.[13] Lukács, so wird hier deutlich, fängt mit der nahtlosen, runden, harmonischen Totalität der Welt des Epos: der „absoluten Lebensimmanenz Homers" (S. 28) an, weil es ihm darum geht, die Inkommensurabilität moderner Erfahrung zu der griechischen zu markieren. So ist jede „Beziehung", die „schöne Seelen" und „tiefere Geister" zwischen den Formen der „Griechen" und „unserem Weltalter" sehen, reine Projektion: „Man vermischt, wenn von den Griechen die Rede ist, immer Geschichtsphilosophie und Ästhetik, Psychologie und Metaphysik und dichtet ihren Formen eine Beziehung zu unserem Weltalter zu." (*TdR*, S. 22). Dafür steht als Indikator das Unvermögen, sich des eigenen Schmerzes bewusst zu werden, also die Verwechslung der „eigenen Leiden mit erträumten Qualen". An dieser Projektion griechischen Heldentums auf das Kriegsgeschehen, so die Diagnose Lukács', ist die Welt der Literatur alles andere als unschuldig[14] – ohne die Vermittlung durch die Kunst ist sie schlichtweg nicht zu denken:

> Jede Auferstehung des Griechentums ist nunmehr eine mehr oder weniger bewußte Hypostasis der Ästhetik zur alleinigen Metaphysik; ein Vergewaltigen und ein Vernichtenwollen der Wesenheit von allem, was außerhalb des Bereichs der Kunst liegt, ein Versuch zu vergessen, daß die Kunst nur eine Sphäre von vielen ist, daß sie das Auseinanderfallen und das Nichtausreichen der Welt zur Voraussetzung ihrer Existenz und ihres Bewußtwerdens hat. (*TdR*, S. 28f.)

---

13 Angesichts der Versuchung seiner eigenen Zeit, an die Weimarer Klassik als eine andere Antike anzuknüpfen, ist die Kraft, die der junge Lukács darin aufwendet, Neubelebungen des Epos von Goethe bis Hebbel als gescheiterte Versuche darzustellen, bemerkenswert.

14 Zum Fortleben des Ersten Weltkriegs in einer „totale[n] Mobilmachung der Körper" vgl. Albrecht Koschorke. „Der Traumatiker als Faschist. Ernst Jüngers Essay ‚Über den Schmerz'". In: *Modernität und Trauma. Beiträge zum Zeitenbruch des Ersten Weltkriegs*. Hg. Inka Mülder-Bach. Wien: WUV Universitätsverlag, 2000. S. 211-227, hier: S. 213. Für eine neuere Bestandsaufnahme der ‚poetischen Mobilmachung' im Ersten Weltkrieg hat Alexander Honold gesorgt (vgl. Ders. *Einsatz der Dichtung: Literatur im Zeichen des Ersten Weltkrieges*. Berlin: Vorwerk 8, 2014).

Die Folge, welche die *Theorie des Romans* daraus zieht, liegt jedoch gerade nicht darin, den „Bereich der Kunst" in einer sorgfältigen Darstellung der Ästhetik nach dem Muster von *Ästhetik und Allgemeine Kunstwissenschaft* des späteren Herausgebers der *Theorie des Romans* Max Dessoirs[15] abzusondern – im Gegenteil. Die Strategie Lukács' angesichts der Vereinnahmung von Kunst, die er als „Hypostasis der Ästhetik" anprangert, besteht offensichtlich nicht darin, den Konnex zwischen ‚ethisch-metaphysischen' und ästhetischen Fragen zu dementieren. Zu fragen ist also, wie Lukács' eigenes ‚Narrativ' das ästhetische Formproblem und das Begehren nach einer von Sinn erfüllten Sozialität – anders – miteinander verbindet. Dazu ist es hilfreich, die Mechanismen genauer in den Blick zu nehmen, die ihm zufolge in der Sehnsucht der deutschen Intelligenz nach Gemeinschaft am Werk sind.

Eine Mobilmachung des ästhetischen Formprozesses diagnostiziert Lukács der deutschen Intelligenz: Dies sieht er daran, dass sie „die Brüchigkeit ihrer Formung mit der griechischen Harmonie [vergleiche]". „Brüchigkeit" wird bekanntlich in der Folge einer der Leitbegriffe der *Theorie des Romans* werden: Vor dem Hintergrund der Tatsache, dass „eine nur hinzunehmende Totalität [...] für die Formen nicht mehr gegeben" ist, wird den „Formen der Kunst, namentlich und vorrangig de[m] Roman" die Aufgabe anvertraut, „die Brüchigkeit des Weltaufbaus dennoch in die Formenwelt hinein[zu]tragen." (*TdR*, S. 29). Es ist nach Lukács' Auffassung gerade das Merkmal des Romans, dass in ihm „das Brüchige" der Welt in die künstlerische Form überführt wird.

Die Versuchung, mittels einer ästhetischen Formung des (bekanntlich als heroischer Zweikampf, auch gerade von Seiten säkularisierter deutscher Juden imaginierten) Kriegserlebnisses „Harmonie" wiederherzustellen, spielt sich wiederum innerhalb des politischen Imaginären des Nationalstaates ab. Von dieser Versuchung zeugt Paul Ernsts Haltung zum Krieg geradezu exemplarisch. In seinen Briefen an Lukács im Frühling 1915 nimmt Paul Ernst, mit dem Lukács seit einiger Zeit in einer intellektuell engen Beziehung steht[16], eine durch den Krieg erwirkte „Contraction des Ich auf die Nation" (die er als Verbund von Deutschem Reich und preußischem Staat

15 Dessoirs Abhandlung erscheint 1906, im Jahr der Gründung der gleichnamigen Zeitschrift, in der 1916 Lukács' Ausführungen veröffentlicht werden.

16 Festgehalten ist diese intellektuelle Beziehung zusätzlich zum dichten Briefwechsel in Lukács' Essay mit dem sprechenden Titel „Metaphysik der Tragödie" (1910), der in *Die Seele und die Formen* aufgenommen wird.

auffasst) in den Blick, deren „Harmonie" (!) ihn den „Staat als etwas Heiliges" empfinden lässt.[17] Ernsts vergeblicher Versuch einer brieflichen Verständigung mit Lukács steht quer zu den Überlegungen, die ihm Letzterer ebenfalls brieflich anvertraut hatte. Das eigentliche Kriegserlebnis, hatte Lukács Ernst am 14. April 1915 mitgeteilt, sei die intellektuelle (Selbst-)Zensur, die ihn begleite:

> Die Macht der Gebilde scheint in stetigerem Zunehmen zu sein als das wirklich Seiende. Aber – dies ist für mich das Kriegserlebnis – wir dürfen das nicht zugeben. Wir müssen immer wieder betonen, daß das einzig Essentielle doch nur wir sind, unsere Seele, und selbst deren ewig apriorischen Objektivationen sind (nach einem schönen Bilde Ernst Blochs) auch nur Papiergeld, dessen Wert von der Einlösbarkeit in Gold abhängt. Die reelle Macht der Gebilde kann freilich nicht geleugnet werden. Es ist aber eine Todsünde an dem Geist, was das deutsche Denken seit Hegel erfüllt: jede Macht mit metaphysischer Weihe zu versehen. [...] Und ich hoffe, in den nicht ästhetischen Teilen meines Dostojewski-Buches hier energisch protestieren zu können. Der Staat (und alle Gebilde, die aus ihm stammen) sind eine Macht; aber ein Erdbeben oder eine Epidemie sind es auch. Ja, noch unwiderstehlicher, denn diese können wir nur mechanisch bekämpfen, während uns hier ethische Mittel zur Verfügung stehen.[18]

Die eigentümliche Substantivierung des „wirklich Seiende[n]" dient Lukács zur Abgrenzung einer von seinen Zeitgenossen „dinghaft" und „metaphysisch" gewordenen Macht[19] von dem, was sich „im essentiell handelnden Sinn der wahren Ethik" anerkennen lasse.[20] Wenn der Autor der *Theorie des Romans* zur gleichen Zeit „Staat", „Nation" und „Gebilde" unter dem

17 Vgl. Paul Ernst an Georg Lukács, Heidelberg (Oranienburg, 28. April 1915). In: Lukács. *Briefwechsel 1902-1917* (wie Anm. 1). S. 350f., hier: S. 351.

18 Georg Lukács an Paul Ernst, Oranienburg (Heidelberg, 14. April 1915). In: Lukács. *Briefwechsel 1902-1917* (wie Anm. 1). S. 349.

19 Georg Lukács an Paul Ernst, Oranienburg (Heidelberg, 4. Mai 1915). In: Lukács. *Briefwechsel 1902-1917* (wie Anm. 1). S. 352.

20 Freilich „bleibt unklar, ob mit jenem ‚wirklich Seienden' die Gebilde selbst im Unterschied zu ihrer Macht über die Menschen gemeint sind (in diesem Fall zielte Lukács auf den Fetischbegriff von Marx) oder ob damit die ‚Seelenwirklichkeit' zwischen den Menschen bezeichnet werden soll, losgelöst von sozialer Determination, wie sie bei Dostojewski dargestellt ist" (Scheit. „Der Gelehrte im Zeitalter der ‚vollendeten Sündhaftigkeit'" (wie Anm. 6). S. 47).

Dachbegriff der „zweiten Natur“ subsumiert, dann besteht die philosophische Tragweite dieser terminologischen Entscheidung zum einen darin, die „seelische Einfühlung in den Nationalstaat“, von der Ernst (darin exemplarisch für die deutsche Intelligenz einstehend) brieflich berichtet, bloßzulegen. Im wahrhaft Marx'schen Geist erkennt Lukács in der intellektuell begründeten Kriegsbegeisterung jene Verblendung, die darin besteht, die Hypertrophie der (Staats-)Gewalt im Krieg „mit metaphysischer Weihe zu versehen“, d. h. zu *naturalisieren*:

> Wo keine Ziele unmittelbar gegeben sind, verlieren die Gebilde, die die Seele bei ihrer Menschwerdung als Schauplatz und Substrat ihrer Tätigkeit unter den Menschen vorfindet, ihr evidentes Wurzeln in überpersönlichen, seinsollenden Notwendigkeiten; sie sind etwas einfach Seiendes, vielleicht Machtvolles, vielleicht Morsches, tragen aber weder *die Weihe des Absoluten* an sich, noch sind sie *die naturhaften Behälter für die überströmende Innerlichkeit der Seele*. (*TdR*, S. 48, meine Hervorhebungen, M. M.)

Zum anderen verhält sich Lukács' „wahre Ethik“, die in den Dostojewski-Notizen und der *Theorie des Romans* als „zweite Ethik“ auftritt, dialektisch zu dieser „zweiten Natur“. Die „zweite Ethik“ steht hier für eine kommende Kultur, in der „Seelen“ sich ‚unmittelbar‘, d. h. frei vom Ballast der „Welt der Konvention“ (*TdR*, S. 48) bzw. der „Gebilde“, begegnen sollen: Der Name „Dostojewski“ ist für den jungen Lukács in diesem Zusammenhang als Chiffre zu verstehen. Der Ausweg aus der Krise liegt somit nicht in Deutschlands Neubelebung der Griechen, sondern in Russland. Aber warum und inwiefern ermöglicht der moderne Roman diesen Ausweg?

Für die Verkennung der ästhetischen Maßstäbe moderner Erfahrung steht in den Anfangszeilen der *Theorie des Romans* das Epos: die „griechische Harmonie“ bzw. die „griechische Reinheit“. Dort problematisiert Lukács, was er in seinem Briefwechsel mit dem Schriftsteller Paul Ernst ausgelassen hat, nämlich das imaginäre Bindeglied zwischen dem Ich und der ihm entfremdeten Kultur. Ohne das ästhetische Moment (der Vermittlung durch die Sehnsucht nach einer homerischen Welt), so legt das Eröffnungskapitel der *Theorie des Romans* nahe, ist die Einfühlung in den Nationalstaat nicht denkbar. Gegen die identifikatorische Funktion, die der Kunst, in einer offensichtlichen Verkennung der eigenen „Tiefe und Größe“ (die „Flüchtigkeit“, die „Brüchigkeit“, die Lukács der ästhetischen Konturierung moderner Erfahrung dienen), anvertraut wird, gegen das Blockieren der ethischen Frage, wie zu leben sei, profiliert Lukács im Gegenzug den Roman: als kritische Form, als literarische Form, die ein kritisches Denken der Form anleitet, indem sie ihre Form aus eben jener „Brüchigkeit" moderner, subjektiver Erfahrung gewinnt. Mit dem Roman steht also eindeutig die Suche nach einer ästhetischen Form auf dem Spiel, die sich selbst gegen eine „Hypostasis der Ästhetik zur alleinigen Metaphysik" immun macht. Der Versuch, die Metaphysik zu ‚immanentisieren', „Gemeinschaft als Selbstzweck" und „den literarischen Text als Mittel" zu betrachten, wird bei Paul Ernst, wie Gerhard Scheit in Anlehnung an Ferenc Fehérs Analysen schreibt, konsequent in die Hinwendung zum Nationalsozialismus münden.[21] Die Frage, die sich hingegen in Bezug auf Lukács' eigene theoretische Position stellt, ist letztlich, ob es reicht, auf die eschatologische Dimension, die Lukács in den Werken Dostojewskis erblickt, und auf die radikale Verschiebung, die sich biographisch 1917 für ihn ergibt, hinzuweisen, oder ob und wie die Problemstellung „Gemeinschaft" mit dem theoretischen Formproblem des Romans interferiert. Die Frage ist also, inwiefern der Roman, die Form, die erst vor dem Hintergrund einer Welt des „Abstands zum konkreten Leben" (*TdR*, S. 56) entstanden sein soll, die Möglichkeit einer „Gemeinschaft [...] als Voraussetzung eines Höheren" (*TdR*, S. 56)· bereithalten kann. Es ist hierfür jedoch unumgänglich, zuvor die ‚Jenaer Romantheorie' in den Blick zu nehmen: Denn ihr ist der Gestus eigen, Literatur und Sozialität – bis hin zum Kurzschluss – zusammenzuführen. Vorab aber wäre zu klären, wie just die Problematisierung des homerischen Epos den jungen Schlegel zur Jenaer Romantheorie geführt hat.

21 Vgl. Scheit. „Der Gelehrte im Zeitalter der ‚vollendeten Sündhaftigkeit'" (wie Anm. 6). S. 42. Ferenc Fehér hat geschildert, wie das antikapitalistische Bündnis, das in der Vorkriegszeit Lukács und Ernst verbindet, zwar eine gemeinsame Sprache in der Vorstellung von einer „*Gemeinschaftlichkeit ohne Demokratie*" fand, Ernst jedoch sich dem Sozialismus aufgrund seiner mythischen Verklärung des alten, ‚volkstümlichen' Deutschlands hingab, demnach zwangsläufig ‚völkisch' werden musste, während Lukács hingegen das „Proletariat als ‚für die Menschheit seiende Klasse'" vorschwebte (Ferenc Fehér. „Am Scheideweg des romantischen Antikapitalismus. Typologie und Beitrag zur deutschen Ideologiegeschichte gelegentlich des Briefwechsels zwischen Paul Ernst und Georg Lukács". In: Agnes Heller/Ferenc Fehér/György Márkus/Sándor Radnóti. *Die Seele und das Leben. Studien zum frühen Lukács.* Frankfurt a. M.: Suhrkamp, 1977. S. 241-327, hier: S. 250; S. 248).

III. Der Altphilologe als Romantheoretiker: Friedrich Schlegels „Über das Studium der griechischen Poesie“

Der Blick des späten Lukács auf die Konzeption der *Theorie des Romans* – die Einsicht in eine Verlustgeschichte, die sich vom Epos her schreibe und an den deutschen Idealismus angelehnt sei – gehört zu den gängigen, wenn auch inzwischen kontrovers diskutierten Annahmen über das Buch.[22] Wie Peter Szondi in seinen Vorlesungen zur *Poetik und Geschichtsphilosophie* wie auch in seinen Aufsätzen über „Friedrich Schlegel und die romantische Ironie“ und Schlegels „Theorie der Dichtarten“ argumentierte, ist diese Konstruktion allerdings weniger vom deutschen Idealismus – von Schellings Kunstphilosophie und Hegels Ästhetik – ererbt, als vielmehr auf den jungen, ‚vorromantischen‘, klassischen Philologen Friedrich Schlegel zurückzuführen, dessen Überlegungen zur ‚griechischen Poesie‘ insbesondere zum Epos Hegel systematisierte, ohne dies in irgend einer Form einzugestehen.[23]

---

22 Auf diese Sichtweise stützt sich zum Beispiel jüngst Werner Jungs „The Corrupting Principle: A Short Apology for Georg Lukács' Poetics of the Novel“ in: *Georg Lukács Reconsidered. Critical Essays in Politics, Philosophy and Aesthetics.* Hg. Michael J. Thompson. London/New York: Continuum, 2011. S. 99-109, hier: S. 101). In „How to Escape from Literature? Lukács, Cinema and *The Theory of the Novel*“ interessiert sich Timothy Bewes hingegen dafür, wie sich mit Lukács' *Gedanken zu einer Ästhetik des Kinos* (dessen Relevanz für die spätere *Theorie des Romans* Linda Simonis im vorliegenden Band herausarbeitet) der Bezugsrahmen der Theorie des Romans anders konstruieren lässt. Epos und Roman sind nach Bewes keine Stationen im Geschichtsmodell des Idealismus. Vielmehr übernimmt das Epos in der *Theorie des Romans* die Eigenschaften, die Lukács dem Kinofilm zugeschrieben hat: „Cinema transcends the ‚concept‘, [...] the ‚should-be‘ [...] What is of interest, rather, is that the qualities Lukács associates with cinema are those of the epic: immanence, immediacy, an ontological continuity between the work and the world“ (Timothy Bewes. „How to Escape from Literature? Lukács, Cinema and *The Theory of the Novel*“. In: *The Fundamental Dissonance of Existence. Aesthetics, Politics, Literature.* Hg. Ders./Timothy Hall. London/New York: Continuum, 2011. S. 36-48, hier: S. 40. Bewes' Hauptthese lautet, dass Lukács an der Kinoästhetik abliest, was die Grundvoraussetzung für die Errichtung einer neuen Welt sei: „abolishing the *perspectival* relationship to the old one“ (ebd.; Hervorhebung im Original, M. M.).

23 Vgl. Peter Szondi. „Friedrich Schlegels Theorie der Dichtarten. Versuch einer Rekonstruktion aufgrund der Fragmente aus dem Nachlaß“. In: Ders. *Schriften II.* Frankfurt a. M.: Suhrkamp, 1978. S. 32-58, hier: S. 49: „Ein Blick auf das

Der Stellenwert des homerischen Epos in Schlegels „Über das Studium der griechischen Poesie" (1795) wie auch später in „Über die homerische Poesie" (1796) misst sich an dessen Tauglichkeit angesichts des Versuchs, ein kritisches Verhältnis zur Gegenwart – zur Lage der Moderne – zu konstruieren. Wenn sich das Selbstverständnis deutscher Literatur bis hin zu Lukács' Zeit aus dem Begehren nach einer Kontinuität zur griechischen Poesie ableiten konnte, dann lässt sich einerseits Schlegels „Studium"-Aufsatz, der zum Schluss eine „Annäherung zum Antiken in der Poesie"[24] als deutsche Errungenschaft feiert, durchaus als Urszene lesen. Andererseits lassen die frühen Überlegungen des jungen klassischen Philologen erahnen, wie sich die spätere romantische Schlüsselstellung des Romans einem geschichtsphilosophischen Denken verdankt, demzufolge die Lebenswelt, aus der das Epos entsprungen sei, sich gerade nicht in die moderne Erfahrung übersetzen lässt. In letzter Konsequenz wird dies zu einer entscheidenden Umkehrung der Verhältnisse führen: Eine Lebenswelt ist im Zeitalter des Romans nicht „gegeben", sondern Literatur ist an der Herstellung ihres „Zusammenhangs" – romantisch formuliert – bzw. an ihrem „Aufbau" – um auf Lukács' Terminologie zurückzugreifen – beteiligt.[25] Daher rührt die ethische Dimension des Romans als Formproblem.

Das vom jungen Schlegel eingeforderte „Studium" griechischer Kunstformen soll, auf die *Querelle des Anciens et des Modernes* mehr oder minder offen Bezug nehmend, jener „richtigen Nachahmung der Griechischen Urbilder"[26]

Inhaltsverzeichnis der Hegelschen Ästhetik zeigt, wie viel Schlegel in der Idee vorwegnahm und in der Realität sich wegnehmen ließ von dem, was heute als die Vollendung der klassischen Ästhetik gilt: das Werk, das er schreiben wollte, hat Hegel geschrieben (oder doch als Vorlesung gehalten)."

24 Vgl. Friedrich Schlegel. „Über das Studium der griechischen Poesie". In: Ders. *Studien des klassischen Altertums.* [= Kritische Friedrich-Schlegel-Ausgabe [im Folgenden KFSA] Abt. 1. Bd. 1] Hg. Ernst Behler. Paderborn/München/Wien: Schöningh, 1979. S. 217-367, hier: S. 366.

25 Diesen frühromantischen Ansatz radikalisiert Lukács, wenn er etwa schreibt: „Diese Überspannung der Substantialität der Kunst muß aber auch ihre Formen belasten und überladen: sie müssen alles selbst hervorbringen, was sonst einfach hingenommene Gegebenheit war; sie müssen also, bevor ihre eigentliche, apriorische Wirksamkeit beginnen könnte, deren Bedingungen, den Gegenstand und seine Umwelt, aus eigener Kraft herbeischaffen." (*TdR*, S. 29).

26 Vgl. Schlegel. Studium (wie Anm. 24). S. 354: „Die Behauptung, daß eine allgemeingültige Wissenschaft des Schönen und der Darstellung, und eine richtige

gelten, durch welche die Deutschen sich im Wettbewerb der Nationen durchsetzen sollen. Auch schon beim jungen Schlegel wird das Epos als Indikator für den gesamten Stand einer Kultur und damit für eine (spezifisch griechische) Art der Vergemeinschaftung verhandelt – Lukács wird in diesem Sinne anmerken, dass der Held des homerischen Epos, „strenggenommen, niemals ein Individuum [ist]", sondern das „Schicksal" einer Gemeinschaft trägt (*TdR*, S. 51). Schlegel erblickt in der griechischen Literatur das vollendete Ganze einer „Naturpoesie", die sich „organisch"[27], „*nur allmählig fortschreitend*"[28] entwickelt habe. Diese sich nach dem Trieb, nicht der Vernunft ausrichtende, auf die natürlichen Anlagen des Menschen aufbauende ästhetische Bildung[29] sei wesentlich „in ihrer ganzen Masse *musikalisch*, *rhythmisch* und *mimisch*"[30] organisiert, d. h. letzten Endes auf den „Mythus" als „zarteste Bildersprache"[31] und „Quell aller Bildung und auch aller Lehre und Wissenschaft der Griechen"[32] zurückzuführen. Schlegel nimmt also weniger einzelne normativ geregelte literarische Gattungen in den Blick als eine *Kunstreligion*, der zufolge dem Mythos eine pädagogische Funktion

Nachahmung der Griechischen Urbilder, die notwendigen Bedingungen zur Wiederherstellung der echten schönen Kunst sei, ist so wenig willkürlich, daß sie nicht einmal neu ist. Ich begnüge mich mit dem bescheidnen Verdienst, dem Gange der ästhetischen Kultur auf die Spur gekommen zu sein, den Sinn der bisherigen Kunstgeschichte glücklich erraten, und eine große Aussicht für die künftige gefunden zu haben."

27 Schlegel. Studium (wie Anm. 24). S. 293 und *passim*.

28 Schlegel. Studium (wie Anm. 24). S. 316 (Hervorhebung im Original).

29 Vgl. Schlegel. Studium (wie Anm. 24). S. 306-307: „– Der Punkt, von dem die Griechische Bildung ausging, war eine absolute Rohigkeit, und ihre kosmische Lage ein Maximum von Begünstigung in Anlagen und Veranlassungen welches in der ästhetischen Bildung wenigstens nie durch schädliche äußre Einflüsse gestört ward. [...] Die allgemeinen Verhältnisse ihrer Teile aber, die Umrisse ihres Ganzen, die bestimmten Gränzen ihrer Stufen und Arten, die notwendigen Gesetze ihrer Fortschreitung erklären sich nur aus innern Gründen, aus der *Natürlichkeit ihrer Bildung*. Diese Bildung war keine andre als die freieste Entwicklung der glücklichsten Anlage, deren allgemeiner und notwendiger Keim in der menschlichen Natur selbst gegründet ist. [...] Der *gesamte Trieb* war nicht nur das bewegende, sondern auch das *lenkende Prinzip* der Griechischen Bildung." (Hervorhebungen im Original).

30 Schlegel. Studium (wie Anm. 24). S. 303.

31 Schlegel. Studium (wie Anm. 24). S. 277.

32 Schlegel. Studium (wie Anm. 24). S. 351.

zukommt: Die „Poesie" fungiert demnach als „Lehrerin"[33] des Volkes und leistet einen Zusammenhalt, der nicht der Gesellschaft, d. h. den Menschen untereinander, gilt, sondern dem Verkehr zwischen Menschen und Göttern: „Dichtung, Gesang, Tanz und Geselligkeit – festliche Freude war das holde Band der Gemeinschaft, welches Menschen und Götter verknüpfte."[34]

Von da aus ist die Versuchung groß, die Art dieses Zusammenhanges, wenn auch mit *künstlichen* Mitteln, in die Moderne hineinzutragen, und es kann kein Zweifel daran bestehen, dass diese Versuchung auch noch in der ‚romantischen Periode' anhalten wird – davon zeugt allein das Projekt einer „neuen Mythologie", das nicht nur im Tübinger Stift und in Schellings Kunstphilosophie, sondern auch in Schlegels *Gespräch über die Poesie* Eingang finden wird. Die Sehnsucht nach dem Epos wird sich in den letzten Jahren des Jahrhunderts auf die Ebene der „Methode" oder Verfahrensweise verlagern: Die griechischen Urbilder sind abhandengekommen, aber den Modernen steht die Aufgabe bevor, sich einen Zugang zu der bildenden Kraft schlechthin zu verschaffen, die den Griechen eigen ist – dies wäre, schematisch zusammengefasst, die Lösung, die Schlegel im Anschluss an Winckelmann um 1800 in seinem *Gespräch über die Poesie* vorschlägt. Dort wird Schlegel seine Figur Ludoviko aus der Ratlosigkeit und Einsamkeit moderner Dichter die Notwendigkeit herleiten lassen, an der griechischen Literatur die Verfahrensweise für die Herstellung eines neuen Zusammenhangs der „Poesie" – mit anderen Worten: der Kultur – zu gewinnen. Streng genommen wird dieses Projekt einer Formulierung Jean-Luc Nancys zufolge im „Willen zum Mythos" liegen. Die „neue Mythologie" wäre demnach jener Wille, den (gerade aufgrund seiner irreduziblen Ferne anziehenden) Mythos wiederzubeleben, der dem Inhalt nach mythischer Wille nach der Gemeinschaft ist, der Form nach gründende Fiktion, „Fiktionierung (*fictionnement*) als bildende Gestaltung der Welt (*formation du monde*)", in der Gründung (Politik) und Fiktion (Poesie) zusammenfallen.[35]

33 Vgl. ebd.: „Poesie war die älteste, und vor dem Ursprunge der Beredsamkeit, die einzige Lehrerin des Volks. Die mythische Denkart, daß Poesie im eigentlichen Sinne eine Gabe und Offenbarung der Götter, der Dichter ein heiliger Priester und Sprecher derselben sei blieb für alle Zeiten Griechischer Volksglaube."

34 Schlegel. Studium (wie Anm. 24). S. 277.

35 Vgl. Jean-Luc Nancy. *La communauté désœuvrée*. Paris: Bourgois, 1986. S. 142-145, hier: S. 143 (meine Übersetzung, M.M.).

So lässt sich die theoretische Forderung nach einer Erneuerung der Kultur, die den jungen Lukács beschäftigt, gerade auf denjenigen Schlegel zurückführen, der der Sehnsucht nach dem Epos anheimfällt: Dies insofern, als „Epos" seitdem für die Sehnsucht nach jener verlorenen Gemeinschaft einsteht, die sich vom Mythos her denken lässt. Indem aber die Verfahrensweise des jungen Schlegel mit den (normativen) Poetiken der Aufklärungszeit, insbesondere der Weimarer Klassik, bricht, bereitet sie darüber hinaus Lukács' eigene Methodik und Grundannahmen. Teilweise vermittelt hier Hegels Ästhetik (etwa was den geschichtsphilosophischen Stellenwert des homerischen Epos anbelangt, insbesondere die Vorstellung von seiner extensiven Totalität), teilweise nicht (Schlegel wird bald dem Roman eine systemische Funktion einräumen, die Hegel ihm später aberkennt). Gemeint ist Schlegels dynamisches Geschichtsmodell insgesamt, insbesondere der Gedanke, dass literarischen Gattungen ein bestimmter Ort in der Geschichte zukommt, ferner die Vorstellung von einer Öffnung auf eine Zukunft hin.

Schlegel ist der Erste, der eine schärfere Demarkationslinie zwischen Antike und Moderne zieht, indem er vom Gegensatz zwischen einer „Naturpoesie" und einer „Kunstpoesie", zwischen dem vollendeten Ganzen der „Masse der griechischen Poesie" und dem „unvollendeten Anfang"[36] moderner Poesie ausgeht. Lukács wird die geschichtsphilosophische Anlage des jungen Schlegel dahingehend radikalisieren, dass er sich von der Vorstellung von einer „Naturgeschichte" ästhetischer Formen verabschiedet und eine Trennlinie zwischen Antike und Moderne zieht, die, anders als bei Schlegel, keine Grenzgänge zulässt, sondern als epistemologischer Wandel gedacht werden will.[37] Lukács' klare (politische) Absage an die Versuchung, „Urbilder" in die Lebensimmanenz wieder einzubeziehen, wird vielmehr mit

36 Vgl. Schlegel. Studium (wie Anm. 24). S. 305: „Die ganze Masse der modernen Poesie ist ein unvollendeter Anfang, dessen Zusammenhang nur in Gedanken zur Vollständigkeit ergänzt werden kann."

37 Diese Trennlinie trennt bekanntlich nicht nur zwei Epochen voneinander, sondern vor allem ihre jeweilige Funktionsweise: „Das Zusammenfallen von Geschichte und Geschichtsphilosophie hatte für Griechenland die Folge, daß jede Kunstart erst dann geboren ward, wenn auf der Sonnenuhr des Geistes abzulesen war, daß gerade ihre Stunde gekommen ist, und jede mußte verschwinden, wenn die Urbilder ihres Seins nicht mehr am Horizonte standen. Für die nachgriechische Zeit ist diese philosophische Periodizität verloren." (*TdR*, S. 30).

einem neuen Begriff der Natur begründet. Eine absolute Entfremdung von der Natur: die radikale Unmöglichkeit, sich auf Natur zu beziehen, wird hier zur Grundform moderner Erfahrung: Die Natur „verwandelt sich [...] wegen dieser ihrer Sinnesferne in eine Art malerischer Rumpelkammer sinnfälliger Symbole für die Dichtung" (*TdR*, S. 49). Unmöglich ist es, Natur zu erfahren dahingehend, dass der Bezug auf Natur in der Moderne erst vor dem Hintergrund einer seelischen Entfremdung zur „zweiten Natur" – zu der von der vom Menschen selbst erschaffenen Welt – erfolgt: „Die Fremdheit der Natur, der ersten Natur gegenüber, das moderne sentimentalische Naturgefühl ist nur die Projektion des Erlebnisses, daß die selbstgeschaffene Umwelt für den Menschen kein Vaterhaus mehr ist, sondern ein Kerker" (*TdR*, S. 62f.). Diese Umwandlung von Natur in die Projektionsfläche für ein Subjekt, das im Zuge der Errichtung einer entfremdeten Außenwelt sich selbst als „Innerlichkeit" wahrnimmt, steht konzeptionell am Ausgangspunkt des Romans:

> Das epische Individuum, der Held des Romans, entsteht aus dieser Fremdheit zur Außenwelt. [...] Das Eigenleben der Innerlichkeit ist nur dann möglich und notwendig, wenn das Unterscheidende zwischen den Menschen zur unüberbrückbaren Kluft geworden ist; wenn die Götter stumm sind und weder Opfer noch Ekstase die Zunge ihrer Geheimnisse zu lösen vermag. (*TdR*, S. 51)

An die Stelle von Natur tritt eine gespaltene Wirklichkeit: einerseits die empirische, objektive Wirklichkeit, die „zweite Natur" oder „Welt der Konvention", die dem Subjekt wie „eine Schädelstätte vermoderter Innerlichkeiten" (*TdR*, S. 49) vorkommt, andererseits eine „Innerlichkeit", jenes „gewöhnliche Leben", das die Entfaltung der „Seele" verunmöglicht.[38] Das Verhältnis Kunst/Natur modelliert Lukács demnach entschieden anders, als die Aufklärung, deren normatives Paradigma der Nachahmung er verabschiedet. Aber Lukács verlässt ebenfalls das romantische Revolutionsmodell einer Umgestaltung der Natur.[39] Vor dem Hintergrund einer radikalen

38 Zum Lukács'schen Begriff der Seele als „die maximale Entfaltung [...] der [...] *Willens*potenzen, Fähigkeiten und ‚seelischer Energien', die „[...] nach außen gerichtet [ist]: auf die Außenwelt und auf den anderen Menschen", vgl. György Márkus. „Die Seele und das Leben. Der junge Lukács und das Problem der ‚Kultur'". In: Agnes Heller u. a. *Die Seele und das Leben* (wie Anm. 21). S. 99-130, hier: S. 109.

39 In seiner Rezension von Goethes *Hermann und Dorothea* grenzt sich August Wilhelm Schlegel von dem noch von Gottsched vertretenen Paradigma der

Unverfügbarkeit der Natur, die mit der Moderne zusammengegangen sei, formuliert er den ethischen Imperativ einer ästhetischen (romanhaften) Darstellung, die als einzige Kunstform vermag, vom Verstummen der Götter – vom Abbruch des mündlich getragenen Traditionszusammenhangs, wie man heute sagen würde – und der damit korrelierenden Undarstellbarkeit von Welt auszugehen.[40] Dennoch: Im Wesentlichen hat Schlegels Verhandlung des homerischen Epos nicht nur die Ästhetik des deutschen Idealismus angestoßen, sondern ein literaturtheoretisches Denken vom Roman her freigesetzt, dessen „dankbarer Erbe Georg Lukács und mit ihm die Poetik unserer Zeit ist“[41], wie Szondi Anfang der 1960er-Jahre schlussfolgern konnte. Die philologische Verfahrensweise Schlegels hat, mit anderen Worten, Literaturtheorie im eigentlichen Sinne überhaupt ermöglicht.

Nachahmung, *imitatio* von Natur durch die Kunst, ab, um Kunst einem ganz anderen systemischen Ort zuzuweisen: Kunst sei nicht mehr „nichts weiter als leidende Nachahmung der Natur [...], wozu man sie leider oft genug herabgewürdigt hat“, sondern sei „eine selbsthätige, nach Gesetzen des menschlichen Gemüths erfolgende, Umgestaltung der Natur“ (A. W. Schlegel, „Hermann und Dorothea von J. W. von Goethe“. In: Ders./Friedrich Schlegel. *Charakteristiken und Kritiken*. Bd. 2. Königsberg, 1801. S. 260-309, hier: S. 269).

40 Das „Auseinanderklaffen von Ideal und Wirklichkeit“ als spezifische Lage des modernen Subjekts hat „die Unfähigkeit dieser Welt“ zur Folge, „sich in ihrer idealfremden Feindlichkeit der Innerlichkeit gegenüber wirklich abzurunden; die Unfähigkeit, sowohl für sich als Ganzes die Form der Totalität, wie für die Beziehung zu ihren Elementen und für deren Beziehungen untereinander die der Kohärenz zu finden. Anders ausgedrückt: die Undarstellbarkeit.“ (*TdR*, S. 61).

41 So konstatiert Szondi in seiner Vorlesung über „Schellings Gattungspoetik“ eine gewisse Blindheit von Seiten der Literaturwissenschaft seiner Zeit angesichts der gattungspoetischen Errungenschaft des deutschen Idealismus: „[...] auch wenn seine Philosophen wie Schelling und Hegel die Autoren Keller und Tolstoj aus Gründen, denen man einiges Verständnis entgegenbringen sollte, unbekannt geblieben sind, so genügten ihnen wie schon Friedrich Schlegel Romane wie der *Wilhelm Meister* und der *Don Quixote*, um die Konzeption der epischen Dichtart nicht allein am Epos der Griechen zu orientieren, sondern eine Theorie des Romans zu begründen, deren dankbarer Erbe Georg Lukács und mit ihm die Poetik unserer Zeit ist.“ (Peter Szondi. *Poetik und Geschichtsphilosophie II: Von der normativen zur spekulativen Gattungspoetik*. Hg. Wolfgang Fietkau. Frankfurt a. M.: Suhrkamp, 1974. S. 289).

IV. Romantisches Denken der „Dissonanz"

Wenn Lukács annimmt, dass eine moderne Ästhetik einerseits den Abschied von „Urbildern" zum Ausgangspunkt nehmen muss, den modernen Gesellschaften andererseits eine Natur lediglich als Projektionsfläche (im Sinne des „Naturgefühls") zur Verfügung steht, also letzten Endes unverfügbar geworden ist, müssen diese Annahmen epistemologische Implikationen haben, und Letztere wiederum Lukács' ästhetische Reflexion erheblich mitbestimmen. Welt denkt er als radikal kontingent; vor dem Hintergrund einer solchen Kontingenz wird ästhetische Produktion in dem Maße gebraucht, in dem die künstlerische Formwerdung vermag, sich zu ihr zu verhalten. Daher rührt die entscheidende, viel diskutierte Formulierung des dritten Kapitels der *Theorie des Romans* über das Eingehen der „Grunddissonanz des Daseins" (*TdR*, S. 47) bzw. die „entscheidende Richtungslosigkeit des ganzen Lebens" (*TdR*, S. 48) in die Romanform:

> Die Kunst ist – im Verhältnis zum Leben – immer ein Trotzdem; das Formschaffen ist die tiefste Bestätigung des Daseins der Dissonanz, die zu denken ist. Aber in jeder anderen Form, aus jetzt schon selbstverständlichen Gründen auch in der Epopöe, ist diese Bejahung etwas der Formung Vorangehendes, während sie für den Roman die Form selbst ist. Darum ist hier das Verhältnis von Ethik und Ästhetik im formenden Prozeß ein anderes, als in den übrigen Dichtungsarten. Dort ist die Ethik eine rein formelle Voraussetzung [...] Hier ist die Ethik, die Gesinnung im Gestalten jeder Einzelheit sichtbar, ist also in ihrer konkretesten Inhaltlichkeit ein wirksames Aufbauelement der Dichtung selbst. So erscheint der Roman im Gegensatz zu dem in der fertigen Form ruhenden Sein anderer Gattungen als etwas Werdendes, als ein Prozeß. (*TdR*, S. 55-56)

Aus der singulären Beschaffenheit des Formproblems im Roman leitet Lukács zunächst dessen ethische Dimension ab; in einem weiteren Schritt wird er auf jene Ironie der Form als das Merkmal des Romans schlechthin zu sprechen kommen und sie ausdrücklich auf Schlegel zurückführen – wie es zu diesem Schritt kommt, soll sich anhand der romantischen Konturierung von „Dissonanz" erhellen.

Auch wenn die Jenaer Romantik keineswegs so weit geht, wie Lukács dies in seiner *Theorie des Romans* tun wird, und ihr eigener Verzicht auf Urbilder gelegentlich der Versuchung einer Neugründung des Mythos in der gründenden Funktion von Fiktion anheimfällt (so in der „neuen Mythologie"), besteht kein Zweifel darin, dass die in der Auseinandersetzung mit griechischer Literatur in die Wege geleitete Denkbewegung eine andere Perspektive auf die Moderne anstößt. Schlegels spätere Selbstfindung als Romantiker, d.h. als Theoretiker des Romans, bedarf allerdings einer regelrechten Umwertung von „Modernität“[42] (ein Begriff, den er im Übrigen als einer der ersten überhaupt im deutsprachigen Raum verwendet). Damit es zu einer solchen literaturtheoretischen Revision der Lage der Moderne kommen kann, muss Schlegel die herkömmliche Sprache der Gattungstheorie zugunsten einer Reflexion über die Form verlassen – nur so wird er letzten Endes zum Pionier der Literaturtheorie.

Diese markante Verschiebung geschieht hauptsächlich über den Weg einer Revision des epistemologischen und methodologischen Status von Kontingenz und über den Weg einer Reflexion über den Roman, der eine einmalige Verhandlung von Kontingenz möglich macht. So gehen „Zufall“ und „Chaos“, Termini, die beim frühen Schlegel noch eindeutig normativ gebraucht waren, in das literaturtheoretische Denken der Jenaer Romantik ein. Das wird für Lukács' Prämisse, wonach das ethische Problem in der Moderne an das „Formwerden“ zurückgekoppelt werden muss, eindeutig von Gewicht sein: Befestigt wird die tendenzielle Umwertung von Moderne und Modernität durch die konzeptionelle Schlüsselstellung des Romans in der frühromantischen Gattungstheorie; entscheidend ist diesbezüglich die Vorstellung von einer „Disharmonie“ oder „Dissonanz“, deren Aufdeckung der Moderne zukommt. Die Genese des Romantheoretikers Schlegel lässt sich jedoch gerade nicht erst an dessen romantheoretischen Schriften – etwa seiner Kritik des *Wilhelm Meister* oder dem „Gespräch über die Poesie“ – nachvollziehen. Vielmehr geht die Vorstellung, dass die Welt der Moderne sich grundsätzlich über die Kategorie der „Dissonanz“ literarisch auffassen lässt, auf Schlegels frühe Begegnung mit Shakespeares *Hamlet* zurück. Diese

42 So auch Szondis Fazit, wonach es Schlegel gelungen sei, „den Weg aus der kritischen Analyse der Moderne statt in Richtung auf einen Klassizismus auf eine romantische Poesie hin zu schlagen, die sich nicht einer Negierung oder Überwindung des in der Gegenwart Kritisierten verdankt, sondern dessen Umwertung.“ Für diesen Wandel, so Szondi, könne eine frühe Formulierung aus einem Aufsatz von 1794 (gemeint ist „Über die Grenzen des Schönen“) als Motto dienen: „Unsere Mängel selbst sind unsere Hoffnungen“ (Peter Szondi. *Poetik und Geschichtsphilosophie I: Antike und Moderne in der Ästhetik der Goethezeit. Hegels Lehre von der Dichtung*. Hg. Senta Metz/Hans-Hagen Hildebrandt. Frankfurt a.M.: Suhrkamp, 1984. S. 132).

begriffliche Kategorie, die, wie man weiß, eine erhebliche Rolle beim jungen Lukács spielen wird, hat darüber hinaus nicht Schlegel, sondern Novalis vertieft. Klarer als der Freund Schlegel hat Novalis die poetologische Tragweite von Kontingenz erkannt, als er in seinen *Vorarbeiten und verschiedenen Fragmentsammlungen*[43] den Zufall zum Formkonstituens des Romans machte und andersrum in seiner Fragmentsammlung *Blüthenstaub* den Zufall zum *tertium datur* zwischen Leben und Roman erklärte.

Schlegels Lektüre von Shakespeares *Hamlet* bildet deshalb innerhalb seiner intellektuellen Sozialisation eine Scharnierstelle, weil er in dem Stück die poetologische Möglichkeit erkennt, aus einer mit der Lage der Modernen kongenial verbundenen „Disharmonie" den „Mittelpunkt" zu gewinnen, von dem aus die verborgene Kohärenz und Einheit der „philosophischen Tragödie" sich erhellt – damit korreliert auch die Methodik des „ästhetischen Geschichtsforscher[s]"[44], der deshalb Shakespeares Drama als eins der wichtigsten Dokumente der modernen Poesie einstuft, weil sich über den Weg seiner Charakteristik die Moderne erschließen lässt. Der von der Jenaer Romantik stark besetzte Begriff des Zusammenhanges, der im *Studium*-Aufsatz ohnehin bereits einige Male vorkommt, um das Ganze der griechischen bzw. der modernen Poesie in ihrer jeweils spezifischen Organisationsform, genauer: *Gesetzmäßigkeit*, zu bezeichnen[45], erfährt hier eine bemerkenswerte Wendung. Schlegel geht von einer äußerlichen, konzeptionellen Anlage des Dramas aus, die im ersten Schritt für jeden Rezipienten ersichtlich sein muss, im zweiten Schritt jedoch eine Tiefendimension aufweist: den „Grund des Zusammenhanges", welcher „tief verborgen" liege und den Rezipienten leicht entgehe. Diese „unsichtbaren Bande" führt er auf einen „gemeinschaftlichen Mittelpunkt" zurück, der im „Charakter des Helden" liege:

---

43 Gekannt hat Lukács zwar (wie auch Benjamin) Novalis' Nachlass nicht in der Form, in der sie uns seit der Editionsarbeit von Richard Samuel vorliegt, dafür aber enthalten der zweite und dritte Band der vierbändigen Ausgabe von J. Minor (1907) unter der Titulierung *Fragmente* zahlreiche Arbeitsnotizen, die neben dem Briefwechsel und der Fragmentsammlung *Blüthenstaub* Einblicke in Novalis' poetologische Reflexion ermöglichen.

44 Schlegel. Studium (wie Anm. 24). S. 248.

45 Vgl. Schlegel. Studium (wie Anm. 24). S. 217: „Es springt in die Augen, daß die moderne Poesie das Ziel, nach welchem sie strebt, entweder noch nicht erreicht hat; oder daß ihr Streben überhaupt kein festes Ziel, ihre Bildung keine bestimmte Richtung, die Masse ihrer Geschichte keinen gesetzmäßigen Zusammenhang, das Ganze keine Einheit hat."

> Durch eine wunderbare Situation wird alle Stärke seiner edeln Natur in den Verstand zusammengedrängt, die tätige Kraft aber ganz vernichtet. Sein Gemüt trennt sich, wie auf der Folterbank nach entgegengesetzten Richtungen auseinander gerissen; es zerfällt und geht unter im Überfluß von müßigem Verstand, der ihn selbst noch peinlicher drückt, als alle die ihm nahen.[46]

Shakespeares Stück lebt Schlegel zufolge von einem grundsätzlichen Missverhältnis, das der modernen Subjektivität innewohnt. Das Stück *Hamlet* ist als Darstellung dieser „Disharmonie", der Held Hamlet als ihre Verdichtung in einem Charakter anzusehen:

> Es gibt vielleicht keine vollkommnere Darstellung der unauflöslichen Disharmonie, welche der eigentliche Gegenstand der philosophischen Tragödie ist, als ein so gränzenloses Mißverhältnis der denkenden und der tätigen Kraft, wie in Hamlets Charakter. Der Totaleindruck dieser Tragödie ist ein Maximum der Verzweiflung. Alle Eindrücke, welche einzeln groß und wichtig schienen, verschwinden als trivial vor dem, was hier als das letzte, einzige Resultat alles Seins und Denkens erscheint; vor der ewigen Kolossalen Dissonanz, welche die Menschheit und das Schicksal unendlich trennt.[47]

Ist Dissonanz in diesen frühen Ausführungen Schlegels noch gebunden an die existenzielle Lage der Moderne, an eine neuzeitliche Bildung des vernunftgesteuerten Subjekts – erst um 1800 wird Schlegel seinen poetologischen Befund auf den Roman übertragen, indem er Shakespeares Dramen zu dessen „Grundlage" erklärt[48] –, so werden die Aufzeichnungen Novalis' ein paar Jahre später „Dissonanz" in rein poetologischer, formaler Hinsicht aufgreifen, um aus einer „Theorie des dissonanten Keims"[49] die Anlage des Romans zu gewinnen. Von hieraus führt der Weg über Dilthey, der sich die Kategorie der Dissonanz im eigenen Narrativ über die Romantiker aneignet, bevor sie beim jungen Lukács operativ wird.

In den unter dem Titel *Logologische Fragmente* bekannten Aufzeichnungen von Novalis wird der Roman als „Realisierung einer Idee" definiert

46 Schlegel. Studium (wie Anm. 24). S. 247.

47 Schlegel. Studium (wie Anm. 24). S. 247.

48 Friedrich Schlegel. „Gespräch über die Poesie". In: Ders. *Charakteristiken und Kritiken I – 1796-1801* [= KFSA. I. Abt., Bd. 2]. Hg. v. Hans Eichner, München u. a.: Schöningh, 1967. S. 284-290, hier S. 122.

49 Vgl. Barbara Naumann. *Musikalisches Ideen-Instrument. Das Musikalische in Poetik und Sprachtheorie der Frühromantik.* Stuttgart: Metzler. 1990, S. 162.

und die Aufgabe gestellt, „[d]as Gesetz" der „Fortschreitung" jener „Idee" „auf[zu]stellen", auf dessen Basis „ein Roman zu kritisieren" sei.[50] Unter der allgemeinen poetologischen Voraussetzung – die Lukács in der *Theorie des Romans* im weitesten Sinne wieder aufnimmt und stärker akzentuiert –, dass der Roman „von Leben [handelt]"[51], dieses Leben als Leben eines Individuums, also als biographische Form des Romans zu handhaben ist, ist eine weitere, längere Notiz darum bemüht, diese Aufgabe zu lösen. Sie tut dies, indem sie das Individuum als „nur durch einen *einzigen abs[oluten] Zufall* individualisirt"[52], d. h. rein formal konzipiert. Dieser eine primäre oder „absolute Zufall" stößt die „unendliche Reihe seiner [des Individuums, M. M.] Zustände" an, welche ebenfalls der Kategorie des Zufalls zugerechnet werden (wobei hier die Goethe'sche epische Kategorie der „Begebenheit" im weiteren Verlauf mit „Zufall" synonymisch behandelt wird). Hat Novalis das Verhältnis von Idee und Satz im Roman als „*unendliche Reihe* von Sätzen" aufgefasst[53], so ist es auf Ebene der Fabel die „unendliche Reihe" der Zustände, „alle seine übrige Zufälle", die das Individuum zum Mittelpunkt der Erzählung werden lassen. Dass einem Subjekt etwas ‚zufällt', reicht jedoch Novalis nicht als Grundlage für das „Gesetz der Fortschreitung" des Romans und so ergänzt er im weiteren Verlauf der Notiz die Beschreibung um das Element, aus dem sich erklären lässt, wie die Erzählung von dem einen Zustand zum nächsten fortschreiten wird. Hier kommen nämlich die Termini zur Geltung, die Schlegel gewählt hatte, um Hamlets Lage zu schildern:

> Je größer der Dichter, desto weniger Freyheit erlaubt er sich, desto philosophischer ist er. Er begnügt sich mit der wilkührlichen Wahl des ersten Moments und entwickelt nachher nur die Anlagen dieses Keims – bis zu seiner Auflösung. Jeder Keim ist eine Dissonanz – ein Missverhältnis, was sich nach gerade ausgleichen soll.[54]

50 Novalis. *Schriften 2: Das philosophische Werk I.* Hg. Richard Samuel in Zusammenarbeit mit Hans-Joachim Mähl/Gerhard Schulz. Darmstadt: Wissenschaftliche Buchgesellschaft, 1965. S. 570 (= Nr. 212).

51 Novalis. Das philosophische Werk (wie Anm. 50).

52 Novalis. Das philosophische Werk (wie Anm. 50). S. 579 (= Nr. 242; Hervorhebung im Original, M. M.).

53 Novalis. Das philosophische Werk (wie Anm. 50). S. 570 (= Nr. 212): „Aber eine Idee läßt sich nicht, in einen Satz fassen. Eine Idee ist *eine unendliche Reihe* von Sätzen – eine irrationale Größe – unsetzbar (musik[alisch]) – incommensurabel."

54 Novalis. Das philosophische Werk (wie Anm. 50). S. 581.

Veranschaulicht wird Novalis' Dissonanz als Formzwang anschließend an Goethes *Wilhelm Meisters Lehrjahre*, dem literarischen Text, an dem das Verhältnis der Romantiker zu Goethe bekanntlich am Klarsten dokumentiert ist. Als Missverhältnis charakterisiert, soll so die durch einen Akt der Willkür aufgerufene Dissonanz (bei Goethe also der Konflikt zwischen Theater und kaufmännischem Beruf) zwar am Ende ausgeglichen werden: „Endlich kommt Natalie – die beyden Wege [Theater und Kaufmannsstand, M. M.] und die beyden Gestalten [Schönheit und Nutzen, M. M.] fließen in Eins."[55] Das muss jedoch nicht zwangsläufig heißen, dass Novalis den Roman vor der Folie einer Symphonie, eines harmonischen Zusammenklingens denkt: Auch wenn Novalis das Ende des Romans, zumindest hier, nicht so explizit zum Thema macht wie dessen Anfang, so lässt sich aus der Formalisierung des Anfangs als willkürliche Setzung, die den Roman in Abgrenzung zum Epos definiert, durchaus schlussfolgern, dass dem Romanende ebenfalls eine poetische Willkür zugrunde liegt. Das Gleichgewicht des Romanschlusses erhielte dadurch den Status eines ähnlichen Formzwangs wie die Ausgangsdissonanz, auf deren Grundlage das Prinzip der „Fortschreitung" des Romans entwickelt wurde. Es käme somit weniger darauf an, das Ende des Romans als inhaltlichen Abschluss zu verstehen, als es vielmehr unter dem rhythmischen Standpunkt als Endpunkt zu betrachten. Ein solches Verständnis legt Lukács nahe, wenn er die Einzigartigkeit des Romans aus dem Befund ableitet, dass nur er unter allen literarischen Gattungen mit seiner „Karikatur" (gemeint ist die sog. Trivialliteratur oder „Unterhaltungslektüre") zum Verwechseln ähnlich sei – dies „wegen des regulativen, versteckten Charakters der wirkenden, bindenden und formenden Ideen, wegen der – scheinbaren – Verwandtschaft einer leeren Bewegtheit mit einem Prozeß, dessen letzter Inhalt nicht rationalisierbar ist", weil die „normative Unvollendetheit" des Romans „inhaltlich" dessen „Abgeschlossenheit ausschließt" (*TdR*, S. 56). Ausschließlich in formaler Hinsicht sei der Roman abgeschlossen – und zwar gerade deshalb, weil einzig seine Form in der Lage sei, das Werden – als „Gleichgewicht von Werden und Sein" (*TdR*, S. 57) – aufzufangen.

Die Kategorie des Zufalls kommt bei Novalis jedoch nicht ausschließlich im poetologischen Register vor – als das Gestaltungsprinzip oder vielmehr der Formzwang der Dissonanz. Sondern dieses poetologische Register ist deshalb nur als ein Register anzusehen, weil aus Novalis' Perspektive dessen Fundus im „Leben" zu suchen ist. Was also in dem gerade aufgerufenen

55 Novalis. Das philosophische Werk (wie Anm. 50).

Zusammenhang der Gesetzmäßigkeit des Romans als poetologischer Ausgangpunkt fungiert, dient ihm anderswo als epistemologische Kategorie, so in dem vielzitierten *Blüthenstaub*-Fragment 66:

> Alle Zufälle unseres Lebens sind Materialien, aus denen wir machen können, was wir wollen. Wer viel Geist hat, macht viel aus seinem Leben. Jede Bekanntschaft, jeder Vorfall, wäre für den durchaus Geistigen erstes Glied einer unendlichen Reihe, Anfang eines unendlichen Romans.[56]

Wenn Novalis einerseits die Gesetzmäßigkeit der Romanerzählung aus einer radikalen Kontingenz der Weltordnung schöpft, andererseits den Roman zur potenzierten Form eines mit Geist durchdrungenen Lebens erklärt, so ist zwar an seinen Ausführungen ein Begriff von der Verfasstheit von Welt zu gewinnen, an der sich Literatur zu reiben habe, verknüpft sind damit jedoch zwei Probleme. Ein erstes Problem, das Lukács in seinem Aufsatz zu Novalis' Lebensphilosophie bereits adressierte, besteht in der daraus folgenden tendenziellen Verwechslung von Leben und Kunst („Poesie"): „Die Lebenskunst der Romantik ist eine zur Tat gewordene Poesie; aus den innerlichsten und tiefsten Gesetzen der Dichtkunst wurden hier die Imperative des Lebens." (*SuF*, S. 81). Ein weiteres Problem liegt darin, dass das von Novalis beschriebene Handwerk des Romanschriftstellers zwar an die regulative Vorstellung von der Idee zurückzukoppeln ist, die einerseits in der schriftstellerischen Arbeit am Satz – in der „unendliche[n] Reihe von Sätzen" –, andererseits in der erzähltechnischen Einheit zwischen dem „Individuum" und dem, was ihm zufällt, umgesetzt wird. Die Art dieses Bezugs – die *Einheit* des Romanwerkes – wird jedoch im handwerklichen Umgang mit dem Satz bzw. mit dem als Dissonanz aufgefassten Zufall keineswegs erhellt, zumindest solange Novalis' Verhandlung des Zufalls als ästhetische Kategorie nicht in ein Verhältnis mit dessen rhythmischem Verständnis des Romans gesetzt wird.

Wenn Lukács plant, sich an die Poetik Dostojewskis zu wenden, um die Problematik zu vertiefen, die er in der ethischen Dimension des Romans als Formproblem in der *Theorie des Romans* erkundet, so ist dies auf das erstgenannte Problem – die Tendenz der Romantiker, „die tatsächliche Realität des Lebens" von einer „poetischen", d. h. „rein seelischen" Realität zu ersetzen

56 Novalis. „Vermischte Bemerkungen und Blüthenstaub". In: *Schriften 2* (wie Anm. 50). S. 397-470, hier: S. 437; S. 439.

(*SuF*, S. 83) – zurückzuführen.[57] Auf dieses Problem spielt die *Theorie des Romans* explizit an, wenn in dem Kapitel, das Goethes *Wilhelm Meister* verhandelt, die „Gefahr der Romantisierung der Wirklichkeit“ (*TdR*, S. 108) thematisiert wird. Diese praktische Poesie oder Kunstreligion, die von der Jenaer Romantik erstrebt wird, blockiert die Möglichkeit einer Ethik, d. h. einer Praxis, die wirklich dazu fähig wäre, Seelenwirklichkeit und Außenwirklichkeit aufeinander zu beziehen, indem ihre poetische Wirklichkeit die Außenwirklichkeit gleichsam ‚aufsaugt'. Das zweite hier aufgerissene Problem – das Verhältnis von Idee und Romanwirklichkeit, die ‚höhere', d. h. ideelle, begriffliche Einheit des Romans – findet hingegen im Verlauf der *Theorie des Romans* seine Lösung. Sie lautet bekanntlich Ironie.

Zur Ironie findet die *Theorie des Romans*, indem sie zunächst – wenn auch implizit – auf Novalis' rhythmische Lehre des Romans, d. h. auf dessen Bestimmung des Romans als „romantischer Rhythmus“, zurückgreift.[58] An Novalis' poetologische Verhandlung des Zufalls als Dissonanz schließt die *Theorie des Romans* zunächst dort an, wo Dissonanz zum Ausgangspunkt des romanhaften Formprozesses erklärt wird. Sie setzt sich dort fort, wo der *Takt* als Gesetzmäßigkeit des Romans ausgemacht wird und Lukács nahe an das Prinzip der „Retardierung“ gelangt, das Novalis im *Allgemeinen Brouillon* für den gelungenen Roman ausmacht[59]:

57 Lukács' Analyse dieser Auflösung der ethischen Suche in die Poesie als Lebenskunst mündet im Fazit, an der Einheit zwischen Leben und Werk bei Novalis sei ersichtlich, wie die romantische Lebenskunst in Wahrheit nicht über die Grenze einer „Kunst des Sterbens“ hinauskommen konnte (*SuF*, S. 88). In Dostojewskis Literatur erblickt er hingegen eine „Sphäre einer reinen Seelenwirklichkeit“, „in der der Mensch als Mensch – und nicht als Gesellschaftswesen, aber auch nicht als isolierte und unvergleichliche, reine und darum abstrakte Innerlichkeit – vorkommt“ (*TdR*, S. 118).

58 Ausgeführt habe ich Novalis' rhythmische Lehre des Romans in einem anderen Zusammenhang: Maud Meyzaud. „Zufall, Roman, ‚romantischer Rhythmus'“. In: *rhythmos. Formen des Unbeständigen nach Hölderlin.* Hg. Jörn Etzold/ Moritz Hannemann. Paderborn: Fink, 2016. S. 177-208.

59 „Wenn der Roman retardierender Natur ist, so ist er wahrhaft *poëtisch*, prosaïsch, ein *Consonant*.“ (Novalis. *Schriften 3: Das philosophische Werk II.* Hg. Richard Samuel in Zusammenarbeit mit Hans-Joachim Mähl/Gerhard Schulz. Darmstadt: Wissenschaftliche Buchgesellschaft, 1983. S. 310 [= Nr. 384]). „Konsonant im Gegensatz zum Vokal als retardierendes Prinzip verstanden: Ausdruck der Besinnung“ kommentiert Benjamin. Vgl. Walter Benjamin. *Der*

> Diese „Halbkunst" schreibt also eine noch strengere und unfehlbarere künstlerische Gesetzlichkeit vor, als die „geschlossenen Formen", und diese Gesetze sind desto bindender, je mehr sie ihrem Wesen nach undefinierbar und unformulierbar sind: es sind Gesetze des Taktes. Takt und Geschmack, an und für sich untergeordnete Kategorien, die durchaus der bloßen Lebenssphäre angehören und selbst einer wesentlichen ethischen Welt gegenüber belanglos sind, gewinnen hier eine große und konstitutive Bedeutung: bloß durch sie ist die Subjektivität von Anfang und Abschluß der Romantotalität imstande, sich im Gleichgewicht zu halten, sich als episch normative Objektivität zu setzen und so die Abstraktheit, die Gefahr dieser Form, zu überwinden. (*TdR*, S. 57)

Wenn Lukács hier von den „Gesetzen des Taktes" spricht, so nimmt er eine musikologisch ausgeprägte Semantik wieder auf, die sich in seinem frühen Essay zu Novalis' Lebensphilosophie angeboten hatte, um das Ineinander der Frage, wie zu leben sei, mit der Suche nach einer neuen Kultur plastisch darzustellen. Nachvollzogen wurde dieses intrikate Verhältnis als die Bewegung von der Dissonanz hin zu deren Auflösung – der „Harmonie" (*SuF*, S. 73) bzw. der aus dem „Zusammenklang aller Dissonanzen" gewonnenen „Symphonie" (*SuF*, S. 81), als welche Lukács dann die romantisch erstrebte (Seelen-)Kultur verstand. Die romantische „Sympoesie" hatte Lukács so verstehen wollen, dass „[n]ur Sinn für Rhythmus und geselliges Taktgefühl (die beiden Begriffe bedeuten das selbe) [...] von Nöten [seien], damit alle unaufgelösten Dissonanzen verschwinden" (*SuF*, S. 82). Die *Theorie des Romans* geht nun einen Schritt weiter, indem sie diese Überlegungen auf den Roman überträgt als jene Form, die Dissonanz gerade nicht auflöst, sondern in ihr die Grundlage ihres Formproblems erkennt und es auf sich nimmt, „das Unabgeschlossene, Brüchige und Übersichhinausweisende der Welt bewußt und konsequent als letzte Wirklichkeit [zu setzen]" (*TdR*, S. 54). Wenn dem Roman somit die Aufgabe anvertraut wird, die zu Zeiten von *Die Seele und die Formen* Lukács im Schritt vom reinen Chaos des Lebens zur Formwerdung erblickt hatte: „die trübe Verworrenheit des Lebens zur Dissonanz (zur Paradoxie der wahrhaft widerstreitenden Kräfte) zu läutern"[60], so bietet sich

---

Begriff der Kunstkritik in der deutschen Romantik. Frankfurt a. M.: Suhrkamp, 2008. S. 113, Fn. 277.

60 Vgl. Georg Lukács an Salomo Friedländer, Berlin (Budapest, Mitte Juli 1911). In: Lukács. *Briefwechsel 1902-1917* (wie Anm. 1). S. 230f., hier: 230. Im Dialog *Von der Armut am Geiste. Ein Gespräch und ein Brief* wird Dissonanz ebenfalls mit dem Moment des Paradoxons im „Formwerden" gleichgesetzt: „Sie wissen

die Kategorie des Taktes an, um die mit der „Dissonanz“ poetologisch in Gang gesetzten „Missverhältnisse“ derart aneinanderzureihen, dass sich aus ihrer Masse ein Gleichgewicht ergibt. In musikologischer Hinsicht ermöglicht der Takt in der tonalen Musik, als wechselnde Folge betonter und unbetonter Töne definiert, die Strukturierung der Abfolge von Konsonanzen und Dissonanzen als gleichmäßige Bewegung. Während Novalis jedoch auf der Suche nach einem „romantischen Rhythmus“ war, der es möglich machen sollte, aus einem erweiterten Verständnis der Prosa die Einheit des Romans rein immanent, in der Schreibpraxis, zu gewinnen, und deshalb auf den Roman als „*Consonant*“ hinauswollte[61], bleibt Lukács nicht bei der reinen Gesetzmäßigkeit des „den Gleichgewicht schaffenden Takt“ (*TdR*, S. 65), sondern fragt sich vielmehr, wie das „heterogen-kontingente[] Diskretum“ der Wirklichkeit (*TdR*, S 59), anders formuliert: deren „strukturelle Diskontinuitäten“ (de Man), formal in eine höhere Einheit aufgehoben werden können.

Hier ist wieder – dass Lukács sich in seiner Konzeption des kompositorischen Merkmals des Takts von Novalis inspirieren ließ, legte die letzte Ausführung nahe – Friedrich Schlegel der Stichwortgeber. Die Romanästhetik der Frühromantik erfindet Lukács zufolge das „formelle Konstituens“ der Ironie, die der Autor der *Theorie des Romans* als die „Spaltung“ der Subjektivität in die reine „Innerlichkeit“ (den Romanhelden) und das „Durchschauen“ der jeweiligen Begrenztheit von Subjekt- und Objektwelt definiert (*TdR*, S. 57f.). Diese Romantik scheitert jedoch konzeptionell daran, so will es das Verdikt der *Theorie des Romans*, dass sie gerade darum die Einheit des Romans rein „kompositionell“, als „Verschlungenheit von der relativen Selbstständigkeit der Teile und ihrer Gebundenheit an das Ganze“ (*TdR*, S. 58), versteht. Die Auffassung von der Einheit als eine Struktur, die zugleich die Teile selbstständig *und* in ihrem Verhältnis zur Totalität existieren lässt, habe im romantischen Roman zu einer überdeutlichen, künstlichen, ungleichmäßigen Betonung des „Eigenlebens“ der Teile geführt (adressiert wird also hier der romantische Roman – etwa Schlegels *Lucinde* –; das Verhältnis zwischen romantischer Romantheorie und Romanproduktion bleibt

aus der Kunstphilosophie: jede Form entsteht, wenn das fruchtbringende, das lebenerweckende Paradoxon ihrer Möglichkeiten gefunden ist“ (*SuF*, S. 246).

61 Diesen Aspekt der poetologischen Überlegungen Novalis' hat bekanntlich Benjamin herausgearbeitet und in der Formel „Die Idee der Poesie ist die Prosa“ verdichtet. Vgl. Benjamin. Der Begriff der Kunstkritik (wie Anm. 59). S. 106-113.

bei Lukács hingegen unscharf).[62] Nach Lukács' Auffassung, so viel ist klar, besteht einerseits die Singularität des Romans darin, dass er sich zur Kontingenz verhält und seine Einheit deshalb über den Weg der Form gewinnt.[63] Andererseits belässt er es nicht bei einer Auffassung von Ironie als Stiftung eines rein strukturellen Zusammenhalts (einer Einheit als Struktur, die die Ganzheit und die Selbstständigkeit der Teile gleichberechtigt und aufeinander bezogen erscheinen lässt), sondern sucht nach einer Form, die Einheit als Homogenität bzw. Einheitlichkeit darzustellen vermag.

So ist es kein Zufall, wenn in den dichten Ausführungen des Kapitels 5 die Definition von Ironie, die auf die „Gesetze des Taktes" folgt, mit atemberaubendem Tempo in ein Verhältnis zu einem weiteren Bestimmungsmoment der *Theorie des Romans* gesetzt wird: Die Ironie, die der Form des Romans immanent ist, versteht Lukács wesentlich als auf die biographische Form des Romans bezogen; die biographische Form gewinnt wiederum, anders als bei Novalis, der in ihr ein rein konstruktivistisches Prinzip erblickt hatte, dadurch ihre Relevanz, dass sie die Frage beantworten lässt, wie der Roman die „Beziehung von Idee und Wirklichkeit" (*TdR*, S. 65) zu gestalten sucht. Indem Lukács darauf beharrt, dass die biographische Form zwar einzig in ihrem Bezug auf Ideen ihre aufbauende Funktion im Roman erhält (*TdR*, S. 63), die „Ideen des Seins" jedoch in den Roman ausschließlich in der Form von „Idealen" (*TdR*, S. 62), also seelisch ‚formatiert', Eingang finden können, erscheint die Kontingenz von Welt im Roman gleichsam relativiert.

62 Vgl. „Diese ist freilich nur als Symptom bedeutsam, indem darin die Struktur der Romantotalität am deutlichsten sichtbar wird, es ist an und für sich durchaus nicht notwendig, daß jeder vorbildliche Roman diese äußerste Konsequenz seiner Struktur aufweise; und der Versuch, die Problematik der Romanform durch ihre ausschließliche Orientierung auf diese ihre Eigenart zu überwinden, muß sogar zu Künstlichkeiten, zur Überdeutlichkeit der Komposition führen, wie in der Romantik oder in Paul Ernsts erstem Roman." (*TdR*, S. 59).

63 Dies heißt nicht zwangsläufig, dass Lukács' Begriff der Kontingenz auf die geschichtsphilosophisch bedingte Verfasstheit moderner Welt zurückzuführen wäre. So verhandelt Rüdiger Campe im vorliegenden Band diese Kategorie im Rückgriff auf Émile Boutrouxs *De la contingence des lois de la nature* und Georg Simmels Kant-Vorlesung als den per se nicht erfahrbaren ontologischen Zustand der Wirklichkeit, der der Aktivität des Schematismus vorausgeht. Campe erklärt diese Aktivität zu einer strukturellen Formwerdung oder Kunstförmigkeit von Weltbezug, die sozusagen vor der Herstellung bzw. der Rezeption jeglichen Kunstwerks ‚da' ist.

Denn die Spaltung in „Innenwelt" des „problematischen Individuums" und „Außen-" bzw. „Umwelt" desselben führt Lukács zum Befund, dass die „diskrete Struktur der Außenwelt ja letzten Endes darauf [beruht], daß das Ideensystem der Wirklichkeit gegenüber eine regulative Macht hat. Das Nichthineindringen-Können der Ideen in das Innere der Wirklichkeit macht diese zum heterogenen Diskretum" (*TdR*, S. 62). Kontingenz – das „heterogene Diskretum" der Wirklichkeit – wird auf einmal zum Effekt erklärt.

Wie de Man andeutet, liegen in der „donquichottischen Spannung zwischen romantischer und wirklicher Welt [d]ie Wurzeln von Lukács' späterem, dogmatischen Engagement für den Realismus"[64]. Indem Lukács die biographische Form des Romans derart überdeterminiert – als ästhetische Gestaltung der „unüberbrückbaren Kluft zwischen seiender Wirklichkeit und seinsollendem Ideal" (*TdR*, S. 60) – und das Formprinzip der Ironie ihr unterordnet, wird er zwar im zweiten Teil seines groß geratenen „philosophiegeschichtlichen Versuchs" jeweils konkret – am Exponenten eines Romantypus – die „ethische Gesinnung des Romans" aufzeigen können. Damit versperrt er sich jedoch den Weg, den die Korrelation des ästhetischen Formproblems mit der epistemologischen Dimension einer kontingenten Welt angebahnt hatte hin zu der Formenvielfalt, die sich der (hier v. a. europäische) Roman im frühen 20. Jahrhundert erschließen wird. Die Öffnung auf diese Vielfalt der Erzählverfahren wie auf die Vielfalt von Stimmen, die nicht immer, gerade in der angelsächsischen Tradition der Moderne, eindeutig zuzuordnen sind und das Verhältnis zwischen ‚Erzählinstanz' und ‚Figurenwelt' zersetzen, hätte das Problem, dem Lukács bei den Romantikern begegnet war – die Frage der Kultur als die ethische Frage, wie sich Seelen einander zu begegnen fähig werden, anders zu beleuchten ermöglicht. Aber das Dostojewski-Buch lässt Lukács brachliegen. Zumindest belässt er es nicht bei dem Roman als „Form der gereiften Männlichkeit" (*TdR*, S. 66) und der „Selbstenthüllung [der] Nichtigkeit [einer] Wirklichkeit ohne immanentes Ideal", sondern findet in den letzten Absätzen des ersten Teils der *Theorie des Romans* zu einer neuen Bestimmung der „Abwesenheit" (*TdR*, S. 61), die sich gleichsam als Antwort auf den metaphysischen Immanentismus der deutschen Intelligenz lesen lässt. Für einen Moment, in der parataktischen Kaskade, die den ersten Teil des Buchs abschließt, ist Lukács' Romanmensch

64 Vgl. die in diesem Band vorliegende Übersetzung von Paul de Mans „Georg Lukács' *Theory of the Novel*", S. 15-22, hier: S. 19.

nicht mehr das mit dem Problem der ethischen Tat in einer ihm entfremdeten Welt allein gelassenes, einsames Subjekt, sondern diese zum Schriftzeichen geronnene Einsamkeit steht für etwas anderes da. Die Ironie, so Lukács, vermag, „das von Gott Erfüllte der von Gott verlassenen Welt in intuitiver Doppelsichtigkeit zu erblicken" (*TdR*, S.72). Im Roman ist Gott da, *indem* er nicht da ist. Deshalb ist Ironie die „negative Mystik der gottlosen Zeiten" (*TdR*, S. 70). Die Romantiker haben sich der „Idee der Prosa" (Benjamin) verpflichtet, indem sie den Roman als „Consonant" (als rhythmische Einheit von Prosa und Poesie, als dichterisches Kalkül mit der Kontingenz) und als „Band der Ideen"[65] (als höhere Einheit im mystischen Medium der Schrift) konzipierten. Erblickt haben Schlegel und Novalis im Roman etwas, worauf die Fügung der Buchstaben verweist. Dies wird Lukács die „negative Mystik der gottlosen Zeiten" nennen. In dieser Hinsicht ist und bleibt Lukács' *Theorie des Romans* romantisch.

65 Schlegel. Gespräch über die Poesie (wie Anm. 48). S. 336.

Wim Peeters

Lukács' Reflexion über „große Männer" und die „Lebensfähigkeit" der Literatur

I.

Ende Dezember 1910 kündigt Lukács in einem Brief an Franz Blei[1] an, dass er in *Die Seele und die Formen* „das Problem der Lebenskunst; das Verhältnis von Form und Leben" behandeln wird.[2] „Wie kann und muß man heute leben?"[3] ist die oft zitierte Leitfrage des Novalis-Essays, die Georg Lukács bekanntlich mittels der Analysen von Künstlerleben und Kunstwerken in *Die Seele und die Formen* (1911) zu beantworten sucht und die er in der *Theorie des Romans* (1916; 1920) noch weiterverfolgen wird.

In der besagten Essaysammlung werden „geniale" Autoren wie George, Kierkegaard, Novalis oder Storm präsentiert, die „das Ideal eines neuen, zielgerichteten, härteren Typus"[4] von Ausnahmepersönlichkeiten verkörpern. Kierkegaards „Heroismus" zum Beispiel bestehe darin, kompromisslos und konsequent „Formen [zu] schaffen aus dem Leben"[5]. Die unterschiedlichen Autoren stehen beispielhaft für unterschiedliche literarische Projekte einer gelingenden Formbarkeit des Lebens im Einklang mit dem Werk. In seinem Essay über Rudolf Kassner statuiert Lukács, dass jeder „wirkliche"

1 Werner Jung. *Georg Lukács*. Stuttgart: Metzler, 1989. S. 44. Später, 1928, wird Blei selbst im Band I (*Voraussetzungen des persönlichen Erfolges*) der von Ludwig Lewin herausgegebenen dreibändigen Enzyklopädie *Der erfolgreiche Mensch* über *De[n] Lebenskünstler* schreiben (Berlin/Zürich: Eigenbrödler, 1928. S. 399-417).

2 Überhaupt ist Form in der deutschen Gesellschaftstheorie um 1900 allgegenwärtig. Autoren wie Mannheim oder Simmel verwalten offenbar ein neukantianisches Erbe. Vgl. Thomas Steinfeld. *Ich will, ich kann. Moderne und Selbstoptimierung*. Konstanz: Konstanz Universitiy Press, 2016. S.107, Anm. 113.

3 Georg Lukács. „Zur Romantischen Lebensphilosophie: Novalis [1907]". *SuF*. S. 73-88, hier S. 77.

4 Ernst Keller. *Der junge Lukács. Antibürger und wesentliches Leben. Literatur- und Kulturkritik 1902-1915*. Frankfurt a.M.: Sendler, 1984. S. 117.

5 Georg Lukács. „Das Zerschellen der Form am Leben. Sören Kierkegaard und Regine Olsen [1909]". *SuF*. S. 56-72, hier S. 71.

Künstler „nach dem Grade seiner eigenen Fähigkeit zu leben (oder vielleicht passender: Menschen zu schaffen), seine Kunstform finden" wird.[6] Dabei ahnt er schon, dass die Lebenserzählungen dieser „großen Menschen"[7] keine propagierbaren Lösungen für die Ratlosigkeit seiner Zeit versprechen können. Novalis' Lebenskunst sei par excellence „eine zur Tat gewordene Poesie, aus den innerlichsten und tiefsten Gesetzen der Dichtkunst wurden hier die Imperative des Lebens"[8]. Zu Novalis' Zeit suchte man „eine Ethik der Genialität"[9]. Folgendes Zitat von Friedrich Schlegel schreibt Lukács an dieser Stelle irrtümlich Novalis zu: „Genie zu haben" sei „der natürliche Zustand des Menschen"[10]. Dieses panpoetische Lebensoptimum habe nur Novalis wirklich ausleben können; damit sei die romantische Lebenskunst singulär geblieben.

Literatur stellt für Lukács eine Art „Propädeutik für das Leben"[11] dar:

> Jede Art der Gestaltung, jede Form der Literatur ist eine Stufe in der Hierarchie der Lebensmöglichkeiten: über einen Menschen und sein Schicksal ist das alles entscheidende Wort ausgesprochen, wenn bestimmt worden ist, welche Form seine Lebensäußerungen ertragen, und welche ihre Höhepunkte erfordern.[12]

Mit seiner Vorliebe für die Biographik zeigt sich Lukács als Kind seiner Zeit. Gegen Ende des 19. Jh.s bemerkt der französische Begründer der

6 Georg Lukács. „Platonismus, Poesie und die Formen: Rudolf Kassner [1908]". *SuF.* S. 45-55, hier S. 54.

7 Lukács. Novalis (wie Anm. 3). S. 77.

8 Lukács. Novalis (wie Anm. 3). S. 81.

9 Lukács. Novalis (wie Anm. 3). S. 77.

10 Lukács. Novalis (wie Anm. 3). S. 77. Novalis hat die 19. Idee Schlegels (hier zit. nach der Novalis-Ausgabe) wohl kommentiert: „Jetzt bin ich überzeugt, daß Genie, wenn es nicht mit Geist verwechselt wird, nichts, als Specifiker Geist und daher eine widernatürliche Beschränkung, eine Leidenschaft des Geistes ist." (Novalis. „Randbemerkungen zu Friedrich Schlegels ‚Ideen' [1799]". Ders. *Werke, Tagebücher und Briefe Friedrich von Hardenbergs. Band 2. Das philosophisch-theoretische Werk.* Hg. Hans-Joachim Mähl. Darmstadt: Wissenschaftliche Buchgesellschaft, 1999. S. 723.)

11 Jung. Lukács (wie Anm. 1). S. 53.

12 Georg Lukács. „Metaphysik der Tragödie: Paul Ernst [1910]". *SuF.* S. 206-233, hier S. 232.

Soziologie Gabriel de Tarde, dass in der Gesellschaft Ströme von Vorbildern unablässig vergegenwärtigen, dass jeder klassenübergreifend und ohne Vorbelastung selbst zum Vorbild heranwachsen könne.[13] Diskursökonomisch bedingen sich die Wiederholungspraxis und die monumentale Wirkung der Vorbilder gegenseitig.[14] Ein populäres Beispiel dafür ist sicherlich Samuel Smiles' weltweiter Bestseller *Self Help* (1859), der in einem seriellen Verfahren viele Kurzbiographien erfolgreicher Männer und ab und an auch ebensolcher Frauen miteinander verknüpft und stark die Verbreitung des Glaubens, der Lebenswandel sogenannter *großer Männer* sei als Nachfolgemodell relevant für jedermann, gefördert hat.[15] Gegen Ende des 19. Jahrhunderts erscheinen regelmäßig Versuche, das Geheimnis des erfolgreichen Lebens zu klären, wie zum Beispiel 1875 in *Männer eigner Kraft. Lebensbilder verdienstvoller, durch Thatkraft und Selbsthilfe emporgekommener Männer* von Franz Otto oder 1909 im Typologisierungsversuch *Große Männer* des berühmten Chemikers Georg Ostwald.[16] Erzählungen von modernen Helden, die sich angeblich mittels harter Arbeit und Genie durchsetzen

---

13 Vgl. Gabriel de Tarde. *Die Gesetze der Nachahmung*. Aus dem Französischen von Jadja Wolf. Frankfurt a.M.: Suhrkamp, 2003. S. 390. Neben Gustave le Bon entwickelte Tarde erste proto-medientheoretische Überlegungen, um die charismatische Fernwirkung und das suggestive Führungspotenzial von den kollektivpsychologischen Leitmedien zu erklären (vgl. Michael Gamper. „Charisma, Hypnose, Nachahmung. Massenpsychologie und Medientheorie". *Trancemedien und Neue Medien um 1900. Ein anderer Blick auf die Moderne*. Hg. Marcus Hahn/Erhard Schüttpelz. Bielefeld: transcript, 2009. S. 351-373, hier S. 366-368).

14 Vgl. Hartmut Winkler. *Diskursökonomie. Versuch über die innere Ökonomie der Medien*. Frankfurt a. M.: Suhrkamp, 2004. S. 115.

15 Vgl. Wim Peeters. „Selbsthilfe ‚durch die Macht des Beispiels'. *Der Weg zum Erfolg durch eigene Kraft* von Hugo Schramm-Macdonald". *Guter Rat. Glück und Erfolg in der Ratgeberliteratur, 1900-1940*. Hg. Robert Suter/Stephanie Kleiner. Berlin: Neofelis, 2015. S. 93-113 (Reihe: Glück und Erfolg im 20. Jahrhundert). Vgl. Michael Gamper. *Der große Mann. Geschichte eines politischen Phantasmas*. Göttingen: Wallstein, 2016. Kap. 10: Nachleben. Vom Ruhm zum Erfolg.

16 Franz Otto. *Männer eigner Kraft. Lebensbilder verdienstvoller, durch Thatkraft und Selbsthilfe emporgekommener Männer*. Leipzig: Spamer, 1875; Georg Ostwald. *Große Männer*. Leipzig: Akademische Verlagsgesellschaft, 1909. Wie die geisteswissenschaftliche Vorliebe für Formen gibt es um 1900 eine ausgeprägte Neigung zur Typologisierung des Menschen. Vgl. Christian von Zimmermann.

konnten, werben für ein Programm der Selbstermächtigung, das die biographischen Eckdaten (Krise, Entscheidung, Erfolgsstreben, Glück) für ein gelungenes Leben vorgibt. Die anthropologische Erzählung, unter die dieses ‚Lernen am Modell' gefasst werden kann, geht unter anderem auf Ralph Waldo Emerson zurück, der als einer der Väter des *New Thought Movement*, der *Neugeist-Bewegung*[17], gilt. Die wahren *Repräsentanten der Menschheit*, so der Titel seines berühmten Bandes aus dem Jahre 1850, seien die *großen Männer*. Emerson ist für die großen Unterschiede in Wohlstand, Erfolg und Glück zwischen den Menschen nicht blind. Nach ihm müsse man hinter jedem einzelnen Menschen stets das vollkommene Wesen sehen: Es „gibt große Männer, damit noch größere folgen mögen"[18]. Sein Werk steht für den Gedanken, dass es stets darum gehen muss, das *Große Männer*-Potenzial in sich selbst durch Gedankenkraft zu aktivieren: Jeder hat die Pflicht, die Möglichkeit einer positiven Programmierung des eigenen Denkens zu ergreifen.

Diese Entwicklung ist erst vor dem Hintergrund einer „literarischen Revolution" denkbar, in der nach dem französischen Philosophen Jacques Rancière „das Leben jedes ‚unbedeutenden' Beliebigen so viel zählt wie das Leben der großen Figuren"[19]. Spätestens gegen Ende des 18. Jahrhunderts

---

Biografische Anthropologie. Menschenbilder in lebensgeschichtlicher Darstellung (1830-1940). Berlin/New York: Walter de Gruyter, 2006. S. 192-207.

17 Für europäisches Neugeistgedankengut stehen unter anderem Franz Anton Mesmer, Emile Coué und Karl Otto Schmidt. Vgl. Kurt Hutten. *Seher, Grübler, Enthusiasten*. Stuttgart: Quell Verlag, 1989. S. 406ff.

18 Ralph Waldo Emerson. „Der Wert und die Bedeutung großer Menschen". In: Ders. *Repräsentanten der Menschheit. Sieben Essays.* Aus dem Amerikanischen von Karl Federn. Bremen: Europäischer Literaturverlag, 2014. S. 149-168, hier S. 168. Vgl. Thomas Macho. *Vorbilder.* Paderborn: Wilhelm Fink Verlag, 2011. S. 223.

19 Jacques Rancière. „Der Historiker, die Literatur und das biografische Genre [2007]". In: Ders. *Politik der Literatur.* Aus dem Französischen von Richard Steurer. Wien: Passagen, 2008. S. 203-220, hier S. 212. Rancière übersieht die strukturelle Verwandtschaft mit dem frühen Lukács, wenn er nach dem fragt, was „im Allgemeinen die Lebenserzählung mit der Funktion der Beispielhaftigkeit der biografischen Erzählung" (ebd. S. 207) verbindet. (Vgl. auch Jacques Ranciére. „Vorwort". In: Ders. *Der verlorene Faden. Essays zur modernen Fiktion.* Aus dem Französischen von Richard Steurer-Boulard. Wien: Passagen, 2015. S. 11-17, hier S. 14ff.)

wird die Frage *Wie lebe ich mein Leben?* für ein breites Publikum zum Politikum. Die Medien und Institutionen der Literatur beschränken sich ab diesem Zeitpunkt nicht länger auf eine angemessene und konventionelle Darstellung großer Worte und Taten außerhalb ihrer selbst, sondern geben die Erzählformen für das bis dahin „stumme Leben"[20] vor. Das ist für Lukács alles andere als selbstverständlich; birgt doch diese literarische Entwicklung die Gefahr in sich, dass sich die Darstellung bloß auf „ein[] memoirenartig erzählte[s] Privatgeschick" beschränkt (*TdR*, S. 106). Dieser Verdacht gegenüber der populären modernen Erziehungsromanliteratur ist, wenn es nach Rancière geht, Ausdruck einer von den neuen Darstellungsmöglichkeiten hervorgerufenen „tiefere[n] Verstörung"[21].

Zwar versucht Lukács in *Die Seele und die Formen* eine diffizilere Biographik zu entwickeln, ganz loslösen vom Lebensratgeberdiskurs kann er sich jedoch noch nicht: So greift er regelmäßig narrative Modelle von Neurasthenie auf. Die durch die Medizin begründete bzw. kolportierte Großerzählung von der krankmachenden Moderne – man spricht um 1900 sogar vom „nervösen Zeitalter"[22] – dient dem beinahe zeitgleich aufkommenden Genre der Nervenheilratgeber dazu, ihre Position als Medien der populären Gesundheitserziehung zu legitimieren. Diese große Gruppe der Neurasthenieratgeber betrachtet die Nervenschwäche (Neurasthenie, Nervosität) als ein strukturelles und umfassendes Defizit des modernen Menschen, dessen Beseitigung jedem möglich sei und zur Erlösung führe.[23] Als omnipotente Maßeinheit der Leistungsfähigkeit bedarf die Nervenkraft der hygienischen

---

20 Ranciére. Vorwort (wie Anm. 19). S. 14ff.

21 Rancière. Der Historiker, die Literatur und das biografische Genre (wie Anm. 19). S. 214.

22 Richard Freiherr von Krafft-Ebing. *Über gesunde und kranke Nerven*. Tübingen: Verlag der Lupp'schen Buchhandlung, 1885. S. 7. Vgl. Horst Gruner/Wim Peeters. „‚Meine Nervosität'. Der autobiographische Fall in Nervenheilratgebern um 1900". *Diegeses. Krankheit erzählen I. Literatur* 6/2 (2017). S. 71-90.

23 Beispielhafte Titel sind hier: Reinhold Gerling. *Meine Nervosität: Wie sie entstand und wie ich sie heilte. Ein neuer Weg zur dauernden Heilung krankhafter nervöser Zustände, besonders der sexuellen Neurasthenie [1902]*. Oranienburg: Orania, 1915 oder Georg Christian Schwarz. *Das einzige Heilmittel bei Nervenleiden (Neurasthenie etc.). Auf Grund zwölfjähriger Leidenszeit allen Nervenkranken zu Rat und Trost, den Ärzten zur Beachtung geschrieben*. Leipzig: Strübig, 1907.

Regulierung. Um 1900 erscheinen regelmäßig Publikationen, die alle möglichen Zeitgrößen zum Neurastheniker erklären.[24]

Lukács benutzt ähnliche *Celebrity*-Ferndiagnosen, um seine Lebenserzählungen zu unterbauen. Das Ankommen von Goethe war für die Generation um Novalis herum „die entscheidende Hilfe, wodurch sie aus jenem ständigen, ziellosen, die Energien verschlingenden und zerstörenden Erregtsein gerettet wurde, das seit einem halben Jahrhundert die größten Männer Deutschlands zugrunde richtete“[25]. Lukács' Storm-Essay beginnt mit einer Schilderung der „hysterischen“ und unerfüllbaren Sehnsucht nach „dem größten Gegensatz unserer selbst; die Sehnsucht, dass aus den Geburtswehen der mit der letzten Energie eines kranken Nervensystems erzwungenen Selbststeigerung die große, heilige Einfachheit, die selbstverständliche, heilige Vollkommenheit geboren werde“[26]. Theodor Storm ist für Lukács der ruhige Gegenpol. In einem Brief an Mörike bringt er „die nervösen Zustände“ ihres gemeinsamen Freundes Paul Heyse zur Sprache:

> Paul Heyses Zustand ist mir rätselhaft, er hat in ungefähr Jahresfrist einen Band der schönsten Verse gemacht, und doch soll er fortwährend krank sein. Vielleicht bringt eben das angegriffene Nervenwesen eine solche selbstmörderische Fähigkeitssteigerung mit sich. In diesem Falle habe ich gute Nerven, bin dabei aber ein ungeschickter Kopf. Spaß beiseite, glaub ich fast, es räche sich, daß Heyse seit bald dreißig Jahren dichterisch tätig ist, ohne ein einziges Jahr Ableitung und Abwechslung durch Amt, Lehrtätigkeit oder irgend eine andere profane Arbeitsweise genossen zu haben. Ein Mann wie er, der wirklich zu konsumieren hat, wird und muß hierbei selbst mitkonsumiert werden ... Aber man darf ihm nichts sagen – es ist zu spät![27]

Im Gegensatz zu Storm, der hier aus seiner Sicht nur eine Frage der Psychohygiene anspricht, sind Künstler wie Heyse nach Lukács in der „transzendente[n] Tragik des Verhältnisses von Kunst und Leben“[28] gefangen.

---

24 Bekannt ist hier die *Biologie deutscher Dichter und Denker* von Otto Hamann (Zürich/Leipzig/Wien: Amalthea, 1923).

25 Lukács. Novalis (wie Anm. 3). S. 76.

26 Georg Lukács. „Bürgerlichkeit und l'art pour l'art: Theodor Storm [1909]“. *SuF*, S. 89-118, hier S. 89.

27 Lukács. Bürgerlichkeit (wie Anm. 26). S. 93.

28 Lukács. Bürgerlichkeit (wie Anm. 26). S. 93.

II.

Im Storm-Essay schildert Lukács die Vorstellung eines goldenen Zeitalters, in dem man sich noch ohne die Figur des Genies die Vollkommenheit des Kunstwerks vorstellen konnte.[29] Sobald der *große Mensch* zur Reflexionsfigur wird, hat das vollkommene Kunstwerk als ‚Lebensform' bereits seine Selbstverständlichkeit verloren. Im Novalis-Essay diagnostiziert Lukács, dass das „Dasein, die Zugehörigkeit zum Leben, die Platzierung und die Stellungnahme des großen Menschen in der Gegenwart [...] immer gefahrvoller und zweifelhafter geworden"[30] sei.

Für Lukács' Abkehr von der Genieverehrung könnte das etwas unbekanntere Mitglied des Wiener Kreises, der Philosoph, Soziologe und Marxist Edgar Zilsel von Bedeutung gewesen sein. Letzterer schreibt während des Ersten Weltkrieges ein erstes Buch über *Die Geniereligion*, das 1918 erscheint.[31] Lukács hat Zilsel gekannt: 1928 rezensiert er im Exil während seines Wienaufenthaltes eine weitere Studie Zilsels über *Die Entstehung des Geniebegriffs*.[32] Darin unterschreibt er Zilsels Darstellung, wenngleich er ihm eine zwiespältige Haltung zum historischen Materialismus vorwirft. Zilsel, als Kind seiner Zeit, erklärt die Beliebtheit großer Männer mit einer Suggestionstheorie.

(Auto-)suggestion war zu der Zeit als populäre Methode bekannt, um der an erster Stelle durch Neurasthenie verursachten Zerstreuung der Gedanken entgegenzuwirken.[33] Diese Form der Konzentration sei, merkt Charles Baudouin im ersten Band von Ludwig Lewins *Der erfolgreiche Mensch* (1928) an, die gewollte Aufmerksamkeit auf eine bestimmte Vorstellung, „aber mit

29 Lukács. Bürgerlichkeit (wie Anm. 26). S. 89.

30 Lukács. Novalis (wie Anm. 3). S. 77.

31 Edgar Zilsel. *Die Geniereligion. Ein kritischer Versuch über das moderne Persönlichkeitsideal, mit einer historischen Begründung.* Hg. Johann Dvořak. Frankfurt a. M.: Suhrkamp, 1990.

32 Georg Lukács. „Literaturbericht [Rezension von Zilsels Buch]". *Archiv für die Geschichte des Sozialismus und der Arbeiterbewegung* 13 (1928). S. 299-302. Vgl. für mehr Informationen zu Zilsels Studien zur Geniereligion: Julia Barbara Köhne. *Geniekult in Geisteswissenschaften und Literaturen um 1900 und seine filmischen Adaptionen*. Wien/Köln/Weimar: Böhlau, 2014. S. 190-228.

33 Émile Coué begründet Anfang des 20. Jahrhunderts die moderne Autosuggestion. Vgl. Ders. *Die Selbstbemeisterung durch bewußte Autosuggestion*. Deutsch von Paul Amann. Basel: Schwabe, 1997.

Ausschaltung der Mühe“[34]. Vor diesem Hintergrund erklärt sich auch das Amt des Lebensführers, der in die Praxis der Autosuggestion einführt, um die große Menschenmenge in die Lage zu versetzen, es dem Beispiel der *großen Männer* gleichzutun. Durch beständiges Wiederholen von Formeln wie „Ich bin stark!“ [35], „Ich kann!“ oder „Ich habe Erfolg!“, soll ein Selbstbewusstsein geformt werden, aus dem alle Zweifel verdrängt sind und das aus sich heraus die Wertschätzung seiner Umgebung verwirklicht. Leitet der Lebensführer über die Praxis der Autosuggestion zur gezielten Selbsttäuschung an, besteht für das Selbst der wirkliche Erfolg darin, dass ihm, wenn auch nur vorübergehend, die gleiche soziale Aufmerksamkeit wie einem gesellschaftlichen Leistungsträger zuteilwird.

In diesem Selbstbetrug liegt für Zilsel das Problem. Autosuggestion ist nur dann sinnvoll, wenn ihre Wirkung von Dauer ist. Die Genieverehrung kann das Leben des modernen Individuums nicht nachhaltig erleichtern. Nach Zilsel sind wir

> über alle Maßen *suggestionsbedürftig*, denn das Persönlichkeitserlebnis, das wir suchen, ist nichts anderes als die Suggestion. Die Suggestion erzwingt Verehrung, und da die Sache selbst uns jenes ersehnte Erlebnis nicht verschaffen kann, haben wir ein *Persönlichkeits*ideal und verehren Persönlichkeiten. Im Dunstkreis der Suggestion vermag das Abfärben zu gedeihen, kann die Reflexion mit Ehrfurcht jene Verbindung eingehen, die einer Rationalisierung der Verehrung zu Werturteilen nicht standhalten konnte. Der Suggestionsbedürftige muß auch schöpferische Begeisterung, Leidenschaft und Enthusiasmus verehren und muß sich über Nüchternheit und Entweihung beklagen. Das Abfärben der Suggestion erklärt vor allem die große Wichtigkeit, die das Genieideal allen suggestiven Requisiten der Idealpersönlichkeit, ihrer Würde, ihren Vorurteilen und Idiosynkrasien, besonders aber ihrem Auftreten und Aussehen zuweist.
> Um diesen Kern des modernen Genie- und Persönlichkeitsbegriffes, um das suggestive Persönlichkeitserlebnis, rankt sich nun ein verwickeltes Geflecht

34 Charles Baudouin. „Selbstbeherrschung durch Autosuggestion“. *Der erfolgreiche Mensch. Band I*: *Voraussetzungen des persönlichen Erfolges*. Hg. Ludwig Lewin. Berlin/Zürich: Eigenbrödler, 1928. S. 251-264, hier S. 258.

35 Walter vom Bühl. *Jeder seines Glückes Schmied! Ein Lebensführer zu Glück und Erfolg*, Pfullingen: Prana, 1928. S. 11; die beiden folgenden Zitate stehen ebd.: S. 21 und 15.

> teils von philosophischen Spekulationen, teils von unphilosophischen und sehr ursprünglichen Gefühlen […].[36]

In der Sprache von Lukács entsteht die Gefahr eines Personenkults, wenn die Ideen im Menschen nicht mehr kompatibel mit der Außenwelt angelegt sind, sie „im Menschen zu subjektiven seelischen Tatsachen, zu Idealen werden" (*TdR*, S. 60).[37]

III.

Spätestens zur Zeit der Buchveröffentlichung seiner *Theorie des Romans* erkennt Lukács, dass aus der Literatur keine vorbildlichen Lebensmodelle mehr abgeleitet werden können.[38] Der Roman muss sich, der historischen Situation entsprechend, in seiner „formbestimmende[n] Grundgesinnung" als „Psychologie des Romanhelden" (*TdR*, S. 46) objektivieren: Dabei sind der Roman und sein Held „Suchende" (ebd.). Somit sind im Roman alle Vorbilder „versunken" (*TdR*, S. 27). Nur über den Umweg der Form kann Kunst noch vorbildhaft wirken.

In *Die Seele und die Formen* verbindet Lukács diesen Gedanken noch mit dem Begriff der Suggestion: „Kunst ist an erster Stelle Suggestion mit Hilfe der Form"[39], schreibt er 1908 im George-Essay. Wie ist diese suggestive Kraft der Kunst aber zu verstehen, wenn Lukács in seiner Romantheorie von einer existenziellen Ratlosigkeit ausgeht, verursacht durch die „Diskrepanz [im Individuum] zwischen Idee und Wirklichkeit" (*TdR*, 93)? Als Konsequenz dieses Ausgangspunktes ist es nicht möglich, direkten Vorbildern nachzufolgen, weil eben Seele und Welt radikal voneinander abgekoppelt sind. Das teuflische Dilemma des modernen Individuums bestehe darin, „entweder jede Beziehung zu dem Komplex ‚Leben' oder das unmittelbare Gewurzeltsein in der wahrhaften Ideenwelt aufzugeben"[40].

---

36 Zilsel. Geniereligion (wie Anm. 31). S. 133f.

37 Vgl. Jung. Lukács (wie Anm. 1). S. 74.

38 Vgl. Jung. Lukács (wie Anm. 1). S. 71.

39 Georg Lukács. „Die neue Einsamkeit und ihre Lyrik: Stefan George [1908]". *SuF*. S. 119-132, hier S. 120.

40 Lukács. Die neue Einsamkeit (wie Anm. 39). S. 80.

Noch nicht einmal die intime Lebensgemeinschaft unter langjährig vertrauten Freunden bringt hier Erlösung. In einem Brief an seine große unerfüllte Liebe Irma Seidler schreibt Lukács etwa 1910:

> Ich verspüre es immer stärker: die wirklich wichtigen Dinge geschehen, wenn man allein ist, man kann über sie nicht einmal reden, geschweige denn sich über sie verständigen oder durch sie verstanden werden; Freundschaften aber stellen diesen Anspruch. Und weil er nie erfüllt wird, ist das Gerede unter Freunden ‚Geschwätz'. Das klingt wie mattes Gerede, ist es aber nicht ganz.[41]

Da die Seelen *black boxes* seien, die keinen direkten Weg zueinander fänden, könne nur die Form des Kunstwerkes Erlösung bringen, indem sie den „durch nichts beweisbaren Glauben jenseits jeder Beweisbarkeit" vermittle, „daß sich die auseinanderstrebenden Wege der Seele am äußersten Ende doch treffen werden"[42]. So formuliert es Lukács in seiner Ästhetischen Kultur von 1913.

Der Begriff *Seele* wird zu der Zeit inflationär verwendet und ist schwierig zu fassen. Lukács versucht, wahrscheinlich aufgrund seiner Beschäftigung mit Plotin[43], eine Definition zu finden, die seine subjektivistische Lebensphilosophie nicht relativistisch klingen lässt. Er fasst die Seele als Kraft auf, die sich nur im Ausdrucksakt entfalten könne, indem sie sich in einer Form artikuliere und zur „Tat" (*TdR*, S. 51) schreite.[44] Hier greift Lukács erneut einen überstrapazierten Modebegriff auf.[45] Aus der Tat resultiere ein

---

41 Georg Lukács. *Briefwechsel* 1902-1917. Hg. Eva Karádi/Eva Fekete. Stuttgart: Metzler, 1982. S. 212; zit. nach Jung. Lukács (wie Anm. 1). S. 46f. Lukács hält im Budapester Sonntagskreis, mit u.a. Mannheim und Balács, meist nächtelange Monologe, so erinnern sich Teilnehmer.

42 Georg Lukács. „Esztétikai kultura" [Ästhetische Kultur]. In: Ders. Esztétikai kultúra. Tanulmányok [Sammelband], Budapest: Athenaeum, 1913, S. 28; übers. in György Markus. „Die Seele und das Leben. Der junge Lukács und das Problem der ‚Kultur'". *Die Seele und das Leben. Studien zum frühen Lukács*. Hg. Agnes Heller/Ferenc Fehér/György Markus/Sándor Radnóti. Frankfurt a.M.: Suhrkamp, 1977. S. 99-130, hier S. 111.

43 Keller. Lukács (wie Anm. 4). S. 97.

44 Vgl. Judith Butler. „Einleitung". Aus dem Amerikanischen von Michael Halfbrodt. *SuF*. S. 1-20, hier S. 6.

45 Die Figur Napoleon ist der Prototyp des Mannes der rücksichtlosen vormodernen quasi-natürlichen Tatkraft und steht dem bürgerlichen ständisch-orientierten

geformtes Werk, im Idealfall ein Kunstwerk. Entsprechend sei der Weg der Seele: „Alles abstreifen von sich, was nicht wirklich ihr eigen ist; das Formen der Seele zur wirklichen Identität: doch wächst das Ausgeformte über das rein Individuelle hinaus. Deshalb ist ein solches Leben vorbildlich. Es ist so, denn die Realisierung eines Menschen bedeutet die Möglichkeit der Realisation für jeden Menschen".[46] Dies seien die „versunkene[n]" Vorbilder (*TdR*, S. 27), die über die Form des Sprachkunstwerks vermittelt werden; entsprechend werde das Werk selbst „vorbildlich[]" (*TdR*, S. 59).

IV.

Unter allen Kommunikationsformen im Zeitalter der „transzendentalen Obdachlosigkeit" sei nur noch der Roman imstande, den Versuch zu unternehmen, „die verborgene Totalität des Lebens aufzudecken und aufzubauen" (*TdR*, S. 46). Dabei müsse diese literarische Form jedoch stets „das Verschwundensein der offenbaren Ziele, die entscheidende Richtungslosigkeit des ganzen Lebens [...] allen Gestalten und Begebenheiten als Fundament des Aufbaus, als konstitutives Apriori zugrunde [legen]" (*TdR*, S. 48). Das Formproblem des Romans ist für Lukács bekanntlich „Dissonanz": „das Nicht-eingehen-Wollen der Sinnesimmanenz in das empirische Leben" (*TdR*, S. 55). Bei der Bewältigung dieses Problems setze sich der Roman zwei Gefahren aus: Ist die Brüchigkeit der Welt zu stark ausgeprägt, emergiert quälende Trostlosigkeit; wird sie voreilig und oberflächig von der Form verdeckt, stellen sich die Architektur und das Begriffssystem als offensichtlich konstruiert heraus (*TdR*, S. 55).

Der Roman richte sich auf das Leben eines „problematischen Individuums" (*TdR*, S. 60) aus. Er solle zwischen dem isolierten individuellen

---

patriarchalen Modell gegenüber. (Vgl. auch Tanja Paulitz. *Mann und Maschine. Eine genealogische Wissenssoziologie des Ingenieurs und der modernen Technikwissenschaften, 1850-1930*. Bielefeld: transcript, 2012. S. 181f.) Der Begriff steht für ein zunächst wenig konkretes Versprechen erlösender oder entdifferenzierender Taten, die das strömende Leben wieder mit der Welt der Formen in Einklang bringen kann. (Vgl. Martin Lindner. *Leben in der Krise. Zeitromane der Neuen Sachlichkeit und die intellektuelle Mentalität der klassischen Moderne*. Stuttgart/Weimar: Metzler, 1994. S. 137-141, hier S. 141.

46 Lukács. Esztétikai kultura. S. 29; übers. Markus. Seele und das Leben (wie Anm. 42). S. 110.

Wertesystem und der Unendlichkeit der richtungslosen heterogen-kontingenten Welt, die sich ihm gegenüber stets diskret gibt, vermitteln. Der Roman ist auf die „biographische Form“[47] angewiesen. Sie

> vollbringe für den Roman die Überwindung der schlechten Unendlichkeit: einerseits werde der Umfang der Welt durch den Umfang der möglichen Erlebnisse des Helden begrenzt und ihre Masse durch die Richtung, die sein Werdegang auf das Finden des Lebenssinnes in der Selbsterkenntnis nimmt, organisiert; andererseits erhalte die diskret-heterogene Masse von isolierten Menschen, sinnesfremden Gebilden und sinnlosen Begebenheiten eine einheitliche Gliederung durch das Beziehen jedes einzelnen Elementes auf die Zentralgestalt und das von ihrem Lebenslauf versinnbildlichte Lebensproblem. (*TdR*, S. 63)

Im biographischen Roman sei „die vorbildliche Bedeutung eines Einzellebens niemals mehr als ein Beispiel“ (*TdR*, S. 59). Es „als Träger und nicht als Substrat der Werte darzustellen [...] müßte zur lächerlichsten Anmaßung werden.“ (*TdR*, S. 60). Diese Gefahr sei allgegenwärtig. Der Roman drohe stets mit seiner sinnlosen „Karikatur“ verwechselt zu werden, einer „Unterhaltungslektüre, die alle äußerlichen Kennzeichen des Romans aufweist“, eine Verwechslung, die möglich sei, „wegen des regulativen, versteckten Charakters der wirkenden, bindenden und formenden Ideen, wegen der – scheinbaren – Verwandtschaft einer leeren Bewegtheit mit einem Prozeß, dessen letzter Inhalt nicht rationalisierbar ist“ (*TdR*, S. 56). Es komme Lukács zufolge auf die Fallentscheidung an. Auch wenn diese „Halbkunst“ (*TdR*, S. 57) inhaltlich „die Abgeschlossenheit ausschließt“, haben „Beweise gegen die echt künstlerische Wesensart des Romans [dennoch] [...] nur einen Schein des Rechts“ (*TdR*, S. 56).

Da die Lebensimmanenz des Sinnes nicht länger gegeben sei, habe der Roman immer „mit dem Heterogenen zu tun“[48], will sagen mit dem

47 Für die Frage nach dem Verhältnis zwischen der „neopoetischen“ Dimension der biographischen Form und dem „sozial und geschichtsphilosophisch profilierten“ Personenbegriff in Lukács’ Romantheorie vgl.: Rüdiger Campe. „Die Form der *Person im Roman*: Poetologie nach der Poetik mit Georg Lukács, Clemens Lugowski und Käte Hamburger“. Hg. Armen Avanessian/Jan Niklas Howe. *Poetik. Historische Narrative und aktuelle Positionen*. Berlin: Kadmos, 2014. S. 165-194, hier S. 174-177.

48 Jürgen Fohrmann. „Über analoge und diskrete Kommunikation. Georg Lukács, der Erste Weltkrieg und *Die Theorie des Romans*“. *Die Souveränität der Literatur.*

Geschwätz. Genauso wie bei seinem trivialen Konkurrenten in der Biographik bleiben auch beim Roman nicht aus:

> die Abwesenheit des gegenwärtigen Sinnes, die unauflösbare Befangenheit in sinnlosen Kausalverknüpfungen, das Verkümmern in unfruchtbarer Erdennähe und Himmelsferne [...], mit dem Werkbegriff der Form ausgedrückt: Trivialität (*TdR*, S. 44).

Die Seele müsse sich mit dem Trivialen gemein machen, um daran „geprüft" zu werden und dadurch ihre „Wesenheit zu finden". Entsprechend sei die „Komposition des Romans [...] ein paradoxes Verschmelzen heterogener und diskreter Bestandteile zu einer immer wieder gekündigten Organik" (*TdR*, S. 65). Um dieses organische Ganze, in dem die Differenz von innen und außen überwunden wäre, überhaupt denkbar zu machen, sei aber ein „Umweg über das Sprechen zum Schweigen" notwendig. Dieser Umweg sei „nicht zu überspringen: ein direktes Schweigenwollen muß zu einem reflexiven Stammeln in unausgereiften historischen Kategorien werden" (*TdR*, S. 71). Das geschwätzige „Reflektieren-müssen" ist das Gütesiegel „jedes echten und großen Romans" (*TdR*, S. 66). Das melancholische Genre hat „das absolute jugendliche Vertrauen auf die innere Stimme des Berufenseins" verloren und hat aber auch keinen Weg gefunden, der Wirklichkeit, „der man sich nunmehr in gelehriger Herrschsucht hingibt, eine eindeutig wegweisende und zielbestimmende Stimme abzulauschen" (*TdR*, S. 67). Dies wäre die Stimme des „großen Menschen"[49] gewesen, wie sie noch in *Die Seele und die Formen* gesucht wird. Alternativ sei der Roman die melancholische Form der „gereiften Männlichkeit" (*TdR*, S. 95), die „weise" (*TdR*, S. 27) die Forderung nach stetiger Vervollkommnung aushält, ohne je Vollkommenheit zu erreichen. Neben Lukács stellen nach dem Ersten Weltkrieg eine Reihe weiterer Autoren den traditionsreichen Begriff der Weisheit dem zeitgenössischen *Großen Männer*-Diskurs gegenüber. In Hermann Hesses *Siddhartha* (1920/1922) wird „Weisheit" emphatisch als „Erlebnis" und „Erfahrung" in Aussicht gestellt, die nicht in Form von Wissen oder Rat vermittelt werden kann.[50]

Zum Totalitären der Klassischen Moderne 1900-1933. Hg. Uwe Hebekus/Ingo Stöckmann. München/Paderborn: Fink, 2008. S. 111-126, hier S. 115.

49 Lukács. Novalis (wie Anm. 3). S. 77.

50 Vgl. z. B. Hermann Hesse. *Siddhartha. Eine indische Dichtung*. Frankfurt a. M.: Suhrkamp, 1998. S. 120. Vgl. auch Heribert Kuhn. „Kommentar". Ebd. S. 131-168, hier S. 138ff.

Direkt inspiriert von Lukács fragt Benjamin 1936/37 in seinem *Erzähler*-Essay nach dem Verhältnis von Erzählen und Rat und bezeichnet solche Erzählungen als weise, die Erfahrung frei von der Erklärung bestimmter Zusammenhänge aus Plausibilitätskalkül halten.[51] Die Muße, einem Erzähler zu lauschen, der als Alteingesessener oder Weitgereister Weisheit überliefert, sei in der kurzlebigen Gesellschaft nicht länger vorhanden. Damit sterbe „die epische Seite der Wahrheit, die Weisheit“[52].

So kann Lukács' *Theorie des Romans,* den Ausblick auf die Vision eines neuen Menschen bei Dostojewski ausgenommen, als Reaktion gegen die suggestiven Selbstoptimierungserzählungen seiner Zeit gelesen werden, die er als unterkomplex oder weltfremd entlarvt. Darin besteht im Zeitalter des „unternehmerischen Selbst“ oder der „Quantified Self“-Bewegung[53], das nach wie vor Übungen in Selbstermächtigung durch Selbstdisziplin, Effizienzsteigerung oder Selbstmarketing predigt, die nachhaltige Aktualität von Lukács' Romantheorie.

---

51 Walter Benjamin. „Der Erzähler“. In: Ders. *Illuminationen*. Frankfurt a. M. 1977. S. 385-410, hier S. 390.

52 Benjamin. Der Erzähler (wie Anm. 51). S. 388.

53 Ulrich Bröckling. *Das unternehmerische Selbst. Soziologie einer Subjektivierungsform*. Frankfurt a. M.: Suhrkamp, 2007; Andreas Bernard. *Komplizen des Erkennungsdienstes. Das Selbst in der digitalen Kultur*. Frankfurt a. M.: Fischer, 2017.

Linda Simonis

Der Romantheoretiker im Kino

Lukács' Romanpoetik im Kontext seiner Reflexionen zum Film

Lukács' literatur- und kulturtheoretische Schriften, so argumentiert Michael J. Thompson in der Einleitung zu einem neueren programmatischen Sammelband[1], seien in den gegenwärtigen intellektuellen Debatten zu Unrecht in Vergessenheit geraten. Es gelte, diese Texte neu zu lesen, um ihr epistemisches Potential und ihre aktuelle Relevanz für ein theoretisch inspiriertes kritisches Denken zu entdecken. Der vorliegende Beitrag versucht diesem Plädoyer zu einer Re-Lektüre von Lukács' Schriften anhand des hier zur Diskussion stehenden Frühwerks, insbesondere der *Theorie des Romans*, nachzukommen und diese vor allem im Blick auf ihre poetologischen Einsätze und mediengeschichtlichen Bezüge zu befragen. Dabei möchte ich die, zumindest im engeren Kreis der Lukács-Forschung, bekanntere *Theorie des Romans*, vor der Folie eines anderen Textes des frühen Lukács erörtern, für den jenes Schattendasein, das Thompson für Lukács' Œuvre insgesamt diagnostiziert, in verstärktem Maße gelten dürfte: die „Gedanken zu einer Ästhetik des Kino", die im September 1913 in der Frankfurter Zeitung erschienen. Dieser kleine Aufsatz ist dazu angetan bei Lukács-Lesern Verwunderung auszulösen, denn dass der ungarische Denker, den man als Philosoph und Literat von klassischem Geschmack kennt, dem damals neuen Medium des Films Interesse und sympathetische Neugier entgegenbringt und ihm einen Platz in einer projektierten Ästhetik der Kunstformen einräumen will, ist nicht selbstverständlich. Lukács' Orientierung am Kanon, seine Vorlieben für die großen Formen der Tragödie und des Epos, scheinen auf den ersten Blick einer aufgeschlossenen und angemessenen Betrachtung des Films eher im Wege, wenn nicht in diametralem Gegensatz zu ihr zu stehen. Unterdessen scheint es, wie die Herausgeber in der Einleitung des vorliegenden Bandes mit feinem Gespür bemerkt haben, einen unterschwelligen Zusammenhang

1 Vgl. Michael J. Thompson. „Introduction: Recovering Lukács' Relevance for the Present". In: *Georg Lukács Reconsidered. Critical Essays in Politics, Philosophy and Aesthetics*. Hg. Michael J. Thompson. London/New York: Continuum International Publishing, 2011. S. 1-12, hier S. 1.

zwischen diesen beiden unterschiedlichen Interessen und Erfahrungen, der Faszination durch die große epische Form und der Kino-Erfahrung, zu geben, einen Zusammenhang, den näher zu untersuchen und zu entfalten sich lohnt. Die folgenden Ausführungen nehmen diese Überlegung zum Anlass, die *Theorie des Romans* und die Skizze zum Kino gewissermaßen über Kreuz zu lesen, um so das eigentümliche Nebeneinander von Roman/Epos und Kino in den theoretischen Reflexionen des ungarischen Philosophen näher zu beleuchten und deren (paradoxen) Zusammenhang aufzudecken.

Wenden wir uns zunächst den „Gedanken zu einer Ästhetik des Kino" zu.[2] Schon der Einsatz dieses Artikels ist bemerkenswert: Bereits in den knappen einführenden Äußerungen bezieht der Beitrag Position im Kontext der damals intensiv geführten Diskussionen über den Film, die unter dem Stichwort der ‚Kinodebatte' in die mediengeschichtliche Forschung Eingang fanden.[3] Der Aufsatz beginnt mit einer Geste der doppelten Klärung und Abgrenzung. Zum einen bezeichnet er den Film als „etwas Neues und Schönes" (ÄK, S. 112) und reklamiert ihn damit als Gegenstand der Kunst im Gegenzug zu jenen Stimmen im publizistischen Diskurs der Zeit, die dem Film (wie der Fotografie) jeden künstlerischen oder ästhetischen Wert absprechen. Zum anderen warnt Lukács indessen vor einer vorschnellen Analogie oder gar Gleichsetzung von Kino und Theater bzw. Drama, auch wenn diese sich in Anbetracht der noch theaternahen Erscheinungsform des frühen Kinos, das jahrmarktähnliche Lichtspiele unter freiem Himmel präsentierte, anbieten mag. Gegenüber solchen einseitigen Erklärungsversuchen beharrt Lukács auf der Spezifik des Films, den es in seiner medialen Besonderheit und distinktiven Qualität zu erfassen gelte. Um Letzteres zu tun, um die bestimmenden Merkmale und das charakteristische Profil des Films herauszuarbeiten, macht Lukács unterdessen doch von einem Verfahren des Medienvergleichs Gebrauch: So stellt er Drama und Film, Bühne und Kino einander gegenüber, wobei er freilich nicht auf eine Gemeinsamkeit oder Konvergenz abzielt, sondern auf einen Unterschied, eine Differenz, die er durch die vergleichende Betrachtung herauszustellen sucht.

2 Der Artikel ist wieder abgedruckt in: *Kino-Debatte. Texte zum Verhältnis von Literatur und Film 1909-1929*. Hg. Anton Kaes. München: Deutscher Taschenbuch Verlag, 1978. S. 112-117. Im Folgenden zitiert als ÄK mit Seitenangabe.

3 So der Titel der von Anton Kaes herausgegebenen Anthologie von Beiträgen zur frühen Diskussion über das Kino (1909-1929), vgl. Anm. 2.

In seiner Charakteristik des Dramas und Theaters greift Lukács zu einem Teil auf Bestimmungen zurück, die er kurz zuvor in seiner Abhandlung *Entwicklungsgeschichte des modernen Dramas* dargelegt hat. Als Hauptmerkmal und mediale Grundbedingung des Theaters hebt er die Anwesenheit von Schauspielern und Zuschauern in einem gemeinsamen Raum der unmittelbaren wechselseitigen Wahrnehmung hervor. Die Wirkungsmacht des Theaters beruhe vor allem auf der Präsenz und Ausstrahlung der auf der Bühne agierenden Personen: „Denn nicht in den [...] Geschehnissen des Dramas liegt die Wurzel der Theatereffekte, sondern in der Macht, mit der ein Mensch, der lebendige Wille eines lebendigen Menschen, unvermittelt und ohne hemmende Leitung auf eine geradeso lebendige Menge ausströmt. Die Bühne ist absolute Gegenwart." (ÄK, S. 112). Der Film hingegen ist Lukács zufolge gerade durch das Fehlen eines solchen Effekts von Unmittelbarkeit und Gegenwart gekennzeichnet. Grundmerkmal des Films sei ein Moment der Distanzierung, da das auf der Kinoleinwand sich abspielende Geschehen ungeachtet seiner räumlichen Nähe doch unwiderruflich vom Zuschauer getrennt, gleichsam in einer anderen Dimension sich vollziehe:

> Das Fehlen dieser ‚Gegenwart' ist das wesentliche Kennzeichen des ‚Kino'. Nicht weil die Films unvollkommen sind, nicht weil die Gestalten sich heute noch stumm bewegen müssen, sondern weil sie eben nur Bewegungen und Taten von Menschen sind, aber keine Menschen. Dies ist kein Mangel des ‚Kino', es ist seine Grenze, sein principium stilisationis. (ÄK, S. 113)

Wie der letzte Satz des zitierten Abschnitts deutlich macht, zielen diese Beobachtungen nicht auf eine negative Wertung oder Herabsetzung des Films. Es kommt vielmehr darauf an, jenes Moment der Distanz, das Fehlen von „Gegenwart", das Lukács für den Film diagnostiziert, nicht als einen ‚Mangel', sondern als eine Eigenschaft zu verstehen, die Lukács zufolge das spezifische Merkmal des filmischen Mediums ausmacht. Lukács versucht hier also ein poetologisches und mediales Gestaltungsprinzip des Films zu beschreiben, das aus dessen Techniken und Operationsweisen hervorgehe und gewissermaßen die Bedingung der Möglichkeit des kinematographischen Verfahrens bezeichne. Von daher ist es konsequent, wenn Lukács den Film vor allem von seiner Differenz, seiner Andersartigkeit gegenüber dem Theater her begreift. Als Zwischenfazit hält er fest: „Dadurch werden die unheimlich lebensechten, nicht nur in ihrer Technik, sondern auch in ihrer Wirkung der Natur wesensgleichen Bilder des ‚Kino' keinesfalls weniger organisch und lebendig, wie die der Bühne, sie erhalten nur ein Leben von völlig anderer Art" (ÄK, S. 113).

In eins mit dem Mangel an Gegenwart, so setzt Lukács die Reihe seiner privativen Bestimmungen des Films fort, fehlt Letzterem auch der (für das Drama bzw. die Tragödie charakteristische) Bezug zu einem Schicksal und, damit verbunden, einer sinngebenden Dimension. Die kinematographischen Bilder zeigen „ein Leben ohne Gegenwärtigkeit, ein Leben ohne Schicksal, ohne Gründe, ohne Motive: ein Leben, mit dem das Innerste unserer Seele nie identisch werden will, noch kann" (ÄK, S. 113).

Zusammenfassend bringt Lukács diese Diagnose eines grundlegenden Mangels, einer fehlenden Sinn- und Tiefendimension der Kinobilder noch einmal auf den Punkt: „Die Welt des ‚Kino' ist ein Leben ohne Hintergründe und Perspektiven, ohne Unterschiede der Gewichte und der Qualitäten, denn nur die Gegenwärtigkeit gibt den Dingen Schicksal und Schwere und Licht und Leichtigkeit: es ist ein Leben ohne Maß und Ordnung, ohne Wesen und Wert: ein Leben ohne Seele, aus reiner Oberfläche" (ÄK, S. 114). Auf die zuletzt genannte Bestimmung des Kinobilds als „reiner Oberfläche", in der die hier nachgezeichnete philosophische Analyse des Films kulminiert, wird noch zurückzukommen sein.

Lukács treibt unterdessen seine Überlegungen noch ein Stück weiter voran, indem er sich der spezifischen Zeitlichkeit des Films, wiederum im Unterschied zu der des Dramas, zuwendet. Zunächst umreißt er die temporale Struktur des Dramas: „Die Zeitlichkeit der Bühne, der Fluss der Ereignisse auf ihr ist immer etwas Paradoxes: es ist die Zeitlichkeit und der Fluss der großen Momente, etwas innerlich tief Ruhiges, beinahe Erstarrtes, ewig Gewordenes, gerade infolge der quälend starken ‚Gegenwart'" (ÄK, S. 114). Ist die Zeitlichkeit des Theaters somit für Lukács durch ein Paradoxon, ein Spannungsverhältnis von Bewegung und Ruhe, von dynamischer Oberfläche und unbewegter Tiefe charakterisiert, lässt sich das temporale Prinzip des Kinos demgegenüber als reine, unaufhörlich fortschreitende Bewegung fassen: „Zeitlichkeit und Fluss des ‚Kino' sind aber ganz rein und ungetrübt: das Wesen des ‚Kino' ist die Bewegung an sich, die ewige Veränderlichkeit, der nie ruhende Wechsel der Dinge" (ÄK, S. 114). Die beiden unterschiedlichen Zeitdimensionen von Theater und Kino stehen Lukács' zufolge in Zusammenhang mit deren verschiedenen Darstellungsweisen und Arten des Wirklichkeitsbezugs: „Das eine [das Prinzip des Dramas, L. S.] ist rein metaphysisch, alles empirisch Lebendige von sich fernhaltend, das andere so stark, so ausschließlich empirisch-lebenhaft, unmetaphysisch, dass durch diese seine äußerste Zuspitzung doch wieder eine andere, völlig verschiedene Metaphysik entsteht" (ÄK, S. 114). Wird die Handlung der Tragödie durch eine strenge kausale Verknüpfung beherrscht, entsteht die kinematographische Bildsequenz aus einem Prinzip der Kontiguität, der zufälligen Berührung und Aufeinanderfolge: „Die einzelnen Momente, deren Ineinanderfliessen die zeitliche Folge der ‚Kino'-Szenen zustande bringt, sind nur dadurch miteinander verbunden, dass sie unmittelbar und übergangslos aufeinander folgen. Es gibt keine Kausalität, die sie miteinander verbinden würde" (ÄK, S. 114). Das Prinzip der zufälligen Assoziation, das die Zeitlichkeit des Films bestimmt, hängt in Lukács' Sicht eng zusammen mit dessen ‚empirischem' Grundansatz, d.h. der Tendenz, sich auf die äußerliche, physische Welt des Wirklichen zu beziehen. Gleichwohl versteht Lukács den Film keineswegs ausschließlich als ein ‚realistisches' Medium. Vielmehr spricht er – und hier geht er über die bisherigen vorwiegend privativen Bestimmungen hinaus – dem Kino die Fähigkeit zu, das Wirkliche zu transzendieren. Es wird zum Vehikel, ja geradezu zum Inbegriff des Möglichen: „Alles ist möglich: dies ist die Weltanschauung des ‚Kino'" (ÄK, S. 114). Indem der Film momenthaft die Illusion des Wirklichen erzeugt, scheint der Gegensatz von Wirklichkeit und Möglichkeit aufgehoben, das Wirkliche wird überschritten und erweitert in Richtung einer Dimension, die Lukács „Phantastik" (ÄK, S. 114) nennt und die man in einer neueren medienphilosophischen Begrifflichkeit wohl als Virtualität bezeichnen könnte.[4] Allerdings ist dieser Raum des Möglichen des Films für Lukács zugleich mit einer Einschränkung versehen, insofern er sich seiner Ansicht zufolge auf eine physische und mechanische Dimension begrenzt. Da, wo der Film das Wirkliche transzendiere, geschehe dies durch eine Ausweitung und Potenzierung der physischen Eigenschaften und Fähigkeiten des menschlichen Subjekts: „Der Mensch hat seine Seele verloren, er gewinnt aber dafür seinen Körper; seine Größe und Poesie liegt hier in der Art, mit der seine Kraft oder seine Geschicklichkeit physische Hindernisse überwältigt" (ÄK, S. 116). Diese Steigerung der physischen Fähigkeiten und Handlungsmacht erstreckt sich darüber hinaus auch auf nicht-menschliche Wesen und unbelebte Dinge, die Lukács im beschreibenden Nachvollzug zweier Filmszenen prägnant vorführt:

4 Zum Konzept des Virtuellen vgl. Marcello Vitali Rosati. *S'orienter dans le virtuel.* Paris : Hermann, 2012. S. 13-20.

> Die Möbel bewegen sich im Zimmer eines Betrunkenen, sein Bett fliegt mit ihm – er konnte sich noch im letzten Augenblick am Rande des Bettes festhalten und sein Hemd weht wie eine Flagge um ihn – über die Stadt hinaus. Die Kugeln, mit denen eine Gesellschaft Kegel schieben wollte, werden rebellisch und verfolgen sie über Berge und Felder, durch Flüsse schwimmend, auf Brücken springend und auf hohen Treppen hinaufjagend, bis endlich auch die Kegel lebendig werden und die Kugeln abholen. (ÄK, S. 116)

Mit dem Film erschließen sich, so das Fazit des Aufsatzes, neue ästhetische Gestaltungsweisen und Wirkungsmöglichkeiten, die mit den Mitteln traditionaler Kunst- und Literaturformen so kaum erreichbar wären, auch wenn sie an die fiktionalen Welten des Märchens und des Traums erinnern (vgl. ÄK, S. 114).

Lukács' Kino-Aufsatz – dies zu sehen ist entscheidend– zielt somit, auch wenn die genannten Bestimmungen der Flächenhaftigkeit, das Fehlen von ‚Gegenwart' und ‚Seele' einen negativen Beiklang haben mögen, keinesfalls auf eine Abwertung des Kinos noch auf dessen Geringschätzung im Vergleich zu den etablierten Formen der Literatur und Kunst. Lukács' Charakteristik des Films steht vielmehr im Zeichen des Versuchs, die Eigenart des Films zu umreißen und dessen Stellenwert als eigenes, von Literatur und Theater verschiedenes kulturelles Medium Rechnung zu tragen. Wenn er dabei die Möglichkeitsdimension des Films hervorhebt, so teilt er damit ein Interesse am offenen, noch unerforschten Potential des Mediums, das auch andere, bekanntere Theoretiker des frühen Films bewegte.[5] Überdies ist bemerkenswert, dass Lukács in seiner Skizze zwei Gesichtspunkte herausstellt, die in späteren Filmtheorien, insbesondere bei Siegfried Kracauer, eine entscheidende Rolle spielen, die Idee des Films als Darstellungsform der Oberfläche sowie als Medium der Präsentation des „gewöhnlichen Treibens der Straßen und Märkte", des alltäglichen, „unpathetischen" Lebens (ÄK, S. 114). In seinem Essay-Band *Das Ornament der Masse* (1927) wird Kracauer, ganz auf der Linie von Lukács' Diagnose der flächenhaften Erscheinungen des Films, die Fotografie als Aufzeichnungsmedium der flüchtigen und fragmentarischen Oberflächenphänomene der modernen urbanen Welt beschreiben.[6] Auch

5 Vgl. Anton Kaes im Interview mit Regina Longo. *Film Quarterly Spring* 2016. Volume 69. Number 3. https://filmquarterly.org/2016/03/04/an-interview-with-anton-kaes-nicholas-baer-and-michael-cowan-on-the-promise-of-cinema/

6 Vgl. Siegfried Kracauer. *Das Ornament der Masse*. Frankfurt a.M.: Suhrkamp, 1963. S. 24-26.

der zweite, von Lukács betonte Aspekt filmischer Wirklichkeitsdarstellung findet in Kracauers Analysen Resonanz, erblickt dieser doch, in Anschluss an Erich Auerbachs Mimesis-Konzept, die besondere Leistung des Films in dessen Disposition, die alltägliche, niedere Wirklichkeit des gewöhnlichen Lebens darzustellen. In seinem Filmbuch notiert er:

> Von den kleinen Zufalls-Momenten [...] kann in der Tat gesagt werden, daß sie die Dimension des Alltagslebens konstituieren, dieser Matrize aller anderen Formen der Realität. Es ist eine sehr substantielle Dimension. [...] Als Produkte von Gewohnheiten und mikroskopisch kleinen Wechselwirkungen bilden sie ein elastisches Gewebe [...]. Filme tendieren dazu, dieses Gewebe des täglichen Lebens zu entfalten.[7]

In seiner Betonung der Alltäglichkeit der filmischen Bilder nimmt Lukács' die zitierten Überlegungen Kracauers ein Stück weit vorweg. Dem Film fehlen, so Lukács, das Pathos und der hohe Stil der Tragödie, aber dieser Verzicht ist kein Mangel, er befähigt vielmehr dazu, die Welt der einfachen Leute, ein Kind, einen Betrunkenen, einen Kegelverein, in den Blick zu rücken. Unterdessen geht Lukács nicht so weit, diesen Perspektivwechsel, den der Film vollzieht, mit einem „Promise of Cinema"[8] oder einer Aussicht auf ‚Errettung' zu verknüpfen. Hier ist Lukacs dann doch zögerlicher und zurückhaltender im Blick auf das, was er dem neuen Medium des Films zutraut. Dies hat nicht zuletzt damit zu tun, dass er eben jene Rolle eines utopischen Versprechens im Rahmen seiner Poetik einem anderen Genre zuschreibt, dem Roman bzw. dem Epos. Dabei fällt unterdessen auf, dass Lukács in seiner poetologischen Beschreibung des Films einige entscheidende Bestimmungen skizziert, die dann in der *Theorie des Romans* als konstitutive Merkmale des Romans wiederkehren. Im Kino-Aufsatz scheint somit der poetologische Einsatz des modernen Romans

7 Siegfried Kracauer. *Theorie des Films. Die Errettung der äußeren Wirklichkeit.* Frankfurt a. M. 1985. S. 394. Zu Kracauers Adaptation von Auerbachs Mimesis-Konzept vgl. umfassend Friedrich Balke. Mimesis und Figura. Erich Auerbachs niederer Materialismus. In: Friedrich Balke/Hanna Engelmeier. *Mimesis und Figura*. München: Fink, 2016. S. 13-88, hier S. 76-78.

8 „The Promise of Cinema" – so lautet nicht ohne Grund der Titel eines neueren umfangreichen Bandes mit Quellen zur frühen Kino-Diskussion: Anton Kaes/ Nicholas Baer/Michael Cowan (Hg.). *The Promise of Cinema. German Film Theory, 1907-1933*. Oakland, California: University of California Press, 2016.

in den Grundzügen vorweggenommen, wobei freilich erst die *Theorie des Romans* die geschichtsphilosophische Sicht der Moderne ins Spiel bringt, die der Romanpoetik ihre entscheidende antithetische bzw. dialektische Zuspitzung gibt. In der Folge geht es darum, diesen Zusammenhang von Film und Roman im Kontext von Lukács' Poetik näher zu betrachten. Als Grundlage dieser Erörterung seien hier einige Leitgedanken von Lukács' Romantheorie kurz in Erinnerung gerufen.[9]

Ausgangspunkt der Theorie des Romans ist die Idee eines epochalen Gegensatzes von Antike und Moderne: der Antike als vollendeter, in sich geschlossener Kultur wird das Gegenbild der Moderne als Epoche der notwendigen Unvollendetheit und der Abwesenheit des Sinnes gegenübergestellt. Die homerische Welt, „das Weltzeitalter des Epos" (*TdR*, S. 22), erscheint in dieser Sicht unberührt von jeder Erfahrung von Differenz; ihr Wahrnehmungsmodus ist der einer unmittelbaren, gleichsam distanzlosen Immersion in die Lebenswelt. Kennzeichen der antiken Kultur sei die Einheit von ‚Seele' und Welt, die noch nicht von den Unterscheidungen von Innen und Außen, Ich und Welt, Leben und Form betroffen und von der spontanen „Gegenwart des Sinnes" (*TdR*, S. 24) umfangen sei. Dieser Lebensform der antiken Kultur entspricht das Bild des Kreises als vollkommener, in sich abgerundeter geometrischer Figur: „Der Grieche [...] zieht den gestaltenden Kreis der Formen noch diesseits der Paradoxie und alles [...] führt ihn zur Vollendung" (*TdR*, S. 22). Für die Moderne hingegen ist jene in sich ruhende und vollendete Daseinsform, die die Figur des Kreises symbolisiert, unwiderruflich verloren: „Der gestaltende Kreis der Formen [...] der Kreis, dessen Geschlossenheit die transzendentale Wesensart ihres Lebens [i. e. des Lebens der Griechen] ausmacht, ist für uns gesprengt" (*TdR*, S. 25). Die Welt der Moderne ist von jener authentischen Lebens- und Erfahrungsform der Antike unüberbrückbar getrennt. Das „Geheimnis des Griechentums", das „Unnahbare und Unerreichbare Homers" verharrt in „seiner

9 Aus der Vielzahl von Forschungen zu Lukács' Frühwerk, insbesondere zur *Theorie des Romans*, seien hier stellvertretend genannt: Werner Jung. Von der Utopie zur Ontologie. Das Leben und Werk Georg Lukács. In: *Weimarer Beiträge*. H. 3. 1997. S. 350-366; Peter Uwe Hohendahl. „The Theory of the Novel and the Concept of Realism in Lukács and Adorno". In: *Georg Lukács Reconsidered* (wie Anm. 1). S. 75-98; Konstantinos Kavoulakos. Ästhetizistische Kulturkritik und ethische Utopie: Georg Lukács' neukantianisches Frühwerk. Berlin: de Gruyter, 2014. S. 147-201.

von uns aus undenkbaren Vollendung und seiner unüberbrückbaren Fremdheit zu uns" (*TdR*, S. 22). Dem geschichtsphilosophischen Umschwung von Antike zur Moderne entspricht in Lukács' Argumentation auf der Ebene der Literatur der Wechsel von Epos zu Roman. Der Verlust von sinnerfüllter Gegenwart bedeutet im Blick auf die epische Form, dass ihr gattungsbestimmendes „Apriori" (*TdR*, S. 46), die unmittelbare Gewissheit der Totalität, nicht mehr gegeben ist. Was für das Epos als dessen ontologisch verbürgtes Substrat immer schon gewährleistet ist, die „Evidenz eines organischen Daseins" (*TdR*, S. 53), wird für den Roman zum Postulat. Mit dem Verlust der „postulatslosen Organik" (*TdR*, S. 60) der epischen Welt, des in sich ruhenden „Daseins der Gebilde" (*TdR*, S. 60), beginnen, so die geschichtsphilosophische These, jene verhängnisvollen Dichotomien von Innen und Außen, Subjekt und Objekt, Wesen und Leben, aufzubrechen, die für die nachfolgende, neuzeitliche Karriere der Romanform bestimmend sind. Die damit vollzogene fundamentale Disjunktion bedingt die Problematik des Romans: die „reine Negativität des Ideals" (*TdR*, S. 61), das „sentimentalische Streben" nach jener „unmittelbaren Lebenseinheit" (*TdR*, S. 60), die ihrer Natur nach einem vergangenen, geschichtsphilosophischen Stand der Dinge angehört.

In diesem Zusammenhang ist es wichtig zu sehen, dass das hier skizzierte geschichtsphilosophische Verlustszenario gerade nicht zu einer bloßen Abwertung des Romans führt, sondern diesen vielmehr mit einem gewissen Pathos und einem verborgenen Bezug zu seinem großen antiken Vorläufer, dem Epos, ausstattet. Durch diese unterschwellige Relation wird es zur Aufgabe, zur poetologischen Bestimmung des Romans, „die verborgene Totalität des Lebens aufzudecken und aufzubauen" (*TdR*, S. 46). Auf diese Weise wird der Roman nicht nur als geschichtlicher Nachfolger des Epos und paradigmatische epische Form der Moderne aufgefasst, sondern er wird zugleich utopisch aufgeladen. Er führt gewissermaßen als Fluchtpunkt und Horizont der romanhaften Darstellung die Idee oder Sehnsucht nach einer Erneuerung des Epos mit sich.

Obgleich sich der Roman in diesem Aspekt von der ‚unpathetischen' Erscheinung des Films, wie sie Lukács in seinem Kino-Aufsatz umreißt, merklich unterscheidet, nimmt das Bild des Romans im weiteren Verlauf der *Theorie des Romans* doch Züge an, die auf eine bezeichnende Nähe und Affinität von Film und modernem Roman hindeuten. Dies zeigt sich vor allem in der Typologie der Romanformen und dort insbesondere im Typus des Desillusionsromans, der Lukács zufolge in Flauberts *Éducation sentimentale* seine markanteste Ausprägung findet. Das Spezifische von Flauberts Roman bestehe darin, dass er sich darauf beschränke, die physische Wirklichkeit in ihrer Äußerlichkeit, ihrem flächenhaften und fragmentarischen Erscheinen vor Augen zu stellen, ohne sie mit poetischen Mitteln zu sublimieren oder zu transzendieren: Der Roman verzichte darauf, „das Zerfallen der äußeren Wirklichkeit in heterogene, morsche und fragmentarische Teile durch irgendeinen Prozeß der Vereinheitlichung zu überwinden, [...] hart, abgebrochen und isoliert stehen die einzelnen Bruchstücke der Wirklichkeit nebeneinander da" (*TdR*, S. 96). In diesem Verfahren, ihren „Stoff" in seiner „Geringfügigkeit" und durch nichts gemilderten Trostlosigkeit" vorzuführen (*TdR*, S. 96-97), kommt die Poetik der Éducation sentimentale, wie sie der Romantheoretiker beschreibt, indessen mit seiner früheren Charakteristik der Grundtendenz des Films, die äußere Wirklichkeit „ausschließlich empirisch-lebenhaft, unmetaphysisch" darzustellen, überein. Diese Beschränkung auf die Präsentation der materiellen, physischen Welt erhält jedoch in den beiden Fällen – Roman und Film – eine je andere Akzentuierung. Während Lukács dem Roman, insbesondere der *Éducation sentimentale* zutraut, gerade auf diesem Wege „die wahre epische Objektivität" und „die Positivität und bejahende Energie einer geleisteten Form" (*TdR*, S. 97) zu erreichen bzw. sich ihr anzunähern, ist er in seiner Einschätzung der gleichen mimetischen Technik im Falle des Films nüchterner und vorsichtiger. Dem Film traut er diese utopische Potenz, die Fähigkeit des dialektischen Umschlags in die epische Totalität nicht oder zumindest noch nicht zu.

Neben der oben erwähnten Konvergenz lässt sich in Lukács' Analyse eine weitere Gemeinsamkeit zwischen der poetologischen Struktur der *Éducation sentimentale* und der Verfahrensweise des Films beobachten: Was Flauberts Roman auszeichnet, ist Lukács zufolge vor allem dessen eigentümliche Zeitstruktur bzw. zeitliche Dynamik, die den oben skizzierten Übergang von der fragmentarischen Sinnferne des Romans in die epische Fülle und Objektivität ermöglicht: „Es ist die Zeit, die diese Überwindung möglich macht. Ihr ungehemmtes und ununterbrochenes Strömen ist das vereinigende Prinzip der Homogeneität, das alle heterogenen Stücke abschleift und miteinander in eine – freilich irrationale und unaussprechliche – Beziehung bringt" (*TdR*, S. 97). Die zitierte Beschreibung der romanhaften Zeit als „ungehemmtes und ununterbrochenes Strömen" erinnert in auffälliger Weise an die Analyse der Zeitstruktur des Films, die Lukács einige Jahre zuvor in seinem Kino-Aufsatz entwickelt hatte. Denn dort hatte der Philosoph die spezifische Temporalität des Films als ein unablässiges, unendliches Fließen charakterisiert: „Zeitlichkeit und Fluss des ‚Kino' sind aber ganz rein und ungetrübt: das Wesen des ‚Kino' ist die Bewegung an sich, die ewige Veränderlichkeit, der nie ruhende Wechsel der Dinge" (ÄK, S. 114). Es ist gleichsam eine filmische Ausformung der Zeitdimension, die Lukács (möglicherweise ohne sich dessen bewusst zu sein) in der *Éducation sentimentale* entdeckt und als deren entscheidendes poetologisches Prinzip auffasst. Auch hier ist also eine bemerkenswerte Affinität und Gemeinsamkeit von Roman und Kino in Lukács' Darstellung der jeweiligen Poetiken der beiden Genres bzw. Medien festzustellen.

In Anbetracht dieser auffallenden Parallele von Film und Roman im Kontext von Lukács' ästhetischen Reflexionen stellt sich die Frage, warum der ungarische Philosoph den Roman, nicht aber den Film als möglichen Kandidaten einer Erneuerung des Epos in der Moderne bzw. Gegenwart ins Auge fasst. Sicher sind hier zunächst die subjektiven ästhetischen Vorlieben des Theoretikers zu bedenken, die zweifellos vorrangig literarischen Texten und Genres galten. Gleichwohl erklärt dies noch nicht ganz, warum die potenzielle Schlüsselrolle des Films, die, nimmt man den Kino-Aufsatz und die Romantheorie zusammen, in Lukács' poetologischer Topologie angelegt ist, ungenutzt bleibt.

Hier gilt es zweierlei zu bedenken: Zunächst ist sich Lukács wie auch andere Beobachter des frühen Kinos des Umstands bewusst, dass er es beim Film mit einem ästhetischen Medium in *statu nascendi* zu tun hat, dessen künftige Entwicklungen sowie technischen und medialen Potenziale vom damaligen Standpunkt aus nur erahnt werden können und entsprechend auch dessen ‚Theorie' nur versuchsweise und provisorisch formuliert werden kann.[10] Es ist nicht zuletzt dieses Gespür für die offene Zukunft des Kinos, das Lukács motiviert, in seiner Umschreibung der Potentiale des Films eine gewisse Vorsicht und Zurückhaltung zu üben und dabei zugleich zu erkennen zu geben, dass seine Ausführungen nur skizzenhaft und vorläufig sein können. Während also das Kino noch auf den Cineasten bzw. Film der Zukunft wartet, der imstande wäre, die filmischen Bilder und Szenen von „ihrer bloß technisch zufälligen" Erscheinung ins

10 Vgl. Anton Kaes im Interview mit Regina Longo (Anm. 5): „In the early decades, it was hardly a given what cinema would become or what forms of theory could best explain its appeal. As a result, the period is marked by forms of nonsystematic, adaptive thinking and writing about film."

„sinnvoll Metaphysische, in den reinen Stil" zu ‚retten' (ÄK, S. 117), steht Lukács im Falle der literarischen Epik bzw. des Romans bereits ein Schriftsteller vor Augen, in dessen Werk er einen solchen Übergang in die große epische Form und damit eine Dimension neuer Sinnhaftigkeit zu erblicken glaubt: Dostojewski. Der Name des russischen Schriftstellers firmiert denn auch an zentraler Stelle im Schlusspassus der *Theorie des Romans*, der das utopische Bild einer Erneuerung der epischen Welt ganzheitlicher Sinnerfahrung evoziert:

> Erst in den Werken Dostojewskys wird diese neue Welt, fern von jedem Kampf gegen das Bestehende, als einfach geschaute Wirklichkeit abgezeichnet. Darum steht er und steht seine Form außerhalb von diesen Betrachtungen: [...] Er gehört der neuen Welt an. Ob er bereits der Homer oder der Dante dieser Welt ist oder bloß die Gesänge liefert, die spätere Dichter, zusammen mit anderen Vorläufern, zur großen Einheit verflechten werden, ob er nur ein Anfang, oder schon eine Erfüllung ist: das kann nur die Formanalyse seiner Werke aufzeigen. (*TdR*, S. 119)

Bedenkt man die besondere Bedeutung, die Dostojewski für den frühen Lukács gewinnt, so ist damit zugleich ein zweiter Grund dafür genannt, warum jener den Roman und nicht den Film als Kandidaten für die geschichtsphilosophische Figur einer ‚Erlösung' von den Differenzerfahrungen der Moderne in den Blick nimmt. Die ästhetischen und poetologischen Projekte des ungarischen Philosophen sind in jenen Jahren, der gesamten Heidelberger Zeit, wie Andreas Hoeschen gezeigt hat[11], durch eine intensive Auseinandersetzung mit dem Werk Dostojewskis geprägt, dem Lukács ein breit angelegtes Buchprojekt widmen wollte und der das Zentrum seiner poetologischen und kulturphilosophischen Reflexionen bildete. Die Schlüsselstellung, die dem Film in den poetologischen und medienphilosophischen Entwürfen anderer Theoretiker, etwa Benjamin oder vor allem Krakauer, zukommt, ist somit bei Lukács bereits anders besetzt. Dieser anhaltenden und nahezu ungeteilten Faszination durch das Werk Dostojewskis mag es geschuldet sein, dass Lukács in seiner geschichtsphilosophischen Konstruktion schließlich dem epischen Versprechen des Romans den Vorzug gibt statt dem noch in *statu nascendi* begriffenen neuen Medium des Films diese Rolle zuzuschreiben. Dies ändert indessen nichts an dem Umstand, dass Lukács

11 Vgl. Andreas Hoeschen. *Das „Dostojewsky-Projekt": Lukács' neukantianisches Frühwerk in seinem ideengeschichtlichen Kontext*. Tübingen: Niemeyer, 1999.

im Film ein Potential erkennt, das er in seinem Aufsatz zur ‚Ästhetik des Kinos' eingängig beschreibt. Auf diese Weise leistet er einen interessanten Beitrag zur Diskussion über den frühen Kinofilm, der vor allem einen Sinn für die offenen Entwicklungschancen des Mediums, an „open-ended sense of futurity"[12], zu wecken vermag.

12 Vgl. Anton Kaes (wie Anm. 5).

4. Krisen-Wissen und Utopie

Rüdiger Dannemann

Das Moment des Utopischen beim frühen Lukács

I. Kein Platz für utopisches Denken

Wie schwer es geworden ist, Utopie zu denken, ja auch nur zu imaginieren, kann man am besten zeitgenössischen literarischen Werken aller Genres[1] entnehmen, die ja laut Bloch am wirksamsten zur Antizipation sich zu Entwürfen eines „Vor-Scheins" eignen. Ich beziehe mich beispielhaft auf Peter Handkes *Versuch über den geglückten Tag*. An diesem poetischen Essay wird vieles deutlich, was in wissenschaftlichen Elaboraten oft nur verklausuliert zum Vorschein kommt. Der Autor hat und macht sich Schwierigkeiten, den Sinn des gestellten Problems eindeutig zu formulieren. Denn zu viel an Ballast tradierter Vorstellungen muss er abwerfen. Da ist zunächst die Überholtheit des kritischen Impulses: In die Jahre gekommen sind Utopien der Diesseitigkeit, die – laut Handke gleichsam im Geiste Heinrich Heines – den Himmel auf die Erde zu holen versuchten. Ebenfalls bejahrt scheinen die utopischen Einsprüche gegen „die bestehenden irdischen Verhältnisse"[2]. Ihnen anzuhängen mutet den Essayisten an als ein Versuch, in den Zustand juveniler Empörung zurückzufallen. So reduziert sich der utopische Diskurs auf die Suche nach bloß einem geglückten Tag. Handke fragt: „Ob es mit unserer speziellen Epoche zu tun hat, daß das Glücken eines einzelnen Tages zum Thema (zum Vorwurf) werden kann?"[3] Und bereits dieser Versuch erweist sich als beinahe undurchführbar, will man ihn nicht minimieren auf bloß den „schönen", problemlosen", „geschafft-überstandenen", kreativ-problemlösenden und i. d. S. glücklichen Tag.[4]

Die Reduktion besitzt ihre Legitimation: Hat nicht – das ist das Thema z. B. der Studien Günther K. Lehmanns – die Geschichte des letzten Jahrhunderts gezeigt, wie gefährlich der utopische Enthusiasmus in der Moderne

1 Das gilt für alle Genres, nicht nur für aktuelle Dystopien in Romanform, die etwa Boyle, Dath, Eggers, Houellebecq, Ishiguro vorgelegt haben.

2 Peter Handke. *Versuch über den geglückten Tag. Ein Wintertagtraum*. Frankfurt a. M.: Suhrkamp, 1991. S. 21.

3 Handke. Versuch (wie Anm. 2). S. 11.

4 Handke. Versuch (wie Anm. 2). S. 9ff.

ist und – wie Lehmannns religionsgeschichtlicher Blick auf Vorstellungen der Ozeanier, genauer der Melanesier nahelegt – von Anfang an war? Der Bloch-Schüler Lehmann urteilt mit Blick auf die Begriffsgeschichte und auf die Realitäten des 20. Jahrhunderts, auf Stalinismus und Nationalsozialismus: „Der Inhaber von ‚Mana' (dem utopischen Numinosum) übt Macht über andere aus."[5] Und neigt – nicht erst in der Moderne, aber dort besonders wirkungsmächtig und katastrophal – in seinem manischen Enthusiasmus dazu, diese zu missbrauchen.

Wisława Szymborska – um noch eine dritte, eine polnische Kronzeugin anzuführen – schreibt in der letzten Strophe ihres Gedichts „Lächeln":

> Die brüderliche Menschheit, wie die Träumer versprechen, / werde die Welt in ein Land des Lächelns verwandeln. / Ich zweifle. Dann dürften die Staatsmänner / Sozusagen, nicht so viel lächeln. / Nur ab und zu; weil's warm ist, oder weil's dämmert, / ohne Krampf und gelassen im Handeln.
> Des Menschen Wesen ist von Natur der Trauer ausgesetzt. / Auf diese warte ich und freu mich drauf schon jetzt.[6]

Nun könnte man Handke, Lehmann und Szymborska eine ganze Phalanx von aktuelleren Utopiekritikern, Dystopie- und/oder Heterotopiekreatoren und -epigonen an die Seite stellen und das Utopie-Problem im Zusammenhang mit Lukács' Werk rasch zu den Akten legen, wenn man an dessen Äußerungen zum Themenkreis denkt. Nicht erst der späte, zum Ontologen gewandelte Philosoph mochte mit dem Begriff nichts mehr anfangen. Bereits in *Geschichte und Klassenbewußtsein*, seinem wirkungsmächtigsten Opus, wendet er sich an einer Stelle gegen seinen Jugendfreund Ernst Bloch und dessen Münzer-Buch, das den historischen Materialismus aus utopisch-messianischer Perspektive vertiefen möchte.[7]

Anders als Bloch hat der Marxist Lukács in seinen Schriften den Begriff des Utopischen in der Regel pejorativ verwendet. Er benutzt in *Geschichte und Klassenbewußtsein* den Begriff konsequent in einem zugespitzten, verengenden Sinne als Willensakt und Bewertung der Empirie: als solche müssen utopische Entwürfe wie bloße Wünsche „in der Tat rein subjektiv bleiben"

5 Günther K. Lehmann. *Macht der Utopie. Ein Jahrhundert der Gewalt*. Stuttgart: Neske, 1996. S. 30.

6 Wisława Szymborska. *Auf Wiedersehen. Bis morgen. Gedichte*. Frankfurt a. M.: Suhrkamp, 1998. S. 63.

7 Georg Lukács. *Geschichte und Klassenbewußtsein*. Berlin: Malik, 1923. S. 210f.

oder aber, „indem der Wille zur Utopie die philosophisch objektiviertere und abgeklärtere Form des Sollens annimmt" (*GuK*, S. 176), den kantianischen Dualismus von Sein und Sollen perpetuieren. Er hält es – so der erste Eindruck – ganz mit Engels Vorstellung, kritisches Denken habe sich von einer unreifen utopischen Phase weiterzuentwickeln zu einer reflektierten wissenschaftlich-rationalen Stufe, wie sie im Typus Marx'schen Theoretisierens vorliegt. Der lebenslange Verehrer Hegels hält es mit dessen Leitsatz: Wer die Wirklichkeit vernünftig ansieht, wird die Vernünftigkeit des Wirklichen kennenlernen.[8] Der Kritiker soll nicht ein paradiesisch-konfliktfreies Nirgendwo, das von Bloch verteidigte Schlaraffenland[9], dem schlechten Bestehenden gegenüberstellen, er soll – gemäß der Methode der konkreten Dialektik – im geschichtlichen Hic et Nunc die Tendenzen einer problemlösenden sozialen Transformation ausfindig machen, dabei Theorie und Praxis stets vermittelnd. Es geht ihm nicht um Expeditionen in die Territorien der Hoffnung, er vertraut dem Impetus der Realentwicklung: mit der Zuversicht auf die List der Vernunft, gemäß dem (Marx entlehnten) Leitsatz der Spätästhetik: „Sie wissen es nicht, aber sie tun es."

Meine These lautet aber dennoch: Es ist keineswegs sinnvoll, bei diesem ersten Blick zu verharren, der eine Exklusion des Utopischen aus dem Denken (zumindest aus dem, das sich als kritisch-dialektisches versteht) zu verlangen scheint. Schon der Utopie-Begriff des Thomas Morus kann nicht als bloße Beschreibung des unvermittelt Idealen betrachtet werden, sondern sinnvollerweise eher als Modellierung von Alternativen zu barbarischen Zuständen, nach Auswegen aus apokalyptischen Zuständen, die notwendig sind, um Zukunft überhaupt zu ermöglichen. Dementsprechend hat wohlverstanden für den jungen Lukács die Prämisse Gültigkeit: „‚Utopie' ist eine Überlebenskategorie."[10]

---

8 Ähnlich verfährt in dieser Hinsicht heute Honneth: Hegel verfolgte exemplarisch und anders als z.B. die Kant-Schule die „Absicht, aus den gesellschaftlichen Verhältnissen seiner Zeit die vernünftigen, nämlich freiheitsverbürgenden Institutionen normativ zu rekonstruieren" (vgl. Axel Honneth. *Das Recht der Freiheit. Grundriß einer demokratischen Sittlichkeit*. Frankfurt a.M.: Suhrkamp, 2011. S.14).

9 Ernst Bloch. *Das Prinzip Hoffnung*. Frankfurt a.M. 1985. S. 548.

10 Dieter Kraft. „Über den Begriff der Utopie. Verständnis und Missverständnis einer verbogenen Kategorie". *Wovon wir träumen müssen... Marxismus und Utopie*. Hg. H. Kopp. Hamburg: Laika, 2013. S. 116. – „Morus entwirft – ich folge hier dem Interpretationsansatz von D. Kraft und Th. Metscher – „das

Ich möchte mich hier darauf beschränken, darzulegen, dass Lukács in seinem frühen prämarxistischen Werk den Geist der Utopie nie ganz vertrieben hat – trotz der starken neukantianischen Prägung. Ebenso wie der Begriff der Romantik, wie ihn Robert Sayre und Michael Löwy verwenden[11], ist der – allerdings nicht verengend-subjektivistisch verstandene – Begriff der Utopie wesentlich für die signifikativen Strukturen der *Theorie des Romans*. Gerade wegen des utopischen Moments lässt sich Lukács' rückblickende Beobachtung bestätigen, dass die *Theorie des Romans* nichts Konservatives enthält, sondern auf die revolutionären Ereignisse der folgenden Jahre verweist.[12]

Ehe ich auf einige wichtige Texte des Frühwerks, die das Verständnis des Utopiekonzepts der *Theorie des Romans* besser verstehen helfen, etwas genauer eingehe, möchte ich – quasi als Prämisse – darauf hinweisen, dass Lukács' Frühwerk (zumal nach 1910/1911[13]) ein Janusgesicht zeigt: Neben seinen oft antisystematischen, zu metaphysischen, ja mystischen Spekulationen neigenden, stark ethisch akzentuierenden Essays beginnt Lukács mit der Arbeit an „akademischen", d.h. hier methodologisch-orientierten, auf wissenschaftliche Stringenz zielenden ästhetischen Grundlagenwerken, die sich an dem Problemhorizont der zeitgenössischen Südwestdeutschen Schule

---

Grundmuster einer gesellschaftlichen Formation, das konkret genug ist und der menschlichen Natur gemäß, um geschichtliche Wirklichkeit werden zu können. Morus' Insel ist damit aber auch der genaue Gegensatz zu einer Formation, die, nach Marx' Wort, ‚von Kopf bis Zeh, aus allen Poren, blut- und schmutztriefend' auf die Welt kam – deren kannibalischen Charakter der Verfasser der Utopia als Erster im vollen Umriss erkannte, gegen den er das Modell einer in Frieden lebenden, von Gewalt und Ausbeutung freien Gesellschaft setzte." Thomas Metscher, „Notwendigkeit und Möglichkeit der Utopie" (*Der aufrechte Gang im windschiefen Kapitalismus. Kritikmodelle im Gegenwartskapitalismus.* Internationale Tagung des Kollegs Friedrich Nietzsche. Hg. Rüdiger Dannemann/H. Pickford/H.E. Schiller. Wiesbaden: Springer, 2018. S. 201/11).

11 Robert Sayre/Michael Löwy. „Die (antikapitalistische) Romantik in der Theorie des Romans". *Lukács 2016. Jahrbuch der Internationalen Georg-Lukács-Gesellschaft.* Hg. Rüdiger Dannemann. Bielefeld: Aisthesis, 2016. S. 149f.

12 Georg Lukács. „Vorwort" zu *Theorie des Romans* (*TdR*, S. 14: „Die *Theorie des Romans* ist nicht bewahrenden, sondern sprengenden Charakters.").

13 Vgl. dazu Konstantinos Kavoulakos erhellende Studie *Ästhetizistische Kulturkritik und ethische Utopie. Georg Lukács' neukantianisches Frühwerk*. Berlin: de Gruyter, 2014.

des Neukantianismus orientieren und den Ansätzen Rickerts und Emil Lasks nahestehen.[14] In diesen „akademischen“ Texten geht es eher um die Entzauberung der Kunst und – indirekt – um die Kritik an einer lebensphilosophisch geprägten „Utopie der Formen überhaupt“[15]. In den folgenden Ausführungen konzentriere ich mich auf Werke der zuerst genannten Art, in denen Lukács' Interesse, ja Sehnsucht, die diagnostizierte kulturelle Tragödie der Moderne – sei es auch nur ansatzweise – zu überwinden, deutlich wird. Also geht es um seine Versuche, in denen er sich nicht scheute, „metaphysische Akzente“[16] zu setzen.

II. Lukács' ästhetizistischer Protest gegen die Versachlichung des Lebens

Nicht erst in seiner *Theorie des Romans* oder in *Geschichte und Klassenbewußtsein* wird der zeitdiagnostisch-radikale Duktus des frühen Denkens von Georg Lukács sichtbar. Bereits in seiner *Entwicklungsgeschichte des modernen Dramas* wird unter anderem diese Eigenart des zukünftigen Autors der Romantheorie und des Begründers des westlichen Marxismus zumindest erahnbar. In seiner Dramengeschichte begreift Lukács ästhetische Probleme, etwa die Erklärung genretypischer Innovationen, nicht zuletzt als Ausdruck sich verändernder, problematisch-gewordener *Lebensformen*.[17] Wir können der Schrift seine damaligen Vorstellungen über die Eigenart der bürgerlichen Gesellschaft deutlich entnehmen. Seine Untersuchung ist durch die Konfrontation der vorbürgerlichen, vor allem durch sein stilisiertes Griechenlandbild geprägten Gesellschaft mit der bürgerlichen Gegenwart bestimmt. Problematisch ist die bürgerliche Gesellschaft von Anfang an. Entstanden im Kampf gegen den Feudalismus – so die durchaus an Marx geschulten Ausführungen – proklamiert die bürgerliche Klasse ihre Klassenmoral als universal verbindliche Ethik, ohne diese Selbsteinschätzung je ganz plausibel

14 Kavoulakos. Ästhetizistische Kulturkritik (wie Anm. 13). S. 44. Vgl. auch Thorsten Themann. *Onto-Anthropologie der Tätigkeit. Die Dialektik von Geltung Genesis im Werk von Georg Lukács*. Bonn: Bouvier, 1996. S. 51.

15 Kavoulakos. Ästhetizistische Kulturkritik (wie Anm. 13). S. 36.

16 Kavoulakos. Ästhetizistische Kulturkritik (wie Anm. 13). S. 237.

17 Georg Lukács. *Entwicklungsgeschichte des modernen Dramas* (1911). GLW Bd. 15. Darmstadt-Neuwied: Luchterhand, 1981. S. 63f. und S. 94f.

machen zu können.[18] Die externen Klassenauseinandersetzungen werden transformiert durch den „Prozeß des innerlich Problematischwerdens“[19]. Der Individualismus, Kernstück des bürgerlichen Selbstverständnisses, gerät zur Antinomie.[20] Diese These begründet Lukács durch eine Phänomenologie der bürgerlichen Sozietät, deren Herkunft von Simmel (und Marx) auch ohne die Hinweise des Autors leicht erkennbar sind. Der bürgerliche Individualismus, der den Einzelnen aus den engen Grenzen organischer Gemeinschaften entlassen und Bindungen spürbar gelockert hat, enthält selbstnegatorische Tendenzen, die seine Intention, die Autonomie des Individuums, ins Gegenteil zu verkehren droht. In den zeitgenössischen Dramen spiegelt sich unübersehbar der Befund: Die „bloße Erhaltung des Individualseins, die Integrität der Individualität [ist, R. D.] zum Zentrum“[21] des modernen Dramas und des bürgerlichen Lebens überhaupt geworden. Die Pathologie dieser Gesellschaft ist als Folge einer „Versachlichung des Lebens“[22] zu diagnostizieren. Lukács macht diese *Versachlichung* an folgenden Elementen fest: (I) Unübersehbare Evidenz beansprucht die Uniformierung des Lebens, die am Immer-Gleicher-Werden der Kleidung, der Verkehrsmittel, der Arbeitsformen, der Lebensbedingungen der *Großstadt* abzulesen ist. (II) Mit den organischen Lebensformen bricht die moderne Gesellschaft durch ihre „rationalisierte Technik“[23], den Prozess der Rationalisierung. Zum Opfer werden u. a. religiös-metarationale Gemeinschaftsideologien. (III) Der moderne Arbeitsprozess beinhaltet die „Objektivierung der Produktion, ihre Loslösung von der Persönlichkeit des Produzierenden“[24]. Die Verfügungsgewalt besitzt ein „objektiv Abstraktes, das Kapital, […] welches mit der Persönlichkeit seines zufälligen Besitzers kaum in einem organischen Zusammenhang steht, ja, es wird sogar vielmals überflüssig, dass dieser überhaupt eine Persönlichkeit sei (Aktiengesellschaft)“[25]. (IV) In den Wissenschaften lässt sich ein analoger Prozess der Rationalisierung feststellen – als Dominanz naturwissenschaftlicher Paradigmen und

18 Lukács. Entwicklungsgeschichte (wie Anm. 17). S. 74ff.
19 Lukács. Entwicklungsgeschichte (wie Anm. 17). S. 80.
20 Lukács. Entwicklungsgeschichte (wie Anm. 17). S. 91ff.
21 Lukács. Entwicklungsgeschichte (wie Anm. 17). S. 97.
22 Lukács. Entwicklungsgeschichte (wie Anm. 17). S. 94.
23 Lukács. Entwicklungsgeschichte (wie Anm. 17). S. 92.
24 Lukács. Entwicklungsgeschichte (wie Anm. 17). S. 95.
25 Lukács. Entwicklungsgeschichte (wie Anm. 17). S. 95.

abstrakter Rationalitätsformen, die das „Qualitative"[26] und Individuelle des Lebens auszuklammern bestrebt sind, zu einer verbindlichen Formulierung intersubjektiver Werte aber nicht geeignet scheinen. (V) Einheitliche Tendenz ist die *Entpersönlichung* des Lebens: „Die ganze Staatsorganisation (System der Abstimmung, Bureaukratie, jetzige Form des Heeres etc.), jede Erscheinung des Wirtschaftslebens (das sich auf alles erstreckende Geldwesen, Börse... usw.) weist durchgehend dieselbe Tendenz auf: die Entpersönlichung, eine auf die Zurückführung der Qualitäts- zu Quantitätskategorien hinzielende Entwicklung."[27]

Anders als Georg Simmel stilisiert Lukács die beschriebenen Tendenzen nicht zu Sachzwängen, er sieht in ihnen – bereits damals dem historischen Denken Marx' in diesem Punkt näherstehend – Entfremdungsphänomene. Freilich besitzt er nicht eine wie immer geartete Perspektive der Transzendierung; sein *paradise lost* der Vergangenheit funktioniert eventuell heuristisch als Kontrastmittel, doch eine einfache, reale Restitution der Vergangenheit kommt nicht in Betracht.

Es kann kein Zweifel daran bestehen: Die skizzierten zeitdiagnostischen Überlegungen des Dramenbuchs führen nicht zu einer sozialen utopischen Perspektive; eine politisierende Lektüre führt in die Irre; der im Dramenbuch ins Auge gefasste utopische Entwurf ist primär ästhetischer Art, hier konkret die Suche nach der Möglichkeit eines modernen „großen Dramas"[28]. Lukács' Sicht ist damals die des von Politik distanzierten Ästheten, er bedient sich der Mittel der Kunstsoziologie und Kunstgeschichte, um ‚die „Richtung und [...] Gesetzmäßigkeit"[29], der Entwicklung eines bestimmten Genres in der reifen bürgerlichen Gesellschaft zu erforschen"[30]. Wie in allen frühen Werken Lukács' stellt dieser der modern-bürgerlichen Welt der „Krise und der Negativität [...] eine Behauptung des Absoluten entgegen: das Absolute der Formen, letzter, der bürgerlichen Kunst schutzbietender Gebirgsgrat, vor allem aber auch Hilfsmittel zum Ausgleich der existentiellen

26 Lukács. Entwicklungsgeschichte (wie Anm. 17). S. 74ff.

27 Lukács. Entwicklungsgeschichte (wie Anm. 17). S. 95.

28 Kavoulakos. Ästhetizistische Kulturkritik (wie. Anm. 13). S. 20.

29 Lukács. Entwicklungsgeschichte (wie Anm. 17). S. 13.

30 Vgl. Kavoulakos. Ästhetizistische Kulturkritik. Literatur und Utopie in der *Entwicklungsgeschichte des modernen Dramas. Lukács 2014/2015. Jahrbuch der Internationalen Georg-Lukács-Gesellschaft.* Hg. v. Rüdiger Dannemann. Bielefeld: Aisthesis, 2015. S. 224f.

Widersprüche"[31]. Auf der Ebene der Ethik entspricht dem eine Attitüde der Entfaltung bzw. des Erlebens der Möglichkeiten des Selbst „bis zum Ende"[32], ein neuer „Heroismus des Sich-Formens"[33] – und dieses Ideal „ist während dieser Zeit seine *einzige* Utopie gewesen"[34].

III. Der moderne Essayist als Vorläufer und Protagonist des Einspruchs gegen die Banalität des Existierens

Wenige Jahre nach dem Dramenbuch legt der nun 26-jährige Lukács ein ambitioniertes Essaybuch vor, in dem er sich vom vergleichsweise sozialhistorischen Duktus des früheren Werks abwendet – hin zu Essays, die ihre Nähe zur romantischen Tradition nicht verschleiern können und wollen und in denen existentielle Widersprüche ins Zentrum der Aufmerksamkeit geraten. Revolution ist bereits für den Autor von *Die Seele und die Formen* ein Begriff, der zumal im Hinblick auf die Französische Revolution emphatisch Verwendung findet. Er denkt dabei aber noch nicht an die Pariser Kommune oder an die Revolutionen, die das Gesicht des 20. Jahrhunderts prägen sollten, er denkt an die Revolte der jungen frühromantischen Generation, an Novalis oder an die Gebrüder Schlegel. Im Novalis-Essay heißt es etwa:

> In Paris träumten verträumte Doktrinäre mit grausamer und blutiger Konsequenz alle Möglichkeiten des Rationalismus zu Ende, während auf deutschen Universitäten ein Buch nach dem anderen die stolze Hoffnung des Rationalismus, daß es für den Verstand nichts Unerreichbares gebe, untergrub und zerstörte. [...] Überall dröhnt die Erde [...] vom Zusammenbruch ganzer Welten, aber in einer kleinen deutschen Stadt kommen ein paar junge Menschen

31 Alberto Asor Rosa. „Der junge Lukács. Theoretiker der bürgerlichen Kunst". *Lehrstück Lukács*. Hg. Jutta Matzner. Frankfurt a. M.: Suhrkamp, 1974. S. 97.

32 Georg Lukács, „Ästhetische Kultur". *Lukács 1996. Jahrbuch der Internationalen Georg-Lukács-Gesellschaft*. Hg. Frank Benseler/Werner Jung. Bern: Peter Lang, 1997. S. 24.

33 Lukács. Ästhetische Kultur (wie Anm. 32). S. 26. In *Die Seele und die Formen* wird Lukács Stefan George, Charles-Louis Philippe und Richard Beer-Hofmann als „Helden des Sich-selbst-Formens" präsentieren, zudem und v. a. Paul Ernst. Auch hier vertritt Lukács die radikale Ethik „des Bis-zum-Tode Kämpfens für die echte Selbstheit". Kavoulakos. Ästhetizistische Kulturkritik (wie Anm. 30). S. 229.

34 Kavoulakos. Ästhetizistische Kulturkritik (wie Anm. 30). S. 230.

zusammen, zu dem Zwecke, aus diesem Chaos eine neue, harmonische, alles umfassende Kultur zu schaffen." (*SuF*, S. 73)"[35]

Wie wir gesehen haben, spielte in seiner früheren, auf Ungarisch erschienenen Dramengeschichte, die er nicht viel eher als den angeführten Novalis-Text schrieb, Karl Marx eine nicht unerhebliche Rolle, wobei einschränkend anzumerken ist, dass Lukács damals in Marx noch nicht einen bahnbrechenden Philosophen, sondern den großen Soziologen vermutete. Für den Essayband spielen die kultur- bzw. sozialkritischen Ansätze von Simmel und Marx praktisch keine Rolle, was angesichts des Dramenbuchs doch eher überraschend ist. Lukács bewegt sich nunmehr noch radikaler in Richtung eines strikten Ästhetizismus, der tatsächlich sehr gut in den Gestus und die Denkweisen des Wiener Fin de Siècle passt. Dabei lag es an sich durchaus nahe, zum Beispiel in dem Essay über Charles-Louis Philippe, einen Autor, der Armut und Elend vor einem autobiographischen Hintergrund extensiv thematisiert hatte, die soziale Frage anzusprechen.

Die Absenz von Soziologie, Politik und dem Werk von Marx in *Die Seele und die Formen* demonstriert: Der ungarische Denker hat keineswegs einen geradlinigen Weg (zu Marx) beschritten, wie er sich das in autobiographischen Skizzen gerne zurechtlegte[36], wir beobachten eher ein kompliziertes Gemenge von Annäherung und Abstoßung. Lukács setzt sich in diesen Jahren außerhalb der Essaysammlung durchaus noch mit Marx auseinander, aber er gelangt zu einer zwischenzeitlichen Distanzierung, die nicht zuletzt methodologische Gründe hat. Ein Beleg für diese These ist die Marx-Kritik, die Lukács ein Jahr nach Vollendung der Dramengeschichte ganz im Geiste Simmels gegen den historischen Materialismus formuliert. Lukács schreibt 1910, es werde „gefolgert, wenn wie in vielen Fällen eine gewisse Parallelität zwischen einem Menschen und einer Epoche oder zwischen der Gedankenwelt und der mit ihr gleichgerichteten ökonomischen Struktur feststellbar ist, daß das Letztere Ursache, das Vorherige Folge ist. Dabei bemerkt man nicht, daß die Tatsachenfeststellung nicht über sich hinausreicht. Das

35 Vgl. auch Georg Lukács. *Heidelberger Notizen (1910-1913)*. Budapest: Akadémiai, 1997.

36 Georg Lukács. *Gelebtes Denken*. GLW Bd. 18. Bielefeld: Aisthesis, 2005. S. 204. – In meiner monographischen Studie zur Philosophie Georg Lukács habe ich Lukács damalige Nähe zur Lebensphilosophie detaillierter dargestellt. Vgl. Rüdiger Dannemann. *Das Prinzip Verdinglichung*. Frankfurt a. M.: Sendler, 1987. S. 61ff.

weitere ist lediglich Hypothese [...]. Man muß verlangen, bei der Feststellung der Parallelität haltzumachen."[37]

Der Autor von *Die Seele und die Formen* entfernt sich von sozialphilosophischen Fragestellungen, bleibt aber geprägt von seiner ursprünglichen Einsicht in die zerrissene Welt der Moderne. Er schwankt zwischen philosophischer Systemkritik und Sehnsucht nach dem System (eine Sehnsucht, die er mit Ernst Bloch teilt), zwischen Abstraktion und Hinwendung zum Leben, zwischen dem (misstrauisch-beäugten und doch prägenden) Impressionismus und einem klassizistischen Willen zur Form. Der Horror vor der Zerrissenheit ist erst nachvollziehbar, wenn man Lukács' Sehnsucht nach dem Absoluten und sein radikales Stellen der Todesfrage, die einen Lucien Goldmann an Martin Heidegger erinnerte[38], im Hinterkopf hat.

Die Form des Essays ist nicht nur dem Zeitgeist geschuldet, sie ergibt sich fast zwangsläufig aus der geschilderten Gemengelage. Dem Zeitgeist entspricht die Favorisierung des Essayistischen ohne Zweifel. Károly Kókai hat in minutiöser Kleinarbeit nachgewiesen, wie intim die Bezüge zur ästhetischen Kultur Wiens sind, zu Rudolf Kassner, Arthur Schnitzler, Hugo von Hofmannsthal und Richard Beer, der großen Gruppe interessanter Köpfe im Wien der Jahrhundertwende, Protagonisten „einer inzwischen verschwundenen, deutschsprachigen, bürgerlichen intellektuellen Welt"[39]. In der krisenhaften Spätzeit der Wiener Kultur ist der Typus des modernen Essayisten entstanden, der für Lukács (bei aller Wertschätzung der Vorgänger) paradigmatisch wird und dessen Produkt er so beschreibt:

---

37 Georg Lukács. *Zur Theorie der Literaturgeschichte* (1910) GLW Bd. 1/Teilband 1. Bielefeld: Aisthesis, 2017. S. 162. In den *Heidelberger Notizen* (wie Anm. 35) bleibt folgerichtig das Werk von Marx unerwähnt, während die Auseinandersetzung mit Simmel eine Fortführung findet.

38 Lucien Goldmann. *Dialektische Untersuchungen*. Neuwied/Berlin: Luchterhand, 1966. S. 312. Für andere Lukács-Exegeten (z. B. für Keller oder Kókai) ist Lukács' radikale Infragestellung der Moderne eher ein Beleg für dessen latenten Konservatismus. 2005 hat Axel Honneth erneut die Frage einer Nähe Lukács' zum frühen Heidegger (und dessen Begriff der *Sorge*) aufgeworfen.

39 Károly Kókai. *Im Nebel. Der junge Georg Lukács und Wien*. Wien: Böhlau, 2002. S. 15. In seiner im Detail verdienstvollen Studie gelangt Kókai zu wichtigen Resultaten, überschätzt aber m. E. die Bedeutung der österreichischen Philosophen, wenn er schreibt: „Die Antworten [...] der österreichischen Philosophen Bernard Bolzano, Franz Brentano und Ernst Mach waren für Lukács in allen Perioden seines frühen Schaffens von entscheidender Bedeutung" (S. 22).

> Der moderne Essay hat den Lebenshintergrund verloren, der Platon und den Mystikern ihre Kraft gab und auch der naive Glaube an den Wert des Buches und was darüber zu sagen ist, ist ihm nicht mehr gegeben. Das Problematische der Lage hat sich fast zu einer notwendigen Frivolität im Denken und im Ausdruck zugespitzt – bei den meisten Kritikern ist sie auch zur Lebensstimmung geworden. (*SuF*, S. 40)

Der frühe Lukács begegnet der Frivolität mit Abscheu, empfindet sie als existentielle Gefährdung, der nur durch den Rekurs auf individuelle Idealität zu entgehen ist. „Die Idee ist der Maßstab alles Seienden: [...] nur durch die richtende Kraft der geschauten Idee rettet er [der Essayist, R.D.] sich aus dem Relativen und Wesenlosen" (*SuF*, S. 41). Woher aber nimmt der Essayist das „Recht zum Gericht" (*SuF*, S. 41) – die nur beinahe befriedigende Antwort lautet: „er nimmt es sich; aus sich heraus erschafft er seine richtenden Werte" (*SuF*, S. 41). Die reine Subjektivität reicht Lukács aber bereits in 1911 als letzte Wahrheit, als letztes Wort nicht aus. Der moderne Essayist ist für Lukács eine Zarathustra-Gestalt, „der reine Typus des Vorläufers", der „immer Kommende, der noch nie Angelangte" (*SuF*, S. 41f.). Denn: „er ist es nicht, der sie [die Kriterien des Richtens, die er in sich und aus sich heraus gefunden hat, R. D.] zum Leben und zur Tat erweckt" (*SuF*, S. 41) – „er ist ein Täufer, der auszieht, um in der Wüste zu predigen von einem, der da kommen soll, von einem, dessen Schuhriemen zu lösen er nicht würdig sei" (*SuF*, S. 42).

Material für seine Suche nach Transzendenten der Frivolität findet der Essayist an manchmal entlegenen Orten oder besser gesagt: an Stellen, die uns wie die obskuren künstlichen Gärten des Italien der Renaissance anmuten mögen: Wer, außer Spezialisten für die Kultur Mitteleuropas oder des Fin de Siècle kennt sich noch aus im Werk von Charles-Louis Philippe, Beer-Hofmann, Kassner oder Paul Ernst? Lucien Goldmann war sogar überzeugt, Lukács' Bezugnahme auf den „zweitrangigen Schriftsteller Paul Ernst" sei ein Ausdruck „ironischer Bescheidenheit"[40]. Man wird Lukács kaum zustimmen, wenn er in seiner *Ästhetischen Kultur* in Philippe und Paul Ernst Pioniere einer neuen Kunstepoche am Werke sieht.[41] Andererseits beschäftigt sich die Essaysammlung mit wahrhaft repräsentativen intellektuellen Gestalten seiner Zeit: Mit Stefan George, Sören Kierkegaard, mit lebensphilosophischen

40 Goldmann. Dialektische Untersuchungen (wie Anm. 38). S. 175.

41 Vgl. Ernst Keller. *Der junge Lukács. Antibürger und wesentliches Leben.* Frankfurt a. M.: Sendler, 1984. S. 86.

Ansätzen, die er im Kontext der Romantik oder einer Debatte über das Modernisten-Idol Lawrence Sterne traktiert. Es ist sehr lohnend, aber hier nicht der Ort, etwa den Spuren von Lukács' Romantikbild oder seiner frühen Sicht auf Kierkegaard zu folgen, auch in rezeptionsästhetischer, ideengeschichtlicher oder philologischer Absicht.

Wie kann man leben – das war für die großen Repräsentanten von romantischer Lebensphilosophie und ist vor allem für den jungen Lukács, der ja *bei Gelegenheit* von allerlei als Zeitgenossen empfundenen Werken und Gestalten vorzüglich seinen eigenen philosophischen Standort bestimmen möchte, die Frage aller Fragen.

> Das Leben ist eine Anarchie des Helldunkels: nichts erfüllt sich je in ihm ganz und nie kommt etwas zum Ende; immer mischen sich neue Stimmen, verwirrende, in den Chor jener, die schon früher erklangen. Alles fließt und fließt ineinander, hemmungslos, in unreiner Mischung; alles wird zerstört und zerschlagen, nie blüht etwas bis zum wirklichen Leben [...] Das Leben ist das Unwirklichste und Unlebendigste alles denkbaren Seins. (*SuF*, S. 207)

Der Essayist insistiert beinahe manisch auf dem Ekel vor der Banalität der Existenz – vor allem in der Gegenwart. Die Schrecken der Seelenlosigkeit von Natur und Schicksal, die Einsamkeit des Menschen war nie so ausgeprägt (vgl. *SuF*, 208f.). Diese tatsächlich existentialistisch anmutende Attitüde provoziert die Sehnsucht nach dem ganz Anderen, u. d. h. für den Autor der Essaysammlung zunächst die nach der Tragödie und dem tragischen Menschen. „Das Vollkommen-Sein ist das Da-Sein der Menschen der Tragödie." (*SuF*, S. 211) Diese Vollkommenheit negiert undialektisch schroff die übliche Existenz. Lukács beruft sich auf zwei wichtige Erfahrungen, die Exempla des Wesentlichwerdens der Menschen darstellen und so dem tragischen Menschen entsprechen. Die Erfahrung der Grenze – Lukács verweist lange vor *Sein und Zeit* auf den Tod als „Grenze an sich" (*SuF*, S. 217) – zwingt das Leben zum Eindeutigwerden, zum Sichselbstfinden. „Die Erkenntnis der Grenze schält ihr [der Seele, R. D.] Wesen aus ihr heraus, läßt alles andere achtlos-verächtlich von ihr abfallen, diesem aber gibt sie das Dasein der inneren und einzigen Notwendigkeit." (*SuF*, S. 218) Das „Vollkommen-Sein" ist als Erlebniswirklichkeit des Lebens durchaus bekannt – als „die blutvoll unmittelbar erlebte Wahrheit der großen Augenblicke" (*SuF*, S. 211), des Wunders.[42]

42 Dass die Suche nach Augenblicken *wahrer Empfindung* nicht verschwunden ist, bezeugt das Werk Peter Handkes, zumal das des nicht mehr ganz jungen. Ich

Im großen Moment der tragischen Entscheidung wird der „zufällige Fluß der Zeit" (*SuF*, S. 212), der „bodenlose Morast" (*SuF*, S. 212) uneigentlichen Existierens beiseite gewischt; im „schonungslosen Selbstgericht der Seele" vollendet sich das „reine Erlebnis der Selbstheit" (*SuF*, S. 211).

Die angesprochenen Erlebniswirklichkeiten sind Lukács vertraut aus den ihn wie Bloch damals beeindruckenden Traditionen der Mystik, auf die er sich explizit beruft (vgl. *SuF*, S. 215). Eine Realisierungsmöglichkeit im Alltagsleben – definiert im Sinne der späten *Ontologie* oder der Praxisphilosophie von *Geschichte und Klassenbewußtsein* – ist in 1911 noch nicht vorgesehen. Das Essentielle im Draußen zu suchen, das ist für den frühen Lukács eine Sackgasse, ein Irrweg. Er schreibt an Max Weber: „Wir müssen immer wieder betonen, daß das einzig Essentielle doch nur wir sind, unsere Seele, und selbst deren apriorische Objektivationen sind (nach einem schönen Bilde Ernst Blochs) auch nur Papiergeld, dessen Wert von der Einlösbarkeit in Gold abhängt."[43]

IV. Die Theorie des Romans als Negation der Utopie

Bekanntlich ist die *Theorie des Romans*, entworfen im Sommer des Jahres 1914, niedergeschrieben im Winter 1914/15, das einzige zu Lebzeiten publizierte Resultat der langen und intensiven Arbeit am Dostojewski-Projekt in

verweise auf seinen oben bereits erwähnten *Versuch über den geglückten Tag*, der auch in philosophischer Hinsicht bemerkenswert ist, vor allem aber auf seine Prosawerke seit 1994. Zu meiner Lesart Handkes vgl. Rüdiger Dannemann. „Reisender durch die Niemandsbucht. P. H. zum 60. Geburtstag". *Freitag* vom 6.12.2002. Zu Handkes Misstrauen gegenüber der Romanform vgl. Werner Michler, Teilnahme. Epos und Gattungsproblematik bei Peter Handke. In: *Von den Rändern her: Peter Handke*. Hg. Klaus Amann/Karl Wagner. Wien, Köln, Weimar: Böhlau, 2006. S. 117-134 und aktuell Richard Kämmerlings, Ach, würden wir doch in epischen Zeiten leben!. In: *Die Welt* vom 2.11.2017. https://www.welt.de/kultur/literarischewelt/article170528810/Ach-wuerden-wir-doch-in-epischen-Zeiten-leben.html. Zu Handkes Verhältnis zur Romanform bis Mitte der 80er Jahre vgl. Margret Eifler, *Die subjektivistische Romanform seit ihren Anfängen in der Frühromantik. Ihre Existenzialität und Anti-Narrativik am Beispiel von Rilke, Benn und Handke*. de Gruyter: Berlin/New York,1985.

43 Georg Lukács. *Briefwechsel 1902-1917*. Hg. Éva Karádi/Éva Fekete. Stuttgart: Metzler, 1982. S. 349.

den Jahren des 1. Weltkriegs, das erst postum 1985 durch eine Publikation des Budapester Lukács-Archivs bekannt wurde.

Es handelt sich bei der *Theorie des Romans* weitestgehend um einen Utopie-kritischen Traktat, um den Ausdruck „einer permanenten Verzweiflung über den Weltzustand“[44]. Der Text ist ein Dokument der Verlustgeschichten der Moderne, der Unmöglichkeit jener Form von Perfektion, die im Begriff der Utopie mitgedacht ist. „Die Kunst ist – im Verhältnis zum Leben – immer ein Trotzdem; das Formschaffen ist die tiefste Bestätigung des Daseins der Dissonanz, die zu denken ist.“ (*TdR*, S. 55) Mit dem Verlust der Immanenz des Sinnes entwickelt sich zu zuallererst das Problem der bzw. das Bedürfnis nach Utopie, während in den geschlossenen Kulturen – um mit Hartmut Rosa zu sprechen – der „rudimentäre Entwurf einer anderen, resonanten Form der Weltbeziehung“[45] vorgelegt wird. Die Geschichte des Romans ist eine Geschichte der Suche“[46] und des Scheiterns utopischer Entwürfe. Der Roman des abstrakten Idealismus scheitert mit dem don quijotesken Versuch, der Wirklichkeit seine Ideale aufzuzwingen (vgl. *TdR*, S. 120), der Roman der Desillusionsromantik, das Scheitern des abstrakten Idealismus voraussetzend, geht den Weg in die Verinnerlichung, die umfassend-entfaltende Subjektivierung und impliziert ein Konzept der individuellen Lebensgestaltung, das das eigene Leben als Kunstwerk betrachtet und die Wirklichkeit als bloßes Material (*TdR*, S. 121). Hier wird das ethische Problem der Utopie zugespitzt sichtbar: das der Hierarchisierung von innerer und äußerer Welt. Die Selbstherrlichkeit der Subjektivität wird erkauft durch die Aufgabe der Chance, die Totalität der Wirklichkeit zu erfassen, führt zur Unlösbarkeit der formalen Durchdringung der Inhalte, die in kruder, banaler, sinnfremder Faktizität verharren. Dem Subjekt begegnet die Natur als „fremdgewordener, die Innerlichkeit nicht mehr erweckender Sinnkomplex; sie ist eine Schädelstätte vermoderter Innerlichkeiten“ (*TdR*, S. 49). Das nunmehr entstehende „moderne sentimentalische Naturgefühl ist nur die Projektion des Erlebnisses, daß die selbstgeschaffene Umwelt für den Menschen kein Vaterhaus mehr ist, sondern ein Kerker“ (*TdR*, S. 50).

44 Lukács, Vorwort (wie Anm. 11). S. 7.

45 Hartmut Rosa. *Resonanz. Eine Soziologie der Weltbeziehung*. Frankfurt a. M.: Suhrkamp, 2016. S. 548, A. 57.

46 „Es ist nun just der Roman, der nach Lukács diese Suche [nach Totalität und Gemeinschaft, R. D.] inszeniert, deren Ursprung in für den Menschen gänzlich ungastlichem Charakter der modernen Umwelt liegt.“ (Sayre/Löwy. Die (antikapitalistische) Romantik (s. Anm. 12). S. 155).

Mit dem Bildungsroman entsteht der Versuch der Vermittlung von Subjektivität und Realität in einem Prozess der Reifung des Individuums, das die Vernünftigkeit des Wirklichen zu erfassen gelernt haben soll, aber de facto nur gelernt hat, sich in die Welt der Konventionen einzufügen, deren Vernünftigkeit und die Ansprüche der eigenen Subjektivität sorgsam auseinanderhaltend. Dass der Bildungsroman trotz intendiertem „zunehmendem Verzicht auf abstrakten Idealismus und utopische Romantik" (*TdR*, S. 112) letztlich doch bloßes „romantisches" Ideal, lyrisch-wirklichkeitsferne Utopie bleibt, zeigt Goethes Turmgesellschaft am Ende seines Meister-Romans[47]: Hier scheitert Goethe an der Aufgabe, den Abgrund zwischen bürgerlicher Prosa und den Erfordernissen eines „wesentlichen Lebens" zu überwinden. Und er muss, wie die Dinge stehen, trotz „noch so großer und noch so meisterhafter Kunst des Gestaltens" an dieser Aufgabe scheitern (*TdR*, S. 111).[48]

Nachdem er in seinem geschichtsphilosophischen[49] Versuch die Konturen des Romans als Ausdruck der Krise dargelegt und gezeigt hat, wie im modernen Roman „die formgeforderte Immanenz des Sinnes [...] gerade aus dem rücksichtslosen Zu-Ende-Gehen im Aufdecken ihrer Abwesenheit" entsteht (*TdR*, S. 55), nachdem er verdeutlicht hat, dass die zu Beginn seines Essays emphatisch-suggestiv porträtierten Paradiese der geschlossenen Kulturen mit ihrem „Lebensreichtum und (ihrer) Gemeinschaftsverbundenheit [...] in der Moderne nicht mehr verwirklichbar sind"[50], konfrontiert uns Lukács auf den letzten Seiten seines Werks ziemlich überraschend mit

47 Vgl. auch Ulysse Dogà, Der junge Lukács und Goethe. In: *Goethe um 1900.* Hg. Claude Haas/Johannes Steizinger/Daniel Weidner. Berlin: Kadmos, 2017. S. 185-201.

48 In seinen späteren Goethe-Studien zeigt Lukács, wie dessen *Wilhelm Meister* „ein viel kopiertes Vorbild romantischer Romane geworden ist" (Lukács. „Wilhelm Meisters Lehrjahre". In: GLW Bd. 7. S. 78/79), obwohl er essentiell ein Streiter „gegen die blinde Revolte, die falsche Poesie der Romantik" (S. 78), gewesen sei. Der mit feiner Ironie operierende Autor einer humanistischen Utopie habe „mit dieser Ironie den real-irrealen, den erlebt-utopischen Charakter einer Verwirklichung der Humanitätsideale" unterstrichen (S. 84). Eine Studie über die Struktur und den Wandel von Lukács' Verständnis und Begriff der Romantik ist derzeit noch ein Desiderat der Forschung.

49 Es ist freilich fraglich, ob es sich hier – wie in der Regel behauptet – sensu stricto um Geschichtsphilosophie im Hegel'schen Sinne handelt.

50 Sayre/Löwy. Die (antikapitalistische) Romantik (s. Anm. 12). S. 158. Die Autoren vermerken zu Recht, „dass für Lukács die Transzendenz der Moderne sich

einer Utopie, genauer: zunächst mit der gescheiterten Transzendierung der Romanform bei Tolstoi und danach mit der ‚russischen' Utopie Dostojewskijs. Gegenüber dem bisherigen nicht intendierten, letzthinnigen Akzeptieren der gesellschaftlich-kulturellen Gebilde durch die Klassiker des modernen Romans scheint Tolstoi auf einen anderen Weg hinzuweisen, auf dem „die utopische Ablehnung der konventionellen Welt sich in einer, ebenfalls existenten Wirklichkeit objektiviert" (*TdR*, S. 112), nämlich in der Natur.[51] Tolstois Konfrontation der erstarrten Welt der zivilisatorischen Konventionen mit authentischer Naturerfahrung (etwa des russischen Muschiks) bringt aber keine Lösung des Problems, die über punktuelle Momenterfahrungen von Sinn und Authentizität hinausgeht. „Denn die ahnend erblickte Welt der wesenhaften Natur bleibt Ahnung und Erlebnis, also subjektiv und für die gestaltete Wirklichkeit reflexiv; sie ist – rein künstlerisch – jeder Sehnsucht nach einer angemesseneren Realität dennoch gleichartig." (*TdR*, S. 118). Tolstoi ignoriert, dass eine „Totalität von Menschen und Begebenheiten [...] nur auf dem Boden der Kultur, wie immer man sich auch zu ihr stellen mag, möglich" ist (*TdR*, S. 114).[52] So scheitert in Lukács' Augen Tolstois mutiger Kampf gegen die Welt der Gebilde und Konventionen, und die in seinen Romanen vorfindlichen Augenblicke authentischer Erfahrung bleiben Episoden, in denen Menschen in Grenzsituationen in die „Sphäre einer reinen Seelenwirklichkeit" (*TdR*, S. 114). vordringen. War bei Tostoi der Durchbruch zu einer „neuen transzendentalen Topographie" jenseits der modernen Dualismen und Entfremdungsformen letztendlich misslungen, so verweist dessen Versuch doch auf Dostojewski, den Verkünder einer neuen Welt, den Vorboten der Utopie eines neuen Menschen.

Was für eine Form von Utopie aber liegt bei Dostojewski vor bzw. was für eine Utopie entdeckt Lukács in den literarischen Texten des russischen Autors? Dostojewskis Welt ist kein Drama des Kampfes gegen das

---

nur in der Vergangenheit inspiriert, um eine neue Welt zu erschaffen" (S. 159, Anm. 8).

51 Vgl. Kavoulakos. Ästhetizistische Kulturkritik (wie Anm. 13). S. 179.

52 Bei Tolstoi entstehen drei Wirklichkeitsschichten, und er unterscheidet drei Formen von Zeit (Zeitlosigkeit und sinnlosen Wandel prägen die Welt der Konventionen, der rhythmische Fluss die Welt der Natur, während in flüchtigen großen Augenblicken (vgl. *TdR*. S. 116f.) sich die Seele ihrer selbst bewusst wird).

Bestehende, in der Negation noch diesem verhaftet. Es ist Darbietung einer „neuen Weltepoche", „einer neuen Welt" (*TdR*, S. 119). Nicht mehr in den bekannten Formen des Romans, des Bildungs- und Desillusionsromans, jenen Ausdrucksformen des Zeitalters der vollendeten Sündhaftigkeit; die neue Welt wird in Dostojewskis Werken „als einfach geschaute Wirklichkeit" (*TdR*, S. 119). dargeboten. Welchen Status diese Gestaltung hat, lässt Lukács offen, liegt doch die Formanalyse der Nicht-Romane Dostojewskis außerhalb des Bereichs (s)einer Theorie des Romans. Erst nach erfolgter Formanalyse aber könnte dann es „Aufgabe einer geschichtsphilosophischen Zeichendeuterei sein", zu untersuchen, „ob wir [man beachte die persönliche Ansprache des Lesers, R. D.] wirklich im Begriffe sind, den Stand der vollendeten Sündhaftigkeit zu verlassen" (*TdR*, S. 119). Oder ob es sich um bloße Hoffnungen (i. S. eines letztlich doch abstrakt bleibenden Prinzips Hoffnung) auf die Ankündigung des Neuen handelt.

Um die kargen Andeutungen des Schlussabschnitts der *Theorie des Romans* verstehen zu können, ist es hilfreich, Lukács' bereits erwähntes, Fragment gebliebenes, Ende 1915 aufgegebenes Dostojewski-Projekt näher zu betrachten.

V. Exkurs: Frühe ethische Entwürfe (Das Dostojewski-Projekt)

Wie Carlos Machado feststellt[53], sind im Formbegriff von *Die Seele und die Formen* noch Ästhetisches und Ethisches zusammengedacht – sozusagen als Synthese der ersten beiden Stadien Kierkegaards. Die nähere Ausarbeitung des ethischen Aspekts erfolgt in den Jahren nach dem Erscheinen des Essaybuchs, sie führen aber nicht zu einer Lösung, die den Suchenden selbst zufrieden stellt.[54] Doch seine Versuche sind ebenso eindringlich und interessant wie die praktisch parallel entstehenden Entwürfe einer systematischen

---

53 Carlos E. J. Machado. *Die Formen und das Leben. Ästhetik und Ethik beim frühen Lukács.* Paderborn: Arbeitspapiere des Lukács-Instituts für Sozialwissenschaften, 1994. Ohne Paginierung.

54 Zu Lukács' Versuchen einer Begründung eines eigenen ethischen Ansatzes vgl. Rüdiger Dannemann. „Lukács Kritik der gesellschaftlichen Vernunft". In: *Deutsche Zeitschrift für Philosophie* 40 (1992, 1-2). S. 163ff. und Ders. *Georg Lukács zur Einführung*. Hamburg: Junius, 1997, Neuauflage Wiesbaden: Panorama, 2005. S. 85ff.

Ästhetik, die, wie man weiß, unter anderem Max Weber fasziniert verfolgte.[55] Bereits 1912 zeichnet sich eine Wendung ins Ethische in dem Dialog *Von der Armut am Geiste* ab, deren Hintergrund bekanntlich der Selbstmord Irma Seidlers bildet, und die Schuld bzw. Mitschuld Lukács' an dieser privaten Tragödie. Der männliche Protagonist dieses Dialogs, offensichtlich ein Sprachrohr des Autors, definiert seine Schuld in einer für den Lukács dieser Jahre typischen Art so: „Ja, ich trage Schuld an ihrem Tod; vor Gott versteht sich. Nach allen Satzungen menschlicher Sittlichkeit habe ich nichts verschuldet, habe im Gegenteil alle meine Pflichten (er sprach das Wort mit großer Verachtung) redlich erfüllt."[56] Der Text entfaltet einen unverhüllt metaphysischen, man könnte auch sagen religiösen Diskurs. Der poetische Gestus erhält von hierher seine Berechtigung: Auch die für die Dostojewski-Notizen richtungsgebende Leitfrage nach einer angesichts der Verstrickungen in Schuld möglichen authentischen Lebensform kann in einem strikt rationalen Diskurs nicht angemessen behandelt werden. Der Dialog gibt eine drei Stufen unterscheidende Typologie der möglichen Lebensformen. Zunächst gibt es das ‚normale' Leben, das Lukács auch das ‚gewöhnliche' nennt. Dessen Merkmale entsprechen denen, die uns aus *Die Seele und die Formen* vertraut sind. Eine Formung des Chaos leistet die Pflichtethik – der Autor orientiert sich hier an Kant. Die Ordnungsmacht der Pflicht bezahlt aber einen erheblichen Preis: Die Pflichtethik mit ihren universalistischen Prinzipien zerstört die Unmittelbarkeit des Lebens und wird deshalb von Lukács als „menschenfern"[57], ja „widermenschlich"[58] bezeichnet. „Sie [die Pflicht, R.D.] ist eine Brücke, die trennt."[59]

Lukács' Protagonist sieht die Möglichkeit einer Überbietung der Pflichtethik in einem Existenzmodus, den er mit einem Begriff der mittelalterlichen Mystik ‚Güte' nennt. Güte überwindet die tradierte Ethik, jene „erste primitive Erhebung des Menschen aus dem Chaos des gewöhnlichen Lebens"[60]. „Güte" ist höchste Lebensform, weil sie dem, was das „einsam-große Kunst-

---

55 Vgl. hierzu Joachim Radkau. *Max Weber. Die Leidenschaft des Denkens*. München/Wien: Hanser, 2005. S. 575f.

56 Georg Lukács. *Von der Armut des Geistes. Ein Gespräch und ein Brief.* GLW Bd. 1/Teilband 1. Bielefeld: Aisthesis, 2017. S. 392.

57 Lukács. Armut (wie Anm. 56). S. 395.

58 Lukács. Armut (wie Anm. 56). S. 399.

59 Lukács. Armut (wie Anm. 56). S. 393.

60 Lukács. Armut (wie Anm. 56). S. 399.

werk schafft"[61], Formwerdung, „die Rückkehr in das wirkliche Leben, das wahre Heimfinden des Menschen"[62] ermöglicht. Der Mensch der Güte ist ein Gnostiker der Tat, dessen Handeln quasi göttlich ist, auch wenn es Gewalttaten, Verbrechen impliziert. Er legitimiert sich durch das Ethos des Werkschaffens: „alle unsre Apperzeptions- und Reaktionssmöglichkeiten müssen sich schicksalhaft-unwillkürlich nach der Kategorie, in der das Werk liegt, richten. Dann wird die Privation der Seele durch die Armut zur Aktivität, zum fruchtbaren und furchtbaren Wüten der Besessenheit des Werkes, das nach Realisation hungert"[63].

Die in dem knappen Dialog von 1912 skizzierte Ethik der Tat erhält klarere Konturen, wenn man die *Dostojewski-Notizen* heranzieht. Diese Entwürfe sind weniger eine „ganzheitliche Vision" denn ein Amalgam heterogener intellektueller Tendenzen[64], typisches Dokument einer Schwellenzeit, in der Sören Kierkegaard und Marx, Sebastian Franck und Dostojewski koexistieren.[65] Letzterer ist für ihn so bedeutsam, insofern er sich zum Metaphysiker entwickelt hat und für Lukács' Problemstellung, dem „Dilemma der Substanzialität: Seele oder Staat (objektiver Geist)"[66], eine literarisch und ethisch überzeugende Lösung anbietet. Lukács skizziert die Umrisse seiner Ethik in einer Gegenüberstellung von – so sein damaliger Sprachgebrauch – 1-ter und 2-ter Ethik. Die 1-te Ethik leistet die Überwindung purer Naturhaftigkeit, tut dies aber noch in der Gestalt einer abstrakten, lebensfeindlichen Ethik. Diese „alte Ethik" formuliert, wie Lukács in einem Brief vom 4. Mai 1915 an Paul Ernst schreibt, nur „Pflichten den Gebilden gegenüber"[67]. Die 2-te Ethik umfasst die „Imperative der Seele"[68]. In ihrem Bereich gelten die empirischen Kausalitäten und Kontingenzen nicht, es existiert eine neue ‚Unmittelbarkeit' des neuen Menschen. Lukács findet solche Menschen der neuen Ethik in Dostojewskis

---

61 Lukács. Armut (wie Anm. 56). S. 394.

62 Lukács. Armut (wie Anm. 56). S. 395.

63 Lukács. Armut (wie Anm. 56). S. 401.

64 Vgl. Dannemann. *Prinzip Verdinglichung* (s. Anm. 36). S. 192.

65 Die eben zitierten Sayre/Löwy (s. Anm. 12) bezweifeln, dass es Lukács gelungen sei, „eine einheitliche These über den Schriftsteller selbst" zu entwickeln (S. 159).

66 Georg Lukács. *Dostojewski. Notizen und Entwürfe*. Budapest: Akadémiai, 1985. S. 90.

67 Lukács. „Brief an Paul Ernst" (4. Mai 1915). Georg Lukács. *Briefwechsel 1902-1917*. Hg. Éva Karádi/Éva Fekete. Stuttgart: Metzler, 1982. S. 352.

68 Lukács. Brief an Paul Ernst (wie Anm. 66). S. 352.

Werken, in denen ein neuer Formwille aufscheint, der selbst revolutionär ist, gestaltet. Dostojewskis Helden suchen nach Lebensformen jenseits der Tragik. Sie erlangen Erlösung nur durch Abstraktion vom Nichtseelischen; die empirische Welt ist für sie „nur wie durch einen Schleier sichtbar" (*D,* S. 70). Das Finden der eigenen Seelensubstanz ist erkauft durch einen ‚ethischen Solipsismus'. An diesem Punkt konvergieren Dostojewski und Kierkegaard. Auch der dänische Philosoph setzt sich von den Strukturen der ‚alten Ethik' ab, speziell natürlich von der des institutionalisierten Christentums. Nach Kierkegaard führt der Übergang zu einem höheren Stadium des Existierens „in die Einsamkeit, Verschlossenheit" (*D*, S. 149), doch der Durchbruch zu echter Religiosität reformuliert nur das Dilemma von Ich und objektivem Geist (Gesellschaft). Lukács kommentiert in Frageform: „So soll das Religiöse die Menschen endgültig trennen, statt sie zu verbinden?" (*D*, S. 149).

Einen Lösungsansatz verspricht die Wendung des Problems ins Geschichtsphilosophische. In einer Welt, in der gilt: „unmittelbare Gesundheit des Geistes gibt es nicht", wird die Beseitigung des „jehovaischen Schlachtfeldes" (*D*, S. 88) zur unaufschiebbaren ersten Frage. Daher rührt Lukács' damaliges Interesse am Marxismus und an der Praxis der russischen Terroristen, verkörpert in Ropschin. Der Terrorist, der den Zarismus bekämpft, verwirklicht die Marx'sche Version einer 2-ten Ethik. Marx – so die *Dostojewski-Notizen* – will jedes Transzendieren auf vollkommene Immanenz hin umarbeiten, den Kampf gegen das ‚Jehovaische' exklusiv im Interesse immanent-irdischer Ziele zu führen. Der Lukács der Weltkriegszeit ist aber noch nicht bereit, diesen Weg des Revolutionärs voll und ganz zu bejahen bzw. sich in die Schar der ‚Mystiker der Revolution' einzureihen. Das Opfer, das der Revolutionär zu bringen hat, „(buchstäblich) seine Seele zu opfern: aus 2-ter Ethik nur 1-te tun" (*D*, S. 127), dazu ist er noch nicht bereit. Die Solidaritäts-Typen, die er in Dostojewskis Werk zu finden glaubt[69], die Wiederaufnahme urchristlicher Formen der Nächstenliebe – Lukács zitiert Dostojewskis Puschkin-Rede: „„Ein echter, [...] ein ganzer Russe werden [...] heißt vielleicht nur [...] ein Bruder aller Menschen werden." (*D*, S. 181) –, überzeugen ihn mehr, sie bewahren – oder soll man besser sagen: hindern – den russischen Romancier und seinen philosophischen Bewunderer vor einem Übergang zum Typus des Revolutionärs.

69 Vgl. Dannemann. *Prinzip Verdinglichung* (wie Anm. 36). S. 193 und S. 196.

Lukács' – im damaligen Heidelberg durchaus salonfähige – Hochstilisierung Dostojewskis zum Vorboten einer neuen Welt bekommt aber Risse, sie überzeugt ihren Autor konzeptionell und vor dem Hintergrund der historischen Wirklichkeit nicht mehr voll und ganz. Angesichts des Weltzustandes – wie gesagt: die Arbeit am Dostojewski-Projekt findet vor dem Hintergrund des 1. Weltkriegs statt – ist es für Lukács immer weniger plausibel, Dostojewskis literarische Utopie gelungenen Lebens für mehr als ein uneinlösbares Versprechen zu halten. Immer dringlicher wird die verunsichernde Frage: Erweist sich Dostojewski tatsächlich als tragfähige Basis der postulierten Überwindung des Solipsismus ohne Aufopferung des Ichs an die zu Gebilden erstarrten Realitäten?[70]

VI. Das utopische Moment der *Theorie des Romans*

Kehren wir zum Text der *Theorie des Romans* zurück. Der Schluss des Buchs, das wohl ein Jahr vor Aufgabe des Dostojewski-Projekts verfasst worden ist (falls man den Angaben des Verfassers aus dem Vorwort zur Neuauflage vertrauen kann[71]), zeigt nicht einen Philosophen, der mit der Selbstsicherheit eines Systemphilosophen die Negation der Negation, die versöhnende Überwindung der Dissonanzen verkündet. Seine Dostojewski-Utopie entspricht zwar dem Kriterium der Denkmöglichkeit, u. U. auch dem Kriterium der geschichtsphilosophisch-hypothetischen Möglichkeit, nicht aber dem einer sachlich-objektiven Möglichkeit. Insofern handelt es sich nicht um den Typus einer konkreten Utopie, die sich selbst als utopischer Entwurf aufzuheben fähig zeigt. Dessen war sich der Autor der Romantheorie durchaus bewusst: Der Text endet deswegen keineswegs mit planem Optimismus,

70 Zu den Gründen der Aufgabe des Dostojewski-Projekts vgl. Dannemann. *Prinzip Verdinglichung* (wie Anm. 36). S. 197. Mit meiner Darstellung setzt sich zum Teil affirmativ, zum Teil kritisch auseinander Andreas Hoeschen. *Das „Dostojewsky"-Projekt. Lukács' neukantianisches Frühwerk in seinem ideengeschichtlichen Kontext.* Tübingen: Max Niemeyer, 1999. S. 272. Zum Scheitern der *Waffenbrüderschaft* mit Béla Balázs vgl. Hanno Loewy. *Béla Balázs. Märchen, Ritual, Film.* Berlin: Vorwerk 8, 2003. Mit Balázs verbanden Lukács eine Reihe gemeinsamer Problemstellungen und Projekte, u. a. ihre Sicht des Todes und die Sehnsucht nach einer neuen Form von Gemeinschaft sowie das Interesse an einer Ästhetik des neuen Mediums Kino.

71 Lukács. Vorwort (wie Anm. 11). S. 7.

sondern mit einem trotzigen, aber reduzierten Dennoch. D.h. aber auch: Anders als Szymborskas anfangs zitiertes Credo: „Des Menschen Wesen ist von Natur der Trauer ausgesetzt. / Auf diese warte ich und freu mich drauf schon jetzt.", verweigert sich Lukács einem ästhetisierten Ontologisieren einer negativen *condition humaine*. Er macht – durchaus mit der Stimme des verzweifelt Hoffenden – geltend: Die Suche, die daraus [aus dem zu Verzweiflung allen Anlass gebenden Weltzustand, R.D.] hervorgeht, geht zurück „auf utopische Vollendung hinstrebende, nur sich und ihr Begehren als wahre Realität empfindende Sehnsucht der Menschen" (*TdR*, S. 54). Und „projiziert [...] [deshalb, R.D.] die Nostalgie des verlorenen Goldenen Zeitalters auf die Utopie der Zukunft"[72].

Frank Engster hat die Revolutionstheorie von *Geschichte und Klassenbewußtsein* als eine existentialistisch-rettende Neuformulierung des Revolutionsgedankens angesichts des realen Scheiterns der Revolution zu Beginn des 20. Jahrhunderts zu erweisen versucht.[73] Tatsächlich ist eher der Schluss der *Theorie des Romans* als eine Spielart des Existentialismus auszumachen: die Gemeinschaften Dostojewskis, von denen Lukács schreibt, sind kein Produkt einer ‚logischen', kausalen Entwicklung, sondern Gesten der Verweigerung gegen eine verarmte, seelen- und sinnlos gewordene Welt, in die der Mensch der Moderne geworfen ist. Sie sind Zeichen, die auf ein zumindest ästhetisch gestaltbares Ganz-Anderes verweisen – eben Utopien *sensu stricto*. Es sind freilich Utopien, die – wie der späte Marxist kritisch vermerkt hätte – nicht auf das Niveau konkreter Dialektik gelangt sind. Sie sind höchstens Platzhalter für eine Form von gemeinsamer Praxis, die sich materialisieren müssen, z.B. – so zumindest 1923 der leitende Gedanke der großen marxistischen Essaysammlung – in der Gestalt des Proletariats.

Lukács spricht im Zusammenhang mit Dostojewskis Nicht-Romanen von „Anzeichen eines Kommendem, das noch so schwach ist, daß es von der unfruchtbaren Macht des bloß Seienden immer spielend erdrückt werden kann"[74]. Das kann man nur deuten als Schwanken zwischen Hoffnung und

72 Sayre/Löwy. Die (antikapitalistische) Romantik (wie Anm. 11). S. 160.

73 Vgl. Frank Engster. „Lukács' Existenzialismus oder Die Selbstreflexion der Produktivkraft durch das Selbstbewusstsein der Ware Arbeitskraft". *Klasse Geschichte Bewusstsein*. Hg. von Hanno Plass. Berlin: Verbrecher, 2015. S. 33ff.

74 In unseren Tagen – im Zeitalter des Postkommunismus, in Zeiten des Niedergangs nicht nur des amerikanischen Proletariats, in Zeiten, in denen erneut die Anzeichen des Kommenden spielend leicht von der Macht des bloß Seienden

Resignation, als Versuch, die begründete Entsagung auf die Illusion einer Rückkehr in ein verlorenes Paradies umzuarbeiten in „Hoffnungen in das ‚kommende Licht'"[75]. Nach der Niederschrift der *Theorie des Romans* arbeitet Lukács weiter an seinem Dostojewski-Projekt. Doch die Hoffnung, mit diesem Projekt zu einer Lösung der Krise der Moderne zu gelangen, endet in Skepsis und mit dem Entschluss, dieses Projekt, das sich der ‚russischen Idee' verpflichtet fühlte und einen Gegenentwurf zur westlichen Zivilisation darzustellen intendierte, nicht weiter zu verfolgen.

VII. Schlussbemerkung

Georg Lukács hat lebenslang versucht, die Suche nach einer neuen Kultur, nach neuen, entverdinglichten Lebensformen nicht in einem abstrakten utopischen Entwurf enden zu lassen. Bei allem emphatischen Anspruch auf eine bessere Welt und bei aller Betonung der Rolle der Kunst in diesem Prozess gibt er sich auch nicht zufrieden mit der Darbietung einer neuen Welt, eines neuen Menschen im Medium der Kunst. Sein Vermächtnis im Umgang mit der Utopie besteht darin, den in ihr gespeicherten Vorrat an Transzendierung des Bestehenden nicht im Namen der Realität einfach zu minimieren, ihn auch nicht als esoterische Spezialität der Institution Kunst (wozu auch alle Bemühungen gehören, antiinstitutionelle, provokatorische Formen von Kunst im Rahmen von Kunst zu realisieren) zu etablieren, sondern ihn zum Moment des Alltagslebens zu machen – eines Alltagslebens in einer Moderne, das die Enge der geschlossenen Kulturen überwunden hat, das Raum lässt zum Atmen und Individuieren. Erst dann können die literarischen Entwürfe, die am Ende der *Theorie des Romans* angesprochen werden, sich als Vorboten einer anderen, keineswegs kulturkonservativ imprägnierten Welt bzw. als *Vorschein* im Sinne Blochs erweisen. Erst dann sind auch die Gefahren des utopischen ‚Manas', von denen anfangs unter Rekurs auf den Bloch-Schüler Lehmann die Rede war, gebannt.

---

erdrückt werden – gewinnt die emphatische ästhetische Formulierung eines Platzhalters neue Aktualität. Als Ausdruck der trotzigen Absage an eine Gesellschaft ohne wirkliche Solidarität, die aber – zu unserem Glück – immer wieder selbstnegatorische Gestalten produziert – und sei es manchmal auch nur in ihren ästhetischen Gegenwelten.

75 Sayre/Löwy. Die (antikapitalistische) Romantik (wie Anm. 11). S. 161.

Dass Lukács 1920, zwei Jahre nach seiner Wendung zu Marx, dennoch seine Romantheorie als Buch publiziert, ist aufschlussreich: Er hat dieses wirkungsmächtigste Produkt seines Frühwerks post festum als Werk des Übergangs verstanden, aber auch als Versprechen auf eine praxisphilosophische Geschichts- und Gesellschaftstheorie, einen revolutionären Entwurf, die sich nicht mehr nur auf die russische Literatur „als einziges geschichtsphilosophisches Fundament"[76] rückbeziehen konnte, sondern im Umfeld des Oktober 1917 das Gelingen nicht nur eines geglückten Tages in greifbare Nähe gerückt sah. Ob dieser Entwurf ohne das Moment des Utopischen auskam, darf in kritisch-bilanzierender Retrospektive bezweifelt werden.[77]

Auf einem anderen Blatt steht die Frage, was die Literaturwissenschaft mit einem Text wie der *Theorie des Romans* anfangen kann, der literarische Gattungsgeschichte in der Gestalt einer philosophisch-ästhetizistisch inspirierten ‚Krisenintervention' (Eiden-Offe) offeriert. Ich erlaube mir keine definitive Antwort auf die Frage, wage aber doch ein paar vorläufige Hinweise. Von Lukács ist eventuell zu lernen, dass moderne Literatur, die sich den Status der Autonomie erkämpft hat, ernst zu nehmen ist als wichtige Diskursform der Kritik und Verständigung an ‚unseren' bzw. über ‚unsere' Lebensformen, dass sie aber immer auch ihre Position im Gesamtkomplex der menschlichen Tätigkeiten, ihre Relevanz und ihre Limitationen, mitreflektieren sollte. In unseren Tagen gewinnt Lukács' geschichtsphilosophischer Versuch über die Formen der großen Epik besondere Aktualität als repräsentatives, wirkungsmächtiges Dokument einer Übergangszeit, präziser: als Verarbeitungsversuch literarischer Formung der Moderne. Die zeitgenössische Literatur sieht sich durchaus in einer analogen Situation, konfrontiert mit einer, besser:

76 Sayre/Löwy. Die (antikapitalistische) Romantik (wie Anm. 12). S. 162.

77 Selbst ob die *Ontologie* Lukács frei von utopischen Zügen ist, bleibt eine offene Frage, die hier genauso wenig sachgerecht erörtert werden kann, wie die etwa von Thomas Metscher (*Integrativer Marxismus, Dialektische Studien. Grundlegung*. Kassel: Mangroven, 2017. S. 151-16) erneut stark gemachte These, dass Utopie konstitutives Moment undogamisch-marxistischer Theorie sein müsse. Dass Lukács' großes Spätwerk, die *Eigenart des Ästhetischen*, eine utopische Dimension hat, kann wohl kaum bestritten werden. Vgl. Rüdiger Dannemann. „Weltzugewandte Ästhetik als Kritik verdinglichter Lebensformen. Die späte Ästhetik Georg Lukács' und ihre Vorgeschichte". In: *Der Widerspruch der Kunst. Beiträge zum Verhältnis von Kunst und Gesellschaftskritik*. Hg. Alex Körner u. a. Berlin: Frank & Timme, 2016. S. 259ff.

hineingeworfen in eine Epoche beschleunigten und unbeirrt entfremdenden Wandels. Axel Honneth schreibt in seiner *Idee des Sozialismus*:

> [W]ahrscheinlich haben sich seit dem Ende des Zweiten Weltkriegs niemals so viele Menschen gleichzeitig über die sozialen und politischen Folgen empört, die mit der global entfesselten Marktökonomie des Kapitalismus einhergehen.[78]

Zur Mission bedeutender Literatur[79] gehört die intensive zeitdiagnostische Auseinandersetzung mit diesen Realitäten, die sich nur entfalten kann, wenn sie auf die neuartig-dissonanten Lebensformen mit neuen literarischen Praktiken antwortet. Ein die aktuelle Literaturproduktion reflektierender, theoretisch gehaltvoller Verarbeitungsversuch in der Tradition von Lukács' geschichtsphilosophischem Essay, der in Literatur gerade in den Zeiten eines Interregnums[80] weit mehr sieht als geistreiche oder banale Unterhaltung und es unternimmt, die literarischen Aneignungsmodi von Wirklichkeit in dem Jahrhundert seit der Niederschrift der *Theorie des Romans* zu bilanzieren (nicht zuletzt unter dem Aspekt ihrer sozialen Relevanz), wäre in dieser unserer Situation kein Übel – sondern ein Gewinn.[81] Offen muss hier bleiben, ob sich die Romanform als ein noch immer bedeutsames Moment emanzipatorischer Praxis erweisen ließe.

---

78 Axel Honneth. *Die Idee des Sozialismus*. Frankfurt a.M.: Suhrkamp, 2015. S. 15.

79 Zu Lukács' emphatischem Verständnis von Literatur und Ästhetik als wichtigem Teil emanzipatorischer Praxis vgl. Daniel Göcht. *Mimesis – Subjektivität – Realismus. Eine kritisch-systematische Rekonstruktion der materialistischen Theorie der Kunst in Georg Lukács' Die Eigenart des Ästhetischen*. Bielefeld: Aisthesis, 2017.

80 Antonio Gramsci. *Gefängnishefte Bd. 7*. Heft 13 – §17. Hamburg: Argument-Verlag, 1996. S. 1563.

81 Ob es gelingt, einen kontemporären Tolstoi oder gar Dostojewski auszumachen, sei dahingestellt. Ansätze zu einer Bilanz der Historie moderner Romanformen von Kafka über Joyce, Faulkner bis hin zu Thomas Pynchon finden sich bei Dieter Wellershoff. *Der Roman und die Erfahrbarkeit der Welt*. Köln: Kiepenheuer&Witsch, 1988, der allerdings Peter Weiss' *Ästhetik des Widerstands* unberücksichtigt lässt.

Eva Ruda

Die Theorie des Romans – vom Ende her gedacht

> My life, my life, now I speak of it as of something over, now as of a joke which still goes on, and it is neither, for at the same time it is over and it goes on, and is there any tense for that?[1]
>
> Samuel Beckett

> Le roman n'est pas interminable. Genre littéraire, il a commencé un jour. Être né l'a promis à la mort, et le long de son devenir il encourt la loi nécessitante de son extinction [...]. L'auto-application du roman lui interdit désormais de cesser. Terminé, mais indéfini, il entre dans l'interminable.[2]
>
> Jacques-Alain Miller, François Regnault

Georg Lukács' *Theorie des Romans* verfolgt, wie es ihr Titel ankündigt, im Allgemeinen das Projekt der Erfassung einer gesamten Gattung, einer Gattung in ihrer Gesamtheit, einer Gattung in ihrer Totalität. Im Besonderen geht es ihr dabei freilich um den Roman, und damit um eine Gattung, die es, gemäß Lukács, wiederum selbst auf spezielle Weise mit der Totalität zu tun hat. Denn es ist gerade der Roman, der sich in seiner von Lukács erzählten Geschichte – der Geschichte, in der der Roman selbst Protagonist und Erzähler seiner Erzählung ist – wesentlich durch seine „Gesinnung zur Totalität" bestimmt findet. (*TdR*, S. 43) *Die Theorie des Romans* nimmt so selbst die Gesinnung zur Totalität derjenigen besonderen Gattung methodisch auf, die in ihrer Totalität und in ihrem Totalitätsanspruch erfasst werden soll.[3]

1 Samuel Beckett. *Molloy* [1955]. London: Faber & Faber, 2009. S. 34.

2 Jacques-Alain Miller/François Regnault. „L'Orientation du Roman" [1967]. In: Jacques-Alain Miller: *Un début dans la vie*. Paris: Gallimard, 2002. S. 117-120, hier S. 117f.

3 Zu Lukács' Gesamtwerk als Projekt eines unablässigen Denkens der Totalität instruktiv, wenn auch in anderer Pointierung, ist Martin Jay. *Marxism and Totality. The Adventures of a Concept from Lukács to Habermas.* Berkeley/Los Angeles: University of California Press, 1984. hier v. a, S. 81-127.

Dabei konfrontiert der Begriff der Totalität uns ebenso wie Lukács mit einer eigentümlichen Schwierigkeit, nämlich mit einem – auch zeitlichen – Paradox. Denn: Versucht man Totalität zu denken, beziehungsweise eine Totalität zu erfassen, dann stellt sich notwendigerweise sowohl die Frage nach deren Anfang und Ende als auch die nach dem Anfang und Ende dieses Versuchs. Wo soll das Denken ansetzen, wo abschließen? Wo und wie sollen die Erläuterungen anfangen, wo aufhören? Zugleich gilt jedoch: Befragt man den Begriff der Totalität als solchen, erweist sich die Frage nach ihrem Anfang und Ende begrifflich als paradoxe Frage. Soll Totalität tatsächlich Totalität sein, kann sie keinen Anfang und kein Ende kennen.

Das Verfahren der *Theorie des Romans* zur Erfassung ihres besonderen Gegenstands – der Totalität der Gattung des Romans – besteht im Umgang mit diesem vermeintlichen Dilemma darin, diesen Gegenstand einer eigenwilligen geschichtlichen, oder vielmehr einer *narrativen* Rekonstruktion zu unterziehen und das heißt zur Erzählung der Geschichte dieser Gattung anzusetzen. Was erzählt werden soll, ist die Geschichte des Romans, und zwar von ihrem Anfang bis zu ihrem Ende – einem Ende, welches die *Theorie des Romans* jedoch bekanntermaßen selbst nicht findet.[4]

Die folgenden Überlegungen stellen den Versuch eines Nachvollzugs dieser von Lukács erzählten Geschichte dar, und zwar eines Nachvollzugs dieser Geschichte *vom Ende her gedacht*.

4 Bekanntermaßen sollte die im Winter 1914/1915 verfasste und 1916 erstmals in der *Zeitschrift für Ästhetik und Allgemeine Kunstwissenschaft* publizierte *Theorie des Romans* lediglich eine Einleitung zu einer von Lukács geplanten Monographie über Dostojewski darstellen. Da dieses Vorhaben jedoch nie verwirklicht wurde, liegt die *Theorie des Romans* letztendlich als Fragment vor. Lukács kommentiert dies anlässlich der Erstveröffentlichung des Textes wie folgt: „Die nachfolgenden Darlegungen sind in mehr als einer Beziehung fragmentarisch. Sie waren als Einleitungskapitel zu einem ästhetisch-geschichtsphilosophischen Werk über Dostojewsky geschrieben und ihr wesentliches Ziel war ein negatives: sowohl in Bezug auf literarische Form wie auf deren geschichtsphilosophische Bezogenheit den Hintergrund zu zeichnen, von dem sich Dostojewsky – als Künder eines neuen Menschen, als Gestalter einer neuen Welt, als Finder und Wiederfinder einer neu-alten Form – abhebt." Georg von Lukács. „Die Theorie des Romans. Ein geschichtsphilosophischer Versuch über die Formen der großen Epik". In: *Zeitschrift für Ästhetik und allgemeine Kunstwissenschaft* 11 (1916). S. 225-271, hier: S. 225f.

I

Der Beginn dieser Geschichte des Romans – und damit dessen Genese – findet in Lukács' Darstellung vor dem Hintergrund des antiken Epos statt. Innerhalb der Struktur der Theorie des Romans verkörpert das Epos diejenige Kunstform, welche die Existenz einer vormaligen, lang vergangenen, einheitlichen und organischen Welt verbürgt.[5] Es ist damit als Gattung repräsentativ für ein Zeitalter, in dem jegliche Dualität, jegliche Zwei(geteilt)heit – wie etwa von Selbst und Welt, von Wesen und Leben, von Subjekt und Objekt, von Innen und Außen – in Harmonie aufeinander bezogen und in ein ausgeglichenes, stimmiges Ganzes, in die Einheit einer sinnvollen Totalität integriert ist. Die Welt dieses Zeitalters ist, wie Lukács schreibt, „eine homogene Welt, und auch die Trennung von Mensch und Welt, von Ich und Du vermag ihre Einstoffigkeit nicht zu stören." (*TdR*, S. 24) Für den in einer derartig einheitlichen Welt, einer Welt der Einheit beheimateten Menschen bedeutet dies, dass ihm der Zugang zur Erkenntnis derselben unmittelbar gegeben ist, denn „[d]ie Welt des Sinnes ist greifbar und übersichtlich", weshalb ein simples „passiv-visionäres Hinnehmen eines fertig daseienden Sinnes" genügt, um alles zu überblicken und zu erfassen. (*TdR*, S. 24) „Wissen" ist hier, wie Lukács schreibt „nur ein Aufheben trübender Schleier" (*TdR*, S. 24), weshalb der Mensch dieses Zeitalters des Epos der Welt – und in unmittelbarer Folge davon ebenso sich selbst – gänzlich unproblematisch gegenübersteht. Ihm wird „alles Tun der Seele sinnvoll und rund in dieser Zweiheit: *vollendet* in dem Sinn und *vollendet* für die Sinne". (*TdR*, S. 21. Hervorhebung ER) Jegliche Zweiheit geht auf in ausgewogener Einheit, Vollendung, Totalität. Das sinnerfüllte Zeitalter des Epos kennt schlichtweg „noch keine Innerlichkeit, denn es gibt noch kein Außen, kein Anderes für die Seele". (*TdR*, S. 21f.) Alles geht in der Äußerlichkeit von Beziehungen auf, die durchschauend zu erzählen und erzählend zu durchschauen, keine Schwierigkeiten bereitet. Für das Epos selbst bedeutet dies, dass ihm keine formgebende Aufgabe

---

5 In einem Brief an Paul Ernst im August 1916 schreibt Lukács: „Ich habe das Dostojewski-Buch, das zu groß war, abgebrochen. Es ist (ein) großer Essay daraus fertig geworden: Die Ästhetik des Romans." Diesem Zitat ist mithin nicht nur zu entnehmen, dass Lukács selbst die *Theorie des Romans* der für sein Frühwerk paradigmatischen Gattung des Essays zurechnete, sondern auch, dass er ihn zunächst als „Ästhetik" betitelte. Georg Lukács. *Briefwechsel 1902-1917*. Hg. Éva Karádi, Éva Fekete. Stuttgart: Metzler, 1981. S. 358.

zuwachsen muss und kann, ist es doch die Gattung einer Welt, in der „alles schon homogen ist, bevor es von den Formen umfaßt wird", in welcher „die Formen kein Zwang sind", sondern lediglich ein „Bewußtwerden", ein „Auf-die-Oberfläche-Treten" einer immer schon präexistenten „Totalität des Seins". (*TdR*, S. 25)

Den ersten – und auch einzigen – Vertreter des so umrissenen Zeitalters und der Kunstform des Epos stellt in der Lukács'schen Romantheorie Homer dar: Homers Epen gelten als die einzige tatsächliche Ausformung dieser Gattung[6], und allein dieser Sachverhalt macht bereits deutlich, dass man es bei dem so gefassten Epos mit einer *idealen* oder idealisierten Form, einer *idealen* Gattung eines *idealen* Zeitalters der Totalität zu tun hat.[7] Und es ist gerade diese Idealität, aufgrund derer sich die Frage nach Zeitlichkeit – verstanden als Frage nach einem wie auch immer gearteten Verhältnis zum Ende – nicht stellt, und zwar schlichtweg, weil hier *Vollendung* möglich ist:

> Denn Totalität als formendes Prius jeder Einzelerscheinung bedeutet, daß etwas Geschlossenes *vollendet* sein kann; *vollendet*, weil alles in ihm vorkommt, nichts ausgeschlossen wird und nichts auf ein höheres Außen hinweist; *vollendet*, weil alles in ihm zur eigenen Vollkommenheit reift und sich erreichend sich der Bindung fügt. (*TdR*, S. 25. Hervorhebung ER)

Das einzige Verhältnis des Epos zu (s)einem Ende scheint zunächst das der immer bereits erlangten Vollendung zu sein: Es ist die Gattung der Vollendung, die vollendete Gattung und damit die Gattung, die scheinbar ausgezeichnet ist durch die schiere Abwesenheit von Mangel(haftem) und Endlichkeit. Zugleich – und paradoxerweise – ist es jedoch gerade ebendiese

---

6 An dieser Stelle stellt sich freilich die Frage, ob es sich bei einem derartig verstandenen Epos überhaupt um eine Gattung handelt. Kann es eine Gattung mit nur einem Vertreter ihrer Art geben?

7 Es handelt sich also bei Lukács' Unternehmen nicht um eine empirisch historische Materialgeschichte, sondern um eine ideale, eine idealisierte Geschichte, darum also, die Gattung des Romans über Verfahren der Idealisierung und Typisierung zu erfassen. Ich lasse die komplexe Frage nach dem Lukács'schen Konzept von Typus und Typischem an dieser Stelle beiseite und verweise auf die Untersuchungen Fredric Jamesons zur Kategorie des Typischen in Lukács' späteren Schriften zum Realismus vgl. Fredric Jameson. *Marxism and Form. Twentieth-Century Dialectical Theories of Literature*. Princeton/New Jersey: Princeton University Press, 1974, hier v. a. S. 191-195.

Vollendung des Epos, welche den Grund für dessen spezifische Mangelhaftigkeit liefert, denn es ist gerade dessen immer bereits erlangte Vollendung, das heißt: gerade dessen vermeintlich nicht vorhandenes Verhältnis zum Ende, welches es ihm unmöglich macht, Zeit und Zeitlichkeit zur Darstellung zu bringen. Der Mangel des Epos liegt somit gerade in seiner Vollendung und er zeigt sich in seinem Verhältnis zur Zeit. Denn die vom Epos, der Gattung der Vollendung, transportierte Zeit ist ohne Endlichkeit und damit „stillstehend und auf einen Blick zu übersehen" (*TdR*, S. 94*)*, sie hat darüber keine Bewegtheit, keine Richtung, keine Wirklichkeit.[8] Der Zeit des Epos fehlt es an Zeitlichkeit. Noch seine Figuren sind von dieser Abwesenheit der zeitlichen Verläufe bestimmt. Sie leben ein Leben in Ewigkeit; all ihre Erlebnisse sind der Zeit entrückt und haben keinen Einfluss auf die unveränderliche, ewige Form ihres Charakters.[9] Es ist also gerade die das Epos auszeichnende Vollendung, welche letztendlich dazu führt, dass „die Zeit von ihr aufgehoben wird" und das Leben – anstatt zu leben – „zieht als Leben in die Ewigkeit ein". (*TdR*, S. 95) Aber nicht nur auf der Ebene der Figuren des Epos, sondern auch in der Struktur der epischen Narration selbst zeigt sich diese Abwesenheit jeglicher Zeitlichkeit. Denn angesichts der Vollendung und der daraus resultierenden Ewigkeit des Epos, ist es für die epische Narration letztlich gleichgültig, womit, wo und wann sie anfängt, und wo sie aufhört. Das Epos stellt sich nicht die Frage nach seinem „architektonischen Aufbau" (*TdR*, S. 53), sondern zeichnet sich vielmehr durch das ihm eigene „In-der-Mitte-Anfangen und Nicht-mit-dem-Ende-Schließen" aus (*TdR*, S. 52) – und bleibt so, ohne Ursprung und Ziel, noch in seinem narrativen Verlauf zeitlos.

---

8 Das Epos kennt aus diesem Grund lediglich „scheinbar die Dauer der Zeit, man denke nur an die zehn Jahre der Ilias und an die Odyssee. Doch diese Zeit hat ebensowenig eine Realität, eine wirkliche Dauer; die Menschen und die Schicksale bleiben von ihr unberührt; sie hat keine eigene Bewegtheit, und ihre Funktion ist nur die Größe eines Unternehmens oder einer Spannung sinnfällig auszudrücken." (*TdR*, S. 93f.)

9 Denn, so schreibt Lukács, „die Helden erleben die Zeit innerhalb der Dichtung nicht, an ihre innere Wandlung oder Unveränderlichkeit reicht die Zeit nicht heran; ihr Alter haben sie in ihren Charakter aufgenommen, und Nestor ist alt, so wie Helena schön und Agamemnon mächtig ist. Altwerden und Sterben, die schmerzliche Erkenntnis jedes Lebens, besitzen freilich auch die Menschen der Epopöe, aber nur als Erkenntnis; was sie erleben und wie sie es erleben, hat die selige Zeitentrücktheit der Götterwelt." (*TdR*, S. 94)

Wenn Lukács also schreibt, dass es sich beim Epos um eine der *„zeitlos* paradigmatischen Formen" (*TdR*, S. 26. Hervorhebung ER) handelt, dann benennt er hiermit ein gleich in mehrfacher Hinsicht *zeitloses* Ideal, für das sich gerade aufgrund seiner Idealität die Frage nach (s)einem Verhältnis zum Ende zunächst schlichtweg nicht stellen *zu können* scheint. Und dennoch ist das Epos paradoxerweise gerade aufgrund seiner Zeitlosigkeit zugleich nur aus einem Verhältnis zum Ende überhaupt denkbar; ja aufgrund seiner Zeitlosigkeit emergiert es geradewegs nur vom Standpunkt seines eigenen Endes. Denn im Zustand der Vollendung, der Geschlossenheit und der daraus resultierenden Zeitlosigkeit besteht für das Epos nicht nur keine Notwendigkeit, sondern ebenso keine Möglichkeit sich (als es) selbst zu befragen und damit (für sich) selbst in Erscheinung zu treten. Seine Klarheit und Eindeutigkeit macht es für sich selbst undurchschaubar. Da es den Zustand der Vollendung *immer bereits* erreicht hat, *immer bereits* ideal ist, kennt das Zeitalter des Epos „keine Fragen", sondern „nur Antworten" (*TdR*, S. 22), oder genauer: „der Grieche hat seine Antworten *früher* als seine Fragen." (*TdR*, S. 23. Hervorhebung ER.) Antworten werden also erst nachträglich – und das heißt: retroaktiv – *als* Antworten hervorgebracht[10], und zwar in dem Moment, in dem sie als solche – und mit ihnen das Epos als Gattung – überhaupt *fragwürdig* werden, in dem Moment also, in dem sie problematisch werden und damit ihren Zustand der Vollendung verwirken. Die (Selbst-)Reflexion des Epos, das heißt sein Problematisch-Werden koinzidiert aus diesem Grund mit seinem eigenen Verschwinden und so wird der Begriff des Epos erst mit dessen Ende – das heißt: mit dem Ende der Vollendung – hervorgebracht. Vollendung, so zeigt Lukács am Epos, ist denkbar nur als verlorene:

> Denn die Frage, *als deren gestaltende Antwort das Epos entsteht*, ist: wie kann das Leben wesenhaft werden? Und das Unnahbare und Unerreichbare Homers – und streng genommen sind nur seine Gedichte Epen – stammt daher, daß er die Antwort gefunden hat, *bevor* der Gang des Geistes in der Geschichte die Frage laut werden ließ. (*TdR*, S. 22. Hervorhebung ER)

Die vollendete und deswegen zeitlose Gattung des Epos *gibt es* schlechthin nur als ein Vergangenes, da sie nur nachträglich als Antwort auf eine Fragwürdigkeit erscheint, (welche am Ursprung jeder eigentlichen Geschichte steht),

10 Denn Antworten ohne Fragen sind auch keine Antworten; damit eine Antwort als Antwort erkannt werden kann, muss sie auf eine Frage bezogen werden (können).

und sie so erst rückwirkend zur Antwort auf diese macht. Anders formuliert: Auch in dem Moment seiner vormaligen Vollendung – also nicht nur für jene, die zeitlich nach dem Epos denken und schreiben, sondern auch für es selbst – kommt das Epos immer nur als ein bereits vergangenes zur Existenz. Die Totalität des Epos – und damit: das Epos als Gattung, und das heißt: als Gattung der Totalität – kann also nur erscheinen, indem diese Totalität endet, zerbricht und verschwindet. Das heißt: Die Totalität des Epos tritt erst in dem Moment ihres Endens retroaktiv als solche überhaupt hervor. Das Epos als Gattung der Vollendung ist im Augenblick seines Erscheinens dem Untergang geweiht: Es ist untergegangen, denn ohne ihr Ende weiß Vollendung nichts von Vollendung und ist so (schon immer) nicht (mehr). Erneut anders: Das Epos *existiert nicht*, sondern es *insistiert* – und es tut dies, wie zu zeigen sein wird, im Roman.

Der *Begriff* des Epos oder genauer: die *begrifflich-theoretische Fassung* des Epos, seine *Theorie* erscheint also genau mit dem Ende des Epos als Gattung. Nun bedeutet dies allerdings – und damit steigert sich an dieser Stelle die konzeptuelle Schwierigkeit –, dass in Lukács' Konzeption die Theorie (und damit das Ende) des Epos wiederum in besonderer Weise mit der Genese des Romans verbunden ist. Denn der Roman lässt sich für Lukács nur vor dem Hintergrund eines bereits vergangenen Epos (und damit vor dem Hintergrund einer bereits existenten Theorie des Epos) denken – er nimmt seine Form überhaupt erst in und mit dem Wissen an, dass Vollendung als solche vergangen ist.[11]

An dieser Stelle lässt sich also zunächst festhalten, dass die Sequenz ‚Epos – Theorie des Epos – Roman – Theorie des Romans' nicht im Sinne eines linearen chronologischen Verlaufs zu verstehen ist. Vielmehr lässt sich in dieser Sequenz *eine Art Analyse der logischen Konstitution von chronologischer Zeit*, von chronologisch erscheinenden Abläufen, erkennen – und diese nimmt (notwendigerweise) die Form einer Erzählung an.[12] Es ist also nicht so, dass

11 So betont auch Paul Fleming in seiner Lektüre des Zusammenspiels von Epos, Theorie des Romans und Roman unter Rückgriff auf den Freud'schen Begriff der Nachträglichkeit, der Roman sei „inseparable from its theorizaction – and [...] from the theorization of the epic. The theory of the epic and the theory of the novel are coeval and co-extensive." Paul Fleming. „Belatedness: A Theory of the Epic". *Modern Language Notes* 129. 3 (April 2014). S. 525-534, hier: S. 525.

12 Bei der *Theorie des Romans* handelt es sich also um Geschichtsphilosophie im starken Sinne, also sowohl um Philosophie der Geschichte, als auch um eine Geschichte der Philosophie.

zeitlich auf das Epos dessen Theorie und dann der Roman und schließlich dessen Theorie folgt, sondern vielmehr, dass erst aus der Perspektive des Romans das Epos (vielmehr logisch, denn zeitlich) ‚vor' dem Roman *gewesen sein wird*. Es handelt sich also um eine zeitliche Struktur, die aus der Perspektive der Gegenwart die Vergangenheit bedingt und (potentiell) verändert.[13] Für den Roman bedeutet dies, dass es strukturell gesprochen *erstens* keinen Roman gibt und geben kann, der nicht bedingt ist vom Ende der (Gattung der) Vollendung, das heißt des Epos, sowie *zweitens*, dass es keinen Roman gibt und geben kann, der nicht zugleich selbst eine Theorie des Epos (als die Erscheinung des Endes der Vollendung) ist oder notwendig beinhaltet. Kein Roman ohne Theorie des Epos, keine Theorie des Epos ohne Ende der Vollendung – und das heißt wiederum: Kein Roman also ohne ein bereits immer schon stattgefundenes und ihm eingeschriebenes, *ihm immanentes Ende* (des Epos). Die so gefasste dialektische Pointierung ermöglicht es, Lukács' Bestimmung der Struktur des Romans nachzuvollziehen: Das Ende der Vollendung, das dem Anfang des Romans, seiner Genese zu Grunde liegt, macht nicht einfach nur seine Vorgeschichte aus, sondern bestimmt insofern seine Struktur und Verfasstheit, dass ihm die Unmöglichkeit der Vollendung konstitutiv eingeschrieben, ihm immanent ist.[14] Der Roman – der (logisch) ‚nach' dem Ende statthat – ist seiner Form nach schon immer von der Unmöglichkeit

13 An dieser Stelle kann man an Jacques Lacans Ausführungen zur logischen Zeit und ihren Dimensionen der Retroaktion und Antizipation denken; etwa wenn dieser das Ziel der Psychoanalyse als „la reconstitution complète de l'histoire du sujet" definiert und expliziert: „L'histoire n'est pas le passé. L'histoire est le passé pour autant qu'il est historisé dans le présent – historisé dans le présent parce qu'il a été vécu dans le passé". Jacques Lacan. *Le Séminaire. Livre I. Les écrits techniques de Freud. 1953-1954*. Paris: Seuil, 1975. S. 25.

14 Der Roman hat es (in Gestalt des Epos) also konstitutiv mit dem Ende zu tun, mit dem Ende in Form einer nicht zu erreichenden Vollendung, einer Vollendung, die *nicht existiert*, sondern *insisitiert*. Das Epos als zeitloses Zeitalter der Vollendung bildet damit die inkludierte Exklusion des Romans, oder, um es mit einem Begriff zu benennen, den die Psychoanalyse uns bereitstellt: Das Epos ist in der Gestalt des Endes das Extime des Romans, dasjenige also, was ihm das Intimste ist, sein ihn definierender Kern, der jedoch für den Roman selbst zugleich niemals zu erreichen ist und damit seine „excentricité radicale du soi à lui-même" bildet. Jacques Lacan. Écrits I. Paris: Seuil, 1999. S. 521. Zur Dimension des Extimen vgl. außerdem das einschlägige Seminar gleichen Titels von Jacques-Alain Miller aus den Jahren 1985-1986.

geprägt, Vollendung zu erreichen. Das Ende der Vollendung wird somit zum Formprinzip des Romans. Oder anders: Der Roman kann nicht anders, als auf *Un*-vollendung zu setzen.

Was genau bedeutet dies jedoch? Um einem ersten Verständnis dieser spezifischen Unvollendung der Form des Romans näher zu kommen, ist es in diesem Kontext zunächst instruktiv, sich noch einmal Lukács' grundlegende Definition des Romans zu vergegenwärtigen:

> Der Roman ist die *Epopöe* eines Zeitalters, für das die extensive Totalität des Lebens nicht mehr sinnfällig gegeben ist, [...] und das dennoch die Gesinnung zur Totalität hat. (*TdR*, S. 43. Hervorhebung ER.)

Dieser Bestimmung ist zunächst zu entnehmen, dass es sich bei diesem nicht einfach um eine andere, eine weitere literarische Gattung handelt. Der Roman ist *weiterhin Epos*, lediglich ein Epos einer Zeit, in der Totalität, in der Vollendung nicht mehr unmittelbar zugänglich ist. Das bedeutet jedoch gerade nicht, dass der Roman eine bloße Negation von Vollendung ist, vielmehr ist er eine *Wiederholung dessen, was (immer bereits) geendet hat* – er ist ein Wiedergänger des Vergangenen (der Vollendung). In und durch diese Verfasstheit setzt der Roman ein anderes Verhältnis zu dem ein, was (strukturell) unmöglich (geworden) ist. Der Roman behandelt also seiner Struktur nach eine Unmöglichkeit (der Vollendung) dergestalt, dass diese Unmöglichkeit für den Roman zum strukturbildenden Prinzip, zu einer *notwendigen Unmöglichkeit* wird.[15] Der Roman ist eine Arbeit an der Unmöglichkeit der Vollendung und damit gerade nicht bloßer Ausdruck struktureller Imperfektion, sondern die Etablierung eines *anderen* Verhältnisses zur unmöglichen Vollendung: nämlich das einer strukturellen „Unvollendung" (*TdR*, S. 56) – die etwas anderes bezeichnet als bloße *Nicht*-Vollendung. Das Ende der Vollendung führt nicht zu bloßer Endlichkeit, sondern eröffnet vielmehr einen unendlichen Horizont, den Horizont des *Un*-endlichen.

---

15 Die Form des Romans ist damit die Möglichkeit der strukturellen Arbeit an dem, was strukturell (immer bereits) unmöglich (geworden) ist, an einer strukturellen Unmöglichkeit und lässt sich somit als eine Arbeit an und mit der Dimension des Realen (im Sinne der Psychoanalyse) verstehen: „La structure, c'est donc réel. Ça se détermine en général par convergence vers une impossibilité. C'est par ça que c'est réel." Jacques Lacan. *Le Séminaire. Livre XVI. D'un Autre à l'autre. 1968-1969*. Paris: Seuil, 2006. S. 30.

II

Um diesen Horizont des Un-endlichen des Romans näher zu bestimmen, gilt es zunächst, das Augenmerk auf eine andere Ebene desselben zu richten, und zwar auf die Ebene der in den jeweiligen Zeitaltern beheimateten Einzelwesen. Zunächst scheint es so, als hätte man es auch hier mit einem deutlichen Gegensatz aus Epos und Roman zu tun, als bestünde auch auf dieser Ebene eine klare Dualität bestehend aus Einheit und Verlust derselben. Denn, während sich noch der „Mensch" (*TdR*, S. 24) des Epos dadurch auszeichnet, sich immer am rechten Platz in einem geschlossenen, wohlgeordneten und vollendeten Welt-Ganzen zu befinden, so ist diese stabile transzendentale Ordnung für das „Subjekt" (*TdR*, S. 27) des Romans unwiederbringlich verloren. War „der Grieche" noch ein substantiell in einer Ordnung gefasster und somit substantiell bestimmter „Mensch", der folglich zu sich selbst in keinerlei reflexiver Beziehung zu stehen hatte, da er von Natur aus das war, was er war, erkennt sich das moderne Subjekt als nicht nur von der Welt durch „unüberbrückbare Abgründe" getrennt, sondern entdeckt dergleichen auch in sich selbst. (*TdR*, S. 25) Ohne einen vorgegebenen Ort und eine vorgegebene Ordnung findet sich das moderne Subjekt auf sich selbst zurückgeworfen und erkennt, wie Lukács schreibt, „in [sich] allein die wahre Substanz" (*TdR*, S. 25) – eine Substanz jedoch, bei der es sich keineswegs um einen soliden Kern, oder einen stabilen Grund handelt, sondern vielmehr um eine fundamentale Grundlosigkeit in Gestalt eines abermaligen „unermeßlichen" (*TdR*, S. 27), ja eines „gefahrendrohenden Abgrund[s]" (*TdR*, S. 25), der jedoch – und dies ist entscheidend – „im Subjekt selbst liegt", ein Abgrund also, der sich „*zwischen uns und uns selbst*" auftut und den „niemand jemals [...] zu betreten und zu erschauen vermag" (*TdR*, S. 27. Hervorhebung ER.)

War also „der Grieche" noch ein substantiell in einer Ordnung eingerahmter und somit substantiell bestimmter „Mensch", der zu sich selbst in keinerlei reflexiver Beziehung zu stehen hatte, weil er von Natur aus das war, was er war, tritt mit dem Ende des Epos das moderne „Subjekt" auf, welches „für sich selbst zur Erscheinung, zum Objekt geworden ist" (*TdR*, S. 27) und sich folglich ganz grundsätzlich dadurch bestimmt findet, in einer fundamentalen Differenz zu sich selbst zu stehen, oder anders: Un-Eins (mit sich selbst) zu sein. Und wenn auch das aus diesem im Subjekt selbst befindlichen Abgrund Hervortretende, das „aus dieser Tiefe Emporsteigende das Wesen" (*TdR*, S. 27) dieses gespaltenen Subjekts selbst ist, so lässt sich dieses Wesen doch nie gänzlich erfassen – bleibt es doch fortwährendes „Postulat" (*TdR*, S. 25) und damit „unendliche Forderung" (*TdR*, S. 27).

Innerhalb der Romanform schlägt sich das damit umrissene (vermeintliche) Dilemma des modernen Subjekts wiederum in den Figuren und Gestalten nieder, die das Genre zu bevölkern beginnen. Denn da „die Gesinnung zur Gestaltung" darin besteht, dass „[a]lle Risse und Abgründe, die die geschichtliche Situation in sich trägt, in die Gestaltung einbezogen werden", (*TdR*, S. 46) gilt dies auch – und vor allem – für diesen im Subjekt selbst befindlichen „unermeßlichen Abgrund". (*TdR*, S. 27) Und so „objektiviert sich die formbestimmende Grundgesinnung des Romans als" – und dies ist entscheidend – „Psychologie der Romanhelden: sie sind Suchende." (*TdR*, S. 46) Die Romanhelden sind somit zuallererst Subjekte auf der Suche, wobei dieses

> [...] Suchen [...] nur der vom Subjekt aus gesehene Ausdruck dafür [ist], daß sowohl das objektive Lebensganze wie seine Beziehung zu den Subjekten nichts selbstverständlich Harmonisches an sich hat. [...] Die einfache Tatsache des Suchens zeigt an, daß weder Ziele noch Wege unmittelbar gegeben sein können, oder daß ihr psychologisch unmittelbares und unerschütterliches Gegebensein keine evidente Erkenntnis wahrhaft seiender Zusammenhänge oder ethischer Notwendigkeiten ist, sondern nur eine seelische Tatsache, der weder in der Welt der Objekte noch in der der Normen etwas entsprechen muß. (*TdR*, S. 46f.)[16]

An die Stelle einer unbefragten und unbefragbaren Harmonie tritt auf diese Weise eine fragwürdig gewordene Ordnung; an die Stelle der schon immer bereitstehenden Antworten ohne Fragen tritt die fragende Suche nach

16 Dem Menschen des Epos hingegen ist das Moment der Suche „die wirkliche Qual des Suchens und die wirkliche Gefahr des Findens" freilich „unbekannt", (*TdR*, S. 22) denn „[d]ie innere Gesichertheit der epischen Welt schließt die Abenteuer in diesem eigentlichen Sinne aus: die Helden der Epopöe durchlaufen eine bunte Reihe von Abenteuern, daß sie sie aber innerlich wie äußerlich bestehen werden, steht nie in Frage [...]." (*TdR*, S. 69) Da also der Mensch des Epos immer bereits Eins mit sich selbst ist und seine „Seele noch keinen Abgrund in sich kennt, der sie zum Absturz locken oder auf wegelose Höhen treiben könnte", setzt sich „diese Seele nie aufs Spiel". denn „sie weiß noch nicht, daß sie sich verlieren kann und denkt nie daran, daß sie sich suchen muß." (*TdR*, S. 22)

diesen Antworten – und zwar nicht nur in Gestalt der Frage danach, was die Welt, sondern auch, was das Subjekt sein soll. Das moderne Subjekt muss eine Antwort stiften und eine Antwort geben auf die Frage, die es selbst ist, und die ihm zudem beständig aus der Welt entgegenkommt. Folglich ist der Roman

> die Form des Abenteuers des Eigenwertes der Innerlichkeit; sein Inhalt ist die Geschichte der Seele, die da auszieht, um sich kennenzulernen, die die Abenteuer aufsucht, um an ihnen geprüft zu werden, um an ihnen sich bewährend ihre eigene Wesenheit zu finden. (*TdR*, S. 69)

Der Roman vertieft sich also in den Abgrund des Subjektes, welches sich selbst in und somit die Welt zur Erscheinung bringen soll. Jedoch scheint dieser „Prozeß, als welcher die innere Form des Romans begriffen wurde" und welcher die Suche des Subjekts seiner selbst – das heißt: „die Wanderung des problematischen Individuums zu sich selbst", zu seiner „Selbsterkenntnis" – darstellt, nie zum Abschluss, nie zur Vollendung gelangen zu können. (*TdR*, S. 62) Die Antwort des Subjekts des Romans, auf die Frage, auf die Fragwürdigkeit, es selbst für sich geworden ist, scheint nie gänzlich befriedigen zu können, ist doch lediglich ein „Maximum an Annäherung" zu erreichen. (*TdR*, S. 62)

An dieser Stelle tut sich nun augenscheinlich die Möglichkeit auf, Lukács' Ausführungen so zu verstehen, dass jeder Roman vermittels seines Helden den immer wieder – und immer wieder vergeblich – stattfindenden Versuch inszeniert, die verlorene Vollendung (des Epos) wiederzuerlangen, sodass es sich beim Roman, wie auch beim modernen Subjekt, um eine immer scheiternde, endlose und vergebliche Annäherung an das verlorene Ideal handeln würde und damit um das, was Hegel als „schlechte Unendlichkeit" eines Immer-Wieder gefasst hat, eine Bewegung also, die ihr Ziel schlichtweg niemals erreicht.[17] Und in der Tat scheinen manche Bemerkungen Lukács' dies nahezulegen, etwa wenn es an anderer Stelle über das moderne Subjekt heißt:

> Wir haben die Produktivität des Geistes erfunden [...] und unser Denken geht einen unendlichen Weg der niemals voll geleisteten Annäherung. Wir haben

17 Vgl. Georg Wilhelm Friedrich Hegel. *Wissenschaft der Logik I.* In: Ders. *Werke.* Bd. 5. Hg. v. Eva Moldenhauer und Karl Markus Michel. Frankfurt a. M.: Suhrkamp, 1993. S. 148ff.

> das Gestalten erfunden: darum fehlt allem, was unsere Hände müde und verzweifelt fahren lassen, immer die letzte Vollendung. (*TdR*, S. 25)

Haben wir es also bei der Form des Romans mit einer solchen „schlechten Unendlichkeit" zu tun? Handelt es sich also bei der für den Helden des Romans konstitutiven Suchbewegung um einen ewig frustrierten Impuls, der dazu verdammt ist, das von ihm anvisierte Ziel (nämlich: sich selbst) schlichtweg auf ewig zu verfehlen? Derlei Fragen – die Lukács selbst unter Rückgriff auf den Hegel'schen Begriff der „schlechten Unendlichkeit" (*TdR*, S. 63) aufwirft – liegen nahe, könnte man doch annehmen, dass das Verschwinden der „kontinuumartige[n] Unendlichkeit" (*TdR*, S. 63) des Epos zugleich einen Verlust von Unendlichkeit überhaupt und schlussendlich einen Fall in die Endlichkeit bedeutet: Die Suche, die die Romanhelden auszeichnet, wäre dann eine, die zwar unendlich fortdauerte, aber nur, weil sie von einer strukturellen Endlichkeit bestimmt ist, und zwar derjenigen, nie an ihr gesetztes Ziel zu gelangen.

Nun ist es jedoch wichtig zu erkennen, dass Lukács das Verhältnis von Epos und Roman auch auf dieser Ebene nicht als einen abstrakten Gegensatz konstruiert, von auf der einen Seite einer für das Epos und seine Helden immer schon gegebenen (und für den Roman immer schon verlorenen) Unendlichkeit, und auf der anderen Seite einer Endlichkeit, welcher der Roman und seine Helden auf ihrer Suche nach der verlorenen Unendlichkeit nicht entkommen können – ganz gleich, wie unendlich sie auch suchen mögen. Vielmehr führt die *Theorie des Romans* eine *Dialektisierung des Verhältnisses von Unendlichkeit und Endlichkeit* vor – eine Dialektisierung, deren Erscheinen innerhalb des Romans die biographische Form ist. Denn, so Lukács: „Die biographische Form vollbringt für den Roman die Überwindung der schlechten Unendlichkeit" (*TdR*, S. 63) – und sie tut dies, indem sie in die potentiell unendliche Suche des Romanhelden spezifische Begrenzungen einführt.[18]

Zum einen begrenzt die biographische Form den „*Umfang* der möglichen Erlebnisse des Helden" (*TdR*, S. 63. Hervorhebung ER.) – (und damit den

---

18 Das Epos hat derlei Begrenzungen hingegen nicht nötig, da „die Unendlichkeit des rein epischen Stoffes eine innere, organische, an sich werttragende und wertbetonte ist, die sich ihre Grenzen selbst von innen heraus setzt, für die die äußere Unendlichkeit des Umfangs fast gleichgültig, nur eine Folge und höchstens ein Symptom ist." (*TdR*, S. 63)

Umfang seiner Welt: Die Welt, die zur Darstellung kommt ist schon immer *diese* Welt, die Welt *dieses einen Helden*). Zum anderen wirkt die biographische Form auf eben diesen „Umfang der möglichen Erlebnisse des Helden“ abermals begrenzend ein, und zwar in dem sie diesen besonderen Erlebnissen eine besondere „*Richtung*“ (*TdR*, S. 63. Hervorhebung ER.) verleiht, (denn der Held durchquert seine Welt stets in einer je *besonderen Orientierung*, „die *sein* Werdegang auf das Finden des Lebenssinnes in der Selbsterkenntnis nimmt“). (*TdR*, S. 63) Der Roman selbst nimmt nun wiederum diese beiden Begrenzungen der Biographie durch „Umfang“ und „Richtung“ nicht nur auf, sondern gestaltet diese selbst vermittels seiner eigenen Verfasstheit – und das heißt: vermittels seiner eigenen (ganz materiellen) Grenzen, denn jedes Buch hat einen Anfang und ein Ende – ebenfalls begrenzend nach und mit, weshalb „Anfang und Ende der Romanwelt, die von Beginn und Ende des Prozesses, der den Inhalt des Romans erfüllt, bestimmt sind [...] zu sinnesbetonten Marksteinen“ des „klar abgemessenen“ und damit klar begrenzten Weges werden. (*TdR*, S. 63) Dies bedeutet jedoch gerade nicht, dass die biographische Form dem Roman erlaubt – die – verlorene – Totalität vom Moment ihrer Genese (von der Geburt des Romanhelden) bis zum Augenblick ihres Verschwindens (seinem Tod) in schlicht natürlicher Weise nachzuzeichnen oder einzufangen. Lukács betont ausdrücklich, dass „der Roman an und für sich“ nicht „an das naturhafte Beginnen und Enden des Lebens, an Geburt und Tod“ des Romanhelden gebunden ist. (*TdR*, S. 63) In der biographischen Form fallen „Anfang und Ende *dieses* Lebens“ – und in ihr geht es in entschiedener Weise immer um dieses eine Leben – „nicht mit denen des Menschenlebens zusammen“; und dennoch ermöglicht sie dem Roman „seine ganze epische Totalität im Ablauf des *für ihn wesentlichen Lebens* zu entfalten“. (*TdR*, S. 63. Hervorhebung ER.)

Denn vermittels der biographischen Form macht der Roman das Subjekt, macht er die „Individualität eines Lebenwesens in ihrer *begrenzenden Begrenztheit* zum Ausgangspunkt der Stilisierung und zum Mittelpunkt des Gestaltens“ und führt vor, „daß die Entwicklung eines Menschen der Faden ist, auf den die ganze Welt aufgeknüpft und durch den sie abgerollt wird“ – gerade der oder die Einzelne wird also zum Ausgangs- sowie Mittelpunkt aller Bildung und Schöpfung –, er oder sie wird zu dem Punkt, von dem alles ausgeht und auf den alles zuläuft. (*TdR*, S. 63) Wenn es sich nun bei diesem Punkt, bei dieser „Individualität eines Lebewesens“ um eine, wie Lukács schreibt, „begrenzende Begrenztheit“ handelt, (*TdR*, S. 59. Hervorhebung ER) zeigt dies bereits an, dass von ihm tatsächlich eine doppelte Begrenzung ausgeht, dass dieser Punkt es gleich in doppelter Hinsicht mit einer Grenze – und damit auch in doppelter Hinsicht mit dem Ende – zu tun hat. Dies bedeutet jedoch wiederum nicht, dass diese „Individualität eines Lebewesens" (*TdR*, S. 59) und mit ihr die biographische Form schlichtweg in potenzierter Weise endlich sind – etwa, bestimmt durch die (vermeintliche) doppelte Endlichkeit des Helden, als sterbliches (und damit: endliches) Wesen lediglich über endliche Erkenntnisfähigkeit zu verfügen und folglich bis an das Ende seiner Tage unendlich suchen zu müssen. Vielmehr lassen die Romanhelden in je besonderer Weise eine „Gesinnung zur Totalität" (*TdR*, S. 43) wirklich werden, und zwar indem sie die Welt und ihr Leben – und alles sowohl in der einen wie in dem anderen – auf ihre je besondere Art totalisierend strukturieren. Ihre für diese Strukturierung grundlegende „begrenzende Begrenztheit" – ihr doppelter Bezug auf das Ende – formt der Roman nach, indem er zum einen seine äußeren Grenzen, seine äußeren Enden frei bestimmt, indem er als seinen Anfangs- sowie Endpunkt frei setzt. Des Weiteren bestimmt der Roman jedoch auch auf dieser Ebene des Romanhelden eine innere Grenze – ein ihm *immanentes Ende* – und er tut dies, indem er Anfang und Ende der Erzählung und damit die Erzählung in ihrer Totalität auf das wesentliche Moment hin orientiert, welches das Leben des Romanhelden ausmacht. Die biographische Form ermöglicht dem Roman, Anfang und Ende eines (erzählten) Lebens aus ihrer Natürlichkeit herauszulösen und sie stattdessen als wirklich geschichtliche Kategorien zu erzählen und damit zu verstehen. Denn vermittels der biographischen Form zeichnet der Roman einen ganz spezifischen Punkt nach- wie vor, und zwar denjenigen Punkt, an dem ein je besonderes Ideal, eine je spezifische Orientierung emergiert, die dieses individuelle Leben in seiner Gesamtheit (und das heißt paradoxer Weise noch das Leben vor der Emergenz dieser besonderen Orientierung) strukturiert.[19] Oder anders: Die Form, in der der Roman die Ausdehnung des individuellen Punktes zur Welt und die Rückkehr der Welt in diesen individuellen Punkt darstellt, ist die biographische Form, in der sich das Subjekt des Romans zu dem macht, was es nur durch den Prozess dieses Machens *gewesen sein wird.*

19 Auf diese Weise wird das Individuum des Romans zu einem „typische[n] Repräsentant[en]", und zwar „jenes Systems von Ideen und erlebten Idealen [...], das die Innen- und Außenwelt des Romans regulativ bestimmt." (*TdR*, S. 63)

Der Punkt, an dem nun eine solche Konstitution einer neuen Orientierung, eine Konstitution eines neuen Ideals einsetzt, fasst Lukács mit dem Begriff des Dämonischen, das – neben der Suche – die zweite für das Wesen des Romanhelden konstitutive Komponente benennt. Denn nicht nur bestimmt Lukács die „Psychologie des Romanhelden" (*TdR*, S. 46) als die des Suchenden, sondern legt außerdem fest: „[D]ie Psychologie des Romanhelden ist das Dämonische".[20] (*TdR*, S. 68) Das Dämonische bezeichnet dabei genau jenes im Subjekt statthabende, nicht aus den gesellschaftlichen oder individuellen Umständen ableitbare Moment der Konstitution einer Orientierung, eines Ideals, welchem es in der Folge sein Leben (und sogar noch das Leben vor diesem Moment) unterstellt – das Moment also, welches seine Biographie allererst zu einer individuellen Biographie gemacht haben wird. Denn, „wenn die Menschen nicht manchmal von der Macht des Dämons ergriffen in grundloser und nicht begründbarer Weise über sich hinausgingen und alle psychologischen oder soziologischen Grundlagen kündigten", würde das Leben in seiner Faulheit erstarren, würde dem „still verfaulenden Leben die Alleinherrschaft" verliehen – und das heißt: würde das Leben nicht leben. (*TdR*, S. 70) Die biographische Form ist dem Roman so die konkrete und zugleich allgemeine Form einer besonderen Art und Weise, die Welt zu organisieren und das Leben zu leben, zur Darstellung zu bringen – und zwar einer Art und Weise, die sich selbst notwendig so verallgemeinert, die sich in ihrem Vollzug sowie in ihrer Konstitution so total setzt, dass sie nicht bloß eine besondere und endliche Perspektive bleibt, sondern als eine besondere und endliche Perspektive einen Anspruch auf Unendlichkeit stellt. Jeder dieser Romanhelden steht somit nicht nur für ein besonderes Leben, sondern er beansprucht als Besonderer für das Leben als solches zu sprechen und zu handeln.

III

Wie verhalten sich nun die beiden damit beschriebenen Ebenen – diejenige der „Romanform" und diejenige der „biographischen Form" – zueinander? In welchem strukturellen Verhältnis stehen sie? Zunächst lässt sich

20 Zur Kategorie des Dämonischen in der *Theorie des Romans* vgl. Kirk Wetters. „The Luciferian and the Demonic in Georg Lukács' *Die Theorie des Romans*". *Das Dämonische. Schicksale einer Kategorie der Zweideutigkeit nach Goethe*. Hg. Lars Friedrich, Eva Geulen, Kirk Wetters. München: Fink, 2014. S. 243-266.

festhalten: Der Roman selbst erzählt die Geschichte seines Helden als Biographie, das heißt als individualisierte Geschichte dieses Helden. Der Inhalt der „Romanform", der Inhalt der (Form) des Romans ist somit die Biographie. Damit ist jedoch nicht nur die Bestimmung des Inhalts des Romans gegeben – sondern augenscheinlich auch die Bestimmung, welche Form (Biographie) dieser Inhalt (das individuelle Leben dieses besonderen Helden) hat. Oder anders: Das Leben lässt sich nur erzählen, indem ihm eine spezifische Form gegeben wird – die „biographische Form". Wie verhalten sich nun jedoch die beiden derart ineinandergreifenden Ebenen von Form und Inhalt zu derjenigen Form, in welcher ihre Erläuterung selbst uns vorliegt – das heißt, zu der Form der *Theorie des Romans* selbst?

Wie eingangs bemerkt, verfolgt die *Theorie des Romans* das Projekt der Erfassung der Gesamtheit einer Gattung, und zwar der besonderen (man möchte sagen: individuellen) Gattung des Romans. Und sie tut dies, indem sie die Geschichte dieser besonderen Gattung erzählt und auf diese Weise, durch diese systematische Perspektive den Roman als besondere Gattung selbst zum Helden dieser Geschichte ernennt.[21] In der *Theorie des Romans* wiederholt sich das, was für den Romanhelden – das heißt: für die inhaltliche Bestimmung des Romans – gilt, erneut auf der Ebene der Gattung selbst. Die *Theorie des Romans* selbst erzählt die (Auto-)Biographie und damit die Konstitution der individuellen Lebensgeschichte des Romans und zwar nicht im Sinne einer objektiven Geschichte der Entwicklung der Gattung, die dann historische Variationen, Umbrüche, Modulationen und Transformationen genealogisch und am historischen Material verfolgen und aufarbeiten würde. Vielmehr nimmt die *Theorie des Romans* selbst eine romanhafte Perspektive auf die Gattung des Romans ein, wodurch sich auf der Ebene der Form der *Theorie des Romans* (im Sinne einer Erzählung der Geschichte dieser Gattung) das wiederholt, was den Inhalt dieser Gattung auszeichnet. Der Roman hat damit als literarische Form eine ebenso individuelle Biographie, wie die, von denen er berichtet. Und gleichsam verhandelt wohl jeder Roman in der biographischen Form implizit auch immer sich selbst, da er durch die biographische Form auch immer die Form seiner eigenen (Gattungs-) Geschichte aufnimmt. Die *Theorie des Romans* weist so auf, dass es keinen Roman ohne die Zeit seiner eigenen Geschichte, die Geschichte seiner eigenen Biographie geben kann. Aber sie zeigt zudem, dass

---

21 Vgl. hierzu bereits Paul De Man. „Georg Lukács *Theorie des Romans*" im vorliegenden Band.

sich eine solche Geschichte nur aus der Perspektive des Endes (nur als eine Geschichte, die nach dem Ende des Epos statthat und der dieses als solches immanent ist) erzählen lässt: Zeitlichkeit beginnt dort, wo das Ende (der Vollendung) bereits stattgefunden hat.

Patrick Eiden-Offe

Typologie und Krise: Fichte in Lukács

Es gibt gute Gründe, sich der *Theorie des Romans* von hinten zu nähern. Von ihrem Ende her gelesen, stellt sich die *Theorie* – in der Terminologie des späteren Lukács – als eine *Erzählung* im emphatischen Sinn dar: Ich lese die *Theorie* als „Versuch", den Roman als „Form der großen Epik" in eine geschichtsphilosophische (Groß-)Erzählung zu integrieren, welche umgekehrt erst der Form des Romans ihren vollen Sinn verleiht.[1] Die geschichtsphilosophische Groß-Erzählung, die sich am Ende endgültig zu erkennen gibt – „endgültig", weil sie sich zuvor schon überall ankündigt –, ist die Typologie; deren offensichtlichstes Erkennungszeichen ist ein wiederholtes Zitat aus Johann Gottlieb Fichtes Werk *Grundzüge des gegenwärtigen Zeitalters*, in dem ebenfalls eine typologische Geschichtskonstruktion vorgelegt wird. Das, was in der *Theorie* selbst als „Typologie" bezeichnet wird – der im zweiten Absatz vorgelegte „Versuch einer Typologie der Romanform" etwa – ist folglich nicht als *Beschreibung*, nicht als bloßes Nebeneinander sich unterscheidender Formen des Romans zu lesen, sondern als spannungsreiches Nacheinander.[2]

Über die geschichtsphilosophische Konstruktion hinaus, die durch die Fichte-Referenz markiert wird, lässt sich aber auch – und das ist die zentrale These meines Beitrags – der historisch-politische Gehalt der *Theorie* erst vom Ende her und damit im Hinblick auf die typologische Konstruktion ganz entziffern. Michael Löwy hat in seiner Studie über den jungen Lukács *en passant* (und bloß in einer Fußnote) festgestellt, dass „die *Theorie des Romans*, trotz der Einflüsse aus Hegels Ästhetik, *politisch* ein Fichteanisches Werk" sei.[3] Dem möchte ich im Folgenden nachgehen. Als entscheidendes Moment des Politischen in der *Theorie* wird sich am Ende eine spezifische Interpretation der *Gegenwart als Krise* herausstellen.

1 Zur immanenten Teleologie der Erzähl-Form, im Gegensatz zur beiordnenden Funktionsweise der Beschreibung vgl. Georg Lukács. „Beschreiben oder Erzählen?". In: Ders, *Essays über Realismus. Werke*, Bd. 4. Neuwied/Berlin: Luchterhand, 1971. S. 197-242.

2 Zur „Typologie der Romanform" vgl. umfassend Konstantinos Kavoulakos.

3 Michael Löwy. *Georg Lukács – From Romanticism to Bolshevism*. London: New Left Books, 1979. S. 109.

Fichte: Geschichte als Typologie

Kommen wir also zum Schluss! In den letzten beiden Absätzen der *Theorie* wird zweimal Fichte zitiert, das erste Mal unter Angabe des Namens:

> Der Roman ist die Form der Epoche der vollendeten Sündhaftigkeit, nach Fichtes Worten, und muß die herrschende Form bleiben, solange die Welt unter der Herrschaft dieser Gestirne steht. Bei Tolstoi waren Ahnungen eines Durchbruchs in eine neue Weltepoche sichtbar: sie sind aber polemisch, sehnsuchtsvoll und abstrakt geblieben. (*TdR*, S. 119)

Der allerletzte Satz der *Theorie* schließlich lautet:

> Und es kann erst dann Aufgabe einer geschichtsphilosophischen Zeichendeuterei sein, auszusprechen, ob wir wirklich im Begriffe sind, den Stand der vollendeten Sündhaftigkeit zu verlassen, oder ob erst bloße Hoffnungen die Ankunft des Neuen verkündigen; Anzeichen eines Kommenden, das noch so schwach ist, daß es von der unfruchtbaren Macht des bloß Seienden wann immer spielend erdrückt werden kann. (*TdR*, S. 119)

Das gleich zweimal aufgeführte Zitat findet sich bei Fichte in den *Grundzügen des gegenwärtigen Zeitalters*; in diesem Werk, das auf eine Berliner Vorlesungsreihe aus dem Winter 1804/05 zurückgeht, legt Fichte ein „philosophisches Gemälde des gegenwärtigen Zeitalters“[4] vor, in dem die Gegenwart eben als jener „Stand der vollendeten Sündhaftigkeit“ charakterisiert wird.[5] Über diese starke, suggestive Bezeichnung hinaus findet die Charakteristik der Gegenwart ihren vollen Sinn erst im Rahmen einer geschichtsphilosophischen Gesamtkonstruktion, und umgekehrt liegt der Sinn der Gesamtkonstruktion in jener Positions-, in jener „Stand“-Ort-Bestimmung begründet, die darin für die Gegenwart vorgenommen wird. Diese zirkuläre Bestimmung wird, über das Fichte-Zitat, auch in die *Theorie des Romans* transportiert.

Die Gegenwart, das ist für Fichte die Mitte der Zeit: „Ich für meine Person halte dafür, daß die gegenwärtige Zeit gerade in dem Mittelpunkte der gesamten Zeit stehe.“[6] Die Mitte aber ist leer, sie ist reiner Umschlagpunkt

4 Johann Gottlieb Fichte. *Die Grundzüge des gegenwärtigen Zeitalters*. Hamburg: Meiner, [4]1978. S. 8.

5 Fichte. *Grundzüge* (wie Anm. 4). S. 21.

6 Fichte. *Grundzüge* (wie Anm. 4). S. 21.

zwischen den beiden „Hauptepochen" der Menschheitsgeschichte: der Epoche, da die Menschheit noch „ohne Freiheit" lebte, und der Epoche, da sie „mit Freiheit" lebt.[7] Genauer müsste man sagen: der Epoche, da die „Vernunft noch nicht mittels der Freiheit wirksam" war, sondern durch den „Instinkt", und der Epoche, in der die Vernunft durch die Freiheit, „sehend", sich verwirklicht.[8]

Um die zwei sich starr gegenüberstehenden Hauptepochen nun überhaupt noch historisch vermitteln zu können – um überhaupt Geschichte als kontinuierlichen Prozess denken zu können, in dem „jedes folgende Glied bedingt sei durch sein vorhergehendes"[9] –, postuliert Fichte nun drei Zwischenepochen, sodass sich insgesamt fünf Zeitalter unterscheiden lassen:

> 1. Die Epoche der unbedingten Herrschaft der Vernunft durch den Instinkt: *der Stand der Unschuld des Menschengeschlechts.* 2. Die Epoche, da der Venunftsinstinkt sich in eine äußere zwingende Autorität verwandelt, ist: das Zeitalter positiver Lehr- und Lebenssysteme, die nirgends zurückgehen bis auf die letzten Gründe, und deswegen nicht zu überzeugen vermögen, dagegen aber zu zwingen begehren, und blinden Glauben und Gehorsam fordern: *der Stand der anhebenden Sünde.* 3. Die Epoche der Befreiung, unmittelbar von der gebietenden Autorität, mittelbar von der Botmäßigkeit des Vernunftsinstinkts und der Vernunft überhaupt in jeglicher Gestalt: das Zeitalter der absoluten Gleichgültigkeit gegen alle Wahrheit, und der völligen Ungebundenheit ohne einigen Leitfaden: *der Stand der vollendeten Sündhaftigkeit.* 4. Die Epoche der Vernunftswissenschaft: das Zeitalter, wo die Wahrheit als das höchste anerkannt und am höchsten geliebt wird: *der Stand der anhebenden Rechtfertigung.* 5. Die Epoche der Vernunftskunst: das Zeitalter, da die Menschheit mit sicherer, und unfehlbarer Hand sich selber zum getroffenen Abdrucke der Vernunft aufbauet: *der Stand der vollendeten Rechtfertigung und Heiligung.*[10]

Bei dieser Konstruktion ist es für Fichte zentral, dass „der gesamte Weg" für die Menschheit „nichts anderes [ist] als ein Zurückgehen zu dem Punkte, auf welchem sie gleich anfangs stand". Der Weg ist „nichts, als die Rückkehr zu seinem Ursprung"[11].

---

7 Fichte. *Grundzüge* (wie Anm. 4). S. 11.
8 Fichte. *Grundzüge* (wie Anm. 4). S. 12.
9 Fichte. *Grundzüge* (wie Anm. 4). S. 9.
10 Fichte. *Grundzüge* (wie Anm. 4). S. 14f.
11 Fichte. *Grundzüge* (wie Anm. 4). S. 15.

Dass diese Bewegung zurück in sich selbst sich selbst als Bewegung nun aber nicht auslöscht und die Bewegung somit als überflüssig markiert, hat Fichte zuvor schon festgehalten, wenn er die Geschichte als Weg einer sich „entwickelnden Erfüllung“[12] bestimmt. Das, was sich hier als Spannung darstellt zwischen „Rückkehr“ und „Erfüllung“, lässt sich gleichsam entparadoxiert lesen als Typologie.[13] Danach wäre die gewissermaßen symmetrische Verfasstheit (und Ähnlichkeit) der ersten und der fünften Epoche so zu verstehen, dass die erste Epoche *Typos*: Ankündigung, Vorausdeutung und Vorbild dessen ist, was sich in der fünften Epoche als *Antitypos* dann bestätigt und vollendet. Die „Rückkehr“ zum Ursprung wäre in der „Wiederholung Ergänzung und Erfüllung“[14] zugleich, weil erst durch die Freiheit die Vernunft sich ganz zur Geltung bringen kann. In der instinkthaften Verwirklichung liegt noch ein Rest, oder besser: ein Keim der Unvernunft, die sich im Vollzug der Geschichte erst ganz zum Austrag bringen muss – bis hin zum dritten, dem „Stand der vollendeten Sündhaftigkeit“ –, um dann, als explizit gewordene, ganz überwunden werden zu können. Das Ziel steht in einer „schöpferische[n] Steigerungsbeziehung“ zum Ausgangspunkt, und daher ist die Bewegung der Rückkehr zugleich Explikation, Anreicherung und Rechtfertigung.[15]

12 Fichte. *Grundzüge* (wie Anm. 4). S. 9.

13 Zur Typologie bei Fichte vgl. Henri de Lubac. „Schleiermacher, Fichte, Hölderlin“. *Typologie. Internationale Beiträge zur Poetik*. Hg. Volker Bohn. Frankfurt a. M.: Suhrkamp, 1988. S. 338-356. Es handelt sich hier um ein Kapitel aus *La postérité spirituelle de Joachim de Fiore. Tome I: De Joachim à Schelling*. Paris: Edition Lethielleure, 1979. Zur theologischen Fundierung der Typologie vgl. das Kapitel „Christentum und Geschichte“ in: Henri de Lubac. *Glauben aus der Lehre. „Catholicisme“*. Einsiedeln: Johannes, 1970. S. 121-144.

14 Olaf Hansen/Jörg Villwock. „Einleitung“. In: *Typologie. Internationale Beiträge zur Poetik*. Hg. Volker Bohn. Frankfurt a. M.: Suhrkamp, 1988. S. 7-21, hier: S. 7.

15 Hansen/Villwock. Typologie Einleitung (wie Anm. 16). S. 7. Der protestantische Theologe Leonhard Goppelt hält fest: „Fehlt zwischen Typ und Antityp die Steigerung, stellt also letzter nur die Wiederholung des ersteren dar, so kann von Fall zu Fall nur bedingt von Typologie geredet werden“ (Leonhard Goppelt. *Typos. Die typologische Deutung des Alten Testaments im Neuen*. Gütersloh: Bertelsmann, 1939. S. 19).

Typologie und Heilsgeschichte

Die Typologie als Denkform ist alt. Sie stellt eine Form des Geschichtsdenkens und der historischen Hermeneutik dar, in der Geschichte als gestufte Abfolgebeziehung von Typus und Antitypus, von *figura* und *natura*, von Vorbild und Gegenbild, von Ankündigung und Erfüllung interpretiert wird.

Typologische Denkformen finden sich schon in der Antike. So interpretiert etwa Vergil Troja als Typos, als Präfiguration Roms, wobei Äneas zugleich als Typos des Neugründers von Rom gedeutet wird, als Typos von Augustus. Der Effekt der typologischen Relation wird hier schon deutlich: die Gegenwart legitimiert sich im Rückbezug auf die Vergangenheit und stellt sich zugleich als deren angereicherte Vollendung dar; Typologie generiert historische Autorität.[16]

Prominent wurde die typologische Denkform als Modell der christlichen Bibelexegese. Hier werden Ereignisse und Figuren des Alten Testaments als Typoi, als prophetische Präfigurationen von Ereignissen und Figuren des Neuen Testaments interpretiert: Israel erhält in der Wüste Manna von Himmel, Jesus setzt die Eucharistie ein. Adam ist der Vater der Menschen und zugleich verantwortlich für deren Sterblichkeit; Jesus ist der neue Vater, der die Sünde sühnt und die Unsterblichkeit bringt. Jona war drei Tage im Bauch des Wals, Jesus liegt drei Tage im Grab, bevor er aufersteht. Typologie stiftet Kontinuität und markiert zugleich einen Bruch, der erst der Gegenwart ihr Gewicht und ihre Legitimität verleiht. Die typologische Denkform vermittelt ein „geschichtliches Selbstverständnis des Neuen, sofern es weder willkürlicher Einbruch in das Kontinuum des Alten noch bloß dessen lineare Fortsetzung sein will“[17].

Typologie ist eine Denkform der Heilsgeschichte. Typologisch betrachtet ist die Geschichte weder eine kontinuierliche Abfolge von gleich-gültigen

16 Zur Ableitung von Autorität aus dem lateinischen „augere“: anreichern, vermehren, steigern vgl. Hannah Arendt. „Was ist Autorität?“. *Der Monat* 8.89 (Februar 1956). S. 29-44.

17 Hansen/Villwock. Typologie Einleitung (wie Anm. 16). S. 9. Dass typologische Interpretationen nicht nur das Alte und das Neue Testament vermitteln können, sondern auch christliche Theologie und antike Philosophie wird gezeigt bei Hans Blumenberg. „Kritik und Rezeption antiker Philosophie in der Patristik. Strukturanalysen zu einer Morphologie der Tradition“. *Typologie. Internationale Beiträge zur Poetik*. Hg. Volker Bohn. Frankfurt a.M.: Suhrkamp, 1988. S. 141-165.

Jetzt-Punkten (so wie sie sich im Historismus darbietet), noch ein kontinuierliches Fortschreiten, sondern qualitativ bestimmte, diskontinuierlich-relationale Zeit: eine Staffelung von Voraus-Deutungen, von prophetischen Ereignissen, die alle in letzter Instanz und wie vermittelt auch immer – jede Erfüllung kann immer auch bloß Typos der nächsten sein – das Kommen des Erlösers ankündigen. Typologie ist so auch die historische Denkform des Messianismus.[18] Der Messias aber ist in typologischer Perspektive in der Geschichte immer schon da in seinen Typoi, seinen Ankündigungen und Präfigurationen.

Typologie in der *Theorie des Romans*

Ist die Lektüre auf typologische Zeichen, auf Zeichen für eine typologische Konstruktion eingestellt, dann bemerkt man schnell, dass die *Theorie* gleichsam durchsetzt ist mit wenigstens rhetorischen Formen von Typologie: Die gesamte *Theorie* ist strukturiert von einer „Rhythmik" von „Ahnung" und „Erfüllung", von „Sehnsucht" und „Vollendung", von „Erwartung" und „Erlösung".[19]

Man könnte und müsste nun die einzelnen Stellen und Fälle jeweils für sich untersuchen. Dass die jeweils zweiten Terme – die „Erfüllung", die „Vollendung", die „Erlösung" – bislang ausgeblieben sind, wird – so Lukács' These – als Ausbleiben und Ausstehen indes nur dadurch erfahrbar, dass sie geahnt, ersehnt und erwartet werden. Der Roman ist für Lukács ja gerade die Kunstform – und er ist *die* Kunstform –, die erahnen, ersehnen und erwarten lässt, dass sich etwas (bislang) nicht erfüllt hat.[20] Genauer zu untersuchen wäre in dieser Hinsicht, wie die verschiedenen Formen des Romans, die Lukács in seiner „Typologie der Romanform" unterscheidet, ihr typologisches Gespannt-Sein hin auf eine Erfüllung oder Erlösung *jeweils anders*

---

18 Zum typologischen Messianismus und zur Staffelung der Typoi bei Lukács vgl. Verf. „Typing Class. Classification and Redemption in Lukács's Political and Literary Theory". In: *The Fundamental Dissonance of Existence. New Essays on the Social, Literary and Aesthetic Theory of Georg Lukács*. Hg. Timothy Bewes/ Timothy Hall. London: Continuum, 2011. S. 65-78.

19 *TdR*, S. 24; S. 117ff.; S. 59; S. 22; S. 119; S. 89.

20 Dem Roman eignet, so Lukács, konstitutiv „etwas Unvollkommenes" *(TdR*, S. 55)

gestalten und enttäuschen. Die „Typologie der Romanform" unterscheidet somit, maximal zirkulär ausgedrückt, verschiedene Arten – verschiedene Typen – von Typologie.

Diese genaue Untersuchung muss indes hier selbst aufgeschoben werden.[21] Stattdessen möchte ich erst einmal die Perspektivierung der Untersuchung auf Fragen der Typologie überhaupt noch weiter unterstützen, und zwar von den schon zitierten Passagen vom Ausgang der *Theorie des Romans* her. Hier wird von Tolstoi, der doch innerhalb der *Theorie* den Endpunkt dessen markiert, was die Form des Romans überhaupt noch erreichen kann, gesagt, sein Werk enthalte bloß „Ahnungen eines Durchbruchs in eine neue Weltepoche", die bei Tolstoi selbst jedoch nicht mehr erreicht werden könne. Diese „Ahnungen" aber sind in Tolstois Romanen lesbar als Zeichen, als „Anzeichen"; sie sind nur in diesen Romanen lesbar und ohne die Romane existierten sie nicht. Umgekehrt aber erfüllen sich die Romane Tolstois nur von dem her, was in ihnen nicht da sein kann (oder eben nur als Geahntes da sein kann). Damit sind die Romane strukturell – und nicht bloß irgendwie psychologisch oder von ihrer Stimmung her – „sehnsuchtsvoll", wie es heißt. Im letzten Satz der *Theorie* wird dann die „Ankunft" eines „Kommenden" in Aussicht gestellt, das in der gegebenen Ordnung der Welt, im „bloß Seienden", nur „schwach" sich bemerkbar mache. (*TdR*, S. 119) Hier wird fast wörtlich das vorweggenommen, was Walter Benjamin mehr als zwanzig Jahre später im Angesicht der nächsten, noch viel verheerenderen Katastrophe als jene „schwache messianische Kraft" bezeichnen wird, die jeder Gegenwart „mitgegeben" sei, um die Vergangenheit endlich einer „Erlösung" zuzuführen.[22]

In der *Theorie des Romans* ist das „Kommende", das „Neue" mit dem Namen Dostojewskij bezeichnet, auf dessen Werk aber die *Theorie* selbst bloß noch einen „Ausblick" gewährt. Dass Dostojewskij aber „keine Romane geschrieben" habe, wie es heißt, muss als eine willkürliche Setzung erscheinen,

21 Eine solche genaue Untersuchung werde ich am Ende des laufenden Forschungsprojekts „Theoriebildung im Medium von Wissenschaftskritik", an dem ich unter der Leitung von Claude Haas zusammen mit Andrea Erwig am Berliner Zentrum für Literatur- und Kulturforschung bis Ende 2019 arbeite, vorlegen können.

22 Walter Benjamin. „Über den Begriff der Geschichte". In: Ders. *Werke und Nachlaß. Kritische Gesamtausgabe*, Bd. 19. Hg. Gérard Raulet. Berlin: Suhrkamp, 2010. S. 94.

wenn man sie nicht innerhalb der Logik der Typologie liest. Denn schon die bibelexegetische Typologie zeigt jenes Doppelgesicht, sie nimmt selbst jene „doppelte Stellung“ ein, welche die *Theorie* Tolstoi zuweist. (*TdR*, S. 118) Typologie als „evangelische“ hat eine „mehr abschließende Funktion, indem sie gegenwärtige Vollendung des in der Vergangenheit nur Angelegten verkündet“; als „apokalyptische“ aber „öffnet sie den Ausblick zu einer erst noch kommenden Offenbarung“. Dass wir, die wir doch selbst allenthalben noch im „bloß Seienden“ stehen, in Dostojewskij überhaupt jenes „Zukunftsbild des verheißenen Eschaton“ erblicken können – und seine Werke nicht doch wieder nur als bloße Romane lesen und verkennen –, dazu wenigstens kann Tolstoi uns noch anhalten.[23] Dostojewskij selbst aber hat dann auch schon mit der ganzen Typologie nichts mehr zu schaffen, während umgekehrt die ganze typologische Geschichte des Romans nur im Hinblick auf jenen Dostojewskij ihren Sinn findet, der ihr doch so resolut den Rücken kehrt.

Typologie als Geschichte

Vielleicht ist es jetzt aber auch an der Zeit, der forcierten theologischen Aufladung der *Theorie* ebenso resolut den Rücken zu kehren (die wenigstens deren Schlussabschnitte aber doch auch nahelegen). Immerhin wird Walter Benjamin in der bereits zitierten zweiten „These zur Geschichte“ ja auch schreiben, dass ausgerechnet der „historische Materialist“ um die historisch-politische Aufgabe weiß, die aus der typologischen Relation von Vergangenheit und Jetzt-Zeit sich herschreibt.[24] Und auch der Verfasser der *Theorie des Romans* befindet sich mit dieser, so wissen wir wenigstens rückblickend, auf seinem unumkehrbaren „Weg zu Marx“ und zum historischen Materialismus.[25] Wie also lässt sich die typologische Konstruktion der Geschichte säkular lesen, und was trägt vielleicht gar besonders die Typologie zu einer säkular-materialistischen Lesart der Geschichte bei?

Im Schlusssatz der *Theorie* stellt Lukács sehr deutlich und überhaupt nicht in despektierlicher Absicht fest, was Typologie bedeutet: Es handelt

23 Hansen/Villwock. Typologie Einleitung (wie Anm. 16). S. 8.

24 Benjamin. Begriff Geschichte (wie Anm. 24). S. 94.

25 Vgl. Georg Lukács. „Mein Weg zu Marx“ und „Postscriptum zu: Mein Weg zu Marx“. *Revolutionäres Denken – Georg Lukács. Eine Einführung in Leben und Werk*. Hg. v. Frank Benseler. Darmstadt/Neuwied: Luchterhand, 1984. S. 75-79 und S. 80-89. Fichte spielt in diesen kurzen Rapporten keine Rolle.

sich bei ihr um „geschichtsphilosophische[] Zeichendeuterei"; um eine „Zeichendeuterei", die im „bloß Seienden" nach „Anzeichen eines Kommenden" sucht, und die nicht zuletzt den Roman als Zeichen liest, in dem sich „die Ankunft des Neuen" ankündigt, ohne dass das Neue in der Ankündigung schon vollgültig da wäre. (*TdR*, S. 119) Nun betreibt zwar alle Typologie „Zeichendeuterei", aber das was gedeutet wird, sind selbst nicht bloß Zeichen, sondern realhistorische Gestalten, die dann *immer auch* als Zeichen, als „Anzeichen" gedeutet werden. Auf den „realistischen", den realhistorischen Charakter der Typoi haben in den 1930er Jahren, als die Typologie auch wissenschaftlich – in der Theologie und der Rhetorik und Ästhetik etwa – wiederentdeckt wurde, sowohl Leonhard Goppelt wie Erich Auerbach aufmerksam gemacht. Goppelt hält quasi-definitorisch fest, dass „Gegenstand typologischer Deutungen [...] nur geschichtliche Fakta, d.h. Personen, Handlungen, Ereignisse und Einrichtungen sein [können], Worte und Darstellungen nur insofern, als sie von solchen handeln"[26]. Und Auerbach betont einen entschiedenen, einen „energetische[n] Realismus", der die typologische „Realprophetie" gerade von der reinen Allegorese (mit Lukács vielleicht: der reinen „Zeichendeuterei"?) unterscheide: „*figura*" – hinter dem „als Fremdwort" Typos stehe – „ist etwas Wirkliches, Geschichtliches, welches etwas anderes, ebenfalls Wirkliches und Geschichtliches darstellt und ankündigt"[27]. Damit wird typologische Deutung zu einer Möglichkeit, die „Wirklichkeit lesen" zu lernen, wie Hanna Engelmeier schreibt.[28]

Typologie erhebt also den Anspruch, nicht bloß retrospektive Sinndeutung von Geschichte zu sein (die womöglich auch anders gedeutet werden könnte), sondern tatsächlich die Struktur des geschichtlichen Ablaufs selbst wiederzugeben – und diesen bis zu einem gewissen Grad auch vorsehen zu können; wenigstens soweit wird man den „prophetischen" Index des „Ausblicks auf Dostojewskij" beim Wort nehmen dürfen.[29]

---

26 Goppelt. *Typos* (wie Anm. 17). S. 19.

27 Erich Auerbach. „Figura". *Mimesis und Figura. Mit einer Neuausgabe des „Figura"-Aufsatzes von Erich Auerbach.* Hg. Friedrich Balke und Hanna Engelmeier. Paderborn: Fink, 2016. S. 121-188, hier S. 142; S. 158f.; S. 140.

28 Hanna Engelmeier. „Die Wirklichkeit lesen. Figura und Lektüre bei Erich Auerbach". Balke/Engelmeier. *Mimesis* (wie Anm. 32). S. 89-118.

29 Eine überraschende Nähe der Realismus-Konzepte von Auerbach und Lukács bemerkt Ernst Müller. „Realismus". *Auerbach-Alphabet. Karlheinz (Carlo) Barck zum 70. Geburtstag. Trajekte: Zeitschrift des Zentrums für Literaturforschung Berlin.* Sonderheft 2004. Ohne Paginierung.

Versucht man zu eruieren, wie Geschichte in typologischer Konstruktion aussieht, und was Typologie bei der Konstruktion von Geschichte leisten kann, dann lassen sich thesenhaft wenigstens zwei Punkte markieren:

1. Die typologische Konstruktion erlaubt es, Geschichte energisch zu *dramatisieren*. Typologie arbeitet – wir haben das bei Fichte gesehen und wir sehen es bei Lukács – mit starken Antithesen, wie etwa der zwischen einem Reich der Unfreiheit und einem Reich der Freiheit, zwischen einem Stand der Sünde und einem Stand der Rechtfertigung, zwischen Verdammnis und Erlösung. Diese starke Antithese, die typologische Konstruktionen vom Anfang her bestimmt, spitzt den Verlauf der Geschichte am Ende auf eine *große Entscheidung* zu, die als Durchgang, als „Durchbruch in eine neue Weltepoche" gedacht wird. Typologische Geschichtskonstruktionen erzeugen Klarheit durch einen starken Kontrast, welcher es ermöglicht und erzwingt, eindeutig Partei zu ergreifen.

2. Die Entscheidung, auf die Geschichte in der Typologie hin konstruiert wird, findet immer im *Hier und Jetzt* der jeweils aktuellen Gegenwart statt. In der typologischen Relation von „Erwartung" und „Erfüllung" ist die Gegenwart stets das Dritte: der Punkt des Umschlags von der Erwartung in die Erfüllung, ohne dass in der Gegenwart die Erfüllung schon voll gegenwärtig wäre: sie bricht erst an. Typologische Geschichtskonstruktionen erzeugen so ein starkes Jetztzeit-Bewusstsein: Der typologische Theoretiker steht immer in der Mitte der Zeit, am Umbruch zweier Weltalter; jede seiner Entscheidungen ist maßgebend – so das Pathos der Typologie – für die ganze weitere Geschichte der Menschheit. Für den typologischen Theoretiker – und Praktiker – heißt es immer: „Als die Zeit erfüllet war". In seiner Gegenwart vollendet er die Vergangenheit und stößt die Tür auf zu einer offenen Zukunft.[30]

Man kann sich die Besonderheit dieser Geschichtskonstruktion verdeutlichen, wenn man andere, alternative Konstruktionen daneben hält, die auch für Lukács schon verfügbar gewesen wären und mit denen er bisweilen auch hantiert hat:

So etwa die Vorstellung eines verlorenen (und sei es imaginierten) Idealzustands, dessen Verfall sich in der Geschichte beobachten lässt, an dem aber wiederum alles geschichtliche Geschehen gemessen werden kann; dieses Modell, das an Rousseau anknüpft und das Michael Löwy und Robert Sayre als „romantischen Antikapitalismus" bezeichnet haben, ist in der *Theorie*

30 Zur typologischen Zeitpolitik vgl. Giorgio Agamben. *Die Zeit, die bleibt. Ein Kommentar zum Römerbrief*. Frankfurt a. M.: Suhrkamp, 2006.

des Romans durchgängig anwesend.[31] Dieses romantische Schema muss aber ergänzt werden durch die typologische (und gleichfalls romantische) Vorstellung, dass der Idealzustand am Ende der Geschichte angereichert und gesteigert wiederkehrt und von dort her bereits die Geschichte bestimmt. Im „Ausblick auf Dostojewskij" wird dieser als eine Figur vorgestellt, die schon ganz jenseits „der europäischen Romantik des neunzehnten Jahrhunderts" steht. (*TdR*, S. 119)

Die typologische Geschichtskonstruktion kann gleichfalls abgegrenzt werden von einem Bild von Geschichte als einer letztlich ziellosen Evolution. In diesem Bild gibt es immer nur Kämpfe und wechselnde Kräfteverhältnisse, die allenfalls noch in einem Auf und Ab, in einem ewigen „Rise and Fall" sich rekonstruieren lassen; Paten dieses Modells wären etwa Machiavelli und Spinoza (die beide auch auf den frühen Marx gewirkt haben[32]) oder Nietzsche. Auch dieses Modell ist beim frühen Lukács sicher überall anwesend, es wird aber nirgends theoretisch formbestimmend. So denkt denn auch die *Theorie des Romans* Geschichte überall eindeutig gerichtet von ihrem Ziel und Ende her, obwohl die *Theorie* aus diesem Vorgriff nirgendwo eine Sicherheit ableitet, dass das Ziel auch erreicht werden kann und wird.

Abzugrenzen ist die typologische Geschichtskonstruktion schließlich von einer dialektischen, der sich Lukács wenig später verschreiben wird. Diese unterstellt einen Fortschritt in der Geschichte – etwa einen „Fortschritt im Bewußtsein der Freiheit" –, auch wenn dieser den einzelnen Subjekten vielleicht sogar notwendig bewusstseinsmäßig entzogen bleibt. Wie die Typologie modelliert die Dialektik Geschichte als konflikthaft, sie unterstellt aber in den Konflikten und Kämpfen einen durchgängigen Vermittlungszusammenhang, den die Philosophie nur *post festum* – gleichsam mit der „einbrechenden Dämmerung" – rekonstruieren und rechtfertigen kann. Eine große Entscheidung, zu der die einzelnen Subjekte aufgerufen wären, kann es für den Dialektiker nicht geben (auch wenn er bisweilen den Weltgeist selbst personifiziert sieht in wenigen ganz großen Gestalten der Weltgeschichte – notorisch etwa in Napoleon). Gegen das „Grau in Grau" der Dialektik setzt die Typologie ein beherztes Hell–Dunkel, das wiederum in der Revolution

---

31 Robert Sayre/Michael Löwy. „Die (antikapitalistische) Romantik in der *Theorie des Romans*". *Lukács 2016. Jahrbuch der Internationalen Georg-Lukács-Gesellschaft*. Hg. v. Rüdiger Dannemann. Bielefeld: Aisthesis, 2016. S. 145-162.

32 Vgl. dazu Miguel Abensour. *Demokratie gegen den Staat. Marx und das machiavellische Moment*. Berlin: Suhrkamp, 2012.

(zu der Lukács sich wenig später berufen sieht) praktisch wird: die revolutionäre Tat wird gedacht als Schritt aus dem Dunkel ins Licht.[33]

Fichte's Sozialismus

Lukács Weg aus dem Neukantianismus über Hegel zu Marx führte über Fichte, und hier besonders übers Fichtes typologische Konstruktion der Geschichte – das soll im vorliegenden Aufsatz dargelegt werden. Dass ausgerechnet Fichte zum Sozialismus führen soll, das war indes keine idiosynkratische Wahl, sondern in Lukács' neukantianischem Umfeld in Heidelberg ein durchaus geläufiger Gedanke. So hatte etwa Marianne Weber schon 1900 *Fichte's Sozialismus und sein Verhältnis zur Marx'schen Doktrin* monografisch untersucht, und auch Heinrich Rickert hat 1923 in *Logos* einen Aufsatz über „Die philosophischen Grundlagen von Fichtes Sozialismus" veröffentlicht.[34] Bei Weber steht dabei „Fichte's Wirtschaftslehre" im Zentrum, wie dieser sie in seiner Schrift *Der geschlossene Handelsstaat* aus dem Jahr 1800 ausgearbeitet hat.[35] Von heute aus kann man sagen, dass Weber schon vor Entstehen jedes „real existierenden Sozialismus" in Fichtes „Vernunftstaat" dessen Vorläufer konstruiert sieht und bereits in Fichtes Modell genau jene Widersprüche entdeckt und kritisiert hat, die später nicht unwesentlich zum Untergang des real existierenden Sozialismus führen werden: etwa dass ein „geschlossener Staat" auf wirtschaftliche Autarkie setzen muss, gleichzeitig aber auf

33 Hegel bemerkt irgendwo bekanntlich: „Wenn die Philosophie ihr Grau in Grau malt, dann ist eine Gestalt des Lebens alt geworden, und mit Grau in Grau lässt sie sich nicht verjüngen, sondern nur erkennen; die Eule der Minerva beginnt erst mit der einbrechenden Dämmerung ihren Flug." Georg Wilhelm Friedrich Hegel. *Grundlinien der Philosophie des Rechts oder Naturrecht und Staatswissenschaft im Grundrisse*. Hamburg: Meiner, 1995. S. 17.

34 Marianne Weber. *Fichte's Sozialismus und sein Verhältnis zur Marx'schen Doktrin*. Tübingen: Mohr (Siebeck), ²1925. Heinrich Rickert. „Die philosophischen Grundlagen von Fichtes Sozialismus". In: *Logos* 11 (1922/1923). S. 148-180. Rickerts Aufsatz ist zwar erst nach Lukács' Konversion zum Marxismus erschienen, er hat sich aber schon lange davor mit dem Thema beschäftigt, was nicht zuletzt die Danksagung in Marianne Webers Buch (S. VI) ausweist, und damit werden Rickerts Gedanken zu diesem Thema auch Lukács bekannt gewesen sein.

35 Weber. *Fichte* (wie Anm. 34). S. 34-66.

einen entwickelten Weltmarkt angewiesen bleibt.[36] Robert Kurz wird nach dem faktischen Ende des Realsozialismus dessen Scheitern wiederum schon im Fichte'schen Modell vorgezeichnet sehen.[37]

Rickert wiederum befragt bei dem, was auch er „Fichtes Sozialismus" nennt, vor allem das Verhältnis (oder den Widerspruch) von erforderlicher und geforderter Kollektivität der wirtschaftlichen Organisation und methodischem Individualismus in der Erkenntnistheorie und Ethik.[38]

Lukács selbst hat, noch in *Geschichte und Klassenbewußtsein*, den Einfluss Fichtes auf seine eigene theoretische Konzeption eher erkenntnistheoretisch ausgewiesen und dabei besonders auf die Werke seine Freundes Emil Lask verwiesen. Lask, den die Forschung der 1970er Jahre als (wenigsten einen der) „Lehrer von Georg Lukács" ausgezeichnet hat, untersucht bei Fichte die Frage der Gegenstandskonstitution, und er hat dabei besonders scharf herausgearbeitet, welche Rolle hier dem Begriff der Form zukommt: Es ist die „Form der Gegenständlichkeit überhaupt", die allererst herausgearbeitet und bestimmt werden muss, um jedem naturalistischen Fehlschluss auf eine einfache Gegebenheit der Gegenstände vorzubeugen.[39] In Lasks Untersuchungen zu Fichte – die sich auch dort, wo sie etwa *Fichtes Idealismus und die*

36 Weber. *Fichte* (wie Anm. 34), besonders S. 62-66.

37 Robert Kurz. *Der Kollaps der Modernisierung. Vom Zusammenbruch des Kasernensozialismus zur Krise der Weltökonomie.* Frankfurt a. M.: Eichborn, 1991. S. 35-42.

38 Vgl. besonders die Abschnitte „Sozialismus und Individualismus" und „Fichtes Individualismus". Rickert. „Fichte" (wie Anm. 34). S. 162-171.

39 Vgl. die überaus gründliche Studie von Hartmut Rosshoff. *Emil Lask als Lehrer von Georg Lukács. Zur Form ihres Gegenstandsbegriffs.* Bonn: Bouvier, 1975. Vgl. ferner Felice Masi. *Emil Lask. Il pathos della forma.* Rom: Quodlibet, 2010. Zahlreiche Belege zum biografischen und philosophischen Verhältnis von Lask und Lukács bieten Uwe B. Glatz. *Emil Lask. Philosophie im Verhältnis zu Weltanschauung, Leben und Erkenntnis.* Würzburg: Königshausen und Neumann, 2001 (mit Namensregister) sowie das Kapitel „Emil Lasks transzendentalontologische Reformulierung der Wertphilosophie" in Andreas Hoeschen. *Das „Dostojewsky"-Projekt. Lukács' neukantianisches Frühwerk in seinem ideengeschichtlichen Kontext.* Tübingen: Niemeyer, 1999. S. 105-155. Auch Tom Rockmore. „Fichte, Lask, and Lukács' Hegelian Marxism". In: *Journal of History of Philosphy* 30 (1992). S. 557-577, beschäftigt sich hauptsächlich mit dem Irrationalismus-Problem in der Erkenntnistheorie.

Geschichte[40] behandeln, immer auf der Ebene der Wissenschaftstheorie und -logik bewegen – wird Lukács später die Aporien der bürgerlichen Erkenntnistheorie so weit exponiert und zugespitzt sehen, dass sie quasi aus sich heraus die materialistische Wende einleiten, die Lukács selbst dann in seinem Verdinglichungsaufsatz zu Ende führt und expliziert.

Was indes in Webers, Lasks und Rickerts Beschäftigungen mit Fichte nirgends in den Blick kommt, ist dessen typologische Geschichtsphilosophie. Dies nachgereicht zu haben, kann als Lukács' ureigener Beitrag zu einem Neofichteanismus gelesen werden, der in Fichte nicht nur den militanten Patrioten oder Nationalisten gesehen, sondern vor allem den Vorläufer des Sozialismus gewürdigt hat.[41] In diesem Umfeld wurde Lukács' Hinwendung zum Sozialismus schon lange vor den Ereignissen des Weltkriegs vorbereitet, die ihn schließlich praktisch in die internationale kommunistische Bewegung und theoretisch in den Marxismus getrieben haben.

Krise und Hoffnung

Wenn der Neofichteanismus Webers, Lasks und Rickerts in ökonomischer, epistemologischer und kulturtheoretischer Hinsicht Lukács' Wende zum Sozialismus vorbereiten hat, so fehlt doch für den „Uebergang zum Sozialismus", ja den „Durchbruch des Sozialismus" (so Rickert) noch ein letztes Element: Denn jener Übergang, jener Durchbruch will eben auch *vollzogen* sein. Es bedarf eines *Akts*, der nicht ganz theoretisch abgeleitet werden darf – sonst ist er kein Akt mehr –, der aber auch theoretisch nicht ganz in der Luft hängen darf – sonst würde er als reine Praxis alle Theorie Makulatur werden lassen. Die typologische Geschichtskonstruktion ermöglicht diesen genuin ethischen Akt, so soll abschließend gezeigt werden.[42]

---

40 So der Titel der Studie, mit der Lask 1901 bei Rickert promoviert wurde; Emil Lask. *Fichtes Idealismus und die Geschichte.* Tübingen/Leipzig: Mohr (Siebeck), 1902.

41 Zum „rechten" Neofichteaniasmus im ersten Drittel des 20. Jahrhunderts und dessen seltsame, wenigstens heute befremdende „kultur-zionistische" Aneignung vgl. Manfred Voigts. *„Wir sollen alle kleine Fichtes werden!" Johann Gottlieb Fichte als Prophet der Kultur-Zionisten.* Berlin/Wien: Philo, 2003.

42 Die Dialektik von gesellschaftlicher und philosophischer (transzendentaler) Struktur und ethischem Akt bearbeitet Lukács vor allem in den Arbeiten der

Der Weg zum ethischen und politischen Akt ist schon bei Fichte selbst vorgezeichnet. Denn Fichte ist auch darin singulär, dass er einer der wenigen Typologen sein dürfte, der in seinem eigenen typologischen Schema selbst vorangeschritten ist – gewissermaßen aus der „Mitte der Zeit" heraus. Zwei Jahre nach den *Grundzügen*, 1808, verkündet Fichte in den *Reden an die deutsche Nation* ein neues Jetztzeit-Bewusstsein, wonach mittlerweile das dritte Zeitalter „vollkommen abgelaufen und beschlossen" und „eben jetzt" das vierte Zeitalter angebrochen sei, das nun ganz besondere und neue Anstrengungen erforderlich mache.[43] Die Typologie dient Fichte nicht nur zur geschichtsphilosophischen Selbstvergewisserung, sondern sie stellt auch eine *passage à l'acte* dar; sie wird selbst zum theoretischen Mittel eines Wechsel aus der Theorie in die Praxis. Noch mal fünf Jahre später stirbt Fichte, ganz im Geist seiner *Reden*, als Freiwilliger in den anti-napoleonischen Kriegen am Lazarettfieber. Einhundert Jahre später erfüllte der Neofichteanismus im Kreis junger, unzufriedener Neu-Kantianer denselben Zweck; die patriotische „Thathandlung" des freiwilligen Kriegsdienstes wird zur praktischen Erfüllung dessen, was sich im Neu-Kantianismus zuvor bloß kontemplativ angekündigt hatte.[44] Oder typologisch gesprochen: Fichtes Tat wird zum Typos der eigenen. Lukács' Freund Lask stirbt 1915 an der Ostfront; noch in *Geschichte und Klassenbewußtsein* setzt Lukács ihm ein Epitaph in den Fußnoten des Verdinglichungsaufsatzes.[45]

In der *Theorie des Romans* hat die Auszeichnung der Gegenwart als „Zeitalter der vollendeten Sündhaftigkeit" zunächst einmal einen ausgesprochen negativistischen Effekt; das Bild, das so gemalt wird, ist rabenschwarz: Viel tiefer, so ließe sich übersetzen, können wir nicht mehr sinken. Dann aber wird – für den philosophisch versierten Leser schon durch das Fichte-Zitat selbst – der Effekt geradezu umgekehrt: Denn der Tiefpunkt enthüllt sich als Talsohle, die wir durchschreiten müssen, um dann wieder in höhere,

---

Jahre unmittelbar nach 1918. Vgl. etwa Georg Lukács. *Taktik und Ethik. Politische Aufsätze 1: 1918-1920*. Darmstadt/Neuwied: Luchterhand, 1975.

43 Johann Gottlieb Fichte. *Reden an die deutsche Nation*. Hamburg: Meiner, [5]1978. S. 11; S. 53.

44 Die Opposition von (passiver) Kontemplation und (aktiver) Setzung ist zentral für Lukács' Konstruktion des Erkenntnisproblems im Verdinglichungsaufsatz.

45 *GuK*, S. 157: Bei Lask finde man die erkenntnistheoretischen Probleme, so Lukács, „[a]m schroffsten und klarsten" formuliert. Lask sei, so heißt es anderer Stelle (S. 221), „der scharfsinnigste und folgerichtigste der modernen Neukantianer".

lichtere Gefilde zu gelangen. Die Gegenwart wird als Krise, als Umschlagpunkt, bestimmt, an dem zumindest das eine klar wird: weiter wie bisher geht es nicht mehr.[46] Wenn Löwy in der *Theorie* „a new and surprising element of hope" wahrnimmt, dann macht sich dieses nicht trotz der „vollendeten Sündhaftigkeit" der Gegenwartsdiagnose bemerkbar, sondern gerade wegen dieser.[47] Der Tiefpunkt markiert zugleich den Punkt der Umkehr, die sich freilich nicht von selbst vollzieht, sondern gemacht sein will; dass aber eine Umkehr zustande gebracht werden kann und also zunächst einmal überhaupt möglich sein muss, das wird durch die typologische Geschichtskonstruktion allemal sichergestellt. Der Schritt hin zur revolutionären Tat ist bei Lukács keinem einfachen Voluntarismus geschuldet, und auch keinem „neofichteanischen Voluntarismus"[48]. Es ist vielmehr ein gewissermaßen transzendental tiefergelegter Voluntarismus; mit Fichte musste sich Lukács erst mühsam die geschichtsphilosophische Lizenz dafür ausstellen, um überhaupt voluntaristisch werden und dann tatsächlich handeln zu können.

Nach der „That" aber wird es möglich, diese ganze meta-ethische Apparatur zur Ermöglichung und Lizensierung der ethischen Tat selbst wieder abzubauen – auch wenn sich in den Jahren der Revolution: in den Jahren der Abfassung von *Geschichte und Klassenbewußtsein* noch allenthalben Spuren davon finden.[49] Und so konnte Lukács später die Rolle Fichtes auf seinem eigenen Weg zum revolutionären Marxismus auch wieder marginalisieren;

---

46 Slavoj Žižek hat eine derartiges Denken, das noch in der gesamten Postmoderne bis hin zu Derrida hegemonial sei, unlängst auf ein „Hölderlin-Paradigma" zurückgeführt: „‚Wo aber Gefahr ist, wächst / Das Rettende auch.' Der gegenwärtige Augenblick erscheint als Tiefpunkt eines langen Prozesses der historischen Dekadenz (die Flucht der Götter, Entfremdung ...), aber die Gefahr des katastrophalen Verlusts der essentiellen Dimension des Menschseins eröffnet auch die Möglichkeit einer Kehre [im Original deutsch] – die proletarische Revolution, die Ankunft neuer Götter [...] und so weiter" (Slavoj Žižek. *Absoluter Gegenstoß. Versuch einer Neubegründung des dialektischen Materialismus.* Frankfurt a. M.: Fischer, 2016. S. 480f.). Auch Žižek betont den Zusammenhang des „Hölderlin-Paradigmas" mit dem jüdisch-christlichen Messianismus. Žižek wendet sich selbstredend „Gegen das ‚Hölderlin-Paradigma'" (so der Titel des Kapitels) und legt auch großen Wert darauf, dass sowohl Hegel wie auch Marx jenes Paradigma schon überwunden hätten.

47 Löwy. *Lukács* (wie Anm. 3). S. 109.

48 Löwy. *Lukács* (wie Anm. 3). S. 130.

49 Vgl. dazu Verf. „Typing Class" (wie Anm. 18).

am frühesten schon in seinem großen Aufsatz über „Moses Heß und die Probleme der idealistischen Dialektik" von 1926. Hier erläutert der mittlerweile geläuterte Dialektiker Lukács, dass jeder Schritt, den die nachhegelsche Generation über Hegel hinausgehen wollte – um etwa gegen die Hegel'sche Vermittlungsmühle ein Pathos der Revolution zu setzen –, sie doch nur wieder hinter Hegel habe zurückfallen lassen: zurück auf Fichte.[50] In dieser Charakterisierung wird man ein verstelltes Selbstporträt Lukács' erblicken dürfen, und ein Porträt seiner Generation. Im späten Vorwort zur *Theorie des Romans* verkennt Lukács dann sogar – absichtlich oder unbewusst – gerade den optimistisch-aktivierenden Unterton der Gegenwartdiagnose von 1916, wenn er in der Charakterisierung der Jetzt-Zeit als „Zeitalter der vollendeten Sündhaftigkeit" nur einen „ethisch gefärbte[n] Geschichtspessimismus" sehen will, der „keine allgemeine Rückwendung von Hegel zu Fichte" indiziere, sondern „vielmehr ein Kierkegaardisieren der Hegelschen Geschichtsdialektik". (*TdR*, S. 13) Man wird die Bedeutung Kierkegaards für den „Verfasser des Romans" wohl tatsächlich nicht unterschätzen dürfen; Kierkegaard hervorzuheben, erlaubt es Lukács 1962 zudem, seine eigene avantgardistische Rolle in der Philosophiegeschichte des 20. Jahrhunderts als frühen Vorläufer der „Existenzphilosophie Heideggers und Jaspers'" hervorzuheben, und die eigene Entwicklung nicht bloß als späte Fortsetzung des Neofichteanismus Rickerts, Lasks oder Webers darstellen zu müssen. Anstatt aber bei der historischen Rekonstruktion des Entstehungskontexts der *Theorie* die späte Gegenüberstellung Lukács' von Fichte und Kierkegaard einfach zu übernehmen, ist es wohl sinnvoller, ein gemeinsames Moment bei Fichte und Kierkegaard hervorzuheben, um das es Lukács einzig zu tun war. Dies ist das Moment der Entscheidung, welche wiederum aufgeladen wird mit theologischen Werten: *Entweder – Oder*, Sündhaftigkeit oder Erlösung. In dieser, und nur in dieser Hinsicht, ist es auch sinnvoll, von einem „Existenzialismus" Lukács' zu sprechen.[51] Diesen aber hat Lukács in der Wende zum Marxismus wieder abgeschüttelt. Der Existentialismus ist ein Moment

---

50 Georg Lukács. „Moses Heß und die Probleme der idealistischen Dialektik". In: *Archiv für die Geschichte des Sozialismus und der Arbeiterbewegung*. Hg. Carl Grünberg. 12. Jg. Leipzig: Hirschfeld, 1926. S. 105-155

51 Vgl. Frank Engster. „Lukács' Existenzialismus, oder: Die Selbstreflexion der Produktivkraft durch das Selbstbewusstsein der Ware Arbeitskraft". In: *Klasse – Geschichte – Bewusstsein. Was bleibt von Georg Lukács' Theorie?* Hg. Hanno Plass. Berlin: Verbrecher, 2015. S. 33-77.

der Krise geblieben, die bei Lukács immer bloß als Durchgang durch eine Talsohle gedacht ist.

In einem „Gespräch mit Frau Marianne Weber im Spätherbst 1914“, so berichtet Lukács zu Beginn des späten Vorworts zur *Theorie des Romans*, versuchte diese Lukács' Kriegsablehnung dadurch zu entkräften, dass sie „einzelne, konkrete Heldentaten erzählte“. Lukács erwidert: „Je besser, desto schlimmer.“ (*TdR,* S. 7) Die Krisenkonzeption, die in der *Theorie* Lukács' Gegenwartsdiagnose zugrunde liegt und die wiederum auf Fichtes Geschichtstypologie aufbaut, lässt sich zusammenfassen in der Umkehr dieses Satzes: „Je schlimmer, desto besser.“ In diesem Satz wird man den Ausdruck eines paradoxen Geschichtsoptimismus erkennen können, der sich auch und gerade (oder: nur?) dann zur geschichtlichen Tat und zum politischen Engagement aufgerufen sieht, wenn diese vollkommen aussichtslos erscheinen. Davon wird Lukács später nicht wieder ablassen, weder in den Hochzeiten der weißen noch der stalinistischen Konterrevolution. Im Eingedenken dessen können wir in unseren rabenschwarzen Zeiten mit Fichte schließen: „Dieses lassen Sie uns hoffen, und, mit dieser freudigen Hoffnung im Blicke, E[hrwürdige] V[ersammlung], lassen Sie uns scheiden!“[52]

52 Fichte. *Grundzüge* (wie Anm. 4). S. 263.

Dominik Nagl

Lebensphilosophie, Verdinglichung und Kritik des Warenfetischismus

Zur Neuerfindung des Marxismus im Frühwerk von Georg Lukács

Georg Lukács' von Brüchen geprägter intellektueller Werdegang vom Sohn eines geadelten jüdischen Bankdirektors, gefeierten Literaturkritikers und Essayisten über den undogmatischen hegelmarxistischen Autor von *Geschichte und Klassenbewusstsein* (1923) zum parteiaffinen marxistisch-leninistischen Theoretiker spiegelt die widerspruchsvolle Ideengeschichte des 20. Jahrhunderts als einem „Jahrhundert der Extreme" (Eric J. Hobsbawm) geradezu idealtypisch wider. Seine Entwicklung lässt sich an kaum einem anderen Thema so kontrast- und aufschlussreich beleuchten wie an seiner Haltung zur Lebensphilosophie. Lukács entwickelte sich seit den 1930er Jahren unter dem Eindruck des Aufstiegs von Faschismus und Nationalsozialismus zu einem der schärfsten Kritiker lebensphilosophischer Strömungen. Er widmete ihnen das „vierte Kapitel" seines 1954 erstmals publizierten Werkes „Die Zerstörung der Vernunft" über die geistigen Wurzeln des Nationalsozialismus.[1] Dennoch hat George Lichtheim 1970 die These formuliert, dass „Lukács über die Lebensphilosophie Diltheys und Simmels allmählich zum Marxismus gelangte"[2]. Dieser „lebensphilosophischen Spur" sind später u. a. György Márkus, Werner Jung, Georg W. Bertram und zuletzt ganz besonders Stefanie Benke nachgegangen.[3] Im Folgenden soll auf

1 Georg Lukács. *Die Zerstörung der Vernunft. GLW.* Bd. 9. Neuwied am Rhein/Berlin Spandau: Luchterhand, 1962.

2 George Lichtheim. *Georg Lukács.* München: DTV, 1971. S. 83.

3 György Markus. Die Seele und das Leben. Der junge Lukács und das Problem der „Kultur" und Lukács' erste Ästhetik. Zur Entwicklungsgeschichte der Philosophie des jungen Lukács. In: Hg. Agnes Heller/Ferenc Fehér/György Markus/Sándor Radnóti. *Die Seele und das Leben.* Frankfurt a. M.: Suhrkamp, 1977. S. 99-131, 192-240; Werner Jung. Georg Lukács als Schüler Wilhelm Diltheys. In: Ders. *Von der Utopie zur Ontologie. Zehn Studien zu Georg Lukács.* Bielefeld: Aisthesis, 2001. S. 58-79. Georg W. Bertram. *Das Werk der Kunst an Lukács' Heidelberger Schriften und eine lebensphilosophische Spur.* Wien: Passagen, 1993;

dieser Grundlage Lukács' wechselhaftes Verhältnis zur Lebensphilosophie skizziert und einer kritischen Reflexion unterzogen werden, wobei hier in Anlehnung an Rüdiger Dannemann in Lukács' ideologiekritischer „Verdinglichungstheorie", wie er sie in *Geschichte und Klassenbewusstsein* formulierte, seine interessanteste und fruchtbarste Verarbeitung von Motiven der lebensphilosophischen Kritik an der Moderne gesehen wird.[4]

Gemeinhin wird mit dem Begriff der Lebensphilosophie eine philosophische Richtung verbunden, die mit der Popularisierung des Lebensbegriffs um die Jahrhundertwende einherging und heute vor allem mit einer rationalitätskritischen Neuausrichtung der philosophischen, wissenschaftlichen und ästhetischen Diskurse zu Beginn des 20. Jahrhunderts in Verbindung gebracht wird.[5] Inspiriert von Vorläufern wie Arthur Schopenhauer und Friedrich Nietzsche formulierten so unterschiedliche Denker wie Georg Simmel, Henri Bergson, Wilhelm Dilthey, Ludwig Klages, Ortega y Gasset und Oswald Spengler eine Kritik am Positivismus der empirischen Wissenschaften und einer zeitgenössischen Philosophie, die meist nicht mehr als spekulative Ergründung naturwissenschaftlicher Erkenntnis entzogener Wahrheiten, sondern nur als strenge „Logik der Wissenschaft" betrieb. Max Weber hat diesen wissenschaftskritischen Zeitgeist prägnant beschrieben:

Stefanie Benke. *Formen im „Teppich des Lebens um 1900". Lebensphilosophie, der junge Lukács und die Literatur.* Duisburg: Universitätsverlag Rhein-Ruhr, 2008.

4 Rüdiger Dannemann. *Das Prinzip der Verdinglichung. Studie zur Philosophie Georg Lukács'.* Frankfurt a. M.: Sendler, 1987; Rüdiger Dannemann. „Verdinglichung, Warenfetischismus und die Ohnmacht der Demokratie". In: *Klasse – Geschichte – Bewusstsein. Was bleibt von Georg Lukács' Theorie?* Hg. Hanno Plass. Berlin: Verbrecher, 2015. S. 105-154.

5 Otto Friedrich Bollnow. *Die Lebensphilosophie.* Göttingen: Springer, 1958; Hans M. Baumgartner. Lebensphilosophie. In: *Bilanz der Theologie im 20. Jahrhundert. Perspektiven, Strömungen, Motive in der christlichen und nichtchristlichen Welt.* Bd. 1. Hg. Herbert Vorgrimler/Robert van der Gucht. Freiburg: 1969. S. 290-296; Hans-Joachim Leber. *Kulturkritik und Lebensphilosophie. Studien zur Deutschen Philosophie der Jahrhundertwende.* Darmstadt: WBG, 1974; Ferdinand Fellmann. *Lebensphilosophie. Elemente einer Theorie der Selbsterfahrung.* Hamburg: Rowohlt, 1993; Karl Albert. *Lebensphilosophie. Von den Anfängen bei Nietzsche bis zu ihrer Kritik bei Lukács.* Freiburg: Alber, 1995; Wolfgang Röd. Die Lebensphilosophie. In: *Geschichte der Philosophie.* Bd. 8: Lebensphilosophie und Existenzphilosophie. Hg. Wolfgang Röd. München: C. H. Beck, 2002. S. 113-162. Jürgen Große. *Lebensphilosophie.* Stuttgart: Reclam, 2010.

> Die Gedankengebilde der Wissenschaft sind ein hinterweltliches Reich von künstlichen Abstraktionen, die mit ihren dürren Händen Blut und Saft des wirklichen Lebens einzufangen trachten, ohne es doch je zu erhaschen. Hier im Leben aber, in dem, was für Platon das Schattenspiel an den Wänden der Höhle war, pulsiert die wirkliche Realität: das andere sind von ihr abgeleitete und leblose Gespenster und sonst nichts.[6]

Leben meint hier Lebendigkeit gegenüber Erstarrung, wissenschaftlicher Abstraktion und gesellschaftlicher Konvention und umfasst nicht nur die rationalen, sondern auch irrationalen psychischen Energien der Menschen. Im Lebenskonzept der Lebensphilosophie verband sich diese Sichtweise mit einem metaphysischen Verständnis von Leben als rätselhaftem Kontinuum und allumfassendem „Gewebe universaler Wechselwirkungen."[7]

Mit Stefanie Benke lassen sich folgende Vorstellungen als verbreitete lebensphilosophische Grundüberzeugungen bestimmen: (1) die Annahme einer „Verbundenheit aller Einzelerscheinungen" durch die mystisch aufgeladene Kategorie des „Lebens", (2) der Rückgriff auf das metaphysische Konzept der „Seele", (3) die Aufwertung der Intuition (gegenüber dem Verstand), (4) ein Streben nach Totalität, (5) die Kritik der begrifflichen Sprache, (6) der Glaube an eine „Verwesentlichung" des Lebens in der Kunst, (7) die Abgrenzung eines als Mikrokosmos empfundenen Kunstgebildes von der Außenwelt und (8) der „Versuch, Einsamkeit und Ausgesetztheit künstlerisch zu thematisieren und metaphysisch zu überwinden."[8] Außerdem wurde mit der lebensphilosophischen Sehnsucht nach einer Aufhebung des „Dualismus von Subjekt und Objekt" die Hoffnung auf eine „neue Gemeinschaft" (9) verknüpft.[9]

Lukács hörte 1910 Georg Simmels Vorlesungen in Berlin, die vom unorthodoxen Neukantianismus der „südwestdeutschen Schule" Wilhelm Windelbands und Georg Rickerts beeinflusst waren.[10] 1913/14 besuchte er Rickerts Lehrveranstaltungen in Heidelberg, pflegte enge Kontakte zu dessen Schüler Emil Lask und gehörte mit Ernst Bloch zum Gesprächskreis

---

6 Max Weber. Wissenschaft als Beruf. In: *Studienausgabe der Max Weber-Gesamtausgabe.* Bd. I/17. Hg. Wolfgang J. Mommsen/Wolfgang Schluchter. Tübingen: Mohr, 1994. S. 11.

7 Benke. Formen (wie Anm. 3). S. 82.

8 Benke. Formen (wie Anm. 3). S. 9.

9 Benke. Formen (wie Anm. 3). S. 9.

10 Lichtheim. Lukács (wie Anm. 2). S. 12.

um Max Weber.[11] Im Gegensatz zu den orthodoxen Neukantianern der „Marburger Schule“ um Hermann Cohen und Paul Natorp, die „für eine säuberliche Scheidung zwischen Erkenntnistheorie und spekulativer Metaphysik eintraten“, maßen die Heidelberger „der Geschichte mehr Gewicht bei als den Naturwissenschaften.“[12] Ebenso wie Simmels Positivismuskritik und Wilhelm Diltheys Konzeption einer „hermeneutisch-verstehenden“ Geisteswissenschaft in Abgrenzung zu den „erklärenden“ Natur- und Sozialwissenschaften stärkte der Heidelberger Neukantianismus Auffassungen, die davon ausgingen, dass kulturwissenschaftlich-historische Wahrheiten nur mittels einer besonderen individualisierend-beschreibenden (ideographischen) und wertbeziehenden Methode gewonnen werden können.[13] In der Lebensphilosophie verband sich mit der Absage an die objektiv nomothetischen Erklärungsmodelle der Naturwissenschaften zugleich ein Verständnis von ein- und nachfühlendem geisteswissenschaftlichem Verstehen, das ausdrücklich als „personengebundener, irrationaler Akt geistiger Rekonstruktion begriffen wurde. […] Die Deutung stellte eine Art des Verstehens dar, die […] sich […] der schöpferischen Vielfalt des menschlichen

11 Arpad Kadarkay. *George Lukács. Life, Thought, and Politics.* Oxford: Basil Blackwell, 1991. S. 15; 190.

12 Lichtheim. Lukács (wie Anm. 2). S. 12.

13 „Im Unterschied zur Naturwissenschaft sucht sich nach Rickert die ‚historische Begriffsbildung‘, durch das Interesse am Anschaulichen und Individuellen geleitet, der Wirklichkeit [statt dem gesetzhaften, abstrakt Allgemeinen, D. N.] anzunähern. […] [Der Historiker] wählt und konstituiert seine Objekte, indem er ihre Beziehung ‚auf die Werte zum Bewußtsein bringt, die an den Gütern der Kultur haften,‘ begründet sich doch allein in dieser Beziehung, daß es sich um wissenswerte Objekte handelt. Sein Vorgehen ist ein wertbeziehendes. Das heißt nun nicht, daß er Werturteile fällt. An der Französischen Revolution exemplifiziert: Der Historiker nimmt nicht für sie (wie Paine) oder gegen sie (wie Burke) Stellung, aber er behandelt sie fraglos als hochbedeutsames Ereignis in seiner Darstellung der europäischen Geschichte. Die ‚theoretische Wertbeziehung‘ gehört im Unterschied zur ‚praktischen Wertung‘ ins Gebiet der Tatsachenfeststellung. Der Historiker beschäftigt sich nur mit dem, was ist, und hebt aus diesem heraus, was dank faktischer Wertungen von Subjekten eine kulturelle Bedeutung besitzt.“ (Helmut Holzhey. „Neukantianismus“. In: *Geschichte der Philosophie. Bd. 12: Lebensphilosophie und Existenzphilosophie.* Hg. Wolfgang Röd. München: C. H. Beck, 2004. S. 102.)

Geistes zuwandte."[14] „Geisteswissenschaft und Lebensphilosophie", so bringt es George Lichtheim auf den Punkt, „waren die zwei Aspekte des einen unablässigen Suchens nach einer über-empirischen Schau der lebendig-dynamischen Gesamtheit der Weltgeschichte."[15] Die Lebensphilosophie entfaltete sich hierbei zur einer konsequent „vitalistisch-intentionalistischen Weltanschauung", die sich als Gegenpol zum modernen wissenschaftlichen Rationalismus verstand. Rickert bezeichnete sie 1920 nur noch abschätzig als philosophische „Modeströmung", die sich der Verpflichtung einer klaren Begriffsbildung entzogen habe.[16]

Auch Lukács hat rückblickend seine frühe intellektuelle Entwicklung selbstkritisch als Abkehr vom Irrweg eines „subjektiven Idealismus" hin zum, seine Romantheorie prägenden, reiferen „objektiven Idealismus" Hegels bilanziert, der ihn schließlich zu Marx geführt habe.[17] Auch wenn man das dieser Selbstinterpretation zugrundeliegende lineare Fortschrittsnarrativ nicht einfach unkritisch für bare Münze nehmen sollte, gibt es doch in den Frühschriften (wie der *Entwicklungsgeschichte des modernen Dramas* von 1909, *Zur Theorie der Literaturgeschichte* von 1910 und dem *Dilthey-Nekrolog* von 1911) unverkennbar Bezugnahmen auf Dilthey, Simmel und Bergson. Als von der Auseinandersetzung mit lebensphilosophischen Einflüssen geprägt gelten aber auch die 1911 auf Deutsch verlegte Essaysammlung *Die Seele und Formen* und, zumindest nach György Márkus' Einschätzung, die zwischen 1912 und 1914 entstandene erste Fassung von Lukács' gescheiterter Habilitation mit dem Titel *Heidelberger Philosophie der Kunst*, die er im Nachwort als „eigenartige[...] Synthese von Lebensphilosophie und Kantianismus" bezeichnet.[18] Diese Lesart ist von Andreas Hoeschen

14 Lichtheim. Lukács (wie Anm. 2). S. 12.

15 Lichtheim. Lukács (wie Anm. 2). S. 24.

16 Heinrich Rickert. *Die Philosophie des Lebens. Darstellung und Kritik der philosophischen Modeströmungen unserer Zeit*. Tübingen: Mohr, 1920.

17 Georg Lukács. „Mein Weg zu Marx". In: Ders. *Autobiographische Texte und Gespräche*. GLW Bd. 18. Hg. Frank Benseler/Werner Jung. Bielefeld: Aisthesis, 2009. S. 38.

18 György Márkus. „Nachwort". In: Georg Lukács. *Heidelberger Ästhetik (1916-1918)*. Hg. György Márkus/Frank Benseler. *GLW. Bd. 17*. Darmstadt: Luchterhand, 1975. S. 206f. Vgl. hierzu außerdem: Werner Jung. *Georg Lukács*. Stuttgart: Metzler, 1989. S. 31, 63; Kurt Beiersdörfer. *Max Weber und Georg Lukács. Über die Beziehungen von Verstehender Soziologie und Westlichem Marxismus*. Frankfurt a. M.: Campus, 1986. S. 62.

zurückgewiesen worden, der schon in *„Heidelberger Philosophie der Kunst“* eine Kritik an der Lebensphilosophie und in den beiden Entwürfen des unvollendeten Habilitationsprojekts – der zweite, von 1916 bis 1918 abgefasste Entwurf wurde unter dem Titel *„Heidelberger Ästhetik“*[19] veröffentlicht – ein einheitliches Gesamtwerk sieht.[20] Auch Elisabeth Weisser hat die *Heidelberger Philosophie der Kunst* als eine Distanzierung von der Lebensphilosophie interpretiert: „In ihren wesentlichen Bestimmungen kann die *Philosophie der Kunst* als ein Produkt der kritischen Auseinandersetzung mit lebensphilosophischen Theoremen aufgefaßt werden."[21] 2014 befand allerdings Konstantinos Kavoulakos nach einer detaillierten Untersuchung beider Schriften:

> Meines Erachtens trägt die Arbeit Hoeschens weniger dazu bei, Márkus' These zu entkräften, als vielmehr sie zu explizieren: Hoeschen begnügt sich zu Recht nicht mit der opaken Diagnose einer ‚Nähe' der *Heidelberger Philosophie der Kunst* zur Lebensphilosophie, sondern versucht die genaue Funktion der Lukács'schen Anlehnung an den Begriff des ‚Erlebnisses' im Rahmen einer neukantianischen ästhetischen Theorie herauszuarbeiten. Prima vista hat diese Interpretationslinie den Vorteil, den es festzuhalten gilt, die tiefere Einheit der Untersuchungen Lukács' während dieser Periode aufzuzeigen und einen konsequenten, neukantianischen ästhetisch-philosophischen Ansatz in lebendiger Interaktion mit den fortgeschrittensten Debatten jener Zeit zu rekonstruieren, um das trügerische Bild eines „chaotischen Sammelsuriums von Lebensphilosophie, hin zu Kant, weg von ihm und wieder zurück bei zwischenzeitlicher Annäherung an Hegel, wobei freilich ‚strenggenommen [...] der junge Lukács nie Hegelianer [war]'", abzulösen. [...] [Die These von Márkus über die Differenz zwischen den beiden Entwürfen, muss so verstanden werden,] dass sich Lukács während seiner Heidelberger Jahre schrittweise von der Lebensphilosophie distanzierte und sich zu einer immer unabhängigeren, neukantianischen philosophischen Position hinbewegte.[22]

19 Georg Lukács. *Heidelberger Philosophie der Kunst (1912-1914)*. Hg. György Márkus/Frank Benseler. *GLW. Bd. 16:* Darmstadt: Luchterhand, 1974.

20 Andreas Hoeschen. *Das „Dostojewsky“-Projekt. Lukács' neukantianisches Frühwerk in seinem ideengeschichtlichen Kontext*. Tübingen: Max Niemeyer, 1999. S. 156, außerdem S. 6f. u. 173.

21 Elisabeth Weisser. *Georg Lukács' Heidelberger Kunstphilosophie*. Bonn: Bouvier, 1992. S. 12.

22 Konstantinos Kavoulakos. *Ästhetizistische Kulturkritik und ethische Utopie. Georg Lukács' neukantianisches Frühwerk*. Berlin: Akademie, 2014. S. 38f.

Lothar Peter hat den Band *Die Seele und die Formen* als lebensphilosophischen Versuch bezeichnet, die „Manifestationen authentischen Lebens vor den Zumutungen des Rationalismus und der Rechenhaftigkeit modernen Denkens zu bewahren."[23] Lukács' 1911 verstorbener Jugendfreund und Übersetzer, der Maler, Komponist und Kunsttheoretiker Leó Popper meinte gar, dass die Essays „gar keine Kritiken, sondern Abhandlungen über das Leben" seien.[24] Inhaltlich kreisen sie um die Frage, wie dem „Leben" ein „künstlerisch adäquater Ausdruck verliehen" und von der „empirischen Realität" abgehoben werden kann.[25] In einem Brief an Franz Blei führte Lukács aus, die Texte seien als Versuch zu verstehen, die Probleme literarischer Formgebung im Zusammenhang „mit dem Problem der Lebenskunst; [...] dem Verhältnis von Form und Leben zu behandeln."[26]

Das schillernde lebensphilosophische Konzept des „Lebens" erfährt bei Lukács eine besondere Ausprägung. Schon im ersten Essay beschreibt er den Gegensatz zwischen dem banalen empirischen Alltagsleben und dem tiefen, wahren, wesentlichen Leben als geradezu antagonistisch:

> Es gibt also zwei Typen seelischer Wirklichkeit: *das* Leben ist der eine und das *Leben* der andere; beide sind gleich wirklich, sie können aber nie gleichzeitig wirklich sein. (*SuF*, S. 27)

An anderer Stelle führt Lukács hierzu näher aus, dass *„das* Leben" ein sinnentleertes chaotisches Durcheinander bleibt, in dem sich nicht ganz erfüllt oder zu einem Ende kommt:

> *Das* Leben ist eine Anarchie des Helldunkels: [...] Alles fließt und fließt ineinander, hemmungslos, in unreiner Mischung; alles wird zerstört und alles zerschlagen, nie blüht etwas bis zum wirklichen Leben. Leben: das ist, etwas ausleben können. *Das* Leben: nie wird etwas ganz und vollkommen ausgelebt. (*SuF*, S. 207)

---

23 Lothar Peter. *Georg Lukács. Kultur, Kunst und politisches Engagement*. Wiesbaden: Springer, 2016. S. 1.

24 Leo Popper. „Die Erkenntnis und die Erlösung. György Lukács: *Die Seele und die Formen*". In: Leo Popper. *Schwere und Abstraktion. Versuche*. Hg. Philippe Despoix/Lothar Müller. Berlin: Brinkmann und Bose, 1987. S. 43-47.

25 Peter. Lukács (wie Anm. 23). S. 1.

26 Brief an F. Blei v. Dezember 1910. In: Hg. Éva Karádi/Éva Fekete. *Georg Lukács Briefwechsel 1902-1917*. Stuttgart: Metzler, 1982. S. 190.

Diese Entgegensetzung findet ihre Entsprechung im Gegensatz von unausgelebtem Leben und Kunst. In seinem Nachruf auf Leo Popper formuliert Lukács nachdrücklich: „Die Welt der Form ist eine gebende, glückspendende und gebärende, sie ist wahrer, wirklicher und lebendiger als das Leben."[27] Hiermit schließt Lukács an das ästhetizistische Kunstverständnis der Lebensphilosophie an, wonach „Leben erst im Medium der Kunst zur Anschauung gebracht und erfahren werden kann, [...] [was] allein durch die Ästhetisierung der Form möglich wird"[28]. Ganz ähnlich hatte schon 1908 Georg Simmel postuliert, es sei „Sinn der Kunst, aus einem zufälligen Bruchstück der Wirklichkeit, dessen Unselbständigkeit durch tausend Fäden mit dieser verbunden ist, eine in sich ruhende Totalität, einen jedes Außerhalb seiner unbedürftigen Mikrokosmos zu gestalten."[29] Während aber in der Lebensphilosophie der Begriff Form oft als negativer Gegenbegriff der Erstarrung gegenüber dem fließenden Leben auftaucht und Simmel sich um eine dialektische Vermittlung von Form und Leben bemühte, meint Lukács mit Form lebendige Formgebung als „erschaffene Totalität" (*TdR*, S. 27), wie er später in der Romantheorie formuliert. Als Ausdruck der „letzten und stärksten Wirklichkeit des Seins" besitzt sie die Kraft „ein der ‚metaphysischen Wirklichkeit' der Seele adäquates Leben" zu erzeugen und die Begrenzungen der alltäglichen empirischen Erlebniswirklichkeit zu überschreiten.[30] „Die Vervollständigung der Wirklichkeit durch Form und Kunst", resümiert Stefanie Benke Lukács, „geschieht dabei auf doppelte Weise: Zunächst schafft das Kunstwerk eine zweite Welt, in der jener Zusammenhang deutlich wird, der in der Realität zu fehlen scheint. Die im ‚Teppich des Lebens' abgerissenen Fäden werden im Werk zur neuen Totalität verknüpft. Darüber hinaus bildet die Kunst Raum zur Vervollständigung der Empirie. Form fungiert beim jungen Lukács als Religionsersatz und ist der einzige Weg ‚des Absoluten im Leben' [*SuF*, S. 56, D. N.]".[31]

---

27 Georg Lukács. „Leo Popper (1886-1911). Ein Nachruf". In: Ders. *Werke Band 1 (1902-1918). Teilband 1 (1902-1913). GLW Bd. 1.* Hg. Z. Bognár/W. Jung/A. Opitz. Bielefeld: Aisthesis, 2017. S. 173. *Pester Lloyd. Abendblatt.* Budapest. 18. Dezember 1911. Nr. 289. S. 5f.

28 Gregor Streim. *Das Leben in der Kunst. Untersuchung zur Ästhetik des frühen Hofmannsthal.* Würzburg: Königshausen & Neumann, 1996. S. 26.

29 Georg Simmel. *Philosophie des Geldes.* Leipzig: Duncker & Humbolt, 1908. S. 564.

30 Lukács. Nachruf (wie Anm. 27).

31 Benke. Formen (wie Anm. 2). S. 133.

In Lukács geschichtsphilosophischer Romantheorie von 1916 sind die lebensphilosophischen Bezüge bereits deutlich in den Hintergrund gerückt.[32] Niklas Hebing hat anhand eines detaillierten Vergleichs von Lukács Romantheorie und Hegels Ästhetik gezeigt, dass Lukács „eine Kunsttheorie schreibt, die nicht nur deutlich Hegels Methode übernimmt und auf dessen Begriffsbestimmungen aufbaut, sondern darüber hinaus auch diesen Ansatz weiterdenkt und die zum Teil rudimentären Bemerkungen Hegels zum Roman zu einer geschlossenen Studie ausarbeitet"[33]. Schon die Leitidee der Romantheorie, wonach dem modernen Roman in der Nachfolge des antiken Epos die Aufgabe zufällt die „Totalität des Seins" in einer Zeit darzustellen, in der diese für den Einzelnen nicht mehr unmittelbar erfahrbar und „die Lebensimmanenz des Sinnes zum Problem" geworden ist, ist stark an Hegel angelehnt, dem der Roman als „moderne[...] *bürgerliche*[...] Epopöe" galt.[34] Dies bedeutet allerdings nicht, dass sich in der Romantheorie keine anderen Einflüsse finden. Jüngst hat Konstantinos Kavoulakos in einer überraschenden Relektüre der Romantheorie überzeugend darlegen können, dass auch dieses Werk untergründig stark von der bislang wenig rezipierten neukantianischen Kunstphilosophie durchdrungen ist, die Lukács zu dieser Zeit in abstrakter Form in seinem Habilitationsprojekt entwickelte.[35] Es ist außerdem ein romantisch-lebensphilosophischer Gedanke, den

32 Niklas Hebing. *Unversöhnbarkeit. Hegels Ästhetik und Lukacs' Theorie des Romans.* Duisburg: Universitätsverlag, 2009. S. 28.

33 Hebing. Unversöhnbarkeit (wie Anm. 32). S. 136.

34 Georg Wilhelm Friedrich Hegel. *Vorlesungen über die Ästhetik III.* In: Ders. *Werke. Bd. 15.* Hg. Eva Moldenhauer/Karl Markus Michel. Frankfurt a. M.: Suhrkamp, 1986. S. 392.

35 Kavoulakos sieht in der Romantheorie eine essayistische Anwendung von Lukács' neukantianisch, letztlich sogar dezidiert anti-hegelianischen Überlegungen zur Geschichtlichkeit des Kunstwerks aus seiner *Heidelberger Philosophie der Kunst*, die die um das neukantianische Problem der Einheit von zeitlosen ästhetischen Werten und ihrer geschichtlichen Realisierung in konkreten Kunstwerken kreisen. Kavoulakos kann dies nicht nur mit dem Fehlen einer hegelianischen Logik der historischen Entwicklung in der Romantheorie, sondern auch anhand von Lukács' Typologie der Romanform begründen: „Jedem Typus entspricht, nach Lukács, ein paradigmatischer ‚großer Roman', den er jeweils auch ausführlicher analysiert. Man sollte sich an diesem Punkt daran erinnern, dass das Ziel der abstrakten Typologie der Kunst in der *Heidelberger Philosophie der Kunst* das geschichtsphilosophische Erfassen der

Lukács zum Ausgangspunkt seiner Romantheorie macht und ihn von einer „transzendentalen Obdachlosigkeit“ und „transzendentalen Heimatlosigkeit“ (*TdR*, 30,74) des modernen Menschen sprechen lässt. Wenn Lukács am Anfang Novalis zitiert, demzufolge Philosophie eigentlich eine Form des „Heimwehs“ in einer dem Menschen fremd gewordenen Welt ist und Lukács diesem Befund eine idealisierte Antike gegenüberstellt, in der Philosophie noch nicht notwendig war, da noch kein „Riss zwischen Innen und Außen“, keine „Wesensverschiedenheit von ich und Welt“, keine „Inkongruenz von Seele und Tat“ bestand, knüpft Lukács deutlich an das lebensphilosophische Unbehagen an der Moderne an. (*TdR*, 21)

In der Rückschau verurteilte Lukács diese Haltung als „utopisch-romantischen Antikapitalismus“ von „bürgerlich-oppositionellen Schriftstellern“.[36] Gemeint ist damit, dass sich in der Lebensphilosophie der Jahrhundertwende eine diffuse kulturelle Krisenstimmung bürgerlicher Intellektueller manifestierte, die von der fundamentalen Umgestaltung und Modernisierung aller Lebensbereiche durch Industrialisierung und wissenschaftlich-technische Rationalisierung ausgelöst wurde und den Fortschrittsoptimismus des 19. Jahrhunderts ablöste. Die Tendenz zur Individualisierung, zunehmender Abhängigkeit von undurchschaubaren und anonymen sozialen Vermittlungsinstanzen sowie lebensweltlicher Fragmentierung und Säkularisierung ging mit einem Gefühl des „Verlusts religiöser und gesellschaftlicher Sinnstiftungen“ einher, das, wie Stefanie Benke prägnant zusammengefasst hat, als dreifache Zerrissenheit der ursprünglichen Einheit des Lebens empfunden wurde: „Erstens geht die Beziehung zur Natur verloren, zweitens die zu anderen Menschen, schließlich wird das Individuum sich selbst fremd.“[37] Max Weber sprach von einer wissenschaftlich-technischen „Entzauberung der Welt“, die paradoxerweise nicht zu mehr Transparenz, sondern Orientierungslosigkeit und Ohnmacht gegenüber rationalisierten,

---

‚kanonischen Werke‘ war, d. h. jener einmaligen künstlerischen Gestaltungen, die als Vorbild für eine lange Reihe anderer, künstlerisch unterlegener Werke fungieren. Genau diese Rolle wird aber auch den paradigmatischen Romanen jedes einzelnen Romantypus zugeschrieben.“ (Kavoulakos. Kulturkritik (wie Anm. 22). S. 170.)

36 „Wesentlich sind die nicht-geschriebenen Bücher“. Adalbert Reif im Gespräch mit Georg Lukács [1970]. In: G. Lukács. Autobiographische Texte (wie Anm. 17). S. 441.

37 Benke. Formen (wie Anm. 3). S. 17.

aber vollkommen verselbständigten gesellschaftlichen Wirkungszusammenhängen führt.[38]

> Die zunehmende Intellektualisierung und Rationalisierung bedeutet also nicht eine zunehmende allgemeine Kenntnis der Lebensbedingungen, unter denen man steht. Sondern sie bedeutet etwas anderes: das Wissen davon oder den Glauben daran: daß man, wenn man nur wollte, es jederzeit erfahren könnte, daß es also prinzipiell keine geheimnisvollen unberechenbaren Mächte gebe, die da hineinspielen, daß man vielmehr alle Dinge – im Prinzip – durch Berechnen beherrschen könne. Das aber bedeutet: die Entzauberung der Welt. Nicht mehr, wie der Wilde, für den es solche Mächte gab, muss man zu magischen Mitteln greifen, um die Geister zu beherrschen oder zu erbitten. Sondern technische Mittel und Berechnung leisten das. Dies vor allem bedeutet die Intellektualisierung als solche.[39]

Ganz ähnlich hat Lukács schon 1909 in seinem Erstlingswerk über die Entstehungsgeschichte des modernen Dramas in begrifflicher Anlehnung an Simmel von einer „Versachlichung des Lebens" gesprochen und über die Verselbständigung des kapitalistischen Produktionsprozesses gegenüber den unmittelbaren Produzenten geschrieben:

> Durch die kapitalistische Wirtschaft wird ein objektives Abstraktes, das Kapital, zum eigentlich Produzierenden, welches mit der Persönlichkeit seines zufälligen Eigentümers kaum in einem organischen Zusammenhang steht [...] Die Arbeit gewinnt ein besonderes, objektives Leben gegenüber der Individualität des einzelnen Menschen, so daß dieses sich anderwärts zum Ausdruck bringen muß, als in dem, was er gerade tut. Auch der Zusammenhang der Menschen untereinander wird unpersönlicher.[40]

Für Axel Honneth zeigt sich in solchen Passagen der Wert von Lukács' Frühwerk, als intuitiv, „seismographische[s] Organ einer kritischen Gesellschafts-

---

38 Michael Grauer. „Die Eroberung des Lebens. Versuche an der entzauberten Welt". In: *Verdinglichung und Utopie. Ernst Bloch und Georg Lukács zum 100. Geburtstag. Beiträge des Internationalen Kolloquiums in Paris, März 1985.* Hg. Arno Münster/Michael Löwy/Nicolas Tertulian. Frankfurt a. M.: Sendler, 1985. S. 69-91.

39 Weber. Wissenschaft (wie Anm. 6). S. 9.

40 Georg Lukács. *Entwicklungsgeschichte des modernen Dramas. GLW. Bd. 15*: Hg. Frank Benseler. Darmstadt: Luchterhand, 1981. S. 95.

theorie", die ihre Fortsetzung in der kritischen „empirischen Sozialforschung" fand.[41]

Dass sich in der gefühligen Lebensphilosophie reale Entfremdungserfahrungen des modernen Lebens artikulierten, wollte Lukács später nicht mehr als mildernden Umstand gelten lassen. In dem auf älteren Vorarbeiten aus den 1930er und 1940er basierenden und 1954 veröffentlichten Buch über die *Zerstörung der Vernunft* sah er in dieser nur noch einen Ausdruck des intellektuellen „Irrationalismus der imperialistischen Periode", der den Nationalsozialismus, von Lukács umstandslos als „Faschismus" identifiziert, vorbereitete und begleitete. Lukács reduzierte die Lebensphilosophie zum „Versuch, vom Standpunkt der imperialistischen Bourgeoisie und ihrer parasitären Intelligenz jene Fragen philosophisch zu beantworten, die von der gesellschaftlichen Entwicklung, von den neuen Formen des Klassenkampfes gestellt wurden"[42]. Auf dieser polemischen Grundlage wird dann ein chronologischer und inhaltlicher Bogen von Nietzsche, dem „Begründer des Irrationalismus der imperialistischen Periode", Dilthey, „Begründer der imperialistischen Lebensphilosophie", über Simmel, Spengler, Scheler, Heidegger und Jaspers bis hin zu den NS-Parteiphilosophen Alfred Rosenberg, Alfred Bäumler und Ernst Krieck gezogen.[43] Als gemeinsamen Nenner dieser vermeintlich direkten Kontinuitätslinie sieht Lukács die philosophische Artikulation der „Fortschrittsfeindlichkeit der herrschenden Klassen" und eine Affinität zum politischen Antidemokratismus, welcher schon dem subjektivistisch-relativistischen Weltzugang der Lebensphilosophie und dem elitär-aristokratischen Charakter der hermeneutischen Verstehenslehre Diltheys innewohnte.[44] Antisemitismus in der Philosophie ist

---

41 Axel Honneth. „Eine Welt der Zerrissenheit. Zur untergründigen Aktualität von Lukács' Frühwerk". In: *Georg Lukács. Jenseits der Polemiken. Beiträge zu einer Rekonstruktion seiner Philosophie.* Hg. Rüdiger Dannemann. Frankfurt a. M.: Sendler, 1986. S. 50.

42 Lukács. Zerstörung (wie Anm. 1). S. 52.

43 Nicolas Tertulian. „*Die Zerstörung der Vernunft* – Ein Rückblick nach 30 Jahren". In: Verdinglichung und Utopie (wie Anm. 39). S. 93-111; Werner Jung. „Das Nietzsche-Bild von Georg Lukács. Zur Metakritik einer marxistischen Nietzsche-Deutung". In: Ders. *Von der Utopie zur Ontologie* (wie Anm. 3). S. 58-79.

44 Lukács. Zerstörung (wie Anm. 1). S. 35; 371f.

Lukács dagegen keine Zeile wert.[45] Am Ende gelangt er zu dem wenig überraschenden Urteil, Hitlers Agitation sei „aus demselben Boden gewachsen, aus dem die Lebensphilosophie entstand."[46] Adorno urteilte entsetzt über das Buch, es handle sich vorrangig um ein Dokument der Zerstörung von Lukács' eigener Vernunft und bezeichnete das Werk als „reinen Schund".[47] Tatsächlich wirkt Lukács' methodische Verfahrensweise wie eine politische Zensurenvergabe unter engsten parteilich-weltanschaulichen Vorgaben, wodurch die im Grunde interessante Ausgangsfrage nach den philosophischen Einflüssen und Bezügen der nazistischen Weltanschauung verschenkt wird.

Eine produktivere kritische Verarbeitung hat die lebensphilosophische Artikulation der modernen Entfremdungserfahrung in Lukács' Aufsatzsammlung *Geschichte und Klassenbewusstsein. Studien über marxistische Dialektik* von 1923 gefunden, die für die Herausbildung der Kritischen Theorie der Frankfurter Schule und der eigenständigen Theorietradition eines „westlichen Marxismus" von entscheidender Bedeutung war. Der amerikanische Historiker Moishe Postone hat die Lektüre dieser Aufsätze noch 2010 rückblickend als persönliche „Offenbarung" bezeichnet. „Lukács", so Postone, „nahm Themen der Moderne auf, wie sie zuvor von Nietzsche, Simmel und Weber formuliert worden waren, und transformierte sie, indem er sie in eine

45 Lukács verstand den NS-Antisemitismus als ein rein propagandistisches Mittel machiavellistischer Demagogie: „Es ist ebenfalls bekannt, eine wie zentrale Rolle der Antisemitismus in der ‚nationalsozialistischen Weltanschauung', in der Hitlerpropaganda spielt. Als jedoch Rauschning über diese Frage mit Hitler ein Gespräch hatte und ihn in naiver Weise fragte, ob er die Absicht habe, die Juden auszurotten, antwortete Hitler: ‚Nein. Sonst müßten wir sie wieder erfinden. Es ist wesentlich, daß man immer einen sichtbaren Gegner habe, nicht bloß einen abstrakten.' [...] Auch hier verweisen wir nur auf einige Hauptpunkte, woraus ersichtlich ist, daß es sich bei Hitler und seinen Leuten nicht etwa bloß um eine falsche und gefährliche Theorie handelt, die mit intellektuellen Argumenten widerlegt werden müßte, sondern um ein mit gewissenloser Demagogie zusammengebrautes Gemisch aus den verschiedensten reaktionären Lehren, dessen Wert nur daran gemessen wird, ob mit seiner Hilfe Hitler imstande ist, die Massen zu betören." (Lukács. Zerstörung (wie Anm. 1). S. 629f.)

46 Lukács. Zerstörung. Bd. 2 (wie Anm. 1). S. 472.

47 Zit. n. Dirk Braunstein. *Adornos Kritik der politischen Ökonomie*. Bielefeld: transcript, 2014. S. 42f.

Kritik des Kapitalismus einbezog."[48] Hierdurch eröffnete Lukács „die Möglichkeit einer Kapitalismuskritik, die viel erklärungsmächtiger war als die konservative Kritik der Moderne oder eines Marxismus"[49]. Das Herzstück des Buches bildet der Text über „Die Verdinglichung und das Bewußtsein des Proletariats" (*GuK*. S. 257-397). In diesem greift Lukács auf die Marx'sche Kritik der Warenförmigkeit der kapitalistischen Produktionsweise aus dem ersten Band des „Kapital" zurück. Lukács rekonstruiert insbesondere, den vom sozialdemokratischen und parteikommunistischen Arbeiterbewegungsmarxismus meist ignorierten Abschnitt über den „Fetischcharakter der Ware und sein Geheimnis".[50] Marx entwirft darin eine Ideologietheorie, die darlegt, dass die Bewusstseinsformen und Entfremdungsempfindungen der Subjekte im Kapitalismus keinesfalls bloß ein trügerischer „falscher Schein" sind, der die „wirklichen Verhältnisse" manipulativ im Interesse einiger Herrschenden verschleiert.[51] Vielmehr zeigt Marx, wie unter den Bedingungen kapitalistischer Warenproduktion, die gesellschaftlichen Beziehungen der Menschen zueinander im Alltagsleben notwendigerweise nicht als von Menschen gemachte Verhältnisse wahrgenommen werden, sondern als verselbständigte Beziehungen von Dingen eine „gespenstische Gegenständlichkeit" erhalten.[52] Marx bezeichnete diesen Verblendungszusammenhang als „Fetischismus". Gemeint ist damit, dass individuellen Gütern als Waren ein intrinsischer ökonomischer Wert zugemessen wird, obwohl Wert nur *an ihnen erscheint*. Kapitalistischer Tauschwert ist aber keine objektive, stoffliche Eigenschaft von „wertvollen" Gegenständen wie Gold oder anderen Waren, sondern eine soziale Beziehung von Menschen. Diese sind sich dieser

48 *Moishe Postone im Gespräch mit Timothy Brennan*. Überarbeitete Übersetzung vom 17.9.2010: http://www.krisis.org/2010/interview-arbeit-und-die-logik-der-abstraktion/(3.8.2017).

49 Postone. Gespräch (wie Anm. 48).

50 Karl Marx. *Das Kapital. Kritik der politischen Ökonomie. Erster Band. Der Produktionsprozeß des Kapitals*. In: *Karl Marx/Friedrich Engels Werke (MEW). Bd. 23*. Hg. Institut für Marxismus-Leninismus beim ZK der SED. Berlin: Dietz, 1962. S. 85-98; Robert Kurz. *Geld ohne Wert. Grundrisse zu einer Transformation der Kritik der politischen Ökonomie*. Berlin: Horlemann, 2012. S. 391f.

51 Stephan Grigat. Von der positiven zur negativen Dialektik. Fetischkritik und Klassenbewußtsein bei Georg Lukács. In: Georg Lukács u.a. *Verdinglichung, Marxismus, Geschichte. Von der Niederlage der Novemberrevolution zur kritischen Theorie*. Hg. Markus Bitterolf/Denis Maier. Freiburg: ça ira, 2012. S. 339-366.

52 Marx. Kapital Bd. 1 (wie Anm. 50). S. 52.

Tatsache allerdings meist nicht bewusst, da sie von der verdinglichten sozialen Erscheinungsform ihrer Beziehungen als Waren und Geld geblendet werden. Tatsächlich ist der Wert einer Ware einfach nur die Menge an Arbeitszeit, die im Tausch als zu ihrer Produktion als gesellschaftlich notwendig anerkannt (nachgefragt) wird.[53] Wert ist damit eine relationale Struktur. Er

53 „Die Wertgröße der Ware drückt sich im Preis aus – und dies ist auch die einzige Möglichkeit, wie sich die Wertgröße ausdrücken kann. Verändert sich die Wertgröße der Ware, steht die individuell verausgabte Arbeit in einem neuen Verhältnis zur gesellschaftlichen Gesamtarbeit, dann verändert sich auch der Preis dieser Ware. Allerdings gilt nicht das Umgekehrte: Weder ist jeder Preis Ausdruck einer Wertgröße, noch zeigt jede Preisveränderung eine Veränderung der Wertgröße an." (Michael Heinrich. *Kritik der politischen Ökonomie. Eine Einführung*. Stuttgart: Schmetterling, 2004. S. 64) Für das Verständnis realer Preisbildungsprozesse muss allerdings bedacht werden, dass Marx nicht bei dieser allgemeinen begrifflichen Bestimmung und Entschlüsselung des Werts als der gesellschaftlich notwendigen Arbeit stehen blieb, sondern in einem zweiten Schritt zeigte, dass die allgemeine Konkurrenz dazu führt, dass individuelle Warenwerte und Preise systematisch voneinander abweichen. (Zugleich aber gilt, dass gesamtwirtschaftlich die Summe aller Werte mit der Summe aller Preise übereinstimmt und daher weiterhin durch die als notwendig anerkannte Gesamtarbeitszeit bestimmt wird.): „Die Konkurrenz der Kapitalisten, ihre Jagd nach einer möglichst hohen Profitrate, führt [...] zu zwei Ergebnissen: Einerseits sind die Preise nicht nur zufällig und vorübergehend, sondern dauerhaft kein adäquater Ausdruck der Werte, andererseits bildet sich auf der Grundlage dieser Preise eine für alle Kapitale tendenziell gleiche Durchschnittsprofitrate heraus. Die Preise, bei denen diese Durchschnittsprofitrate erzielt wird, nennt Marx Produktionspreise. Der Durchschnittsprofit, den ein Kapital erzielt, ist gleich dem Kostpreis der Ware (den Kosten für Produktionsmittel und Löhne pro Wareneinheit) multipliziert mit der Durchschnittsprofitrate. [...] Auf der Ebene von Wert und Mehrwert wird die kapitalistische Tauschvergesellschaftung noch abstrakt gefasst, der Tausch wird allein vom Verhältnis der individuell verausgabten Arbeit zur Gesamtarbeit bestimmt; auf der Ebene von Produktionspreis und Durchschnittsprofit wird der Tausch ebenso vom Verhältnis des individuellen Kapitals zum gesellschaftlichen Gesamtkapital bestimmt." (Heinrich. Kritik (wie Anm. 53). S. 148.) Zu diesem „Transformationsproblem": *Ricardo, Marx, Sraffa. The Langston Memorial Volume*. Hg. Ernest Mandel/ Alan Freeman. London, 1984; Friedrun Quaas. *Das Transformationsproblem. Ein theoriehistorischer Beitrag zur Analyse der Quellen und Resultate seiner Diskussion*. Marburg: Metropolis, 1992; Michael Heinrich. *Die Wissenschaft vom Wert. Die Marxsche Kritik der politischen Ökonomie zwischen wissenschaftlicher*

existiert lediglich als gesamtgesellschaftliches Beziehungsgeflecht, in dem die Menschen in der historisch neuen Form von isolierten kapitalistischen Privateigentümern und Warenbesitzern miteinander in Kontakt treten und ihre Privatarbeiten unter heteronom-verselbstständigten Marktbedingungen austauschen, wodurch diese als Glieder der gesellschaftlich notwendigen Gesamtarbeit anerkannt werden (oder nicht): „Die Wertgegenständlichkeit ist keine der einzelnen Ware zukommende Eigenschaft, sondern ist gesellschaftlichen Charakters, weil sie die Beziehung der einzelnen Ware (bzw. der sie produzierenden individuellen Arbeit) zur gesamten Warenwelt (bzw. zur gesellschaftlichen Gesamtarbeit) ausdrückt."[54] Kapitalismus ist damit nicht die Herrschaft omnipotenter „Kapitalisten", sondern eine Form der „subjektlosen Herrschaft" (Robert Kurz) von Sachzwängen.[55] Er ist die warenförmige Selbstbewegung des Kapitals als „automatisches Subjekt" (Marx), welche als „unentrinnbare Macht über den Menschen" (Weber) allen Akteuren und Klassen funktionale Handlungsvorgaben diktiert:

> Der Mensch der kapitalistischen Gesellschaft steht der – von ihm selbst als (Klasse) – ‚gemachten' Wirklichkeit als einer ihm wesensfremden ‚Natur' gegenüber, er ist ihren ‚Gesetzen' widerstandslos ausgeliefert, seine Tätigkeit kann nur darin bestehen, den zwangsläufigen Ablauf einzelner Gesetze für sein (egoistisches) Interesse zu verwerten. Aber auch in dieser ‚Tätigkeit' verbleibt er – dem Wesen der Sache nach – Objekt und nicht Subjekt des Geschehens. (*GuK*. S. 149)

Diese Zusammenhänge bleiben allerdings dem Alltagsverstand verborgen. Marx spricht daher auch von einer „Religion des Alltagslebens", in der die ökonomischen Formen des gesellschaftlichen Lebens ihre „verdinglichte" (Lukács) Gestalt annehmen.[56] Mit Lukács lässt sich damit die Aufgabe der Fetischismuskritik definieren als „die Rückverwandlung der ökonomischen Gegenstände aus Dingen in prozeßartig sich wandelnde konkrete Beziehungen zwischen Menschen" (*GuK*, S. 369). Einer Art Psychoanalyse des

---

Revolution und klassischer Tradition. Erweiterte Neuauflage. Münster: Westfälisches Dampfboot, 1999; Andrew Kliman. *Reclaiming Marx's Capital. A Refutation of the Myth of Inconsistency*. Lanham. Lexington Books, 2007.

54 Heinrich. Kritik (wie Anm. 53). S. 59.

55 Robert Kurz. Subjektlose Herrschaft. In: *Krisis 13* (1993). S. 17-94.

56 Karl Marx. *Das Kapital. Kritik der politischen Ökonomie. Dritter Band. Der Gesamtprozeß des Kapitals*. In: *MEW Bd. 25*. Berlin: Dietz, 1962. S. 838.

„gesellschaftlich Unbewussten" vergleichbar soll die Kritik des Fetischismus, „die Zwecke, den Willen und das subjektive Handeln der warenproduzierenden Menschen in ihre wahre Subjektlosigkeit als bloße Exekution einer allen Subjekten vorausgesetzten Fetischform auflösen. Nicht etwa, um sich dem ‚automatischen Subjekt' zu unterwerfen, sondern im Gegenteil, um es als solches angreifen und überwinden zu können"[57].

Wie Rüdiger Danemann dargestellt hat, fügte Lukács damit der „Marxschen Kapitalismuskritik" als subjektlose Herrschaft insofern auch eine „lebensphilosophische Dimension" hinzu, als er sie mit seinem Konzept der „Verdinglichung" mit Georg Simmels Bild von der „Versachlichung des Lebens" und Max Webers These von der Rationalisierung als entscheidendem Charakteristikum des abendländischen Kapitalismus verband.[58] Rationalisierung

57 Kurz. Herrschaft (wie Anm. 50). S. 64.

58 Dannemann. Verdinglichung (wie Anm. 4). S. 22. Der genaue Stellenwert von Weber für die Entwicklung von Lukács' „Hegelmarxismus" ist in der Forschung allerdings umstritten: „Le rapport entre les analyses de Lukács dans *Histoire et conscience de classe* (1923) et la sociologie de Weber est un thème éminemment controversé. D'une part, on trouve des auteurs comme Kurt Beiersdörfer, qui considèrent que Lukács était, encore à cette époque, un ‚disciple de Weber' et que son grand livre marxiste de 1923 n'était qu'une ‚discussion (*Auseinandersetzung*) explicite avec la sociologie compréhensive de Max Weber'. D'autre part, le marxiste italien Guido Oldrini insiste sur la rupture philosophique entre Lukács et Weber: il n'existerait entre les deux que de ‚simples analogies formelles' et des ‚convergences d'ordre terminologique'; ces dernières concerneraient, presque exclusivement, le terrain de la typologie, c'est-à-dire de la théorie des types idéaux, et, même sur ce domaine limité, à propos de questions marginales, sans jamais avoir d'incidences sur son appareil conceptue." (Michael Löwy. *La Cage D'Acier. Max Weber et le Marxisme Wébérien*. Paris: Stock, 2013. S. 112.) Hier wird mit Habermas die Auffassung vertreten, dass Lukács mit der Rekonstruktion und Wiederaufnahme der Marx'schen Fetischismuskritik über die weberianische Verstehenssoziologie hinausging, aber an Webers Beschreibung des sachlich-unpersönlichen Charakters moderner, bürokratischer Herrschaft anknüpfte: „Georg Lukács hat diesen Schlüssel in ‚Geschichte und Klassenbewusstsein" benutzt, um Webers Analyse gesellschaftlicher Rationalisierung aus ihrem handlungstheoretischen Rahmen zu lösen und auf anonyme Verwertungsprozesse im Wirtschaftssystem zu beziehen." (Jürgen Habermas. *Theorie des kommunikativen Handelns,* Bd. 1, Frankfurt a. M.: Suhrkamp, 1981. S. 473f.)

bedeutet in diesem Zusammenhang die fortschreitende gesellschaftliche Teilung der Arbeit, betriebswirtschaftliche Organisation und Kalkulation und Vereinzelung der Subjekte. „Versachlichung“ meint, dass der „Sachgehalt des Lebens immer sachlicher und unpersönlicher wird“.[59] Für Lukács besteht nun, die „Einzigartigkeit des Kapitalismus [...] gerade darin, dass er alle ‚Naturschranken‘ aufhebt und die Gesamtheit der Beziehungen der Menschen zueinander in rein gesellschaftliche verwandelt. Das bürgerliche Denken, indem es, befangen in den fetischistischen Kategorien, die Auswirkungen dieser Beziehungen der Menschen zueinander zur festen Dinghaftigkeit erstarren lässt, muß gedanklich hinter der objektiven Entwicklung zurückbleiben.“ (*GuK*, S. 193).

Ermöglicht wird diese Kritik nach Lukács durch ein adäquates Bewusstsein der gesellschaftlichen Totalität. Dieses findet Lukács jetzt aber nicht mehr wie in seiner essayistisch-lebensphilosophischen Phase in den künstlerischen Formen, sondern in der marxistischen Theorie und ihrer praktischen Vermittlung.[60] Hiermit verbindet Lukács auch eine Kritik an naiven erkenntnistheoretischen Widerspiegelungs- und Abbildtheorien, die Mensch und Welt einander getrennt als Subjekt und Objekt gegenüberstellen. Lukács schließt hier zum einen an Hegel und Marx an, wenn er eine Betrachtung der Einzeltatsachen in ihren wechselseitigen Beziehungen und ihrem Verhältnis zum Ganzen – eine „Synthese zur konkreten Totalität“ – statt ihre Belassung in „abstrakter Isolierheit“ einfordert. Er knüpft aber in gewisser Weise auch an den Neukantianismus an. Zwar kritisiert Lukács die neukantianische Geschichtstheorie Rickerts für „ihren methodischen Verzicht auf eine Erkenntnis der Totalität“. Ihr „Steckenbleiben in der bloßen Unmittelbarkeit“ der Gegenstände, ihrer „‚faktischen‘ Individualität“ unter den gegebenen Verhältnissen, entstellt „ihre wirkliche Gegenständlichkeit dadurch [...], daß sie ihre Funktion im kapitalistischen Produktionsprozeß als ‚ewigen‘ Wesenskern, als unablösbaren Bestand ihrer ‚Individualität‘ andichtet.“ (*GuK*. 335f.) (Als Beispiel nennt Lukács die unterschiedlichen gesellschaftlichen Folgen der Anwendung arbeitssparender Maschinerie in Kapitalismus und Sozialismus.) Für Lukács ist also „die Wirklichkeit mit dem empirisch-faktischen Sein keineswegs identisch. Die Wirklichkeit ist nicht, sie wird.“ (*GuK*. 391) Allerdings ist auch bei Rickert das Erkennen ein

59 Simmel. Philosophie (wie Anm. 29). S. 504.

60 Roger Behrens. „Konkrete Totalität“. In: *Klasse – Geschichte – Bewusstsein*. Hg. Hanno Plass (wie Anm. 4). S. 185-206.

Urteilen und aktives Formen der Wirklichkeit, „kein bloß passives Hinnehmen irgendwelcher Vorstellungsinhalte, kein bloßes Abbilden einer für uns ja doch unzugänglichen und von daher höchst fragwürdigen Wirklichkeit, sondern [. . .] ein aktives Gestalten, ein Stellungnehmen zum ‚transzendenten' Sollen."[61] Bei Lukács wird dieser Gedanke mit Hilfe von Hegel so transformiert, dass „Sein" und „Sollen" keinen Gegensatz, sondern eine Einheit in der realen geschichtlichen Entwicklung bilden:

> Das Hinausgehen über ihre bloße Unmittelbarkeit keineswegs eine einfache Unzufriedenheit mit dieser Empirie, einen einfachen – abstrakten – Willen, sie zu verändern. Ein solcher Wille, eine solche Bewertung der Empirie würde in der Tat rein subjektiv bleiben: ein ‚Werturteil', ein Wunsch, eine Utopie. Aber auch indem der Wille zur Utopie die philosophisch objektiviertere und abgeklärtere Form des Sollens annimmt, geht er keineswegs über das Hinnehmen der Empirie und damit zugleich über den, allerdings philosophisch verfeinerten bloßen Subjektivismus der Veränderungstendenz hinaus. Denn das Sollen setzt gerade in seiner klassischen und reinen Form, die es in der kantischen Philosophie erhalten hat, ein [vom naturhaften Müssen geprägtes, D. N.] Sein voraus, auf das die Kategorie des Sollens prinzipiell unanwendbar ist. [...] Das Hinausgehen über die Empirie kann im Gegenteil nur soviel bedeuten, daß die Gegenstände der Empirie selbst als Momente der Totalität, d. h. als Momente der sich geschichtlich umwälzenden Gesamtgesellschaft erfaßt und verstanden werden. Die Kategorie der Vermittlung als methodischer Hebel zur Überwindung der bloßen Unmittelbarkeit der Empirie ist also nichts von außen (subjektiv) in die Gegenstände Hineingetragenes, ist kein Werturteil oder Sollen, das ihrem Sein gegenüberstände, sondern ist das Offenbarwerden ihrer eigentlichen, objektiven, gegenständlichen Struktur selbst. Diese kann aber erst infolge des Aufgebens der falschen Einstellung des bürgerlichen Denkens an den Gegenständen zum Vorschein kommen und ins Bewußtsein gehoben werden. Denn die Vermittlung wäre unmöglich, wenn nicht bereits das empirische Dasein der Gegenstände selbst ein vermitteltes wäre, das nur darum und insofern den Schein der Unmittelbarkeit erhält, als einerseits das Bewußtsein der Vermittlung fehlt, andererseits die Gegenstände (eben deshalb) aus dem Komplex ihrer wirklichen Bestimmungen gerissen und in eine künstliche Isolation gebracht worden sind. (*GuK.* S. 343f.; S. 346)[62]

61 Der Rickert-Schüler und spätere NS-Philosoph August Faust 1936 über Rickert, zit. n. Hans Ludwig Ollig. *Der Neukantianismus*. Stuttgart: Metzler, 1979. S. 61.

62 Lukács lobt Rickert sogar ausdrücklich dafür, gezeigt zu haben, dass die abstrakte Begriffs- und Gesetzbildung der Naturwissenschaften „nicht auf erhöhte

Als problematisch erweist sich hierbei allerdings zum einen, dass Lukács offenbar ähnlich wie Simmel und Marx in seinen Frühschriften von einem essentialistisch-anthropologischen Begriff des Menschen ausging, „wodurch dem ‚entmenschten und entmenschlichenden Charakter der Warenbeziehung' ein quasi in der Natur der Menschen liegender, nicht zu verdinglichender Rest entgegengehalten werden kann".[63] In diesem Zusammenhang ist außerdem immer wieder der Vorwurf erhoben worden, Lukács habe vorkapitalistische Zustände als nicht „verdinglicht" romantisiert und „die Gegenwart nicht [materialistisch] von einem immanenten Standpunkt" kritisiert.[64] Zum anderen schreibt Lukács wenig überzeugend dem Proletariat als „bewußtgewordene[m] Widerspruch der gesellschaftlichen Entwicklung" den hegelianischen Status eines identischen „Subjekt-Objekts" zu, das eine

---

Konkretion der Gegenstände läuft," sondern sich von der Wirklichkeit entfernt: „Hier kommt es nur darauf an, festzuhalten, daß durch sie diese Aufhebung der bloßen Faktizität der historischen Tatsachen eine methodische Unmöglichkeit ist (das kritische Bestreben Rickerts und der modernen Geschichtstheorie geht auch hierauf aus, und dieser Nachweis ist ihnen auch gelungen)." (*GuK*, S. 337)

63 Robert Fechner. „Mit Weber zu Marx – und hinter beide zurück. Lukacs' Verdinglichungskritik und die Suche nach dem nicht-verdinglichten Rest". In: Georg Lukács u. a. *Verdinglichung, Marxismus, Geschichte* (wie Anm. 51). S. 230. Fechner sieht mit Recht in Lukács Entfremdungsbegriff einen normativ-anthropologischen Rückfall hinter Webers Rationalisierungsthese: „Aber entgegen Weber, der entsprechend seines Verständnisses von Wissenschaft jegliche Werturteile aus dieser ausschließt, besitzt Lukács einen normativen Begriff von Entfremdung. Er muß damit notwendigerweise einen positiven Referenzpunkt im menschlichen Wesen annehmen, von dem aus sich der Entfremdungsprozeß ergeben haben muß. In gewisser Hinsicht kann man zwar auch bei Weber von einer impliziten Entfremdungskritik ausgehen, aber sie bezieht sich keineswegs wie bei Lukács auf eine vermeintliche anthropologische Konstante." Dieses Problem findet seine Entsprechung in Lukács' Verständnis des Gebrauchswerts als sinnlich-unentstelltem „Wesen" der Dinge, das durch ihren Warencharakter verdeckt wird: „Der Gebrauchswert erscheint [...] als eine transhistorische Qualität die unter kapitalistischen Verhältnissen verborgen bleibt. Er ist nicht mehr wie bei Marx ein relationaler Begriff, der sinnvoll nur in der widersprüchlichen Logik der totalen Vermittlung des Kapitals zu verstehen ist, sondern verweist bei Lukács auf eine bisher unerkannte Unmittelbarkeit, die die ihr inhärente sinnliche Qualität nie verloren hat und auf ein subversives Potential hindeutet."

64 Timothy Hall. „Verdinglichung, Materialismus und Praxis". In: Georg Lukács u. a. *Verdinglichung, Marxismus, Geschichte* (wie Anm. 51). S. 318.

privilegierte Befähigung besitzen soll, die gesellschaftliche Totalität durch ihre fetischistische Entstellung hindurch zu begreifen, „den Mensch als Kern und Grund der versachlichten Beziehungen" (*GuK* S. 361) zu erkennen und so die „objektiven" Entwicklungsziele der Gesellschaft zu verwirklichen:

> Die Überlegenheit des Proletariats der ihm sonst in jeder intellektuellen, organisatorischen usw. Hinsicht überlegenen Bourgeoisie gegenüber liegt ausschließlich darin, daß es die Gesellschaft vom Zentrum aus, als zusammenhängendes Ganzes zu betrachten und darum zentral, die Wirklichkeit verändernd, zu handeln fähig ist, daß für sein Klassenbewußtsein Theorie und Praxis zusammenfallen, daß es demzufolge sein eigenes Handeln bewußt als entscheidendes Moment in die Wagschale der geschichtlichen Entwicklung werfen kann. (*GuK*, S. 361)[65]

Bezeichnend ist, dass Lukács das „transzendentale" Totalitätsbewusstsein des Proletariats aber letztlich nicht unmittelbar aus dessen gesellschaftlicher Stellung erklären kann, sondern hierzu eine proletarische Aneignung der bürgerlichen Philosophie des Idealismus – wie schon Hans-Jürgen Krahl vermutete, vermutlich ein Relikt von Lukács' Neukantianismus – behaupten muss:

> Von daher sei die Wiederherstellung des Verhältnisses von Marxismus und Philosophie für das Bewusstsein des Proletariats konstitutiv – dieses sei auf Bildungselemente verwiesen, die nicht der unmittelbaren Erfahrung der Lohnarbeit entstammen, sondern einer mit dem Siegeszug der Bourgeoise entstandenen Philosophie. Die durch den Idealismus hervorgebrachte Reflexion auf die tätige Seite des Bewusstseins könne zum Impuls für ‚das zur Tat werdende Bewußtsein des Proletariats' werden.[66]

---

65 Walter G. Neumann. *Der heilige Lukács. Geschichte und Klassenbewußtsein heute*. Frankfurt a. M.: Haag + Herchen, 1990. S. 25-35.

66 Ulrich Ruschig. „Zur Aktualität von Geschichte und Klassenbewußtsein". In: *Raum der Freiheit: Reflexionen über Idee und Wirklichkeit*. Hg. Waltraud Meints/ Michael Daxner/Gerhard Kraiker. Bielefeld: transcript, 2009. S. 166. Krahl bestritt grundsätzlich die Möglichkeit eines „transzendentalen" Totalitätsbewusstsein im Sinne eines allumfassenden, transparenten Selbstbewusstseins des Kapitalverhältnisses. Totalitätsbewusstsein müsse parteilich im Sinne einer Einheit von proletarischer Parteilichkeit und richtiger gesamtgesellschaftlicher Erkenntnis, „auch aller übrigen Klassen", sein. An Adorno und der Kritischen Theorie missfiel ihm daher die vermeintlich bürgerlich-subjektivistische

Lukas Laube hat daher das Lukács'sche Proletariat ironisierend als „nietzscheanisch inspiriertes, neukantianisch geschultes und marxistisch begründetes Super-Subjekt" bezeichnet.[67] Adorno, der schon früher an die *Seele und die Formen* polemisch „den leichten Simmel-Moder[...]" und das „unerträglich feinsinnige[...] Gewäsch á la 1910" kritisiert hatte, fasste 1963 diese

Zurückweisung eines Klassenstandpunkts in der Theorie: „Sie konnte einen Totalitätsbegriff – und zwar in Reflexion auf die Kritik der politischen Ökonomie einen nichtmetaphysischen Totalitätsbegriff – erkennen, aber sie hat gleichwohl diese Totalität nicht in ihrer klassenantagonistischen Dualität wirklich begreifen können." (Hans-Jürgen Krahl. *Konstitution und Klassenkampf. Zur historischen Dialektik von bürgerlicher Emanzipation und proletarischer Revolution.* Frankfurt a. M.: Neue Kritik, 1971. S. 308f.) Für die Absage an einen „Klassenstandpunkt" kann man allerdings im Rahmen einer marxistischen Fetischismus- und Wertkritik gute Gründe geltend machen, jedenfalls sofern damit eine positiv-affirmierende Selbstidentifikation mit den dem Kapitalverhältnis immanenten Sonderinteressen der real existierenden Arbeiterklasse gemeint ist: „Der Kampf der konkurrierenden Interessen innerhalb der Warenform ist keinerlei den Kapitalismus praktisch infrage stellendes Moment, sondern vielmehr umgekehrt gerade sein positives Dasein. Insofern gehört der Interessenkampf der Arbeiterklasse zum Funktionieren des Kapitalverhältnisses und die historische Herausbildung der ‚Klasse für sich' kann gar nichts anderes zum Inhalt haben als die vollständige und bewusste Einbindung der Lohnarbeiter in das immer mehr auf seinen Grundlagen prozessierende Kapitalverhältnis." (Robert Kurz/Ernst Lohoff. „Thesen zur Entmythologisierung des Marxismus". In: *Marxistische Kritik* 7 (1989). S. 26.) Bei Lukács (und auch bei Krahl) ist allerdings Klassenbewusstsein kein borniertes empirisches Bewusstsein, sondern eine Fiktion zur Begründung der „objektiven Möglichkeit" der Aufhebung von Klassenherrschaft und Warenform durch „das Handeln der Klasse als Totalität": „Indem das Bewußtsein auf das Ganze der Gesellschaft bezogen wird, werden jene Gedanken, Empfindungen usw. erkannt, die die Menschen in einer bestimmten Lebenslage haben würden, wenn sie diese Lage, die sich aus ihr heraus ergebenden Interessen sowohl in bezug auf das unmittelbare Handeln wie auf den – diesen Interessen gemäßen – Aufbau der ganzen Gesellschaft vollkommen zu erfassen fähig wären [...] Diese Bestimmung setzt von vornherein die Distanz fest, die das Klassenbewußtsein von den empirisch-tatsächlichen, von den psychologisch beschreibbaren und erklärbaren Gedanken der Menschen über ihre Lebenslage trennt." (*GuK*, S. 223)

67 Reinhard Laube. *Karl Mannheim und die Krise des Historismus. Historismus als wissenssoziologischer Perspektivismus.* Göttingen: Vandenhoeck & Ruprecht, 2004. S. 139.

Kritikpunkte an Lukács' hegelianischen bzw. hegelianisch-marxistischen Frühwerken in einem Brief an Lucien Goldmann zusammen, in dem er schreibt:

> [Heute] zeigen sich doch auch die Schranken dieser Arbeiten sehr deutlich: in der Roman-Theorie an der romantischen laudatio temporis acta, in *Geschichte und Klassenbewußtsein* an der metaphysischen Glorifizierung der Partei als Weltgeist.[68]

In der *Negativen Dialektik* führte Adorno diese Kritik dann weiter aus und warf Lukács auch noch ein unzureichendes Verständnis von Verdinglichung und Warenfetischismus vor.[69] Er bemängelt zunächst, dass Lukács zu idealistisch-einseitig und undialektisch das „Dinghafte als radikal Böses" identifiziert und dabei verkennt, dass, „wer alles, was ist, zur reinen Aktualität dynamisieren möchte, [...] zur Feindschaft [tendiert, D. N.] gegen das Andere, Fremde, dessen Name nicht umsonst in Entfremdung anklingt".[70] Für Adorno ist die nicht praktische, rein geistige Aufhebung des „verdinglichten" Nichtidentischen in der Theorie ein trügerischer Schein „ungebrochener subjektiver Unmittelbarkeit. Solche Theorie hat vergessen, dass „die Verdinglichung auch ihre Objektivität hat", die gesellschaftlichen Verhältnisse also nicht nur als verdinglicht *erscheinen*, sondern es auch wirklich *sind*, solange die Menschen entsprechend ihrer versachlichten Beziehungen handeln müssen[71]:

> Worunter die Menschen leiden, darüber gleitet mittlerweile das Lamento über Verdinglichung eher hinweg, als es zu denunzieren. Das Unheil liegt in den Verhältnissen, welche die Menschen zur Ohnmacht und Apathie verdammen und doch von ihnen zu ändern wären; nicht primär in den Menschen und

68 Zit. n. Dirk Braunstein/Simon Duckheim. „Adornos Lukács. Ein Lektürebericht". In: *Lukács 2014/2015. Jahrbuch der Internationalen Lukács-Gesellschaft*. Hg. Rüdiger Dannemann. Bielefeld: Aisthesis. S. 33.

69 Hierzu: Stefan Breuer. „Gesellschaft, Herrschaft, Verdinglichung. Schlüsselbegriffe der Kritischen Theorie". In: Stefan Breuer. *Kritische Theorie. Schlüsselbegriffe, Kontroversen, Grenzen*, Tübingen: Mohr Siebeck, 2016. S. 157-189.

70 Theodor W. Adorno. *Negative Dialektik/Jargon der Eigentlichkeit*. In: Ders. *Gesammelte Schriften*. Bd. 6. Hg. Rolf Tiedemann. Darmstadt: WBG, 1998. S. 191.

71 Dass sich Lukács dieser Problematik bewusst war, zeigt sich in Lukács' später Ontologie: Erich Hahn. *Lukács und der orthodoxe Marxismus. Eine Studie zu Geschichte und Klassenbewusstsein*. Berlin: Aurora, 2017. S. 15.

> der Weise, wie die Verhältnisse ihnen erscheinen. Gegenüber der Möglichkeit der totalen Katastrophe ist Verdinglichung ein Epiphänomen.[72]

Unter den gegebenen entfremdeten Bedingungen könne eine Theorie, die das Problem der Verdinglichung als Erkenntnis- und Bewusstseinsproblem in den Mittelpunkt stellt, anstatt die Waren- und Wertförmigkeit der gesellschaftlichen Verhältnisse praktisch aufzuheben, nur darauf hinauslaufen (wie etwa im realexistierenden Sozialismus möchte man ergänzen), sich die Welt erneut in identifizierenden Kategorien angleichend und beherrschend anzueignen. Die Möglichkeit einer Akzeptanz von Andersheit und Fremdheit würde so abermals verhindert. Mit Blick auf Lukács geschichtsphilosophische Romantheorie bemerkt Adorno dann kritisch weiter:

> Die sinnerfüllten Zeiten, deren Wiederkunft der frühe Lukács ersehnte, waren ebenso das Produkt von Verdinglichung, unmenschlicher Institution, wie er es erst den bürgerlichen attestierte. Zeitgenössische Darstellungen mittelalterlicher Städte pflegen auszusehen, als ob gerade zur Volksbelustigung eine Hinrichtung stattfände. Sollte anno dazumal Harmonie von Subjekt und Objekt gewaltet haben, so war sie gleich der jüngsten vom Druck bewirkt und brüchig. Die Verklärung vergangener Zustände dient später und überflüssiger Versagung, die sich als ausweglos erfährt; erst als verlorene gewinnen sie ihren Glanz. Ihr Kult, der vorsubjektiver Phasen, kam im Zeitalter des zerfallenden Individuums und der regressiven Kollektive zu sich selbst im Grauen.[73]

Adornos Vorwurf, Lukács konstruiere eine romantische „Niedergangsgeschichte“, lässt sich allerdings entgegenhalten, dass zumindest in *Geschichte und Klassenbewußtsein* Lukács' Kapitalismuskritik, ihren Maßstab letztlich nicht in einer idealisierten Vergangenheit, sondern den „unerfüllten Versprechen der Moderne“ (Timothy Hall) hat.[74] Er argumentiert dort unzweideutig, dass erst durch die moderne „Objektivierung [...] Rationalisierung und Versachlichung aller gesellschaftlichen Formen der Aufbau der Gesellschaft als Beziehungen der Menschen zueinander zum ersten Mal klar zum Vorschein“ kommen. (*GuK*. S. 193) Timothy Hall hat dies treffend als den „erklärten Modernismus“ von *Geschichte und Klassenbewusstsein*

72 Adorno. Negative Dialektik (wie Anm. 70). S. 191.
73 Adorno. Negative Dialektik (wie Anm. 70). S. 191.
74 Hall. Verdinglichung (wie Anm. 64). S. 319.

bezeichnet.[75] Mit Lukács' klarer theoretischer Durchdringung von Fetischismus und Verdinglichung eröffnet sich der Blick auf den Kapitalismus als blinden, unendlich prozessierenden, selbstbezüglichen Prozess der Kapitalverwertung, dem alle Klassen, Individuen und sozialen Beziehungen unterworfen sind. Er hat damit erheblich zur Formulierung einer radikalen Kritik des Kapitalismus als verselbständigtem waren- und wertförmigen Vergesellschaftungszusammenhang beigetragen. Diese geht über eine bloße Kritik an seinen Symptomen wie sozialer Ungleichheit, Profitgier und Umweltzerstörung hinaus und macht eine andere Gesellschaft erst denkbar.

75 Hall. Verdinglichung (wie Anm. 64). S. 319.

Zu den Beiträgerinnen und Beiträgern

Rüdiger Campe, Dr. phil. ist Alfred C. and Martha F. Mohr Professor of German und Professor of Comparative Literature an der Yale University. Arbeitsschwerpunkte sind barockes Theater und moderner Roman; Konzept und Praktiken der Evidenz; Probabilität und Wahrscheinlichkeit; Geschichte der Fürsprache. Buchveröffentlichungen u. a.: *The Game of Probability*, 2012; (Hg.) *Baumgarten-Studien*, 2014 (mit Anselm Haverkamp und Christoph Menke); (Hg.) *Rethinking Emotion*, 2014 (mit J. Weber). Zuletzt: „Kittler's Humanities. On Implementation", in: Jeffrey Champlin, Antje Pfannkuchen (Hg.), *The Technological Introject*, 2018; „X wie Humanities", in: Ute Holl, Claus Pias, Burkhardt Wolf (Hg.), *Gespenster des Wissens*, 2018.

Rüdiger Dannemann, Dr. phil. ist Vorsitzender der Internationalen Georg-Lukács-Gesellschaft. Er studierte Philosophie, Germanistik und Geschichte in Bochum und Frankfurt/Main. Promotion in Rotterdam mit *Das Prinzip Verdinglichung*. Bis 2015 Philosophielehrer an einer Europaschule in NRW. Zahlreiche Veröffentlichungen zur Sozialphilosophie und politischen Philosophie, speziell zu Lukács, dem Westlichen Marxismus und der Kritischen Theorie, sowie zu literaturwissenschaftlichen und musikästhetischen Themen. Ausgewählte Publikationen: (Hg.): Lukács – Werkauswahl in Einzelbänden (aktuell Band 3, 2015); *Lukács-Jahrbuch* (Hrsg. seit 2012); Georg Lukács' Verdinglichungstheorie und die Idee des Sozialismus, in: Dannemann, Henry Pickford, Hans-Ernst Schiller (Hrsg.), *Der aufrechte Gang im windschiefen Kapitalismus. Kritikmodelle im Gegenwartskapitalismus* (Internationale Tagung des Kollegs Friedrich Nietzsche, Wiesbaden: Springer VS. 2018; Lukács-Schule, in *HKWM 8/II* (2015) (mit Michael Löwy); (Hg.) *Lukács und 1968. Eine Spurensuche* (2009); *Das Prinzip Verdinglichung* (1987); *Georg Lukács zur Einführung* (2006; 1997); *Zur Aktualität von Georg Lukács* (2018). Beiträge u. a. in Dt. Zeitschrift für Philosophie, ARGUMENT, Freitag, Z, Contour, Junge Welt, Jungle World, Anuário Lukács. ruedannemann@arcor.de

Patrick Eiden-Offe, Dr. phil. ist seit Februar 2017 wissenschaftlicher Mitarbeiter am Zentrum für Literatur- und Kulturforschung Berlin, Forschungsschwerpunkt Theoriegeschichte, besonders beim frühen Lukács; davor Wissenschaftlicher Mitarbeiter an den Universitäten Duisburg-Essen und

Konstanz; 2008 Promotion im Graduiertenkolleg „Die Figur des Dritten" an der Universität Konstanz. Studium an den Universitäten Hamburg und Tübingen. Forschungsschwerpunkte: Sozialgeschichte der Literatur, Deutscher Idealismus als Theorie der Moderne, Robert Walser, Friedrich Hölderlin, europäische Romantik. Ausgewählte Publikationen: *Die Poesie der Klasse. Romantischer Antikapitalismus und die Erfindung des Proletariats.* Berlin: Matthes und Seitz 2017. *Das Reich der Demokratie. Hermann Brochs „Der Tod des Vergil".* Paderborn: Fink 2011. Als Herausgeber (zusammen mit Nacim Ghanbari, Tobias Weber und Martin Zillinger): *Totenkulte. Literarische und kulturelle Grenzgänge zwischen Leben und Tod.* Frankfurt/New York: Campus 2006. Zahlreiche Aufsätze und Essays zur Literatur- und Theoriegeschichte des 17. bis 21. Jahrhunderts. eiden-offe@zfl-berlin.org

Patrick Hohlweck, Dr. phil. ist wissenschaftlicher Mitarbeiter am Zentrum für Literatur- und Kulturforschung Berlin. Forschungsschwerpunkte: Literatur- und Wissensgeschichte der Frühaufklärung, Kunsttheorie der Moderne, Popliteratur. Publikationen u. a.: *„Verwandlung in Blatt". Carl Einsteins formaler Realismus.* Berlin: Kadmos 2018; *Zersetzung. Automatismen und Strukturauflösung.* Hg. mit Norbert O. Eke. Paderborn: Fink 2018; „Jordan Belforts Yacht. Zur Genealogie maritimer Entgrenzung". *Die Sieben Todsünden.* Hg. Ingo Breuer, Sebastian Goth u. a. Paderborn: Fink 2015. S. 179-212.

Maud Meyzaud, Dr. phil. habilitiert sich z. Z. mit einer komparatistischen Arbeit zum Thema „Formen des Gesprächs – Gespräch der Formen (Diderot / Schlegel / Musil)" an der Goethe-Universität Frankfurt. Davor u. a. wiss. Mitarbeiterin in Frankfurt und Hagen, Visiting Assistant Professor in Evanston, Postdoc-Stipendiatin an der Universität Erfurt. Promotion in der Literaturwissenschaft der Universität Konstanz. Wichtigste Veröffentlichungen: „Die Ferien des neuen Menschen (von Marx zu Musil)" (in: Jörn Etzold, Martin J. Schäfer (Hg.), *Nicht-Arbeit*, Weimar: Verlag der Bauhaus-Universität 2011), *Die stumme Souveränität. Volk und Revolution bei Georg Büchner und Jules Michelet* (München: Fink 2012); (Hg.): *Arme Gemeinschaft. Die Moderne Rousseaus* (Berlin: b_books, 2015); (Hg.): Schwerpunkt *„Bildung, verweigert. Zum Verhältnis von Bildung, Institution und Romanform von* Anton Reiser *bis zu* Der Hals der Giraffe, *IASL* 42 2016 (mit Eva Blome); „Baudelaire and the Literary Fabrication of the Poor" (*SubStance*, Issue 146, vol. 47, no. 2, 2018).

Dominik Nagl ist wissenschaftlicher Mitarbeiter am Lehrstuhl für Neuere und Neueste Geschichte der Universität Mannheim. Er studierte Geschichte, Nordamerikastudien und Politikwissenschaft an der Freien Universität Berlin und der University of Bath (UK). Derzeit arbeitet er an einer Studie zu den Welt- und Globalitätsvorstellungen in der NS-Ideologie. Veröffentlichungen zur europäischen und nordamerikanischen Ideen-, Rechts-, Kultur- und Kolonialgeschichte. Ausgewählte Publikationen: *Grenzfälle – Staatsangehörigkeit, Rassismus und nationale Identität unter deutscher Kolonialherrschaft, 1884-1914*, Frankfurt a. M. 2007; *No Part of the Mother Country, but Distinct Dominions – Rechtstransfer, Staatsbildung und Governance in England, Massachusetts und South Carolina, 1630-1769*, Berlin 2013; Edward P. Thompson, die Neue Linke und die Krise im britischen Marxismus der 1960er und 70er Jahre, in: AutorInnenkollektiv Loukanikos (Hg.), *Linke Geschichtspolitik und kritische Wissenschaft*, Münster 2016.

Michael Niehaus, Dr. phil. ist Professor für Neuere deutsche Literaturwissenschaft und Medienästhetik an der FernUniversität in Hagen. Forschungsschwerpunkte: Literatur und Institution, intermediale Narratologie, Erzählformate, Dinge in Geschichten, Theorie und Praxis des Beispiels, Kafka, W. G. Sebald. Buchpublikationen (Auswahl): *Das Verhör. Geschichte – Theorie – Fiktion*. Paderborn 2003; *Das Buch der wandernden Dinge*. München 2009; *Erschöpfendes Interpretieren. Eine exemplarische Auseinandersetzung mit Heinrich von Kleists „Das Bettelweib von Locarno"*. Berlin 2013; *Was ist ein Format?* Hannover 2018.

Wim Peeters, Dr. phil. ist wissenschaftlicher Mitarbeiter im DFG-Projekt „Poetik des Erfolgs. Institutionelle und narrative Dimensionen von Erfolgsratgebern (1900-1933)" an der FernUniversität in Hagen. Er studierte Germanistik, allgemeine Literaturwissenschaft und Niederlandistik in Leuven, Gent und Bochum. 2008 Promotion an der Universiteit Leiden mit „Recht auf Geschwätz. Geltung und Darstellung von Rede in der Moderne". 2010 Postdoctoral Research Fellow am ‚International Graduate Centre for the Study of Culture' der Justus-Liebig-Universität Giessen. Veröffentlichungen zum Mythos Abraham, zu Überflüssigkeit, Fotografie, Literatur und Kommentar und Lebensratgeberliteratur. Ausgewählte Publikationen: *Selbsthilfe „durch die Macht des Beispiels". Der Weg zum Erfolg durch eigene Kraft von Hugo Schramm-Macdonald*, 2015; *Bilder des „überflüssigen" und des*

„erfolgreichen" Menschen um 1930, 2017; *Rat geben*, 2017. Wim.Peeters@ Fernuni-Hagen.de.

Eva Ruda ist Doktorandin der Friedrich Schlegel Graduiertenschule der Freien Universität Berlin sowie assoziiertes Mitglied des Phd-Netzwerks „Das Wissen der Literatur" der Humboldt-Universität zu Berlin, wo sie sich aktuell mit einer Arbeit zu Samuel Beckett und Fragen des Realen und Realismus promoviert. Sie studierte Allgemeine und Vergleichende Literaturwissenschaft, Romanische Philologie und Theaterwissenschaft an der Freien Universität Berlin und der Sorbonne Nouvelle Paris III.

Linda Simonis, Dr. phil. ist seit 2004 Professorin für Allgemeine und Vergleichende Literaturwissenschaft an der Ruhr-Universität, Bochum. Promotion in Köln mit einer Arbeit u. a. zu Lukács' *Theorie des Romans* (*Genetisches Prinzip: Zur Struktur der Kulturgeschichte bei Jacob Burckhardt, Georg Lukács, Ernst Robert Curtius und Walter Benjamin*, Berlin/Boston: De Gruyter 1998; Reprint 2013). Von Oktober 2001 bis September 2004 war sie Heisenberg-Stipendiatin der DFG mit einem Projekt zu Politik und Performanz in der Barockoper. Von 2008 bis 2014 war sie Stellvertretende Vorsitzende der Deutschen Gesellschaft für Allgemeine und Vergleichende Literaturwissenschaft (DGAVL). Forschungsschwerpunkte: Literatur- und Kulturkritik, Geheimnis und Geheimschriften, Poetik und Medialität der Inschrift, Formen literarischer Poiesis. Neuere Publikationen: (Hg.): *Kulturen des Vergleichs*, Heidelberg: Winter 2016 (mit Annette Simonis); (Hg.): *Figuren des Globalen*, Bonn, Bonn University Press 2014 (mit Christian Moser); Mit-Herausgeberin der Zeitschriften *Comparatio* und *Komparatistik online.*

Philipp Weber, Dr. phil. ist wissenschaftlicher Mitarbeiter am Germanistischen Institut der Ruhr-Universität Bochum; Forschungsschwerpunkte: Poetologien des Wissens, Romantheorie, Literatur und Philosophie. Publikationen: *Kosmos und Subjektivität in der Frühromantik* (2017), *Stern. Bilder. Denken. Aspekte einer Denkfigur bei Walter Benjamin* (2010), *Kosmos und Kontingenz. Eine Gegengeschichte* (Mhg. 2016).

Siglenverzeichnis

D	Georg Lukács, *Dostojewski. Notizen und Entwürfe*. Hrsg. von J. C. Nyiri. Budapest: Akadémiai Kiadó. 1985.
GuK	*Geschichte und Klassenbewußtsein*, in: Georg Lukács Werke (GLW), Bd. 2. Neuwied und Berlin: Luchterhand. 1968.
SuF	Georg Lukács, *Die Seele und die Formen*. Hrsg. von Frank Benseler und Rüdiger Dannemann. Mit einer Einleitung von Judith Butler. Bielefeld: Aisthesis. 2011.
TdR	Georg Lukács, Theorie des Romans. Ein geschichtsphilosophischer Versuch über die Formen der großen Epik. Hrsg. von Frank Benseler und Rüdiger Dannemann. Bielefeld:Aisthesis. 2009.

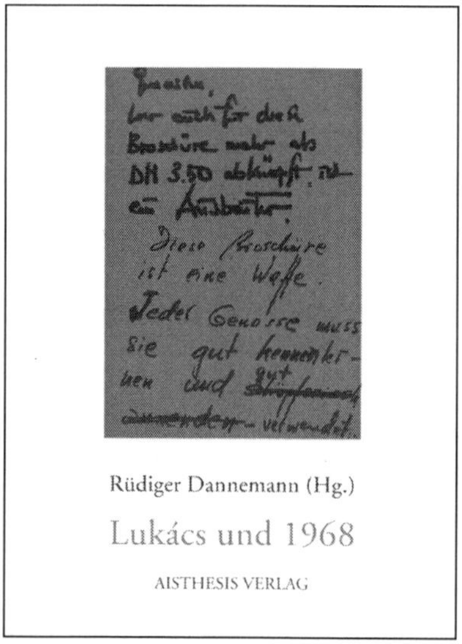

Rüdiger Dannemann (Hg.)

Lukács und 1968

Eine Spurensuche

Sonderband des Jahrbuchs
der Internationalen Georg-Lukács-
Gesellschaft
Band 1

2009, ISBN 978-3-89528-707-7
357 Seiten, kartoniert, € 29,80

„Auf Augenhöhe mit Heidegger" – um 1968 wäre diese These Axel Honneths kaum in Frage gestellt worden. Georg Lukács und sein Werk erlangten damals einen Höhepunkt der Rezeption. Vierzig Jahre danach stellt sich die Frage nach der Relevanz seines gegenwärtig gerne vernachlässigten, aber selten zu ignorierenden Werks und dessen Rezeption im Umfeld der 68er-Generation. Hat deren Wiederentdeckung des „jungen" Lukács den Zugang zu einem Klassiker der Gegenwartsphilosophie geebnet, oder hat eine „paradigmatisch falsche" Rezeption dazu beigetragen, dass das umfangreiche Oeuvre auf nicht selten politisch motivierte Vorbehalte stößt, die den Zugang zu dem Werk eher verbauen? Das vorliegende Buch ist ein Lesebuch, ein Mixtum compositum subversiver, melancholischer, manchmal archivarischer, oft dissonant-kritischer Texte; es soll zum Stöbern und Entdecken einladen, zu eigensinnigen Annäherungen an das Phänomen Lukács. Es geht um die vorurteilsfreie Auseinandersetzung mit einem Autor, der – wie auf andere Art Wittgenstein, Heidegger, Bloch oder Habermas – die Philosophie des 20. Jahrhunderts geprägt hat und der bei der Aufgabe helfen könnte, „eine post-habermasianische kritische Theorie" zu formulieren.